自主知识体系丛书·手册系列
编委会

主　编　任少波

副主编　周江洪

编　委　（按姓氏笔画排序）
王立忠　史晋川　许　钧　李　实　吴　飞
吴　健　吴　晨　吴晓波　何莲珍　张　彦
张俊森　姚先国　夏群科　黄　旦　黄先海

本册项目背景

国家社会科学基金重大项目（21&ZD131）
国家自然科学基金项目（72172140，72372147）
浙江省习近平新时代中国特色社会主义思想研究中心课题研究成果
浙江省哲学社会科学规划课题成果

自主知识体系丛书 手册系列 | 任少波 总主编

Books of Independent Knowledge System Handbook Series

Handbook of
Technology and Innovation Management
in China

———————

中国技术与创新管理学
手册

吴晓波　主编

雷李楠　周　源　副主编

ZHEJIANG UNIVERSITY PRESS
浙江大学出版社
·杭州·

图书在版编目（CIP）数据

中国技术与创新管理学手册 / 吴晓波主编. -- 杭州：
浙江大学出版社，2025. 3. --（自主知识体系丛书）.
ISBN 978-7-308-25809-8

Ⅰ. F124.3-62

中国国家版本馆 CIP 数据核字第 2025P00F13 号

中国技术与创新管理学手册

吴晓波　主编

出 品 人	吴　晨
总 编 辑	陈　洁
特邀总监	褚超孚
项目统筹	徐　婵
责任编辑	徐　婵　汪淑芳
责任校对	汪　潇
封面设计	程　晨
出版发行	浙江大学出版社
	（杭州市天目山路 148 号　邮政编码 310007）
	（网址：http://www.zjupress.com）
排　　版	浙江大千时代文化传媒有限公司
印　　刷	杭州宏雅印刷有限公司
开　　本	710mm×1000mm　1/16
印　　张	29.25
字　　数	509 千
版 印 次	2025 年 3 月第 1 版　2025 年 3 月第 1 次印刷
书　　号	ISBN 978-7-308-25809-8
定　　价	158.00 元

总　序

习近平总书记指出："加快构建中国特色哲学社会科学,归根结底是建构中国自主的知识体系。"这一科学论断体现了扎根中国繁荣发展哲学社会科学、探索人类文明新形态的规律性认识,为新时代我国高校哲学社会科学勇担历史使命、服务中国式现代化建设提供了根本遵循。

在"两个大局"交织演变的时代背景下,党和国家对哲学社会科学发展提出了更高的要求,期待其在理论引领、学理阐释、话语传播、智力支撑等方面发挥更大的作用。当代中国正经历着我国历史上最为广泛而深刻的社会变革,以及最气势恢宏的理论与实践创新,亟须加快哲学社会科学体系的自主性、引领性建构,建立起具有时代特征的学科体系、学术体系和话语体系,以反映中国国情和历史深度,进而指导中国现实发展,推动文明交流互鉴。

建构中国自主知识体系是为人类文明不断创造和积累新知识,为人类文明新形态不断开辟理论新视野和实践新高度的战略之举。所以,我们需要在人类知识图景的历史与时代视野中通达普遍性意义,在新的时代条件下凝练基于中国经验、中国道路、中国问题的学术概念、理论和思想,提出体现中国立场、中国智慧、中国价值的理念、主张和方案。

学术思想是自主知识体系核心的理论集成,既要有"致广大"的世界视野,也要有"尽精微"的现实关怀。没有宏阔普遍的世界历史作为参照,学术思想难以作为独特经典影响时代发展;没有经国序民的家国情怀作为底蕴,学术思想难以成为治理良策"为人民做学问"。对此,我们一方面要沿循学科化逻辑,聚焦人类知识共同的创新突破需求,借鉴其他国家优秀的学术创新成果,不断推进世界的中国学研究,以"人类知识的总和"为视野建构自主知识体系;另一方面也要立足中国式现代化的实践图景,科学阐释中国式现代化实践中的重大思想、典型案例、创新经验等,为当代中国人"安身立命"的现世生活提供智识支持。

为回应总书记的关切,浙江大学提出要建成服务中国自主知识体系建构的战略基地,系统谋划推出"自主知识体系丛书",包括手册系列、案例系列、外译系列。手册系列提炼中国特有范畴与独创性理论,案例系列聚焦中国式现代化的伟大实践,外译系列推动中国学术思想和优秀传统文化"走出去"。

其中,手册,即学科手册,正是浙江大学探索建构自主知识体系的一个重要突破口。学科手册,是一种集工具查阅、学科知识脉络梳理和学术前沿拓展等功能于一体的著作方式,面向专业领域之外更广泛的阅读受众,旨在提供特定学科领域的学科历史、知识结构、研究方法和研究前景的评述性介绍,具有学术意义、育人意义和传播意义。

我们认为,学科手册具有以下特性:

一是兼具权威性和前沿性。手册的编写者是该学科领域具有重要影响的专家学者,与一般的教科书相比,手册的回溯性较弱,时新性较强,在学科定位、理论依据、研究范畴、基本概念、研究路径、价值追求等方面都作出积极的探索,进行深度呈现和"讲解",并且关注学术前沿动态,随着学科发展不断修订、及时更新。

二是兼具通用性和创新性。手册兼顾全球视野和中国特色,建立东西方学术之间的交流对话,凝结共识;手册既有历史叙述又有理论阐释,尤其注重对学科基本规范概念的再阐释、对标识性概念的再提炼;手册"又泛又新",强调在评述介绍中提出引领学术话语走向的新议题。

三是兼具整体性和独特性。与偏向条目式编排的大部分辞典类实用型工具书不同,手册更加重视在体系上呈现出对学科内容的全景式的整体观照,以紧密的内部逻辑关系构建章节,以独特的学术视角切入研究内容,相互勾连,在构建完整知识生态体系的同时呈现出多样化的研究思路、学术观点和研究体系。

学科手册作为中国自主知识体系的重要载体,在一定程度上构成了自主知识体系建构的基础材料。其所呈现的国际通行的学科知识框架和研究规范,为学术对话、知识传播提供了必要条件,可以作为自主知识体系建构工作的一个突破口。编写学科手册本身就是总结中国经验、凝练中国方案、建构自主知识体系的过程。

中国式现代化道路和人类文明新形态的伟大实践不仅为理论创新、学术发展注入了强大活力,也为建构中国自主的知识体系提供了广阔空间。面对世界格局深刻变化的背景,"自主知识体系丛书"手册系列与时俱进,在习近平新时代中国特色社会主义思想指导下,紧扣服务中国自主知识体系建构这一核心任务,以中国实践为着力点,以铸魂育人为出发点,聚焦重大前沿问题,总结经验、提炼观点,做出独创性贡献,希望本系列手册能为中国自主的知识体系建构和话语创新添砖加瓦，以此回答"世界怎么了""人类向何处去"的中国之问、世界之问、人民之问、时代之问。

感谢全国哲学社会科学工作办公室、教育部对浙江大学哲学社会科学发展的指导，感谢浙江省委宣传部、浙江省社会科学界联合会的大力支持，感谢学校社会科学研究院、本科生院、研究生院、出版社等相关职能部门的有力组织，感谢各位作者的辛勤付出以及校内外专家学者的宝贵建议。书中难免有不尽完善之处，敬请读者批评指正。

任少波

二〇二五年三月

前　言

　　时光荏苒，放眼当今世界，风起云涌的改革开放已然四十余载，百年未有之大变局加速演进，新一轮科技革命与产业变革正加速重构全球竞争格局。作为工业文明的后来者，中国的技术与创新管理自 19 世纪 60 年代的"洋务运动"肇始，落后—引进—消化吸收—再落后—再引进⋯⋯追赶的步伐艰辛却周而复始。直至新中国以革命开启全新的追赶步伐，从自苏联引进 156 项重大工业技术，到被封锁中坚定地"自力更生"，在艰难困苦中奠定了现代工业化的基础体系；更从改革开放之初的重启大规模技术引进，到社会主义市场经济体制的建立；从在引进技术基础上的国产化，到创新技术源头的内源化和以企业为主体的新型自主创新体系的形成。我国的科技进步举世瞩目，现象背后的技术与创新管理的底层逻辑发生了极其深刻的革命性变化。系统地总结和提炼基于中国实践的技术与创新管理理论、方法体系正值其时！

　　2005 年，*Science*（《科学》）杂志曾于创刊 125 周年之际公布了 125 个全球最具挑战性的科学问题，其中第 116 问为："为何一些国家经济持续向前发展，而一些国家发展陷入停滞？"发展中国家"落后—引进—消化吸收—再落后—再引进⋯⋯"之"马太效应"始终挥之不去。一般说来，发展中国家的技术水平较之于发达国家低。因此，各国学者普遍觉得"追赶"总是发展中国家的技术与创新管理的主题。可问题是，尽管后进者向领先者的学习未曾中断，并且发展中国家的确在不断进步，但领先者的进步似乎更快，差距始终难以弥合。典型如，拉美和东南亚等国家落入"中等收入陷阱"的惨痛教训令人扼腕，又似乎很无奈。而犹如黑暗隧道中的一缕光明，中国似乎就是一个最大的例外！它走出了一条自主创新的"超越追赶"之路。它能为广大发展中国家指明方向吗？我们必须对中国的技术与创新管理之道进行系统的总结和提炼。

　　不同于西方发达国家和日韩学者以"制度经济学"为分析基础的"追赶"研究，中国学者着眼于企业的自主创新与技术追赶实践在转型的"经济制度"、多样化的

"技术体制"、多层次的"市场空间"和新兴的"全球网络"四位一体情境下开展的特征,这决定了中国企业的自主创新与技术追赶的独特性和重要性。中国的经济增长奇迹不仅具有典型性,而且具有特殊性,这也是西方经典理论难以解释的。中国技术与创新管理学的发展,始终与改革开放以来的国家命运同频共振。从"市场换技术"的探索,到"自主创新"的觉醒,再到"创新驱动发展"的战略部署,中国企业在实践中逐步跳出"线性追赶式创新"范式的窠臼,日益广泛地推行以"非线性成长"为核心的"超越追赶式创新",为中国技术与创新管理理论框架的建立奠定了扎实的现实基础。而中国学者们根植于中国实践的深入研究,正在重构有利于全球创新治理的技术与创新管理知识体系。本手册的编纂,旨在凝练全国学者的成果,力图系统地呈现这一自主知识体系的演进脉络、理论内核与实践范式,为全球创新管理研究提供独特而又具有普遍意义的"中国视角"。

在新时代,建构中国自主管理学知识体系,需要扎根中国领先企业实践,整合现有学科资源,聚焦国家战略需求和发展方向,形成学科发展新理念和新格局。本手册定位于成为连接理论与实践、国内与国际的桥梁,既注重理论体系的完整性,又强调实践应用的可操作性,汇聚学者们植根于中国创新实践凝练而成的理论突破。本手册主要有以下特点:一是系统性。全面覆盖技术与创新管理从宏观到微观的多个研究维度,构建完整的知识框架。二是前沿性。对话前沿理论,紧密结合国际技术与创新管理领域的最新动态,保持手册内容的时效性和前瞻性。三是实践性。强调中国技术与创新管理研究"顶天立地"的扎实学风,通过结合理论与实践,不仅以大量案例分析提供理论研究的现实线索,更进一步提供可借鉴的操作模式和策略建议。

本手册涵盖技术创新在中国,技术创新在中国企业,中国技术创新体系构建:产业、区域与国家,以及中国技术创新的新范式四部分,共二十五章,每章均以理论概述融合经典案例,呈现中国技术创新与管理学的重要研究突破与创新实践。第一部分"技术创新在中国"共五章,包括"技术创新管理发展历程与研究综述""工艺创新与产品创新""源自中国的技术创新战略:从二次创新到全面创新""基于技术梯度的追赶战略""技术创新与知识产权管理";第二部分"技术创新在中国企业"共八章,包括"技术驱动的商业模式创新""颠覆式创新""非研发创新""模块化创新""包容性创新""绿色创新:中国企业实现绿色转型的新质生产力""服务创新""数智创新";第三部分"中国技术创新体系构建:产业、区域与国家"共六章,包括"产业创新体系""区域创新体系""中国国家创新体系的建设与治理""全球价值链中的开放式创新""整合式创新""制造业创新发展绩效评价与政策取向";第四部分"中国技术创新的新范式"共六章,包括"平台经济中的创新生态""复杂产品系统中的技术创新""非黑即白？赶超过程中的双元创新""中国战略性新兴产业政策演化与发展趋势""节俭的二次数字创新:促进中国农村区域发展的战略途径""超越追赶的创新"。一大批技术与创新管理的中国学者扎实构建了属于中国的话语体系,为提升中国技术与创新管理自主知识体系的影响力做出了重要贡献。感谢浙江大学创新管理与持续竞争力研究中心、清华大学、中国科学院大学、中国科学院科技战略咨询研究院、同济大学、南开大学、电子科技大学、厦门大学、东北大学、对外经贸大学等高校及科研院所三十余位专家学者的贡献。特别向奋战在一线的中国创新实践者致敬——正是他们的敢为人先,让理论之树长青。

中国技术与创新管理学的价值,不仅在于解决本土问题,更在于为发展中国家提供理论和实践参考。无论是"一带一路"共建国家的数字基建合作,还是金砖国家新工业革命的伙伴关系,中国经验正在重塑全球创新治理规则。创新无国界,但创新管理必有语境。中国技术与创新管理学的构建,不是要取代现有理论,而是以文明互鉴之心,为人类创新知识库增添多元色彩。

本手册在编纂过程中特别强调了以下方面。

1. 情境化(contextualization):中国技术与创新管理学的理论构建和实践应用必须紧密结合中国的具体情境,包括政治、经济、文化等多维度因素。本手册在每一章节中都注重将理论与中国的实际情境相结合,确保理论的适用性和实践的可操作性。

2. 共创(co-creation):中国技术与创新管理学的知识体系是在学者、企业家、政策制定者等多方共同参与下形成的。本手册在编纂过程中,邀请了来自不同领域的专家学者的参与,确保手册内容的多元性和全面性。

3. 持续创新(continuous innovation):中国技术与创新管理学的发展是一个持续创新的过程。本手册不仅回顾了过去的理论成果和实践经验,还特别关注了当前和未来的创新趋势,确保手册内容的前沿性和前瞻性。

通过贯彻上述理念,本手册不仅系统地梳理了中国技术与创新管理学的演进脉络和理论内核,还为全球创新管理研究提供了独特的"中国视角"。期待本手册能够成为学者、政策制定者、企业家探索创新规律的重要研究和决策参考,更期待它激发更多立足中国、面向世界的理论创造。

目　录

第一部分　技术创新在中国

第二部分　技术创新在中国企业

第四部分 中国技术创新的新范式

第一部分

技术创新在中国

1 技术创新管理发展历程与研究综述

许庆瑞　刘海兵

1.1 创新理论在中国的发展

(1)对科技管理开始重视

20 世纪 80 年代以前,国内高校还没有专门设置研究技术创新管理的专业,工业管理工程、工程经济、工业经济、工业企业管理等是相关度很高的专业。如中国人民大学在 20 世纪 50 年代初期从苏联引进工业企业管理的学科体系,成立了由工业经济教研室、工业企业组织与计划(后来叫工业企业管理)教研室和技术学教研室组成的工业经济系,在课程设置方面包括经济学、工业经济学、组织管理、计划管理、供销管理、生产管理、质量管理、技术与科研管理等。许庆瑞等老一辈技术创新管理专家在当时就已经意识到技术管理的重要性,他们在上课之余组织学生亲自参与厂里的新产品技术准备与试制,从工厂实践中学到了不少书本上学不到的东西。许庆瑞提出以计划管理为中心转到以技术管理为中心的管理教材改革。技术管理涵盖从常规的工艺管理转向新产品设计、生产技术准备,包括图纸和工艺工程乃至工具的管理,这样一来,技术管理的概念扩大了,将工艺管理扩展为工艺设计与管理,不仅有工艺,还要涵盖设计以及新产品的技术准备。这部分关于技术管理的新阐释被写入 1961 年 7 月中国人民大学工业经济教研室编写的《中国工业企业管理讲义》之中。

20 世纪 80 年代,清华大学经济管理工程系成立,以傅家骥为代表的学者们纷纷开始摸索科学管理教学的经验。此时,从中央部委到省级、市级,从事科技管理工作的人员已不下 20 万人,工业方面也早已有培养企业管理人才的院、系和在职学习渠道,而在科技管理方面人才培养却是空白,建立科技管理专业成为当务之急。苏联当时虽然有科研管理的专业书刊,设置有科学管理学科,但偏重科研管理,没有涉及怎么管技术研究和应用研究,也没有涉及科研与技术管理的广泛领域。也就是说,科学管理系的课程和人才培养模式没有样板可循。

当时,中国科学院组织国内主要的管理学者出国访问学习,其中,许庆瑞于1980年到美国麻省理工学院(MIT)进入管理学院爱德华·罗伯茨(Edward Roberts)教授及其领衔的技术管理教研组学习,其间与创新管理领域的领军人物罗伯茨、埃里克·冯·希佩尔(Eric von Hippel)、托马斯·艾伦(Thomas Allen)教授等建立了合作关系。许庆瑞跟随罗伯茨教授运用系统动力学研究科研规划,并开始用定量、半定量的方法研究科技管理和技术创新方面的问题。除了专业学习和研究外,他还注意考察美国管理教育和美国科技管理两方面的情况。以许庆瑞、傅家骥[1]为代表的老一辈教授的努力为后期中国管理学科的组建和发展提供了经验借鉴。

(2)提出"创新应以企业为主体"

20世纪80年代初,中国已经意识到"经济建设必须依靠科学技术,科学技术工作必须面向经济建设",认为中国开展经济体制改革、科技体制改革势在必行①,为此特别重视分析不同国家科技成果管理以及科研体制。中国科研管理研究会在1981年编译了《苏联怎样管理科学与技术》《科研机构的资金管理》;中国科学院计划局于1981年编写了《欧洲及北美地区各国科技政策的现状与展望》;1982年中国科学院管理科学组创办了《管理科学译丛》,专门刊登介绍国际上管理科学领域的研究成果;中国科学院政策研究室还编译了《美苏科学政策》。但对于"科学技术和经济之间如何联系起来","连接科学技术和经济的桥梁是什么"的问题,国内还没有给出答案。当时,中国科技体制存在科学技术与经济严重脱节的问题,使得科学技术成果应用率极低,对此,在1982年中国科学院管理科学组召开的关于如何培养科技管理方面人才的会议上,许庆瑞富有创见地提出了"创新应以企业为主体"的观点。此后,他不断向国家经济委员会等有关部门宣传技术创新工程对改革开放、增强企业创新能力和国力的重大意义。1988年国家经济委员会将技术创新概念放到出台的政策文件之中。许庆瑞是当时中国最早提出技术创新的学者,也是最早讨论创新概念的学者。

① 引自中国科学院出版图书情报委员会、《科研规划参阅材料》编辑委员会于1984年的文件《国外科技体制汇编》前言。

此后,郑绍濂、汪应洛、王众托、许庆瑞、傅家骥等管理学界知名学者在全国范围内推动组建管理学科,并不仅仅限于在学科建制上进行探索,还深入思考与探索管理学科的性质、任务与地位[2-4],特别是推动国家教育委员会对管理学科的认识和支持,着力提高学科地位,推动学科建设。从人才规格、知识基础与体系、培养计划、生源、师资队伍、设备与实验条件的建立和完善等多方面明确学科的性质与地位;寻找与扩大资源,充实学科实力,包括依托国家自然科学基金委员会等组织,扩大科研资金来源,努力提高管理学科在社会上的地位和作用。例如,以傅家骥为学科带头人的清华大学技术经济学科点于 1986 年成为全国第一批博士点,连续两届被评为"国家重点学科"。这也直接推动了创新管理教育的研究和发展。

许庆瑞在 20 世纪 80 年代中后期就开始编写、1990 年出版的我国第一本《技术创新管理》,对促进技术创新理论在中国的传播以及 90 年代国家经济贸易委员会"推广技术创新工程"的工作起到了重要作用。20 世纪 90 年代,国家经济贸易委员会领导将此教材分发给有关干部,技术创新这一理念被接受,我国决定在全国启动技术创新工程活动。从此,"技术创新"这一新概念逐渐被社会和企业接受。

(3)构建具有中国特色的技术创新管理理论体系

许庆瑞注意运用系统动力学的理论与方法思考战略问题,较早地将系统动力学引入中国。20 世纪 80 年代末,许庆瑞向国家自然科学基金委员会审定了课题"系统动力学方法在科研管理与经费规划和管理中的应用"。1989 年,许庆瑞和吴晓波[5]从分析技术进步对产业结构变化所产生作用的层面入手,深层次地揭示并阐述技术创新对产业结构的作用机制,进而探讨劳动生产率在技术创新、产业结构变化中的重要意义,以及分析导致产业间劳动生产率增长不同的技术经济因素是什么。

与此同时,20 世纪 80 年代中后期傅家骥也在国内率先进行设备更新的研究,针对我国以往"以修为主"的装备政策,创造性地提出了"更新、改造与修理相结合"的思路,倡导并开展技术创新研究[1],其是我国技术创新研究的重要代表人物。在当时国内还不理解"技术创新"概念的情况下,傅家骥率先倡导并开展了技术改造的研究工作,提出了技术改造项目经济评价方法,承担了国家自然科学基金委员会支持的技术创新研究项目,后又在此基础上承担了包括"中国技术创新理论研究"等 6 个此领域的研究课题,取得了重大的理论突破,为中国技术创新学奠定了理论基础。

进入 20 世纪 90 年代,随着我国改革开放政策的深入推进,以及经济体制改革的不断深入,我国科技政策也做了重大调整,即强调通过对外开放学习国外最先进的技术。但同时带来了企业重技术引进、轻消化吸收和忽视技术创新等问题,最终导致企业技术创新陷入"引进—落后—再引进—再落后"的怪圈。许庆瑞和吴晓波[5]认为,研究中国的技术创新问题必须注意到技术引进之后对技术进行再创新。基于此,他们于 1991 年创造性地提出了"二次创新"这个新概念并给出了准确的定义。借助乔瓦尼·多西(Giovanni Dosi)的技术范式和技术轨迹的概念,他们对二次创新的重要性进行了细致的描述,包括单纯模仿、创造性模仿、改进型创新、主动实现技术范式的突破和技术轨道的跃进。

1992 年,许庆瑞参加了我国第一个"技术创新机制和政策"的国家重大项目。为了帮助企业摆脱"引进—吸收—追赶—落后—再引进"的恶性循环,许庆瑞对世界发达国家的技术发展历程进行了考察,发现工艺创新是世界技术竞争取胜的关键[6],经济的发展已日益依赖不断注入新的工艺,工艺创新是发展中国家企业增强创新能力、实现后发优势的关键,产品创新和工艺创新的协调既是企业组织创新的基础,也是企业组合创新效益实现的基础[7]。1993 年,许庆瑞主持了加拿大国际发展研究中心(IDRC)的资助项目"发展中国家提高自主技术创新能力研究及政策"等课题的研究,这是国内学者承担的第一个创新方面的国际合作课题。1995 年,许庆瑞创新团队开始从过去单一的技术创新研究转入了以多个创新要素结合的组合创新研究,从矛盾对立统一的角度提出了组合创新的理论框架,揭示了创新实践中的 6 对矛盾,即产品创新与工艺创新、自主创新与引进吸收、重大创新与渐进创新、显性创新与隐性创新、内源创新与外源创新、技术创新与组织文化创新,创造性地提出了这六大创新相结合的组合创新管理范式[8]。

针对企业创新能力不够的问题,许庆瑞创新团队开始研究提升企业创新能力的路径与规律[9],经过研究提出了企业经营管理的 4 条规律:第一,战略制胜,即以需求为导向,以核心能力为基础的优势战略制胜规律。第二,全面创新,即战略导向,以技术创新为中心的全面创新规律。这一点和西方不同,西方只承认技术创新,而我们提出,除了技术,管理、思想、文化都要创新。第三,人企合一,即凝聚以知识工作者为主体的全体员工,运用多种激励手段,充分发挥他们的创造性与积极性,遵循融育人与用人为一体的人企合一规律。不同于西方管理学的"只讲方法、不讲人",我们提出,企业是由人组成的,要重视人。第四,自我积累,即以节约劳动为基础,重视资本增值的自我积累和发展规律。也就是说,企业吃光用光、没有积累是不行的,企业要实现技术发展,需要靠自我积累。

20 世纪 90 年代中后期,全国出现技术创新热潮,有的企业就创新论创新,偏离了企业战略目标。为此,许庆瑞创新团队把组合创新理论进一步推向完善,提出了基于核心能力的组合创新管理理论。1998 年,许庆瑞创新研究团队在海尔、宝钢等企业创新实践调研基础上,提出了全面创新规律[10],并于 2002 年正式提出以"全要素创新、全时空创新、全员创新、全面协同"为内涵的"全面创新管理"理论[11]。由此,许庆瑞创新研究团队逐渐构建了"二次创新—组合创新—全面创新"的中国管理理论体系,走出了一条中国特色的技术创新管理理论道路。

1.2　创新体系的缘起及其发展

上一节已经介绍了 20 世纪 80 年代至 90 年代创新理论在中国的发展。20 世纪 90 年代末,另一重要的创新理论派系——"创新体系"(innovation systems,IS)被引入中国学术界,国内学者开始重视对宏观创新体系的关注和探讨,并逐渐根据中国情境探讨了中国特色的区域创新系统、国家创新体系的理论框架和系列研究。

(1)区域创新系统及其发展

关于区域创新系统的概念最早可以追溯到 Cooke[12] 做出的如下定义:"在某特定的地理区域,为快速地进行知识的创造、扩散和应用等创新过程而产生的经济、政治和制度上的联系。"国内学者基于以上定义,充分结合我国现状,形成了中国特色的区域创新系统理论研究成果。冯之浚[13]首先将区域创新系统定义为由某一地区内的企业、大学和科研机构、中介服务机构和地方政府构成的创新系统。黄鲁成[14]在其研究中表明,区域创新体系是制度和政策网络,包括主体和非主体要素及相互关系。以往研究强调了区域创新体系的创新过程本质及地理空间跨度两大要素,厘清了区域创新系统的多主体性和系统性特征。

之后,学术界开始关注区域创新系统的构建及运行问题。构建视角的研究主要关注区域创新体系的主体、结构及功能设定。在主体构成方面,三螺旋理论占据主流。三螺旋理论认为,一个区域创新系统包含三个主要的主体:大学和研究机构、产业、政府。其中,政府通过政策、法规和投资引导创新活动;产业部门提供市场需求和资金支持,推动技术和产品的创新;大学和研究机构则提供知识和人才培养,推动科技研究和发展。这三个要素之间形成相互作用,共同推动区域创新系统的发展[15]。从系统结构来看,区域创新系统建设包括创新机构、创新资源、中介服务系统、管理系统四个相互关联、相互协调的主要组成部分[16]。其中,创新机构指企业、科研院所、大专院校以及政府有关部门,不包括中介机构;创新资源主要指创新人才和创新资金,是创新活动的基础要素;中介服务系统主要包括信息中心、培训中心、咨询公司、经纪人组织、技术评估机构、技术争议仲裁机构、创业服务中心、生产力促进中心、技术开发交流中心以及技术市场、科学园区、高新技术产业开发区等,在技术和知识转移过程中起着桥梁的作用,是联系科技与经济的中介;管理系统是指政府为了建立和管理区域创新系统的机构和机制,在促进技术创新工作中发挥了特殊的作用[17]。

然而,相比区域创新系统的构成,部分学者认为如何让其稳健运行才更加重要,关于区域创新体系稳健运行机制的相关理论研究逐渐占据主流阵地。这部分研究认为,随着信息技术的不断发展,跨区域、跨领域、多主体的区域创新体系已经成为未来发展的必然趋势。但是,区域创新体系如何稳健运行的问题仍未解决。

学者们围绕这一问题从影响因素、动力机制、协同机制、评价体系等不同角度进行了探讨。影响因素视角的研究认为,传统、文化、历史和制度环境等因素均对区域创新系统具有重要影响。动力机制的研究认为,区域创新过程是一个复杂的过程,其中交织着多种动力[18],区域创新行为的产生是外部动力和内部动力共同作用的结果。其中,内部动力包括企业利润、区域创新瓶颈、地方政府推动等,而外部动力则包括市场需求、区域竞争、国家创新引导等要素。协同机制的视角认为,区域创新体系是由诸多要素构成的复杂动态系统,协同论认为系统要素间会通过物质、能量或信息交换等方式相互联动,达到单要素资源所无法产生的协同效应,而区域创新体系运行过程中,要素也正是通过协调合作与优化组合,遵循着要素协同运行机制,展现出一种系统整体效应。评价体系的研究则采用了不同的方法和指标来对区域创新体系建设情况进行评价,例如通过运用 DEA 方法、Tobit 模型、复相关系数分析等方法,评估创新体系的技术效率、经济效率、综合效率等方面[19-20],并进行不同地区或国家间的比较;还针对中国不同区域的实际情况,进行了创新体系协同度、科技创新能力等方面的评估分析,以探究区域间的差异性和特点,不仅提供了对区域创新体系建设现状的客观评价,还为更好地制定区域创新战略和政策提供了重要参考。

以上研究为区域创新系统建设实践提供了丰富的理论启示。与此同时,国家层面的创新体系研究也引起学术界和实践界的广泛关注。学者们纷纷为中国情境下的国家创新体系架构建设献计献策,国家创新体系理论进入快速发展阶段。

(2)国家创新体系及其发展

国外对国家创新体系的研究于 1987 年左右开始进入快速发展阶段。在《技术政策与经济绩效:来自日本的经验》一书中,Freeman[21] 总结了日本汽车和电子产业的技术创新与赶超经验,提出国家创新体系即国家层面跨领域、多部门组成的创新网络,促进了日本的新技术引进、改进、开发和扩散,并强调其对经济发展与技术追赶的重要性。随后,Lundvall[22] 从知识的基础作用出发、Nelson[23-24] 在对美、韩等四国的创新政策研究的基础上建立了国家间创新体系和创新绩效的比较框架。此后,有效解释公共政策对产业创新、技术追赶影响机制的国家创新体系理论在学界和政界迅速扩散与蓬勃发展。学者们围绕国家创新体系的要素和结构进行深入研究,解析国家创新体系如何运转以及组成整体的各部分间的相互关系与作用机制。Etzkowitz 和 Leydesdorff[25] 关注美国和瑞典等国家的创新制度设计对创新主体间的技术交流与知识交互的影响,提出了经典的"政府—产业—大学"三螺旋创新体系结构模型。

国内学者针对中国产业集群多样等复杂情境,探讨了中国特色国家创新体系的建设与运转问题。宁钟和司春林[26] 提出了包含国家、地区、产业等多层级集群的国家创新体系框架,并对各层级集群的结构和功能进行了定义。王露等围绕国家创新体系内知识网络的复杂特征展开了动力学行为分析,并据此提出创新投资的优化调控模式。《国家中长期科学和技术发展规划纲要(2006—2020 年)》指出,中国国家科技创新体系是以政府为主导、企业为主体、科研院所及高校为依托、技术创新服务机构为支撑的四角相倚的创新体系。其中,政府扮演着"主导者"的角色,配置全国范围的创新资源,把控科技创新方向;企业作为创新主体,直接决定研发创新活动的效率和效益;科研院所及高校主要从事基础研究,是知识创造、传播的重要渠道;技术创新服务机构通过技术评估、转移等功能,在知识与科技创新成果转化及应用中起着重要的桥梁作用[27]。体系内部各主体间的协同,是科技创新体系健康和充满活力的关键影响因素[28]。众多学者的持续研究丰富了国家创新体系的内涵,为科技政策研究提出深刻见解与建议(见表 1.1)。

表 1.1 2017—2022 年国家创新体系领域的代表性研究

作者	时间	发表期刊	理论内涵	政策建议
龚刚,魏熙晔,杨先明,等[31]	2017	中国社会科学	基于增长理论的技术进步视角,指出后发国家跨越"中等收入陷阱"的关键在于构建国家创新体系,使技术增长率高于先发国家	重视商业、规制和创新环境建设,关注政府的作用,构建中国特色国家创新体系,促进自主研发能力提升,实现创新驱动发展
柳卸林,葛爽,丁雪辰[32]	2019	科学学与科学技术管理	从制度基因与组织基因的角度对三次工业革命的兴替与国家创新体系的演化进行总结分析	提出后发国家对领先国家的制度、组织基因和创新体系进行复制、学习并改良、超越的规律
雷丽芳,潜伟,吕科伟[33]	2020	科学学研究	指出举国体制具有计划性、举国、政府主导等特点,兼具国家和项目两个层次的内涵特征	结合对苏、美、日三国经验的比较分析,提出建立中国特色国家创新体系的战略建议
程建平,陈丽,郑永和,等[34]	2021	中国科学院院刊	明确了国家自然科学基金在国家创新体系中发挥引导"使命驱动型创新"的基础定位和源泉作用	提出国家自然科学基金的策源创新、培育人才、体系连接、引领开放、文化塑造、改革示范六大方向改革
裴瑞敏,张超,陈凯华,等[35]	2022	中国科学院院刊	剖析了我国种业国家创新体系存在大而不强,效能低下,创新链、产业链融合存在障碍等问题	建议充分考虑行业创新规律和需求,发挥全国统一大市场优势,促进"政产学研"结合、双链融合

资料来源:改编自吴晓波等[36]。

之后,学者们针对如何提升国家创新体系效能的机制与路径提出了不同的观点与见解,协同视角的观点占据主流[28-29]。雷小苗[30]基于"科学—技术—产业"协同视角,直面我国创新体系效能研究中存在的重"效"轻"能"问题,提出"创新体系效能"要"效"与"能"并重。其中,"效",是将创新体系看作"黑箱",分析创新投入产出绩效;"能",是将创新体系看作"白箱",考虑内部运作结构,包括"科学—技术—产业"各环节间的协同度、开放度、深度、广度、速度等。"效"与"能"结合,是基于结果导向和过程导向的全面评价,能满足深层管理决策需要。协同视角的研究从多主体合作的角度出发,提出中国应该从创新绩效、创新协同度、创新开放度、创新深度、创新广度、创新速度等方面剖析提升创新体系效能的机制,探讨体系结构、协同模式与产出绩效之间的关系,提出提升创新体系效能要增强创新主体之间的"协同性",加深创新的广度与深度,依据体系结构、协同模式与产出绩效之间的对应关系,探索不同产业情境下的最佳创新路径等。以上研究为学研机构、企业、政府等精准施策和科学决策提供了丰富的理论指导。

吴晓波等[36]以超越追赶视角对中国国家创新体系的演化历程进行了系统性回顾,深化理解中国的科技管理政策布局如何以非线性的确定性包容不确定性,为国家创新体系研究拓展了中国式创新的科学新知。研究指出,在"跟跑"阶段(1956 年至 1985 年),国家创新体系表现出"政府计划主导,'产学研'松散联系"特征;在"并跑"阶段(1985 年至 2006 年),国家创新体系表现出与"'政产学研'四螺旋紧密互动"特征;在"领跑"阶段(2006 年至今),国家创新体系表现出"'政产学研金介用'七位一体协同联动"特征。即在中国国家创新体系演进的过程中,从初始的"产学研"松散结构逐步转变为高度整合的"政产学研"体系,塑造了"政产学研金介用"七位一体的系统框架(见图 1.1)。

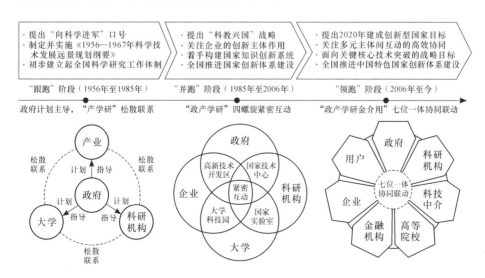

图 1.1 我国重大创新政策与创新体系演进历程

笔者进一步研究指出,中国国家创新体系在从"跟跑"到"领跑"的过程中发挥了基础作用,但在新一轮科技革命和国际竞争中面临新机遇与新挑战。数字技术改变了产业边界和创新互动,网络化逐渐颠覆了多元主体的创新互动模式,引起创新管理实践从源头、过程到模式都发生革命性变化[36-38]。同时,贸易保护主义和外部环境变化使跨国创新协作受抑制,加速内源式国家创新体系建设的重要性凸显[39]。党中央提出关键核心技术实现重大突破的战略目标[40],需要建成高效能的国家创新体系。基于宁吉喆[41]的分析,笔者进一步提出协同创新体系的要素结构,即夯实创新环境建设基础,优化技术创新体制,促进资源高效配置,协调主体、跨界配合、实现联动,突出新型国家创新体系的优势(见图1.2)。

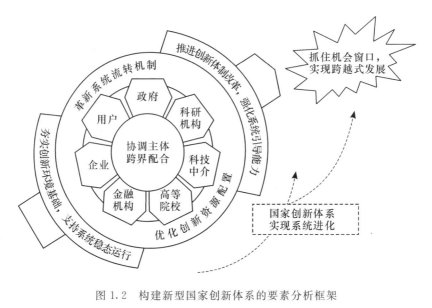

图1.2 构建新型国家创新体系的要素分析框架

综上所述,学者们在中国情境下围绕区域创新系统(RIS)和国家创新体系(NIS)的研究将世界普遍共性与中国特色个性有机地结合在一起,并实现对西方式现代化及追赶理论逻辑的超越,极大地丰富了宏观层面的创新理论体系,为全球后发国家构建超越追赶的长期制度提供了科学参考和对策建议。

1.3 数字时代下的国内创新管理研究

(1)数字时代下创新生态相关研究

创新主体数字化转型重塑了创新生态系统的价值共创模式、创新范式和创新行为逻辑,引发了关于构建数字创新生态系统的思考,也使得关于数字化转型对创新生态系统影响相关议题的探讨日益引起学界的关注。现有研究文献关于该议题的探讨主要围绕数字创新生态系统的演化发展、数字创新生态系统的理论构建、数字创新生态系统的治理机制。

有学者从主体角度,分析数字创新生态系统的演化发展。如孟方琳等[42]将数字创新生态系统的主体拓展至包含高校科研机构的三主体范围,进一步明确了数字创新生态系统参与主体的构成。宁连举等[43]进一步探讨了数字创新生态系统共生模式,运用数值仿真模拟系统中三主体相互作用的共生模式,探究了高校科研机构的入驻对数字创新生态系统发展演化的影响机理及整个系统三主体的演化路径。陈劲等[44]指出,共同富裕视野下企业间的创新合作形态逐渐演变为创新生态,数字创新生态系统能够更好地实现企业间价值共创与共享,从而拓展了中国情境下的数字创新生态系统研究。随后,杨柏等[45]从数字技术和数据资源两个层面对数字化转型下创新生态系统演进的驱动机制进行了探索性研究,提出数字技术通过降低创新活动不确定性、增强系统的融合和生成、强化系统的沟通与协调等方面驱动创新生态系统持续演进,而数字资源通过完善价值共创模式、加速创新迭代等驱动创新生态系统不断演进。

在理论构建方面,数字化重塑了创新主体之间的价值共创方式,拓展了现有创新生态系统理论。在生态情境下,多主体之间的动态复杂协同作用进一步推动了数字创新生态系统的演进、升级和迭代。已有学者提出数字创新生态系统的两种表现形式——创新导向的数字生态系统以及数字赋能的创新生态系统,认为创新导向型的数字生态系统旨在促进数字创新的产生、应用与扩散;数字赋能的创新生态系统是数字化进程与创新主体间价值共创行为深度融合的结果,实现了创新生态系统内主体、结构、制度、功能和演进的数字化转型[46]。

在治理机制方面,多主体的广泛参与、海量数据的汇聚、动态灵活的关系,带来了创新资源管理难、创新主体协同难、创新过程管控难的治理挑战。基于此,魏江等[47]从关系机制、激励机制、控制机制三个方面,构建了基于数字平台构建、数字技术应用及数字资源协同的创新生态系统治理机制。

此外,从结果方面看,数字技术的普及不仅让企业和数字创新生态系统在经济发展中的影响日益增大,而且使它们的社会价值创造过程备受关注[48]。

现有研究提出的深刻洞见不仅为深入、系统理解数字化转型下创新生态系统的内涵扩展、创新范式和创新行为的改变等提供了重要理论基础,而且也为推动我国创新生态系统持续演进,构建数字创新生态系统提供了重要指导与参考。

(2)数字技术驱动的创新(协同创新、颠覆性创新、开放式创新、绿色创新)

随着数字时代的到来,国内学者针对数字化背景下中国企业创新管理经历的新问题、新挑战和新发现,积极探索数字化背景下创新范式的改变,先后丰富了协同创新、颠覆性创新、开放式创新、绿色创新相关研究,对创新理论发展做出了重大贡献。

在数字时代,协同创新逻辑、组织基础与价值增效机制受到冲击,促使主体间组织架构与创新生态需要重塑,数字化情境下协同创新的变化亟待探索。如李振东等[49]从整体视角出发,构建"前因—组织变革—运行机制"这一数字化情境下的协同创新理论框架,并提出:数字时代创新逻辑的变化、驱动的升级与价值的挖掘共同驱使协同创新活动的生发;数字化情境下协同创新活动的组织变革包括通过企业开放构建学习型组织、通过平台共生促进组织共享共益,以及通过生态共演强化组织韧性;从主体、平台与生态三个层面探寻动力生成机制,从战略、业务流程、管理三个层面构建全面协同机制。

在新一轮科技革命和产业变革中,新兴技术间高度融合、不断渗透,各行业颠覆性创新的技术、产品和服务不断涌现。越来越多的学者关注"数字技术如何驱动高端颠覆性创新产生"这一核心议题。如刘海兵等[50]提出了数字技术驱动高端颠覆性创新的理论框架,探索了基于"模糊前端—开发—商业化"三阶段的高端颠覆性创新产生过程,进一步识别了数字技术驱动高端颠覆性创新的数字连通机制(数字孪生、数字化生态嵌入)和数字协同机制(数字化开放式创新、数字化分布式协同)。

数字经济时代的企业创新范式已从封闭式创新转向企业与外部主体间的开放式创新,生成适应数字经济发展的数字化能力是企业实施开放式创新并塑造可持续竞争优势的关键。有学者从动态能力视角,提出数字化能力通过推动开放式创新的实施这一中介机制促进企业绩效的持续改善,进一步明晰了数字化能力、开放式创新与企业绩效的内在联系[51]。

此外,有学者基于知识基础观理论,指出数字技术的应用提高了企业的知识搜索能力与研发合作能力,进而提升了企业绿色创新质量[52],进一步明晰了数字技术与绿色创新的路径机制。

(3)数字时代下商业模式创新

数字技术、数字平台对商业模式创新有着不可替代的积极作用。一方面,现有学者聚焦于数字技术可供性对商业模式创新影响的作用机理,探讨了数字技术可供性差异对不同类型商业模式创新的影响机制,厘清了数字化能力在数字技术可供性和商业模式创新之间差异化的传导作用[53]。

另一方面,数字平台成为推动我国传统企业向数字化、网络化和智能化转型的重要驱动引擎,如何实现数字平台商业模式创新成为业界和学界关注的重要议题。如钱雨等[54]将数字平台的建设划分为启动、构建和扩展,发现传统企业通过对企业、网络和系统层面的动态能力部署,对商业模式组件进行平台化调整,促进平台价值主张、闭环价值网络和多边数字平台的构建,可逐步实现数字平台商业模式创新。刘汕等[55]围绕平台边界设计和边界资源部署两个角度,解构了数字平台商业模式的创新过程,提出资源、互补和生态边界设计是数字平台商业模式的核心,管理互补者和互补品不确定性是促进价值共创的重要手段,边界资源是建立、管理和维护跨边界关系的手段,能够影响价值创造与获取。随后,吴言波等[56]进一步探究了新颖型商业模式创新在数字平台能力与新创企业成长之间的中介效应,建立起从数字平台能力到新颖型商业模式创新再到新创企业成长的完整理论架构。此外,数字平台生态系统是企业数字创新的重要情境。阮添舜等[57]基于生态系统观与技术能力观构建"生态系统—数字能力"研究框架,进一步指出数字能力在数字服务创新中主要发挥场景构建和服务融合作用,在数字商业模式、创新模式中主要发挥协同创造和价值重塑作用,厘清了企业数字创新实现路径的主要特征。

(4)数字创新的理论框架

已有数字创新综述研究较全面地梳理了数字创新的定义、特征、类型、基本要素、创新模式、过程等方面的研究进展(余江等[58],刘洋等[59],柳卸林等[60],谢卫红等[61],贺俊[62],陈姿颖等[63])。如余江等[58]较早针对数字创新的内涵、类型、技术和社会属性等进行探究。柳卸林等[60]结合数字创新的特征,基于技术、市场和制度三种机会窗口探讨了数字创新为中国赶超带来的机遇,以及需要面对的挑战。贺俊[62]基于数字技术带来的创新模式变革,探讨创新主体功能、主体互动模式、制度环境特征,分析现阶段我国数字技术创新体系的不足和政府作用的领域与重点。从主体关系看,数字创新过程伴随多主体互动的不断演化,多主体之间的关系并非一成不变。如陈姿颖等[63]从多主体视角出发,基于非生态情境与生态情境分别厘清数字创新过程各阶段的参与主体及其行为,并且结合技术、组织与环境三个方面影响因素的作用,揭示两类情境下数字创新过程中多主体行为及结果差异的根源,进而深化对数字创新过程的复杂机理的认识。

(5)数字技术与企业创新

在数字技术对企业的影响方面,如程聪等[64]探讨了数字技术可供性与企业数字创新价值。将数字技术可供性划分为积累可供性和变异可供性,分别探讨两者对数字创新价值强度和范围的影响,回答了"为什么相似的数字技术应用于不同企业能够得到截然不同的效果",厘清了数字技术可供性对数字创新价值实现的影响机制。

数字技术赋能技术创新,对实现制造企业的创新驱动发展具有重要意义。如余菲菲和王丽婷[65]界定了数字技术对制造企业技术创新赋能的内涵,包含三个层面,即对创新主体、过程以及结果赋能,提炼出三条路径及其选择机制,即以技术整合为中心的产业链协同创新路径、以产品智能化为中心的开放式创新路径和以消费者个性化需求为导向的两端创新路径,从而为数字技术赋能下制造企业的技术创新提供理论指导。

参考文献

[1] 傅家骥,姜彦福,赵军,等.技术创新与我国经济发展道路的选择[J].改革,1990(6):64-69+89.

[2] 王伟强,许庆瑞.企业工艺创新的源与模式研究[J].科研管理,1993(5):48-54.

[3] 魏江,许庆瑞.企业技术创新机制的概念、内容和模式[J].科技进步与对策,1994(6):37-40.

[4] 傅家骥,施培公.技术积累与企业技术创新[J].数量经济技术经济研究,1996(11):70-73.

[5] 许庆瑞,吴晓波.技术创新、劳动生产率与产业结构[J].中国工业经济研究,1991(12):9-15.

[6] 吴晓波,许庆瑞.二次创新竞争模型与后发优势分析[J].管理工程学报,1995(1):7-15.

[7] 吴晓波,许庆瑞.二次创新竞争模型与企业竞争战略分析[J].系统工程学报,1995(3):37-47.

[8] 许庆瑞.关于管理教育与管理科学研究的几个问题[J].管理工程学报,1986(1):1-6.

[9] 许庆瑞,郑刚,喻子达,等.全面创新管理(TIM):企业创新管理的新趋势——基于海尔集团的案例研究[J].科研管理,2003(5):1-7.

[10] 许庆瑞,谢章澍,郑刚.全面创新管理的制度分析[J].科研管理,2004(3):6-12.

[11] 谢章澍,许庆瑞.论全面创新管理发展及模式[J].科研管理,2004(4):70-76.

[12] Cooke P. Regional innovation systems：Competitive regulation in the New Europe[J]. Geoforum,1992,23(3):365-382.

[13] 冯之浚.国家创新系统的理论与政策[M].北京:经济科学出版社,1999.

[14] 黄鲁成.关于区域创新系统研究内容的探讨[J].科研管理,2000(2):43-48.

[15] 吴敏.基于三螺旋模型理论的区域创新系统研究[J].中国科技论坛,2006(1):36-40.

[16] 王松,胡树华,牟仁艳.区域创新体系理论溯源与框架[J].科学学研究,2013,31(3):344-349+436.

[17] 李虹.区域创新体系的构成及其动力机制分析[J].科学学与科学技术管理,2004(2):34-36.

[18] 郑玉雯,张青芬.共生视角下国家高新区绿色创新生态系统能级提升路径研究[J].科技进步与对策,2024,41(16):49-60.

[19] 陈强,梁佳慧,敦帅.创新生态评价研究:指标体系、区域差异和对策建议[J].科学管理研究,2023,41(5):2-11.

[20] 吴晓波,寿涌毅,杜健,等.创新型经济评价体系构建和浙江省创新型经济发展研究[R].浙江大学管理学院,2007-12-01.

[21] Freeman C. Technology policy and economic performance: Lessons from Japan[M]. London: Pinter,1987:50-55.

[22] Lundvall B. National systems of innovation: Towards a theory of innovation and interactive learning[M]. London: Printer Publishers,1992.

[23] Nelson R. Regional invention system: Technical innovation and Dimensions[J]. Research Policy,1996,13:47-49.

[24] Nelson R R. National innovation systems: A comparative analysis[M]. London: Oxford University Press,1993.

[25] Etzkowitz H,Leydesdorff L A. Universities and the global knowledge economy: A triple helix of university-industry-government relations[M].London: Pinter,1997.

[26] 宁钟,司春林.国家创新系统的演化及不同层级的集群含义[J].科研管理,2002(5):1-4.

[27] 陈劲,刘海兵,杨磊.科技创新与经济高质量发展:作用机理与路径重构[J].广西财经学院学报,2020,33(3):28-42.

[28] 张娟,张翠梅.数智赋能国家创新体系优化的内在逻辑、可能风险与综合规制[J].求是学刊,2024,51(1):76-89.

[29] 唐任伍,温馨,武天鑫.国家创新体系的数字化重构——新型举国体制驱动的机理与路径[J].经济与管理研究,2024,45(1):3-15.

[30] 雷小苗.提升国家创新体系效能的机制与路径——基于"科学—技术—产业"协同视角[J].科学学研究,2024,42(7):1504-1512.

[31] 龚刚,魏熙晔,杨先明,等.建设中国特色国家创新体系 跨越中等收入陷阱[J].中国社会科学,2017(8):61-86+205.

[32] 柳卸林,葛爽,丁雪辰.工业革命的兴替与国家创新体系的演化:从制度基因与组织基因的

角度[J].科学学与科学技术管理,2019,40(7):3-14.

[33] 雷丽芳,潜伟,吕科伟.科技举国体制的内涵与模式[J].科学学研究,2020,38(11):1921-1927＋2096.

[34] 程建平,陈丽,郑永和,等.新时代国家自然科学基金在国家创新体系中的战略定位[J].中国科学院院刊,2021,36(12):1419-1426.

[35] 裴瑞敏,张超,陈凯华,等.完善我国农作物种业国家创新体系 促进创新链产业链深度融合[J].中国科学院院刊,2022,37(7):967-976.

[36] 吴晓波,林福鑫,李思涵,等.超越追赶视角下新型国家创新体系的构建[J].科研管理,2024,45(1):1-12.

[37] 吴晓波,吴东.中国创新驱动的演化:从追赶到超越追赶[J].China Economist,2023,18(4):86-114.

[38] 吴晓波,林福鑫,李思涵,等.穿越周期:工业 5.0 与第六代创新管理范式[J].清华管理评论,2023,108(Z1):82-90.

[39] 渠慎宁,杨丹辉.制造业本地化、技术反噬与经济"逆全球化"[J].中国工业经济,2022,411(6):42-60.

[40] 习近平.关于《中共中央关于制定国民经济和社会发展第十四个五年规划和二〇三五年远景目标的建议》的说明[N].人民日报,2020-11-04(2).

[41] 宁吉喆.中国式现代化的方向路径和重点任务[J].管理世界,2023,39(3):1-19.

[42] 孟方琳,田增瑞,姚歆.基于 Lotka-Volterra 模型的数字经济生态系统运行机理与演化发展研究[J].河海大学学报(哲学社会科学版),2020,22(2):63-71＋107.

[43] 宁连举,刘经涛,肖玉贤,等.数字创新生态系统共生模式研究[J].科学学研究,2022,40(8):1481-1494.

[44] 陈劲,张月遥,阳镇.共同富裕战略下企业创新范式的转型与重构[J].科学学与科学技术管理,2022,43(2):49-67.

[45] 杨柏,陈银忠,李海燕.数字化转型下创新生态系统演进的驱动机制[J].科研管理,2023,44(5):62-69.

[46] 张超,陈凯华,穆荣平.数字创新生态系统:理论构建与未来研究[J].科研管理,2021,42(3):1-11.

[47] 魏江,赵雨菡.数字创新生态系统的治理机制[J].科学学研究,2021,39(6):965-969.

[48] 邢小强,汤新慧,王珏,等.数字平台履责与共享价值创造——基于字节跳动扶贫的案例研究[J].管理世界,2021,37(12):152-176.

[49] 李振东,张冬冬,朱子钦,等.数字化情境下的协同创新:理论框架与研究展望[J].科学学与科学技术管理,2022,43(8):47-65.

[50] 刘海兵,刘洋,黄天蔚.数字技术驱动高端颠覆性创新的过程机理:探索性案例研究[J].管

理世界,2023,39(7):63-81+99+82.

[51] 张华,顾新.数字化能力、开放式创新与企业绩效——创新独占性的调节效应[J].科学学与科学技术管理,2023,44(6):132-149.

[52] 杨鹏,孙伟增.企业数字技术应用对绿色创新质量的影响研究[J].管理学报,2024,21(2):232-239.

[53] 汪志红,周建波.数字技术可供性对企业商业模式创新的影响研究[J].管理学报,2022,19(11):1666-1674.

[54] 钱雨,孙新波,苏钟海,等.传统企业动态能力与数字平台商业模式创新机制的案例研究[J].研究与发展管理,2021,33(1):175-188.

[55] 刘汕,张凡,惠康欣,等.数字平台商业模式创新:综述与展望[J].系统管理学报,2022,31(6):1109-1122.

[56] 吴言波,韩炜,邵云飞.数字平台能力、新颖型商业模式创新与新创企业成长[J].研究与发展管理,2023,35(6):71-84.

[57] 阮添舜,屈蓉,顾颖.数字平台生态系统下企业何以实现数字创新[J].科技进步与对策,2023,40(23):82-91.

[58] 余江,孟庆时,张越,等.数字创新:创新研究新视角的探索及启示[J].科学学研究,2017,35(7):1103-1111.

[59] 刘洋,董久钰,魏江.数字创新管理:理论框架与未来研究[J].管理世界,2020,36(7):198-217+219.

[60] 柳卸林,董彩婷,丁雪辰.数字创新时代:中国的机遇与挑战[J].科学学与科学技术管理,2020,41(6):3-15.

[61] 谢卫红,林培望,李忠顺,等.数字化创新:内涵特征、价值创造与展望[J].外国经济与管理,2020,42(9):19-31.

[62] 贺俊.数字技术创新体系的特征与政府作用[J].求索,2023(5):107-115.

[63] 陈姿颖,敖嘉悦,杨亚倩,等.数字创新过程与多主体行为:研究框架与展望[J].科学学与科学技术管理,2024,45(12):120-137.

[64] 程聪,缪泽锋,严璐璐,等.数字技术可供性与企业数字创新价值关系研究[J].科学学研究,2022,40(5):915-926.

[65] 余菲菲,王丽婷.数字技术赋能我国制造企业技术创新路径研究[J].科研管理,2022,43(4):11-19.

2 工艺创新与产品创新

金　珺

2.1 引　言

　　创新驱动高质量发展、新质生产力培育。中国制造业已经成为世界制造业的中心。中国制造业的崛起离不开技术创新,而工艺创新和产品创新正是中国制造业获得技术创新优势的重要手段。受限于早期技术能力与发展阶段的落后,中国的工艺创新与产品创新过程与发达国家的技术创新过程具有本质差异。中国制造业的技术创新路径大致表现为先引进国外成熟生产工艺,通过"干中学"等方式消化、吸收先进知识,而后注重自主工艺创新与产品创新能力的培育,在新的技术范式上实现后发追赶。通过分析与总结中国的工艺创新与产品创新的实践经验与理论创新,构建具有中国特色的工艺创新与产品创新协同演化理论,对其他发展中国家的后发追赶与产业升级具有参考借鉴意义。因此,本章在回顾工艺创新与产品创新的基本理论的基础上,扎根于中国情境,分析中国企业工艺创新与产品创新如何实现后发追赶。

　　第2.2节回顾了工艺创新与产品创新的基本理论及中国学者的理论贡献。第2.3节从企业内部与企业外部两大视角介绍了工艺创新与产品创新的影响因素。第2.4节进一步介绍了工艺创新与产品创新的概念差异与动态联系。第2.5节探讨了数字时代下,工艺创新、产品创新的新特征与新发展以及二者关系的演变趋势。第2.6节对本章基于中国情境的工艺创新与产品创新研究进行总结,并结合中国经验对全球工艺创新与产品创新提出了管理实践启示与未来研究方向。

2.2 工艺创新与产品创新的基本定义和内涵

关于工艺创新和产品创新的讨论可追溯到以往对熊彼特创新理论的思考研究。约瑟夫·熊彼特(Joseph Alois Schumpeter)于 1912 年提出创新理论,将创新分为五个方面,分别是新产品、新方式、新市场、新原料来源、新组织[1]。在熊彼特创新理论的基础上,而后的研究进一步将创新的五个方面提炼为技术创新、市场创新、资源配置创新、组织创新等方面。其中,技术创新主要由产品创新(product innovation)和工艺创新(process innovation)构成,二者相互联系、无法分割[2]。具体而言,工艺创新(亦称流程创新)指的是执行或采用新的或显著改善了的生产或者交付方法,其中包括技术、设备和软件上的重大变化[3]。而产品创新指的是企业通过推出新颖、独特的新产品以获得市场成功的过程。

工艺创新与产品创新的协同演化是现有研究的核心理论议题。工艺创新与产品创新相互联系,若企业只注重工艺创新以降低边际生产成本,则可能因为产品单一而失去市场竞争优势;若企业只注重产品创新以提升市场需求与销售利润,则可能因为工艺过于落后而阻碍产品生产的进度。学者对工艺创新与产品创新的协同发展关系进一步深化,分别从协同模式[4]、协同机制[5]、协同程度[6-7]与协同策略等方面进行了探究,如毕克新和孙德花[6]通过结构方程模型检验了工艺创新与产品创新的互动关系中知识耦合程度的重要性。

2.3 工艺创新与产品创新的影响因素

企业内部因素和外部环境都会影响企业的工艺创新与产品创新。现有研究从企业的资源、能力、生产等层面揭示了影响工艺创新或产品创新取得成功的重要因素[8-11]。企业内部财务资源[12]、人力资源[13]、高管团队异质性等是重要的工艺创新和产品创新的资源层面影响因素。如解学梅等[14]基于资源基础理论,发现财务约束对绿色工艺创新绩效并没有显著的调节作用,而高管团队异质性则正向调节了绿色工艺创新与创新绩效的关系。除了企业资源,通过利用企业内部核心能力优势,制造业也能够更好地受益于工艺创新。现有相关研究主要基于核心能力理论展开,认为企业在知识、技术等不同的资源基础上,形成了其他企业无法复制的或获取的能力,构成了企业技术创新的重要驱动力。核心能力概念覆盖面较广,现有研究主要考虑了吸收能力、学习能力及容错能力在产品创新与工艺创新中的作用。吸收能力指的是企业基于现有组织惯例与流程所积累的获取、消化、转化与开发外部新信息与新知识的动态组织能力,对企业的技术创新发挥重要作用[15]。周文光研究发现,获取能力、消化能力、转化能力与开发能力等吸收能力的细分维度与工艺创新绩效存在正向关系,且都受到知识产权风险的调节作用影响[16]。除了吸收能力,学习能力和容错能力在科创企业的产品创新和工艺创新的发展期和成熟期也发挥了关键作用[17]。对于生产层面,现有少数研究关注到了工艺创新的生产导向特征,比如汪涛和雷志明[18]讨论了生产目标对工艺创新的影响,发现在企业生产目标实现难度较大或潜在财务困境存在的情况下,企业倾向于选择更快捷有效的合作创新与模仿创新。

对于外部视角,国内现有研究主要从制度和行业两个层面揭示外部环境对工艺创新与产品创新的重要作用。此部分研究聚焦在绿色创新领域。对于制度层面,现有研究既考虑了政策规制的约束作用,也考虑了政府财政的激励作用。政策规制主要体现为环境管制对绿色工艺创新的驱动作用,即在合理的环境管制政策下,企业为了减少环境污染导致的生产成本,积极变革生产流程,推动绿色工艺技术开发,地方治理质量在环境管理与绿色工艺创新之间发挥了正向调节作用[19-20]。除了政策法规约束,制度激励手段同样对工艺创新产生重要影响。政府利用财政资源以税收补贴、贷款、赠款等形式对企业的工艺创新实践进行补贴,有利于缓解企业的在购置新设备、招聘新人才、采购新原材料等创新实践中的资源短缺。解学梅等则通过实证研究验证了绿色补贴对企业绿色工艺创新的正向调节作用[14]。

对于行业层面,现有研究主要揭示了行业环境与合作关系这两个方面对工艺创新及产品创新的影响。如果行业竞争较为激烈,在位企业较多而缺乏具有垄断势力的企业,企业就缺乏动力进行工艺创新,而更倾向于选择产品创新以抢占市场份额;但随着部分在位企业市场势力的积累,其获得的垄断利润高于行业平均利润,产品创新带来的利润下降,因此更倾向于通过工艺创新降低生产成本,进一步提高垄断利润,扩大竞争优势[21-22]。除了基于行业竞争结构的静态视角,国内现有研究进一步弥补对行业环境的动态性观照不足的问题。胡赛全等[23]指出,外部环境对产品创新的正向影响显著,外部环境变化越激烈,企业越有机会获得新的信息与新的客户,越有利于企业进行产品创新。此外,随着研究的深入,学者们开始意识到,企业技术研发的决策及绩效,还可能受到上下游行业合作伙伴的制约,尤其是在纵向产业关联度较强的行业中,比如汽车、钢铁等,因此部分研究转向侧重于关注合作关系对工艺创新及产品创新的影响。比如,零售商势力的增强,对上游供应商的工艺创新产生激励作用,使其在零售商的谈判中占据更加均衡的地位[24]。孙晓华和郑辉则进一步突破了单一的供应商—零售商关系,通过中国制造业的实证,分析了买方势力对产品创新与工艺创新的异质性影响[25]。

2.4 工艺创新与产品创新的关系

作为构成技术创新的两大主要类别和基本方面,工艺创新与产品创新之间存在着不可分割的相互关系。产品创新一般意指为满足外部客户或市场需求而开发的新产品或服务,而工艺创新则被定义为通过新设备、材料或操作流程重组引入新的或实质性改进的组织流程。根本而言,工艺创新关注如何改善推出产品或服务的流程和方式,而产品创新则关注如何以更快的速率推出能够满足市场功能需求的新产品或新服务。产品创新的成功可以使企业开拓新市场、提高产品市场占有率、提升市场竞争力,工艺创新的成功则可以提高企业劳动生产率、降低生产成本。总体上,产品创新与工艺创新相互关系的研究主要关注两大方面:一方面关注产品创新与工艺创新在特定的条件下呈现出怎样的匹配关系;另一方面则聚焦特定的企业在特定的环境下如何选择合适的创新策略以获取最优的竞争绩效。

(1)工艺创新与产品创新的区别

在已有的相关研究中,产品创新与工艺创新被认定存在三个关键方面的显著差异[26]。第一,它们的战略焦点不尽相同,也就是说,它们的创新目标有所区别。产品创新的理想目标在于从外部市场获取盈利,主体驱动源自客户需求,这倾向于更强的市场和利润导向。相反,工艺创新的主旨在于使用技术改进工具、设备和知识,以达成在输入和输出间的调整,其主体驱动源于提高内部效率和降低成本。鉴于这些不同的战略聚焦,产品创新的成就在组织和消费者眼中显得更为直观,而工艺创新在利益相关者看来可能并不那么明显和具体。第二,产品创新和工艺创新支持企业战略的手法也有所不同。产品创新被视为更适于支持注重卓越产品性能的差异化战略,而工艺创新通常被看作在低成本战略方面的体现。第三,这两种创新各自具有独特的知识特性。工艺创新主要关联内部和系统化的知识,而产品创新主要依赖于外部和自主性的知识。与产品创新的知识相比,工艺创新关联的知识具有更高的隐蔽性和复杂性,因而更难以被理解和模仿。工艺创新更倾向于依赖系统知识,这意味着它们从组织内部关联复杂的不同知识领域汲取知识,例如组织内部流程、结构以及社会系统。与此相反,产品创新通常由自主团队执行,使得所需的知识与组织其他子系统的相关性降低。

(2)工艺创新与产品创新相互关系的影响因素

一方面,产业的多样性被视为影响产品创新和工艺创新关系的核心因素[27]。例如,程源等[28]在分析微电子产业技术创新模式演化规律时发现,在强度集中和市场竞争激烈的行业中,主导设计是动态变化的,而产品创新和工艺创新呈现同向增长的趋势。林海芬和苏敬勤[29]的研究发现,生物技术、数字、石油化工和汽车产业因其在知识生产一般机制和内生机制方面的区别,分别处于不稳定创新、产品创新主导、工艺创新主导、产品创新和工艺创新交互存在阶段。

另一方面,企业自身的特性,如领导力、组织环境和技术战略也被认为是影响产品创新和工艺创新策略选择及其协同程度的关键因素。现有研究表明,在中国企业中,变革型领导力对产品创新的正向影响大于交易型领导力,而交易型领导力在工艺创新方面具有更大的正向影响,而且领导力与产品创新和工艺创新之间的关系也取决于企业的知识获取能力[30-31],而企业的组织环境将显著影响产品创新与工艺创新知识流动的耦合效率[32]。此外,研发外包与内部研发在推进企业产品创新和工艺创新方面存在替代关系,技术购买与内部研发在工艺创新上存在互补关系,研发外包、内部研发和技术购买的战略组合对工艺创新有正向影响[33]。

2.5 数字时代的工艺创新与产品创新

伴随着以 ABCD 技术(人工智能、区块链、云计算、大数据)为代表的数字技术和数据要素的普及,技术创新活动的内涵与环境都发生了剧烈的变化。数字创新指在创新过程中采用信息、计算、沟通和连接技术的组合,包括带来新的产品、生产过程改进、组织模式变革以及商业模式的创建和改变等[34]。随着创新活动正式进入数字创新时代,探究数字时代产品创新与工艺创新发生的新变化,以及明确数字产品创新管理和数字工艺创新模式变革方向,已经成为当前技术创新研究领域的重要新兴课题。

(1)数字时代工艺创新的新特征与新发展

数字技术的普遍出现和商品化重新强调了利用数字化赋能工艺创新对提升

生产力和保持竞争优势的重要性[35]。在数字经济时代，由于技术飞跃和竞争激烈的商业环境，产品周期的持续时间变得越来越短，工艺创新已经重新成为保持竞争力和保持市场地位的公司战略要求。通过将数字技术嵌入现有工艺中，现有生产模式得以通过资源的优化配置和效率的提升来实现降本增效。它们使生产中的实时合作、智能协调、决策系统搭建、生产流程自主管理和问题解决以及生产设备的自我学习成为可能。对处于以工艺为基础的行业中的大多数公司来说，开发数字化解决方案以创新其生产流程已成为战略的核心重点之一，这通常是与设备供应商合作进行的[36]。为促进这种组织间的协作，通常使用数字架构来为内部或外部的利益相关者提供数字基础设施或数字平台的公共接口，从而减少了多个系统不兼容所带来的碎片和僵化。数字技术通过对流程的不断调整和优化，提高了流程的灵活性和可靠性，得以最大限度地提高产量，并改善对于生产过程的质量管理。

（2）数字时代产品创新的新特征与新发展

当前，数字时代产品创新的研究主要关注两个方面，即数字化如何改变已有的产品创新活动和管理，以及数字产品的创新活动特征和管理方式。

数字化主要通过两种效应直接影响产品创新：数字连接，降低了通信成本并提高了通信速度；数字融合，增加了知识的异质性和可组合性[37]。一方面，数字化作为一种运营资源刺激数字连接，这使其降低了通信成本，提高了通信速度和覆盖范围，扩大了控制权和资源的分配度，并使创新参与者之间的协调和合作成为可能。数字资源可以通过改善与其他技术的连通性、灵活性和重新设计流程来触发和促进创新。另一方面，数字化作为一种操作性资源，通过增强数字融合，增加创新网络参与者之间的知识和资源异质性，从而刺激生成性。除此以外，数字化产生了新型的创新网络，促进了异质知识更自由地流动，并加快了创新生态围绕新产品扩张的速度[38]。在产品创新中，数字技术作为一种运营资源被广泛使用，以及数字工具作为运营资源的使用，推动了组织追求更激进的创新。除了直接影响以外，数字化还能够通过间接的方式影响产品创新的绩效。数字化还改变了客户需求，影响产品创新的方式以及两者的关系。如在线顾客参与和企业产品创新绩效之间存在倒 U 形关系，在线客户的知识贡献起中介作用[39]。当客户拥有强大的在线社区关系时，他们通常会更负责任，更可靠地向公司提供有用的反馈。同时，企业，特别是在竞争强度较大的行业中的企业，他们的数字化能力还可能提高企业创业的倾向和能力,进而提高产品创新的绩效[40]。

更多的研究开始关注基于数据和数字技术构建的数字产品的创新活动。数字产品创新是指在特定市场内,包含信息、计算、通信和连接技术的数字技术或由这些数字技术支持的全新产品或服务[34]。数字产品创新的主要分类有两种:纯数字产品,以及将数字技术与物理部分结合的产品。这类创新的核心特征在于其自生性质和不确定性。同样,数字产品创新不仅仅需要新功能的设计及实施,还涉及新型商业模式和对产品意义、价值的全新创造与建构。为了进行数字产品创新,构建或接入数字基础设施已经成为提高创新效率和成功率的关键因素,而数字能力与动态能力企业的重要性也被进一步强调。

(3)数字时代工艺创新与产品创新关系的演变

数字技术与数据要素的应用让工艺创新和产品创新之间的边界变得模糊,二者在概念内涵和功能定位上有了更多的重叠。产品创新和工艺创新之间的相互依赖,增加了数字时代技术创新活动的复杂性,扩大了创新活动的范围。正确识别并及时管理两种创新活动间的互补关系,被认为是提高企业技术创新成功率和价值的前提。

面向工艺的数字设计工具和协同信息工具在产品创新活动中的普及,影响了与产品创新相关的知识管理的多个方面。数字化工具能力和范围的深刻变化对项目级的产品创新产生了重大影响。加强产品创新过程中对数字工具的应用已经成为公司知识管理工作的核心之一,因为这些工具本身已经成为知识创造的重要组成部分。它们日益增强的功能使得公司能够完成更快的开发并产出更全面的解决方案。这些工艺创新在产品创新过程中增加的覆盖面和嵌入深度,提升了工作流的过程集成度,并引发了组织层面上更多的知识集成和知识共享[41]。

在以工艺为基础的行业中,产品和服务创新水平较高的公司往往具有更好的数字技术应用广度和深度[42]。对于这些公司而言,数字技术的潜力不仅在于提高内部流程的效率,还在于使它们能够创造全新的产品和服务。这一研究结果强调,在数字经济时代,工艺创新和产品创新绝不应该相互孤立地讨论,因为数字工艺创新的影响绝不仅限于效率的提高。企业更加需要从全局出发制定数字化战略以同时兼顾并推进数字产品创新和数字工艺创新,并提升企业知识库的数字化程度以促进内部知识的整合。

2.6　结论与展望

在全球经济一体化和科技飞速发展的背景下,工艺创新与产品创新已成为企业提升竞争力和实现可持续发展的关键驱动力。通过深入分析这两种创新在中国制造业后发追赶过程中的作用,本章发现它们不仅推动了国内产业的转型升级,还为全球创新管理提供了有益的参考。

在分析影响工艺创新与产品创新的因素时,本章从企业内部和外部两个角度进行了深入探讨。企业内部因素包括资源、能力、生产等方面,如财务资源、人力资源、高管团队异质性、核心能力等。而外部因素则涉及制度和行业层面,如政策规制、政府财政激励、行业竞争结构和合作关系等。这些因素共同作用于企业的创新活动,影响着工艺创新与产品创新的成功与否。

在理论回顾的基础上,本章进一步阐述了工艺创新与产品创新的概念差异与动态联系。工艺创新主要关注生产流程的改进,以提高生产效率和产品质量;而产品创新则侧重于满足市场需求的新产品开发,以满足消费者的多样化需求。

在数字时代背景下,工艺创新与产品创新呈现出新的特征与发展趋势。数字技术的普及使得创新活动更加依赖于信息、计算、沟通和连接技术的组合。数字化不仅改变了产品创新活动和管理方式,还使得工艺创新与产品创新的边界变得模糊,增加了技术创新活动的复杂性。因此,中国企业在适应数字化浪潮的过程中,需要不断提升自身的技术实力和创新能力。

展望未来,面对人工智能、自动化和绿色化等新兴技术的迅猛发展,全球制造业正经历着深刻的变革。这些变革给企业的工艺创新和产品创新带来了前所未有的挑战与机遇。中国企业在这一过程中应积极拥抱新技术,通过智能化、自动化和绿色化转型提升自身的竞争力。中国企业需要重新思考:人工智能等技术的应用以及绿色化趋势将对企业技术创新提出新的挑战和要求。这些新技术给工艺创新和产品创新带来什么变革? 在新技术趋势下,工艺创新和产品创新的关系是否有变化? 如何变化? 如何更好利用新技术加速工艺创新和产品创新? 如何进行管理和资源配置? 这些都是今后需要进一步研究和思考的问题。企业需要进一步探讨新技术革命所带来的产品创新和工艺创新的组织变革及其影响。

参考文献

[1] 约瑟夫·熊彼特.经济发展理论[M/OL].贾拥民,译.北京:中国人民大学出版社,2019 [2024-02-26]. https://thinker. cnki. net/bookstore/book/bookdetail? bookcode＝97873002 49827000& type＝book.

[2] 杜斌,张治河.技术创新理论拓展:来自新古典主义的解释——基于戈森定律、产品创新与工艺创新视角[J].科技进步与对策,2015,32(15):26-31.

[3] 经济合作与发展组织,欧盟统计署.奥斯陆手册:创新数据的采集和解释指南[M/OL].高昌林,等译.北京:科学技术文献出版社,2011[2024-02-26]. https://xueshu. baidu. com/usercenter/paper/show? paperid＝b9952ca371693212fb5b82dcc2497f60.

[4] 毕克新,孙德花,李柏洲.基于系统动力学的制造业企业产品创新与工艺创新互动关系仿真研究[J].科学学与科学技术管理,2008,29(12):75-80.

[5] 毕克新,孙德花,李柏洲.制造业企业产品创新与工艺创新协调机制研究[J].科学学研究,2008(4):846-851.

[6] 毕克新,孙德花.基于复合系统协调度模型的制造业企业产品创新与工艺创新协同发展实证研究[J].中国软科学,2010(9):156-162＋192.

[7] 毕克新,黄平,李婉红.产品创新与工艺创新知识流耦合影响因素研究——基于制造业企业的实证分析[J].科研管理,2012,33(8):16-24.

[8] 汪建成,毛蕴诗,邱楠.由 OEM 到 ODM 再到 OBM 的自主创新与国际化路径——格兰仕技术能力构建与企业升级案例研究[J].管理世界,2008(6):148-155＋160.

[9] 赵菁奇,史玉民.以技术创新推动产业化发展的案例分析研究——以深圳迈瑞生物医疗电子股份有限公司为例[J].科技管理研究,2006(9):249-251＋254.

[10] 自主创新与并购拓展并行 迈瑞医疗构筑全产业链供应生态[EB/OL]. (2021-10-27) [2024-02-28]. https://www. sohu. com/a/www. sohu. com/a/537890447_116681.

[11] Wu X, Lei L. Hidden Champions of China[M/OL]//Braček Lalić A, Purg D. Hidden Champions in Dynamically Changing Societies: Critical Success Factors for Market Leadership. Cham: Springer International Publishing, 2021: 133-151 [2024-03-14]. https://doi. org/10. 1007/978-3-030-65451-1_11. DOI:10. 1007/978-3-030-65451-1_11.

[12] Goedhuys M, Veugelers R. Innovation strategies, process and product innovations and growth: Firm-level evidence from Brazil[J]. Structural Change and Economic Dynamics, 2012, 23(4):516-529.

[13] Zuniga P, Crespi G. Innovation strategies and employment in Latin American firms[J].

Structural Change and Economic Dynamics,2013,24:1-17.

[14] 解学梅,王若怡,霍佳阁. 政府财政激励下的绿色工艺创新与企业绩效:基于内容分析法的实证研究[J].管理评论,2020,32(5):109-124.

[15] Zahra S A, George G. Absorptive capacity: A review, reconceptualization, and extension [J]. Academy of Management Review, 2002, 27(2):185-203.

[16] 周文光.吸收能力与流程创新绩效之间关系的实证研究——基于知识产权风险的调节作用[J].南开管理评论,2013,16(5):51-60+89.

[17] 葛元骎,李树文.科创企业能力及制度组态效应对产品与流程创新的影响路径对比:基于企业生命周期的 QCA 分析[J].科技进步与对策,2020,37(18):106-113.

[18] 汪涛,雷志明.创新还是模仿——生产目标对流程创新决策的影响[J].科研管理,2018,39(6):1-8.

[19] XIE X, HUO J, QI G, et al. Green process innovation and financial performance in emerging economies: Moderating effects of absorptive capacity and green subsidies[J/OL]. IEEE Transactions on Engineering Management, 2016,63(1):101-112. DOI:10.1109/TEM. 2015.2507585.

[20] 王锋正,郭晓川.政府治理、环境管制与绿色工艺创新[J/OL].财经研究,2016,42(9):30-40. DOI:10.16538/j. cnki. jfe. 2016.09. 003.

[21] Yin X, Zuscovitch E. Is firm size conducive to R&D choice? A strategic analysis of product and process innovations[J]. Journal of Economic Behavior & Organization, 1998,35(2):243-262.

[22] Weiss P. Adoption of product and process innovations in differentiated markets: The impact of competition[J]. Review of Industrial Organization,2003,23(3):301-314.

[23] 胡赛全,詹正茂,刘霞,等. 什么决定企业产品创新:外部环境还是核心能力? [J].科学学研究,2012,30(12):1891-1899.

[24] Inderst R, Wey C. Buyer power and supplier incentives[J]. European Economic Review, 2007, 51(3):647-667.

[25] 孙晓华,郑辉.买方势力对工艺创新与产品创新的异质性影响[J].管理科学学报,2013,16(10):25-39.

[26] 毕克新,艾明晔,李柏洲.产品创新与工艺创新协同发展分析模型与方法研究[J].中国管理科学,2007(4):138-148.

[27] Zhang Z, Jin J, Guo M. Catch-up in nanotechnology industry in China from the aspect of process-based innovation[J]. Asian Journal of Technology Innovation,2017,25(1):5-22.

[28] 程源,杨湘玉. 微电子产业演化创新模式的分布规律——改进的 A-U 模型[J].科研管理,2003(3):19-24.

[29] 林海芬，苏敬勤. 产业持续动态创新模型的演变及实证研究——基于知识生产视角[J]. 科学学与科学技术管理，2010，31(2)：28-34.

[30] LI Y，LIU Y，REN F. Product innovation and process innovation in SOEs：Evidence from the Chinese transition[J]. The Journal of Technology Transfer，2007，32(1)：63-85.

[31] Chang J，Bai X，Li J J. The influence of leadership on product and process innovations in China：The contingent role of knowledge acquisition capability[J]. Industrial Marketing Management，2015，50：18-29.

[32] 毕克新，黄平，李婉红. 产品创新与工艺创新知识流耦合影响因素研究——基于制造业企业的实证分析[J]. 科研管理，2012，33(8)：16-24.

[33] 孙忠娟，范合君，侯俊. 制造企业创新战略组合对产品和流程创新的影响[J]. 经济管理，2018，40(12)：88-104.

[34] 刘洋，董久钰，魏江. 数字创新管理：理论框架与未来研究[J]. 管理世界，2020，36(7)：198-217＋219.

[35] 高巍，毕克新. 制造业企业信息化水平与工艺创新能力互动关系实证研究[J]. 科学学与科学技术管理，2014，35(8)：96-103.

[36] Chirumalla K. Building digitally-enabled process innovation in the process industries：A dynamic capabilities approach[J]. Technovation，2021，105：102256.

[37] Lyytinen K，Yoo Y，Boland J R. Digital product innovation within four classes of innovation networks[J]. Information Systems Journal，2016，26(1)：47-75.

[38] 余江，孟庆时，张越，等. 数字创新：创新研究新视角的探索及启示[J]. 科学学研究，2017，35(7)：1103-1111.

[39] Xie X，Wang L，Zhang T. Involving online community customers in product innovation：The double-edged sword effect[J]. Technovation，2023，123：102687.

[40] Chen Y，Wang Y，Nevo S，et al. IT capabilities and product innovation performance：The roles of corporate entrepreneurship and competitive intensity［J］. Information & Management，2015，52(6)：643-657.

[41] Marion T J，Fixson S K. The transformation of the innovation process：How digital tools are changing work，collaboration，and organizations in new product development[J]. Journal of Product Innovation Management，2021，38(1)：192-215.

[42] Blichfeldt H，Faullant R. Performance effects of digital technology adoption and product & service innovation-A process-industry perspective[J]. Technovation，2021，105：102275.

3 源自中国的技术创新战略： 从二次创新到全面创新

吴晓波　姚　琳　雷李楠

3.1 引　言

　　创新作为企业在市场竞争中获得持续性竞争优势的利器,受到众多研究学者和企业家的关注。由于技术创新过程有其社会和经济环境的特殊性,西方学者提出的技术创新模式的框架与方法在很大程度上并不完全适合发展中国家。中国作为世界上最大的发展中国家,同时也是经济增长最快的国家之一,具有独特的经济、社会和文化环境,需要在研究和实践中找出最适合自身发展的策略和路径。从技术引进到自主创新,中国已在技术创新战略上进行了深刻转型。通过分析和总结中国的实践经验,构建中国特色的技术创新模型和战略,对其他发展中国家的科技发展和经济转型具有参考借鉴意义。因此,本章基于中国情境,分析源自中国的技术创新战略,探讨中国的技术创新如何从依赖模仿,逐步转向独立自主的原创并推动全球技术发展。

　　第3.2节比较了发达国家和发展中国家在技术创新战略方面的差异。第3.3节基于中国情境提出"二次创新"的概念。这一概念与发达国家的"一次创新"有所区别,它来源于中国特殊的社会经济背景和科技发展现状。第3.4节对"二次创新"的动态过程模型进行了构建,详细阐述了"二次创新"的三个阶段,包括模仿中的学习、改进型的创新和后二次创新。第3.5节探讨了中国企业在自主创新的历程中,从二次创新转向实现全面创新的动态发展过程。第3.6节通过实际案例描述中国企业的二次创新过程以及向全面创新转化的过程。第3.7节从本章中基于中国情境的技术创新研究,得出一些具有普遍意义的结论以及未来研究方向。

3.2 技术创新:比较视角下的发达国家与发展中国家

早期的西方学者对技术创新进行了深入的研究,使人们对技术创新的一般过程模式有了较为明晰的认识。Utterback 和 Abernathy[1]通过实证研究得出了技术创新流动、转换和专业化三个阶段的模型,并以工业化发达国家为背景进行了大量论证。然而,这种模型并不完全适应所有的行业和环境,特别是对于发展中国家来说,其背景和环境条件与发达国家明显不同,这些对技术创新的方式和过程有着决定性的影响。作为一种社会过程,技术创新的特点和规律与其主体所处的经济、技术、社会环境有着极其密切的关系。而各国学者在研究中,一般是以本国的实际案例、环境为内容和基础进行的。从总体上看,西方学者基本上都以发达国家为背景,从发达国家的立场出发来研究技术创新的过程。发展中国家在技术创新过程中的特点和挑战,未受到足够的重视。较为流行的看法是,西方发达国家的技术创新过程是从发明到商品化的过程,始于研究活动,而发展中国家的技术创新则始于开发活动[2]。这种观点并未触及发达国家与发展中国家在技术创新过程中的本质区别和特征。因此,尽管西方学者的研究为我们提供了良好的认识基础和研究方法上的启示,但是他们的结论在相当程度上并不适合发展中国家包括中国的国情。下文将针对这一问题进行深入探讨,旨在比较发达国家与发展中国家技术创新模式的差异。

3.3 一次创新与二次创新

笔者自 20 世纪 80 年代便开始对我国企业的追赶过程进行系统性思考。结合对企业的深入调研与对已有管理理论的批判性思考,以及英国学者 Dosi[3]提出的"技术范式"(technological paradigm)和"技术轨迹"(technological trajectories),于 1995 年建设性地提出了"二次创新"的概念[4]。

技术范式是一组为设计师、工程师、企业家和管理人员所接受与遵循的处理问题的原理、规则、方法、标准、习惯的总体。它既是一组看问题的观念体系,又是一组解决问题的方法体系。具体地说,"技术范式"就是基于某些特定自然科学原理和特定原材料的解决某些特定技术问题的模式。每一"技术范式"都定义了自身技术进步的方向和内涵。技术轨迹就是为技术范式所规定的解决问题的具体模式或发展的方向。"人们可以把技术轨迹想象为一个柱体，而这个柱体存在于由技术变量和经济变量所规定的多维空间中。因此，技术轨迹是一组可能的技术方向，而它的外部世界是由技术范式本身的性质所规定的。"[3]技术范式与技术轨迹的概念十分有助于我们认识和理解技术创新活动的性质和内在规律。

运用这两个概念，对"一次创新"和"二次创新"做如下区别：一次创新和二次创新是两种不同的创新模式，它们分别对应不同的技术发展阶段和技术变革模式。"一次创新"是指主导了技术范式和技术轨迹的形成、发展和变革的技术创新。"一次创新"具有突破性变革，它常常导致技术范式的变革和新的技术轨迹的形成。比如，互联网的出现就是"一次创新"，它改变了信息传播的模式，引发了新的技术和行业革命。"一次创新"往往需要强大的研发能力和长期科研投入，这也是"一次创新"多发生在发达国家的原因。"二次创新"是指在技术引进基础上进行的，受囿于已有技术范式，并沿既定技术轨迹而发展的技术创新。"二次创新"通常是在已有的技术或产品的基础上，通过改进和优化，获取新的性能或者开拓新的应用领域。值得注意的是，发达国家同样进行着大量的"二次创新"，发展中国家亦并非没有"一次创新"。下一节从我国的基本国情和企业技术创新的总体特征把握，探讨发展中国家的"二次创新"。

3.4 二次创新动态过程模型

上一节已从技术范式与技术轨道切入，指出"二次创新"是在引进技术的基础上，在技术标准内按曾经存在的技术轨迹不断发展完善的创新模式。本节在此基础上详细分析"二次创新动态过程模型"（见图 3.1），完整展现基于成熟技术引进、新兴技术引进的两类二次创新转向一次创新的发展过程。

具体而言，"二次创新"过程大致可细分为三个阶段：二次创新过程首先是模仿中的学习阶段，即引进本国或本地区尚不存在的技术，通过模仿、学习，以及充分利用本地供给要素的工艺创新（第 Ⅰ 类二次创新）而逐渐掌握这门新技术，并达到提高产品质量、降低产品成本的目的。这一阶段主要是模仿国外产品和工艺，尽管企业往往不能完全掌握该技术，有很大的依赖性，但是这一步骤将使企业技术水平提高，使之步入一条新的技术发展轨迹。技术能力主要通过"干中学"[5]的方式提高，通过提高工人的熟练程度，产品质量提高，生产成本降低，同时向设计研发部门、生产技术管理部门反馈信息，提供知识积累。该阶段以模仿引进技术

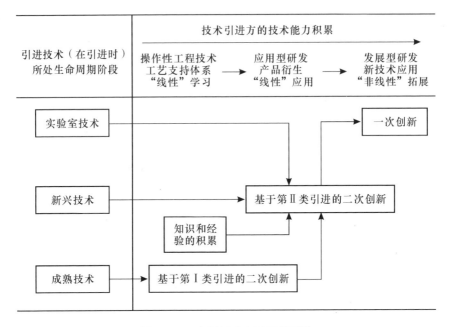

图 3.1　二次创新动态过程模型[4]

为原则,经试运行后即进入生产阶段。这时的生产是完全按照引进技术的标准进行的,以生产出与国外同样水平的产品为目标。经营战略以利用国外技术在国内已有市场中建立优势为主。纵观这一过程,它以简单模仿国外产品和工艺为基本特点,虽然对企业甚至国家来说是应用新技术,但企业在这一阶段往往不掌握该技术的原理和诀窍,因此对技术母国有很大的依赖性。

第二阶段是改进型的创新,即以在前一阶段的"第 I 类二次创新"中所形成的工艺能力为基础,结合本国市场需求的特点,对引进技术进行一定程度的衍化产品创新(第 II 类二次创新),以满足本地市场对新产品的特别需要。在这个阶段,一项重要的工作任务就是国产化,即在尽可能少地依赖外国技术的基础上,自主消化和吸收引进的技术,使之成为我国自有技术。国产化过程事实上也就是一个"结构性理解"[6]的过程,即新、旧技术结构的相互适应,并形成具有新质的技术结构的过程。国产化可以使企业降低对技术母国的依赖和由于技术转让带来的高昂费用,同时获得更高的经济效益。这种国产化并非简单的模仿和复制,而是需要在系统和结构性理解的基础上,依据本国的实际情况和市场需要,对引进科技进行创新性的改造和升级。在技术进步中,"用中学"[7]起着十分重要的作用。用户在使用产品的过程中,通过学习尝试改进操作条件,降低运行成本,提高了效率,同时亦产生种种适应性问题,这些信息反馈到企业的研究与开发、设计、生产诸部门,往往成为改进产品和工艺的重要依据。如美国学者曾指出,使用者亦是主要的创新者[8]。在这一过程中,企业既要在保持引进产品性能的基础上进行工艺创新,也要在了解和吸收新技术的同时,启发思考,开展自主研发,以推动技术的结构与功能的改变,即创造性模仿。

第三阶段是"后二次创新",即真正意义的"二次创新"。此时,引进技术的一方已完全掌握该引进技术的原理并能灵活运用于满足市场需求。在此基础上,运用自身形成的研发能力,开发运用或再引进应用新兴技术,结合目标市场的需要,进行较重大的再创新,直至上升到能够自行进行原始创新。在这个阶段,企业的研发能力和独立生产能力显得非常重要,因为只有在维持引进产品性能的前提下,再加上自身的创新力量,才能推动企业的发展。企业也可以根据市场的反馈,及时调整研发方向,使创新产品更加贴近市场需求。此时,企业的目标不再局限于吸收和模仿,而在于通过自主研发对技术进行改进和创新。这样不仅可以更好地满足市场的需求,也可以增强企业在市场上的竞争力。从依赖外国技术,到自我研发和创新,这个过程标志着企业在技术上的独立,这是企业发展的一种质的飞跃。总体来说,创新的第三阶段是一个企业技术独立,进行自我发展的阶段。从吸收引进技术,到创新改进,再到独立创新,企业在不断摆脱对外部的依赖,在形成自我核心竞争力的过程中,获得了持续的发展。

因此,"二次创新"是一个企业创新能力不断积累进化的动态进化过程,是由"线性"学习向"线性"应用,直至"非线性"扩展的过程[9]。二次创新重要的突破在于,其从我国的后发情境入手,提出了与西方创新管理领域中著名的"U-A 创新动态模型"不同的后发企业的创新路径(见图 3.2)。并且,该模型跳出了单一技术创新周期的局限,特别强调了技术范式转变期机会窗口之于后来居上者的重要意义。此外,该模型还建立起"模仿"与"创新"的紧密桥梁。研究指出,两者并不是割裂的,并非人们常说的"引进—消化吸收—再创新"的埋头苦干过程,而是从第Ⅰ类技术(成熟技术)引进开始,"创新"便蕴含在"模仿"之中。

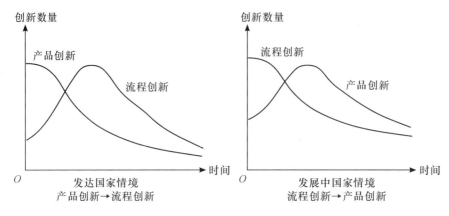

图 3.2　U-A 模型与二次创新动态模型[4]

3.5　从二次创新到全面创新

　　"二次创新"对技术落后企业和发展中国家的技术进步发挥着重要的作用,有利于这些创新主体通过引进外来技术,以较为短暂的时间获得关键技术,从而弥补自身在技术研发方面的不足。在这个过程中,企业不仅能寻找到针对生产流程的创新点,而且还可以基于引进技术的改进进行产品创新,进而逐步取得自主知识产权,缩短技术赶超的时间。对于发展中国家来说,二次创新是有效发挥其后发优势的有效方式。以中国为例,中国在 20 世纪八九十年代就采用了这种模式,不仅成功提升了自身的科技进步水平,也为国家的经济建设做出了非凡的贡献[10]。另外,创新是技术和商业的结合产物[11],落后企业和发展中国家要想直接开展技术追赶,往往面临着较大的风险和挑战,商业模式的创新成为后发企业获得发展机会、实现快速追赶的重要选择[12]。基于二次创新的内涵与中国企业的商业发展实践,笔者团队[13]于 2010 年将商业模式的二次创新定义为后发企业根据新兴经济体本地的客户偏好和市场基础设施,将发达国家的原始商业模式引入的过程。这种二次创新与技术创新有着耦合螺旋发展的共演机制,会共同影响后发企业的发展绩效。笔者团队通过对中国企业的实践调研发现,阿里巴巴等后发企业通过商业模式的二次创新,成功引入来自发达经济体的创新技术,实现了追赶[14]。这种创新会直接或间接提出对技术创新和战略的要求,推动企业技术创新水平的提升,从而反过来支持二次商业模式创新的竞争优势,促进突破性演进[15]。

二次创新模式在短期内仍将是发展中国家和企业快速迎头赶上的主要技术模式。然而，实现自主创新的关键不在于引进多少外来技术，而在于如何在吸收引进技术的基础上，实现从模仿到创新的飞跃。这需要企业不断扩大研发投入，强化技术研发团队，逐步掌握和形成自身的核心技术[16]。对此，江辉和陈劲[17]两位学者于 2000 年在二次创新基础上提出了一类新的创新模式，即集成创新模式，强调多元化的互联互动，包括技术集成、组织集成和知识集成等。这种创新模式可以通过整合各方面的资源提高创新效率。当这两种模式发展到一定阶段，全面创新模式就得以诞生。全面创新管理（total innovation management，TIM）是二次创新和集成创新深度融合发展的产物，既强调技术引进、吸收和转化，也注重各种要素的集成和创新，广泛适应了当前的科技发展和市场竞争的需求[16]。

许庆瑞团队[18]自 1998 年开始研究全面创新的规律，并总结出企业应以战略为导向，持续开展以技术创新为中心的全面创新，以提高企业的技术创新能力。该团队在 2002 年的技术创新与技术管理国际研讨会（ISMOT）上首次提出了TIM 理论，并获得了广泛关注。之后该团队对 TIM 理论的各个创新维度、相关要素及其协同关系进行了深入研究，并在 2004 年的 ISMOT 上进一步深化了这一理论，扩大了其影响力。郑刚[19]进一步将 TIM 范式的内涵概括为"三全一协同"，即全要素创新、全员创新、全时空创新、全面协同，强调培养核心能力，以提高持续竞争力为导向，以价值创造/增加为最终目标[20]，以各种创新要素（如技术、组织、市场、战略、管理、文化、制度等）的有机组合与协同创新为手段，通过有效的创新管理机制、方法和工具，力求做到人人创新、事事创新、时时创新、处处创新[21]。

①全要素创新，意味着企业应赋予所有的技术、战略、文化、制度等元素以创新的可能性，通过让这些元素互补和相互促进，实现最佳的创新效果。这种创新的积极性和广泛性，能有效地调动企业的所有资源，以形成强大的创新驱动力。

②全员创新，创新不再只是企业研发和技术人员的"专利"，而应是全体员工共同的行为。全员创新则是将所有员工视为企业创新的主体，鼓励他们从各自的角度和职责出发，参与到创新活动中来。这样既能调动全员的积极性，也能充分发挥他们的智慧和创新能力，从而形成一种源源不断的创新动力。

③全时空创新分为全时创新和全空间创新。全时空创新意味着企业要摆脱地域和时间的限制，以全球化的视角去寻求创新的机会和资源，与国内外的伙伴

建立合作关系,让创新成为一种常态。

④全面协同,是指各创新要素(如战略、组织、文化、制度、技术、市场等)在全员参与和全时空域的框架下进行全方位的协同匹配,以实现协同效应,从而促进创新绩效的提高。全面协同创新强调整个企业各部门、各层级、各参与者之间的紧密协作,形成一种聚焦于共同的创新目标的协同效应,实现资源和能力的最大化利用。

从传统创新管理向 TIM 转变是知识经济时代企业面对激烈的市场竞争和用户需求的日益多样化、个性化挑战的必然选择[22]。全面创新管理根据环境的变化突破了原有的时空域和局限于研发部门、研发人员创新的框架,突出强调了新形势下全时创新、全球化创新和全员创新的重要性,使创新的主体、要素与时空范围大大扩展。全面创新观与传统创新观的显著区别是突破了以往仅由研发部门孤立创新的格局,突出了以人为本的创新生态观,并使创新的要素与时空范围大大扩展。中国作为全球最大的发展中国家,面临经济转型和升级的重大挑战,全面创新是突破这些挑战、提高经济发展质量的关键。此外,中国有着丰富的文化背景和复杂的地方差异,全面创新的过程和效果可能会受到中国特定情境的影响。研究中国情境下的全面创新,可以为中国的经济转型和升级提供理论支持和实践指导。

3.6　中国企业创新实践

本节通过对比分析海尔和海康威视两家企业的实际案例,描述中国企业的二次创新过程以及从二次创新向全面创新转化的过程。

(1)海尔公司的“二次创新”实践

海尔公司技术创新过程是基于全球竞争二次创新的典型案例。现有学者围绕其创新发展过程展开了多样化的研究。其中包括笔者团队的研究。笔者团队主要关注海尔公司的二次创新战略[23]和创新国际化发展模式等[24]。笔者团队对海尔如何通过二次创新策略,将外部的商业模式套用并改进到自身的商业运作中进行了深入的研究,以及研究海尔如何通过创新的国际化发展模式,进一步扩大其全球影响力。许庆瑞团队关注其全面创新管理[20]、自主创新能力演化[25]以及企业核心能力培育[26]等。他们研究了如何通过全面创新管理,使得企业在高度不确定的市场环境中保持竞争优势,以及如何培养和提升企业的自主创新能力,使得企业在面对市场变化和竞争压力时,通过自我创新不断适应并处于市场领先地位。通过这些研究,可以看出二次创新战略和创新国际化发展模式以及全面创新管理、自主创新能力等,对现代企业的成功发展起着至关重要的作用。这也为我们进一步研究和理解企业的发展模式提供了丰富的理论资源。

纵观海尔电冰箱技术创新过程,其经历了"模仿创新—创造模仿—改进创新—后二次创新"四个发展阶段,这是一个典型的基于全球竞争二次创新过程。海尔电冰箱的技术创新历程极其具有参考价值,并为全球其他企业的技术创新战略提供了借鉴。

在模仿创新阶段,海尔以质量为基础,导入国外技术,并关注对这些技术的理解和掌握。这一阶段,海尔主要依赖于外部技术,通过模仿和学习,尽可能提高产品质量,夯实企业的基础。进入创造模仿阶段的海尔,更关注生产工艺与零部件的创新和国产化。此阶段,海尔不满足于模仿,更致力于通过生产工艺的改进,以更低的成本和更高的质量赢得市场。在改进创新阶段,海尔着力于提升产品的性能,并通过不断改进形成自主研发的能力。海尔开始根据新的市场需求,对已有的技术进行改进和优化,使之更符合消费者的需求。在后二次创新阶段,海尔强调对现有技术的整合创新,全面来看,更着力于全球科技资源的整合和利用,从更广的角度为公司的技术升级提供动力。海尔开始将视野拓展至全球,致力于在全球范围内吸收并融合最新的技术和资源,进一步提升竞争力。

海尔电冰箱技术创新历程展示了一个成功的基于全球竞争二次创新的过程。这个过程具有一定的阶段性,而每个阶段的成功,都需要企业根据自身特点,进行内部战略、管理、技术等全方位的调整和优化。这为全球其他企业,特别是新兴市场的企业提供了一条可借鉴的技术创新路径。

(2)海康威视从"二次创新"到全面创新

海康威视作为中国安防行业的龙头企业,完成了从引进到自主创新、从追赶到超越的国际领先过程,是探究中国情境下后发企业超越追赶的典型案例企业。笔者团队重点关注海康威视公司如何利用技术范式变革的机会窗口实现超越追赶[27];魏江团队从制度型市场[28]以及创新网络[29]角度切入,关注其创新发展历程。总而言之,现有的学者从不同的视角和切入点,相互补充和对接,共同研究和揭示企业的创新发展路径和机制,以期深化对企业创新的理论认识,总结实践经验。

海康威视的技术创新过程主要经历了两个阶段。在第一阶段,海康威视的战略聚焦在引入和模仿国际上的成熟技术。通过引进 MPEG-1 硬压缩方案,海康威视吸取和学习了国外先进的产品及工艺。这一过程中,海康威视不断进行改进创新,成功研发出一款基于 MPEG-1 标准的视音频压缩板卡。此阶段的创新主要来源于对国际技术的引入、吸收并进行本地化创新。

进入第二阶段,海康威视开始着力引入和掌握新兴技术,并以此形成自身的主导设计能力。他们引入了 MPEG-4 和 H. 264 两种算法,并充分利用第一阶段积累的技术知识,实现了技术的自主研发。在短短半年的时间内,海康威视就推出了新一代产品,且在市场上取得了很大的成功。2004 年,海康威视进一步转向更高级的技术创新,开始自主研发 ISP 技术。这一技术研发历时 5 年,至 2009年,海康威视成功推出了国内首款完全由自主研发 ISP 技术制造的实时百万像素网络全高清球机,实现了从二次创新向原始创新的重要转型。

整体来看,海康威视的技术创新模式表现出从二次创新到全面创新转化的演化特征,即基于全球资源,汲取国际成熟技术,通过模仿、改进和自我突破实现技术创新。这种方式不仅强调环境的开放性与创新体系的开放性,而且也展示出中国制造企业在全球化背景下,采用开放的战略思维和执行能力,积极参与全球市场竞争,实现从技术引进到全面技术创新的转型。

3.7 结 论

改革开放以来,中国在国际经济舞台上取得了令全世界瞩目的成就,而制造业在其中扮演了极其关键的角色。深究其因,越来越多的中国企业通过二次创新模式成功实现"弯道超车",于开放系统中抓住了范式转变期的重大"机会窗口",实现了从"追赶"到"超越追赶"的成功跨越[30]。如今,越来越多的中国企业通过"二次创新"模式更快地实现技术商业化,形成和发展具有自身特色的自主技术能力,在"超越追赶"新思维的战略引导下实现从二次创新向全面创新的能力跃迁。中国具有远超欧美发达国家以及日韩新兴工业经济体的高度复杂的情境,中国企业走出了一条现代化的"非同寻常"的追赶与超越之路。中国企业的创新历程完成从单一的二次创新,到结构性的集成创新,进而到全面创新的转变,可谓经历了翻天覆地的变化。在这个过程中,创新管理逐渐从被动的、碎片化的应对演化为全面、系统化的主动策略。关于全面创新,其核心是科技与市场的融合创新,不仅需要融合多样化的知识和技术，还需要关注市场趋势，以及市场对于科技发展的需求。创新需要多样化知识的融合，企业在创新过程中，一方面要有强烈的市场导向，尽可能让潜在用户参与或涉及研发过程，与用户密切接触有利于准确把握市场需求，产生关键的创新思想，开发出更易被市场接受的新产品[31]；另一方面也要积极探索把握科技前沿，注重技术集成，科技与设计、人文的结合。因此，企业创新的关键在于如何构建一个既立足于科技前沿，又能紧跟市场导向的创新管理体系。由于创新本身的复杂性、不确定性和高风险性，企业的创新管理需要系统化地实现全面创新，以创新驱动自身可持续发展，并持续保持市场竞争优势。

　　未来，要实现自主创新和创新驱动发展的目标，中国企业需要有机结合创新管理的四大要素，做到战略引领看未来、组织设计重知识、资源配置市场化、宽松环境为基础。笔者研究团队积极探索从封闭环境到开放环境、从线性学习到非线性学习、从建立平衡到打破平衡、从被动应对不确定性到主动拥抱变革的中国原创的以"超越追赶"为核心的"C理论"。有效地运用互补性、双元性、多元管理等思想，并结合新型生态创新系统等理念，建立和传统管理理论不同的创新理念和兼顾"民族性"与"世界性"的创新管理理论体系，指引更多企业步入可持续发展之路，为全球原创管理理论的发展做出来自中国的贡献。

参考文献

[1] Utterback J M，Abernathy W J. A dynamic model of process and product innovation[D]. Omega，Elsevier，1975,3(6):639-656.

[2] Mueser R. Identifying technical innovations[J]. IEEE Transactions on Engineering Management，1985，EM-32(4):158-176.

[3] Dosi G. Technological paradigms and technological trajectories：A suggested interpretation of the determinants and directions of technical change[J]. Research policy,1982,11(3):147-162.

[4] 吴晓波.二次创新的进化过程[J].科研管理,1995,16(2):27-35.

[5] Arrow K J. The economic implications of learning by doing[J]. The Review of Economic Studies.1962,29(3):155-173.

[6] 亚青.论技术创新扩散的新模式[J].科学管理研究,1989(4):56-59.

[7] Rosenberg N. Perspectives on technology[M]. Cambridge：Cambridge University Press，1976.

[8] Hipple E A V. The sources of innovation[M]. London：Oxford University Press，1988.

[9] 吴晓波,余璐,雷李楠.超越追赶:范式转变期的创新战略[J].管理工程学报,2020,34(1)：1-8.

[10] 夏国藩.关于技术引进、消化、吸收和创新的政策措施[J].科研管理,1989(2):19-24.

[11] Katila R，Shane S. When does lack of resources make new firms innovative? [J]. Academy of Management Journal, 2005, 48(5):814-829.

[12] 姚明明,吴晓波,石涌江,等. 技术追赶视角下商业模式设计与技术创新战略的匹配——一个多案例研究[J].管理世界,2014(10):149-162＋188.

[13] Wu X, Zhang W. Seizing the opportunity of paradigm shifts：Catch-up of Chinese ICT firms[J]. International Journal of Innovation Management, 2010，14(1):57-91.

[14] 姚明明,吴东,吴晓波,等.技术追赶中商业模式设计与技术创新战略共演——阿里巴巴集团纵向案例研究[J].科研管理,2017,38(5):48-55.

[15] 吴晓波,朱培忠,吴东,等.后发者如何实现快速追赶?——一个二次商业模式创新和技术创新的共演模型[J].科学学研究,2013,31(11):1726-1735.

[16] 陈劲,吕文晶.中国企业的创新之路[J].科学与管理,2017,37(1):1-5.

[17] 江辉,陈劲. 集成创新:一类新的创新模式[J].科研管理,2000(5):31-39.

[18] 许庆瑞.企业经营管理基本规律与模式[M].杭州:浙江大学出版社,2001.

[19] 郑刚.基于 TIM 视角的企业技术创新过程中各要素全面协同机制研究[D].杭州:浙江大学,2004.

[20] 许庆瑞,郑刚,喻子达,等.全面创新管理(TIM):企业创新管理的新趋势——基于海尔集团的案例研究[J]. 科研管理,2003(5):1-7.

[21] 许庆瑞,谢章澍,郑刚.全面创新管理的制度分析[J].科研管理,2004(3):6-12.

[22] 许庆瑞,郑刚,陈劲.全面创新管理:创新管理新范式初探——理论溯源与框架[J].管理学报,2006(2):135-142.

[23] 吴晓波,许冠南,刘慧.全球化下的二次创新战略——以海尔电冰箱技术演进为例[J].研究与发展管理,2003,15(6):7-11.

[24] 窦伟,吴晓波,孙佳.发展中国家企业的创新国际化与技术跨越——对海尔集团的案例研究[J].科技管理研究,2007(6):4-5＋33.

[25] 许庆瑞,吴志岩,陈力田.转型经济中企业自主创新能力演化路径及驱动因素分析——海尔集团 1984—2013 年的纵向案例研究[J].管理世界,2013(4):121-134＋188.

[26] 吴画斌,许庆瑞,李杨.创新引领下企业核心能力的培育与提高——基于海尔集团的纵向案例分析[J].南开管理评论,2019,22(5):28-37.

[27] 吴晓波,付亚男,吴东,等.后发企业如何从追赶到超越?——基于机会窗口视角的双案例纵向对比分析[J].管理世界,2019,35(2):151-167＋200.

[28] 魏江,潘秋玥,王诗翔.制度型市场与技术追赶[J].中国工业经济,2016(9):93-108.

[29] 应瑛,刘洋,魏江.开放式创新网络中的价值独占机制:打开"开放性"和"与狼共舞"悖论[J].管理世界,2018,34(2):144-160+188.

[30] 吴晓波,李思涵.中国企业从"二次创新"到"原始创新"的超越追赶之路[J].清华管理评论,2020(Z2):119-127.

[31] 塔克.创新才有增长[M].燕清联合,译.北京:新华出版社,2004.

4 基于技术梯度的追赶战略

郭　斌　谭子雁

4.1　引　言

　　2005 年,*Science*(《科学》)在其创刊 125 周年纪念专辑中发布 125 个最具挑战性的科学问题,第 116 个问题探讨了一个重要议题"为何一些国家经济持续向前发展,而另一些国家发展陷入停滞?"这是宏观经济研究领域中的一个关键问题。中国自 1978 年实施改革开放以来的中国式增长,更使得这个问题的复杂性进一步增加。

　　国家或产业的追赶问题是一个具有悠久历史的命题,日益引起产业界、学术界与政府的关注[1,14]。学者们关注后发企业追赶问题,是因为这涉及经济学、产业组织、创新理论、发展经济学等多个学科领域,为学术研究提供了丰富的议题和研究机会,学者们希望通过研究后发企业追赶问题,深入探讨发展经济学理论、技术创新理论、产业演化理论等方面的问题,从而促进相关学科理论的进步和完善[2-3,12]。政府关注后发企业追赶问题,是因为这关乎国家经济发展的全局,通过支持和引导后发企业的发展和追赶,政府能够促进经济增长、创造就业、提高人民生活水平,实现国家经济发展的战略目标。同时,政府需要关注后发企业追赶问题,以制定和执行相关的产业政策、创新政策、科技政策等,政府的政策支持和扶持对于后发企业的发展至关重要,可以通过财政补贴、税收优惠、科技创新基金等方式支持后发企业的技术创新和产业升级。企业关注后发企业追赶问题,是因为这关系到企业的竞争力和生存空间,在全球化竞争的背景下,后发企业需要不断提升自身的技术水平和管理能力,以适应市场需求,保持竞争优势,随着后发国家市场的不断扩大和消费需求的增长,后发企业有机会通过追赶发达国家的技术和品牌,实现自身的快速发展和成长。

本章关注后发国家的追赶情境和后发企业的追赶战略,特别是基于技术梯度的追赶战略。"追赶阶梯"是一个经济学和发展经济学中常用的概念,它描述了一个国家或地区通过快速增长、技术升级和创新来缩小与发达国家之间的发展差距的过程[13]。任何一个国家的制造业发展过程,本质上就是一个市场和技术追赶的过程,并且在此过程中,这个国家的企业将会因为能力、技术水平及市场定位的差异,形成一个类似阶梯的整体结构[3,5]。对于任何一个企业而言,它的学习与能力提升的过程正是嵌入这样的追赶阶梯里的。而中国这样的大型新兴经济体,其追赶阶梯将会具有一些特殊性,进而使得嵌入此追赶阶梯中的企业能够实现更有效率的追赶[14]。就此而言,追赶阶梯的连续性将会对产业乃至国家的追赶效率产生巨大的影响。本章将从追赶阶梯的理论缘起、在追赶问题上中国情境的特殊性和大型新兴经济体中独特的学习模式来解构分析基于技术梯度的追赶战略。

4.2 追赶阶梯的缘起

在创新经济学领域,对于技术追赶现象的研究一直备受关注[1,9-11]。这一领域的学者们不仅致力于理解技术追赶的本质和动态,而且试图揭示影响技术追赶成功与否的关键因素。在对技术追赶的探讨中,人们早期的关注点主要集中在两个核心因素上,即技术差距和技术发展速度。

首先,技术差距指的是不同国家、地区或企业在技术水平上存在的差异。这种差距可能是历史、文化、政策、资源配置以及科技投入等多种因素所导致的。技术差距的存在在全球经济竞争中起着关键性作用。对于处于落后地位的国家、地区或企业来说,准确地识别和理解技术差距至关重要。只有通过深入分析和评估技术差距的程度和特点,才能够为制定有效的技术追赶战略提供有力支持。同时,技术差距也为领先者提供了稳固的竞争优势,使其能够在全球市场上保持领先地位。因此,技术差距不仅是技术追赶的动力和目标,同时也是影响全球经济格局的一个重要因素。

其次,技术发展速度是指一个国家、地区或企业在技术创新和应用方面的进展速度。随着科技进步的加速和全球化的深化,技术发展速度成为决定竞争优势的关键因素[12]。在这样的背景下,迅速掌握和应用新技术、新理念对于维护竞争地位至关重要。然而,技术发展的快速变化也给技术追赶者带来了挑战。技术追赶者需要不断调整自己的战略和行动,以适应技术发展的新趋势和变化。只有及时把握技术发展的动态,才能够在竞争激烈的市场中立于不败之地。

人们对于追赶阶梯的关注可以追溯到 Jefferson 和 Rawski 提出的"质量阶梯"(quality ladders)理论[7]。该理论提供了一个有力的框架,帮助解释了技术追赶现象,并对追赶者如何通过提高产品和服务质量来实现技术追赶提出了重要观点。在 Jefferson 和 Rawski 的研究中,他们强调了技术追赶不仅仅是简单地提高技术水平,而更应该关注产品和服务质量的提升。他们指出,技术追赶者可以通过向上移动所谓的"质量梯级"来实现技术追赶。这意味着追赶者不仅要关注技术水平的提高,还要将注意力集中在如何提高产品和服务的质量,从而实现与领先者的竞争。在这个理论框架下,追赶者通过改善产品和服务的质量,可以逐步向上爬升质量梯级,从而实现技术追赶。这种追赶方式可以帮助追赶者在技术领域不断取得进步,同时提高其在市场上的竞争力。

追赶阶梯是一个复杂的过程,涉及经济增长和收敛、技术创新和转移、产业结构升级、制度和政策环境、国际环境和竞争等多个方面[13-14]。①经济增长和收敛:研究追赶阶梯需要关注不同国家或地区的经济增长速度和路径。通过比较追赶国家与发达国家之间的经济增长率,可以评估追赶过程中是否存在经济收敛现象,即追赶国家的经济增长速度是否超过了发达国家,从而缩小了双方的经济差距。②技术创新和转移:追赶阶梯的过程通常涉及技术的引进、创新和转移。研究者需要关注追赶国家如何通过技术引进、研发或者从发达国家转移技术来提升其生产力和竞争力。这包括对技术演进路径、创新体系和技术政策的研究。③产业结构升级:追赶阶梯的过程往往伴随着产业结构的调整和升级。研究者可以通过对追赶国家不同产业部门的增长速度、劳动生产率和国际竞争力等方面的研究,来理解其产业结构的演变过程,并分析其对经济增长和发展的影响。④制度和政策环境:追赶阶梯的成功与否也与国家的制度和政策环境密切相关。研究者需要考察追赶国家的政治制度、经济政策、产业政策、创新政策等方面的变化和调整,以及这些政策在推动经济增长和发展中的作用。⑤国际环境和竞争:追赶阶梯的过程通常也受到国际环境和国际竞争的影响。研究者需要考察国际贸易、投资、技术转移等方面的变化,以及这些变化对追赶国家的影响,特别是在全球化和地区一体化的背景下,追赶国家如何在国际市场上寻找机遇、应对挑战。

然而,依然有一个问题未能被解答:像中国这样的大型新兴经济体,在过去的四十多年中所获得的经济增长成就,是否存在一些独特性?

4.3 在追赶问题上中国情境的特殊性

中国在 1978 年之后的经济追赶是一个史无前例的现象:持续时间如此之长,平均速度如此之快以及规模如此之大。中国制造业的迅速崛起,从某种意义上改变了全球对"制造"在全球化竞争中的价值认知[6]。随着欧美发达国家在 20 世纪60 年代向发展中国家大规模转移制造环节,发达国家在整个产业价值链中相对忽视制造环节,因此,制造环节在全球化竞争中逐渐变得不那么重要。1992 年,宏碁集团创始人施振荣提出了"微笑曲线"理论,强调在产业价值链中,研究与设计、销售与品牌等两端更具附加值,而制造环节附加值较低,处于被支配地位。因此,后发企业最好从中间向两端迁移,以获得更有价值的竞争优势。这种观点不仅得到了产业界的认同,也得到了一些学术界研究者的认可。

然而,这种看法也存在两个潜在问题。第一,个体企业遵循微笑曲线来引导战略转型和定位是合理的,但从整个中国制造业层面来看,事实未必如此。中国制造业中,尽管一些领先的本土企业实现了产业价值链中的向上迁移,但大多数企业仍处于制造环节,这是微笑曲线中的低附加值环节。然而,中国制造业仍通过全球化融合和深度嵌入全球产业链,获得了较强的影响力和竞争力。第二,早在 1986 年,著名学者大卫·蒂斯(David Teece)就强调了制造对国家竞争力的重要性。他指出,缺乏必要的制造和相关能力的创新企业可能无法生存,即使它们擅长创新。目前,中国制造业最强大的地方仍在于高效率、高柔性的制造链和完备的本土产业链。

虽然中国制造业取得了巨大成功,但其背后的决定因素尚未被充分理解。因此,我们需要探究中国制造业快速增长的背后因素和机制,以及为什么中国能够取得这样的增长奇迹,而其他经济体却没有。

中国制造业在全球产业竞争中的优势来源一直备受关注。人们从不同角度解读,认为有三方面原因。一是低廉的劳动力成本优势:中国长期以来在制造业结构和类型上与欧美存在差异,更侧重于劳动密集型行业。这使得低廉的劳动力成本成为中国制造业的重要成本优势之一。二是后发者的模仿优势:后发国家通过模仿、吸收知识和技术溢出效应等方式获取知识,并因此获得追赶优势。中国作为一个具有强大吸收能力的后发国家,从中受益匪浅。三是制度性优势:中国政府通过改革开放及制度设计为制造业的快速发展提供了有利环境。政府的资源动员和决策执行能力,以及市场体系的完善,为制造业的发展提供了制度性优势。

这些因素似乎合理解释了中国制造业的崛起,但并不能完全解释持续崛起的原因。劳动力成本优势不断被削弱,但中国制造业仍持续发展。技术升级和制度设计可能是其中的关键因素。富士康等企业的成功并非仅来自劳动力成本,而是来自技术升级和管理创新。关于制度性因素,国有企业和政府干预的影响存在争议。一些研究认为,国有企业和政府干预对创新和追赶起到积极作用,而另一些研究则持相反观点。中国制造业的成功或许来自独特的制度环境和政策实践,但这也带来了对制度优势和市场机制的不同解读。

中国庞大的人口基数使其拥有巨大的潜在本土市场需求。我们通常会认为,制造业的规模经济外在表现,是通过庞大的规模降低了产品的生产成本,而这其实源于背后有效的劳动分工和学习效应[8]。换句话说,如果没有足够的有效市场规模,制造业很难发展起来。但是仅仅有一个庞大的本土市场并不能完全解释本土制造业企业的优势。因为随着国外跨国公司进入中国市场,庞大的市场规模并不足以保证本土企业能够在这个市场里面生存或者获得发展机会。所以,这个特征还需要跟中国市场的另一个特征联系在一起,那就是高度分割的市场结构。

中国高度分割的市场结构是这样的:最好的技术和最坏的技术、最时新的产品和最过时的产品、最复杂的产品需求和入门级的产品需求,它们能同时存在于一个市场中,构成这个市场中的诸多细分点,并且每一个分割市场依然可以具有相当的规模。走在中国任何一个城市里,你可以看到国外品牌的豪华车与入门级的本土品牌汽车毫不违和地同时出现在街头;大街上来来往往的人,拿着不同品牌的手机擦肩而过……几乎在任何一个生活领域,我们都能看到高度多样化的商品选择——不论是从价格上、质量上、性能上,还是从品牌的来源国别上。如果考虑中国庞大的农村人口数量和城乡收入差距,这种多样性会呈现得更为强烈。有时候,我们甚至很难用单一的词语来描述中国的整体市场特征,因为需求者们在支付能力和产品需求上存在着巨大的跨度。

庞大的潜在本土市场规模可以为中国制造业带来一些明显的优势。首先,巨大的市场潜力给予了本土企业更强的动力去捕捉那些潜在的市场机会,也为企业家提供了更强烈的创业动力。为了更大程度地把握这些市场的增长机会,他们有更强烈的积极性去开发新的技术、产品,提升企业能力。为了在有限的资源条件下完成产品、技术和能力的发展,他们会想尽一切办法来寻找可能的解决方案,并在此过程中展现出强烈的风险承担倾向和极富创造力的思维方式。其次,在这样的市场当中,本土企业更易于寻找到适合的生存空间,并进行财务资源的累积,从而支撑长期的追赶过程。因为只有一个拥有庞大本土市场规模,同时拥有高度分割结构的市场,才能满足这样的两个条件——有足够的细分市场来避免与包括跨国公司在内的强大竞争者进行直接竞争,以及即使是选择细分市场定位,仍然有足够的规模来获取规模经济。尤其是对于技术能力的发展而言,企业需要通过不断试错来积累知识和经验,例如在知识搜索、高水平人才和对已有员工的能力提升上进行有意识的投资。而这种对未来能力进行的投资在很多时候依赖于本土企业在市场中获得更多的成功机会。一项对拉丁美洲机床工业的研究表明,缺乏充足的国内市场会使这个行业的本土厂商在技术升级和能力构建上遭遇较大的阻碍。最后,后发国家常常在追赶过程中采取"市场换技术"的策略,也就是开放市场(包括给予国外企业一些有吸引力的优惠政策)给那些能够带来先进技术和管理经验的国外企业。庞大的潜在市场规模对跨国公司有巨大的吸引力,因此在中国企业与跨国公司进行合资谈判时,可以帮助本土企业大大增加获取技术的谈判能力。在中国制造业对外开放的早期阶段,由于本土企业的能力尚未形成,借助本土市场所产生的吸引力和相对低廉的劳动力成本几乎成为唯一的选择。

后发国家的追赶者所需要克服的并不仅仅是"资源限制"(resource constraints)问题,还需要克服追赶早期阶段的"冷启动"(cold start)问题。所谓的冷启动问题,指的是在追赶尤其是技术追赶的初期,本国企业的知识和能力基础与国外跨国公司相比,存在巨大的初始差距,导致本国企业依靠自身内在的能力,很难有效地吸收和利用国外的先进技术和管理经验。而追赶阶梯的存在可以帮助中国本土企业克服追赶的冷启动问题,本土市场与出口导向并存的策略,使得中国企业可以在市场和技术两个层面有更大的灵活性和整合机会。

因此,中国制造业的崛起并不仅仅是因为低廉的劳动力成本和后发者模仿优势。大型经济体(也就是人口基数在 1 亿以上的经济体)将会具有一些独特性,一个经济体的追赶效率最终将取决于追赶阶梯的连续性。

4.4 大型新兴经济体中独特的学习模式

追赶的本质是学习和能力构建过程,而以往对企业追赶战略的视角大多基于吸收能力理论。美国杜克大学教授韦斯利·M. 科恩(Wesley M. Cohen)和美国宾夕法尼亚大学教授丹尼尔·A. 利文索尔(Daniel A. Levinthal)提出的吸收能力理论指出,即使外部存在着许多潜在可得的知识,也并不意味着企业就能够吸收和利用这些知识,因为要识别这些知识的价值以及吸收这些来自外部的知识,企业首先必须具备一定的已有知识基础或者说吸收能力。这样的话,在追赶情境下就形成了一个很有趣的悖论——那就是后发企业在追赶早期,本身由于知识差距或技术差距太大,其所拥有的能力基础和外部潜在可利用知识之间存在着难以跨越的门槛。甚至从某种意义上说,后发企业本身就需要通过吸收和利用这些外部知识来建立和发展足够的吸收能力;而吸收能力的逻辑又要求企业先拥有吸收能力,否则就无法吸收和利用这些外部知识——这便是一个经典的悖论,一个行为的前提恰恰是这个行为的结果。

这个悖论的存在,向研究者揭示了一个非常重要的问题,那就是在后发企业乃至后发国家的追赶研究当中,仅仅关注这些被研究的企业或产业是如何依靠自身的内在能力和策略来完成技术和能力追赶过程的是远远不够的。因为已经拥有的内在能力和所采取的外部技术利用策略固然能够发挥积极的作用,但是仍然无法解答在追赶初期面临的冷启动悖论,也无法为那些处于追赶早期阶段的企业或产业提供具有实用性的实践建议[4]。

解决这个悖论,我们需要将本土市场结构纳入分析过程中。如果我们把一个国家本土市场中所有的企业(包含本土企业以及在该国运营的外国企业),按照它们的技术定位(也就是质量和技术水平上的差异性分布)由低到高依次排列,就可以将这些企业所形成的市场结构看作一个"阶梯"。

这个技术阶梯存在这样的两重含义:一方面,每个企业都会出现在这个技术阶梯的某个定位上,而这个定位取决于它当前的质量水准和技术水平,由于追赶过程中企业会不断地通过学习沿着技术阶梯向上迁移,因而这个过程就非常像我们在日常生活中爬楼梯的情形;另一方面,处于这个技术阶梯中的任何一家企业与阶梯中邻近的企业(处于相邻的上端或下端)之间的知识差距,在它们与整个阶梯中任何其他企业的知识差距当中是最小的,因而这些邻近的企业也是它们易于进行知识引入、学习和模仿的对象[3]。进一步来说,这些企业都会对它们各自的邻近上端企业进行学习和模仿,这样就导致技术阶梯顶端的企业所带来的先进知识(不论是技术知识还是管理经验)可以像瀑布一样逐级地被吸收、消化,转换为下一级企业所能够理解和吸收的知识,从而使整个技术阶梯中的企业都有可能从中获益。

当然,技术阶梯中的企业能否从中获得最大限度的收益,在一定的企业内在能力、知识获取策略和资源条件下,很大程度上取决于技术阶梯的连续性[13,14]。以技术阶梯的连续性为核心,我们可以回答这样一个问题:什么类型的产业更适合中国制造业企业完成它们的追赶?在我们的观察中,我们经常可以发现,是那些存在着大量未被满足的市场需求、产品和技术具有明显的模块化特点、本国存在着较为完备的产业价值链、技术发展的趋向相对稳定而明确的行业,更适合中国制造业企业完成它们的追赶。

另外一个在技术追赶过程中中国企业需要解决的问题是资源限制问题。普遍认为,由于发展中国家本国资本相对缺乏,加之金融体系不完善,融资限制(financial constraints)对于后发国家企业而言是一个普遍问题,在技术追赶的初期尤其如此。而技术追赶过程中的能力构建,是一个需要持续消耗大量时间和资源的学习过程,并且后发企业在这种学习过程中需要进行大量的试错,通过不断地试错逐渐累积起技术专长和学习能力。因此,后发企业围绕着技术获取和发展,需要在学习过程中有效地克服冷启动悖论问题以及资源限制问题。

通过对中国制造业追赶经验的观察,"解构式学习"(learning by decomposition)和"重构式学习"(learning by recombination)可以帮助中国企业有效地解决冷启动悖论和资源限制问题。解构式学习可以有效地解决技术追赶过程中,尤其是早期追赶阶段的冷启动悖论;而重构式学习可以帮助企业更好地建立起具有独特性的能力,进而通过更有效率地获得市场回报来弥补资源不足问题。

4.5 结 论

中国企业的能力优势源自三者的极致平衡:有竞争力的价格、合理的质量水平、对市场的快速响应。技术阶梯为中国企业建立和维系能力优势提供了特殊且重要的追赶情境。首先,技术阶梯模型为中国企业提供了一种系统性的理论框架,帮助它们理解和规划技术追赶的路径。通过分析和评估技术领域的不同阶梯,中国企业可以更好地确定自身在技术追赶过程中的位置,找准技术追赶的重点和方向,从而提高追赶的效率和成功率。其次,技术阶梯为中国企业提供了一种有效的方法来利用自身的能力优势。中国企业在人力资源、市场规模、政策支持等方面具有一定的优势。通过技术阶梯模型,企业可以选择与自身能力相匹配的技术阶梯进行追赶,利用自身的资源和优势来加速追赶的过程。例如,中国企业可以通过大规模生产和市场需求的支撑,快速提升在某一领域的市场份额和技术水平。此外,技术阶梯模型还为中国企业提供了一种跨越式发展的可能性。最后,技术阶梯模型为中国企业提供了一种动态性的战略思维方法。

对于后发国家来说,技术阶梯也为后发国家的追赶提供了战略发展方向。后发国家通常处于经济增长和发展的初级阶段,与发达国家相比,有着较低的人均收入水平和较弱的经济基础。通过技术阶梯有节奏地追赶发达国家,后发国家可以加快经济增长的速度,缩小与发达国家之间的经济差距,提高人民生活水平,实现经济的跨越式发展。技术阶梯为中国产业提供了一种系统性的理论框架,有助于理解和分析产业技术发展的特点和规律。通过对技术阶梯的研究,可以深入了解不同技术阶段的特点、发展趋势以及技术追赶的路径和策略,为中国产业制定科学合理的发展规划和战略提供理论指导。技术阶梯理论为中国产业提供了一个有效的发展方向。在技术阶梯模型中,不同阶梯之间存在着技术差距和发展速度的差异。中国产业可以根据自身的技术水平和资源条件,选择合适的技术阶梯进行发展,以提高产业竞争力和创新能力。通过技术追赶,中国产业可以逐步缩小与发达国家的技术差距,实现自主创新和跨越式发展。技术阶梯理论为中国产业提供了一种有效的创新途径。在技术阶梯模型中,企业可以通过技术创新和技术跳跃,跳过一些阶梯,直接进入技术水平较高的阶梯,从而实现快速发展和突破。中国产业可以通过加强科技研发和创新投入,掌握关键核心技术,提高自主创新能力,实现产业结构升级和转型升级。另外,技术阶梯理论为中国产业提供了一种战略思维方法。在全球化竞争日益激烈的背景下,中国产业需要制定有效的发展战略,提高其在全球价值链中的地位。技术阶梯模型可以帮助产业识别和评估发展的机遇和挑战,制定相应的战略和行动计划,推动产业转型升级,提升其国际竞争力。

参考文献

[1] Abramovitz M. Catching up, forging ahead, and falling behind[J]. The Journal of Economic History, 1986, 46(2), 385-406.

[2] Baldwin R, Martin P. Agglomeration and Regional Growth[J]. Handbook of Regional and Urban Economics, 2002(4):2671-2711.

[3] Chen X，Guo B，Guo J，et al. Technology decomposition and technology recombination in industrial catch-up for large emerging economies：Evidence from Chinese manufacturing industries[J]. Management and Organization Review，2022,18(1)，167-202.

[4] Cohen W M，Levinthal D A. Absorptive capacity：A new perspective on learning and innovation[J]. Administrative Science Quarterly,1990,35(1),128-152.

[5] Dosi G. Sources，procedures，and microeconomic effects of innovation[J]. Journal of Economic Literature,1988，26(3)，1120-1171.

[6] Gerschenkron A. Economic backwardness in historical perspective[M]. Cambridge：Harvard University Press,1962.

[7] Jefferson G H，Rawski T G. Enterprise reform in Chinese industry[J]. Journal of economic perspectives，1994，8(2):47-70.

[8] Krishna K，Mitra D. Trade liberalization，market discipline and productivity growth：New evidence from India[J]. Journal of Development Economics,1998,56(2):447-462.

[9] Nelson R R，Winter S G. An evolutionary theory of economic change[M]. Cambridge：Harvard University Press,1982.

[10] Parente S L，Prescott E C. Barriers to technology adoption and development[J]. Journal of Political Economy,1994,102(2):298-321.

[11] Perez C. Structural change and assimilation of new technologies in the economic and social systems[J]. Futures,1983,15(5):357-375.

[12] Xu B. Multinational enterprises，technology diffusion，and host country productivity growth[J]. Journal of Development Economics，2000,62(2):477-493.

[13] Zhou W C，Yan D，Sun S L. Climbing the ladder：Inward sourcing as an upgrading capability in global value chains[J]. Research Policy,2022，51(3):104439.

[14] 郭斌.大国制造:中国制造的基因优势与未来变革[M].北京:中国友谊出版公司,2020.

5 技术创新与知识产权管理

黄　灿

5.1 引　言

　　创新是引领发展的第一动力,保护知识产权就是保护创新。知识产权为技术创新提供了激励和保障,是全面创新建设的基石,对于提升我国创新能力、加快建设创新型国家具有十分重要的意义。我国的知识产权建设经历了"从无到有""从弱到强"的发展阶段,历经四十余年的发展,完成了一系列具有中国特色、符合中国国情的实践创新,知识产权法律体系逐步健全,知识产权治理能力不断提升。通过分析和梳理中国知识产权的发展历程和经验,剖析知识产权对于我国创新实践的价值,对于其他发展中国家的知识产权建设具有参考意义,也能够在新的发展阶段与新的国际形势背景下,为我国知识产权强国建设、实现全面创新目标提供理论支持。因此,本章基于中国情境,分析国家知识产权政策和企业知识产权管理的发展、构成和价值,总结新发展阶段和国际形势下,知识产权的国际治理和数字化时代的知识产权管理。

　　第5.2节从国家和企业视角剖析知识产权对于技术创新和经济发展的作用。第5.3节探究中国知识产权政策的发展历程、主要构成和作用机制。第5.4节探讨企业知识产权管理的不同阶段和知识产权管理对企业创新的作用机制。第5.5节分析中国如何参与构建和完善国际知识产权治理体系。第5.6节探究知识产权管理如何适应数字化时代以赋能技术创新。第5.7节通过实际案例分析中国企业的知识产权战略管理和数字化时代平台企业的知识产权治理。第5.8节总结全章内容并探讨未来研究方向。

5.2 知识产权作用

知识产权是人类智力劳动创造的专有权利,是社会财富的重要来源。探究知识产权对于社会经济发展的影响机制,有助于充分发挥知识产权促进经济发展、推动创新活动、维护市场秩序和社会公平的作用。现有学者对于知识产权价值的研究主要集中于知识产权对于国家和企业发展的作用机制。

(1)知识产权对于国家发展的影响机制研究

以往研究主要认为知识产权通过对创新的保护作用激励创新、吸引投资,进而影响国家经济发展。从内生经济增长理论出发,专利质量越高,创新水平越高,专利引领产业变革的作用更明显,专利对于高质量经济发展的促进作用更强。知识产权保护为研发人员的创新收益提供保障,调动研发人员和机构的创新积极性,正向调节专利质量和经济发展的正相关关系[1]。然而,知识产权对于国家发展作用效果的现有研究结论并不统一。回顾国内外关于发展中国家知识产权保护对于创新的作用机制的研究,可以发现知识产权保护和创新的作用机制理论从抑制论、促进论逐步发展到了非线性论[2]。杨君等[3]从行政执法、司法审判和法律制度环境三个层面构建国家知识产权保护评价指标,发现知识产权保护对于投资回报率分别存在激励效应和抑制效应,在知识产权保护较为宽松时激励效应大于抑制效应,在知识产权保护较为严格时相反,因此知识产权保护对我国资本回报率的影响呈倒 U 形,即资本回报率随着知识产权保护强度的提高先升高后降低。类似地,发展中国家的实际知识产权保护水平与出口技术复杂度、技术创新水平均呈现非线性的倒 U 形关系,当发展中国家的知识产权保护水平高于某一临界值时,其出口技术复杂度和技术创新水平随着知识产权保护力度的加强而降低,当知识产权保护水平低于某一临界值时则相反。因此,一国知识产权保护不宜过紧或过松,应该根据自身的创新水平和经济发展水平采取适宜的知识产权保护力度[4-5]。知识产权保护的影响效果同样存在着地域的异质性。李静晶和庄子银[6]依据时变参数向量自回归模型进行动态回归分析,发现专利保护在我国经济发达地区和经济欠发达地区对于创新能力分别存在促进和抑制作用。从立法制规保护、司法保护、行政保护三个维度构建省级层面的知识产权保护指标考察,可以发现相比于国有企业,非国有企业专利的市场价值较大程度地受到当地知识产权保护水平的影响,且由于当前我国知识产权法律法规已较为完善,需要解决的主要问题在于法律法规的执行问题,因此司法保护对于专利市场价值的影响大于立法制规保护[7]。

(2)知识产权对于企业发展的影响机制研究

以往研究认为知识产权通过激励企业研发投入、吸引投资者投资等方式影响企业创新行为和企业绩效。从知识产权保护视角看,知识产权保护水平可以通过降低资本市场融资时外部信息的不确定程度,帮助企业吸引外部投资者的投资,进而优化企业的资本结构,解决企业融资问题,推动企业创新[8]。类似地,知识产权执法力度提升,可以有效减少研发溢出损失和缓解外部融资约束,进而促进企业创新,并提升企业未来的财务绩效[9]。但是,从企业后续创新视角来看,尽管加强知识产权保护有助于引进外资,但会抑制本国企业创新的溢出效应,不仅不能提高本国企业的竞争能力,反而会损害发展中国家本国企业的利益[10]。

专利诉讼作为企业知识产权保护的重要方式同样被广泛研究。肖冰等[11]从法学角度分析以专利诉讼为主的企业知识产权司法活动与企业创新之间的交互关系,即企业通过创新改变了交易方式和商业习惯,这要求政府不断修订法律以更好地保护知识产权。而企业的司法活动也对企业的创新活动进行规范。为了适应创新带来的变化,企业也需要识别法律滞后性并对司法活动进行必要的调整。从知识产权运用视角看,专利质押融资通过缓解企业的融资问题,推动企业创新,进而对企业绩效产生显著正向影响,其中,质押专利类型、质押专利数量和质押专利剩余年限发挥了正向调节作用[12]。而专利技术许可作为另一重要的知识产权运用方式,则通过促进企业的技术学习和组织间的互动学习,推动企业创新[13]。

5.3 知识产权政策

知识产权政策是关于确认、保护和利用专利权、著作权、商标以及其他知识产权的一种规则体系。

知识产权起源于欧美国家,然而,历经四十余年的发展,我国在吸收国外先进法治理念的基础上,注重知识产权政策体系的构建和完善,我国知识产权事业也取得了长足的进步。在 20 世纪 80 年代和 90 年代初期,我国先后颁布了《商标法》《专利法》和《著作权法》，为我国现代知识产权基础制度奠定了基础。随后，在20世纪90年代，我国相继颁布了《计算机软件保护条例》《反不正当竞争法》《音像制品管理条例》《知识产权海关保护条例》《植物新品种保护条例》。21世纪初，中国进一步颁布了《集成电路布图设计保护条例》和《互联网著作权行政保护办法》。为了推进包括国内法在内的制度性法律体系的建立和发展，中国还加入了规范知识产权事务的国际条约。具体地，中国于1980年加入世界知识产权组织，1985年加入《保护工业产权巴黎公约》，1989年加入《商标国际注册马德里协定》，1992年加入《保护文学和艺术作品伯尔尼公约》，1993年加入《保护录音制品制作者防止未经许可复制其录音制品公约》，1994年加入《专利合作条约》，2007年加入《世界知识产权组织版权条约》。加入这些国际条约意味着中国承认条约确立的原则，接受与条约缔约国相关的权利和义务，采用与知识产权事务相关的国际法律框架[14]。2021年中共中央、国务院印发《知识产权强国建设纲要（2021—2035年）》，标志着我国正从"知识产权大国"向"知识产权强国"迈进。

对于我国当前知识产权政策体系的研究主要聚焦于知识产权政策体系的构成。从主体、要素和环节三个角度可以将我国知识产权政策体系分为本体政策、关联政策和支持政策[15]。冯晓青[16]对我国知识产权基础制度规范体系进行总结，其中包括法律体系、管理体制、政策体系以及特定领域知识产权规则体系。吴汉东[17]认为中国知识产权基础制度是由以法律、法规为主体的规范体系和以战略、规划为核心的政策体系共同构成的。当前的知识产权法律规范体系，以《民法典》为统领，以《著作权法》《专利法》《商标法》《反不正当竞争法》为主干，辅以行政法规和地方性法规，同时结合行政规章和司法解释等规范性文件以增强其实施效果。而知识产权公共政策则包括总政策、主体政策和辅助政策。谷丽等[18]从过程管理视角将知识产权治理划分为创造、运用、保护和服务四个环节。

许可和张亚峰[19]基于创新系统和制度逻辑理论，构建了一个包含经济与社会基础、创新要素与主体、知识产权管理机构以及政策制定四个方面的知识产权政策分析框架，用以审视地方知识产权政策体系，并揭示了知识产权政策体系滞后于经济发展阶段的问题，以及创新资源促进知识产权政策体系发展的作用机制。林德明等[20]根据政策工具分析方法和QCA（定性比较分析）方法，从14份政策文本中提取出1589条政策工具进行分析，发现相比于知识产权创造和运用的政策工具，我国更倾向于为知识产权管理和知识产权保护提供政策工具，因此我国需要进一步完善政策工具使用结构。

5.4　知识产权管理

作为企业管理的重要部分,企业知识产权管理是企业对知识产权进行开发、保护、运营的一项综合管理行为[21]。在知识经济时代,企业知识产权管理通过规范知识产权相关工作,促进企业创新和知识产权形成,进行知识产权保护和知识产权运营。企业知识产权管理和企业知识产权战略之间关系密切且相互影响。企业知识产权管理保障企业知识产权战略的顺利执行,进而保障企业的总体发展战略的贯彻落实。在企业知识产权管理的目标确定前,企业首先要对知识产权工作拥有明确的战略定位[22]。

Davis 和 Harrison[23] 提出了知识产权管理的金字塔理论,将企业知识产权管理程度由低到高分为基本防御、控制成本、获取价值、整合机会和塑造未来五个阶段。每个阶段代表了知识产权管理活动对企业发展不同程度的贡献,以及公司管理者对知识产权发挥作用的不同期望。基本防御阶段,知识产权被视为法律资产,企业自主研发产品或技术并对其研发成果申请知识产权保护,从而阻止竞争对手侵犯其所拥有的知识产权。控制成本阶段知识产权仍被视为法律资产,但为了降低知识产权成本,企业需要重新界定并关注知识产权的创造和组合方案,尤其是如何降低维护其知识产权投资组合的成本。在获取价值阶段中学会如何控制与知识产权相关的成本后,企业将注意力转向了更积极主动的策略。知识产权开始被视为商业资产,企业通过管理、购入等方法实现知识产权商业化运营以增加利润。整合机会阶段中,知识产权部门不再只专注于以自我为中心的活动,而是超越自己的部门,在整个企业内为更大的目标服务,将知识产权活动与企业的其他职能活动相结合,并嵌入公司的日常运营和战略制定中。塑造未来作为最高阶段,企业能够通过战略性地申请知识产权,创造出更高价值。企业能够将知识产权资源和企业其他的运营资源有机结合,比竞争对手更准确地判断出资源的未来价值,并将知识产权融入企业文化,如建立全球范围内的专利申请策略、制订长远的知识产权计划等。

5.5　知识产权国际治理

在知识经济蓬勃发展及全球技术竞争与合作广泛开展的新形势下,中国积极参与和推动建设更加公平、合理的国际知识产权治理体系,为新兴产业发展及技术创新提供良好的国际知识产权治理环境。

(1)中国参与知识产权国际治理的过程

在国家层面,发展中国家参与知识产权国际治理的过程可以分为四个阶段:自 19 世纪中后期至 20 世纪中后期,发展中国家或地区经历了从被动接受西方国家知识产权保护观念、规则,到主动寻求改变知识产权保护规则以维护自身利益的两个阶段;1994 年,美国主导推动的《与贸易有关的知识产权协定》(以下简称 TRIPs)的签订,标志着国际知识产权治理进入主权国家知识产权制度自主建构与国际协调并行的"TRIPs 时代"[23];2001 年中国加入世界贸易组织后,也开始履行 TRIPs,由此中国也被纳入了世界知识产权组织和世界贸易组织两大框架下的国际知识产权规则体系。有学者认为,TRIPs 所确立的是一种有利于发达国家但不利于发展中国家的"重保护轻限制"的国际体制[24]。最近十余年来,发达国家开始寻求更高标准的知识产权保护,国际知识产权规则转向自由贸易协定,进入"后 TRIPs 时代"[25]。研究表明,亚太地区主要经济体之间签订的自由贸易协定仍然反映了国际知识产权保护标准提高的趋势[26]。这要求我国主动防范化解多边机制被挑战以及发达国家迫使新兴市场国家提高知识产权保护标准的压力,为我国技术创新谋求更加公平、合理的知识产权治理环境,在知识产权国际博弈中占据有利地位。

(2)知识产权国际博弈模型

公平、合理的国际知识产权保护新规则的形成,是国际政治经济力量博弈的结果[27]。具体地,可将各类利益主体推动知识产权全球标准形成的博弈分为国内、国际(跨国)和联盟三个层次[28]:其中,国内层次的博弈主要包括国内知识产权团体之间的博弈及知识产权团体与本国政府的博弈;国际(跨国)层次的博弈发生在不同国家之间、不同国家团体之间、不同国家团体与外国政府之间;联盟层次的博弈则主要在以美国为首的发达国家联盟和发展中国家联盟之间展开,博弈的最终结果取决于各方的力量对比。因此,中国应当重视能够通过多种渠道影响国内外行为主体立场的各类知识产权团体[24]的力量,坚持多边主义,灵活运用联盟的影响力谋求在知识产权国际博弈中的有利地位[28],推动知识产权国际规则向更公平、更合理的方向发展。

(3) 中美知识产权博弈

为强化知识产权保护、实现本国利益最大化,美国打破多边机制和执法界限,通过知识产权调查立体网络的建立及"特别 301 条款"等,试图在全球推行更强的知识产权保护标准,以实现其知识产权战略目的[29]。与之相对,中国始终尊重各国利益,认为世界知识产权标准应当符合各国国情,并且强调在遵守国际知识产权公约义务基础上建立和完善具有中国特色的知识产权制度[24]。2018 年中美经贸摩擦开始后,美国聚焦于在国家安全与高技术产业竞争领域加大对华知识产权压力[29]。

从具体方式来看,"337 调查"是美国展开知识产权国际博弈的主要政策工具。产业层面上,人工智能、生物医药以及计算机和通信设备,特别是 5G 通信产业,是美国对华"337 调查"的关键领域[30]。企业层面上,"337 调查"加剧了中国企业面临的资源约束,阻碍其国际化专利布局[31]。因此,为减少损失、保留美国市场,被调查企业最常采用的策略是和解[32]。朱雪忠和徐晨倩从成本收益视角出发构建中美企业间的三阶段博弈模型,探究诉讼双方和解概率的影响因素,发现原告的市场损失及诉讼成本会降低其与被告和解的意愿,但被告检索对手专利无效证据的行动和投入能够缓和双方和解失败的风险[30]。企业所具备的"营销动态能力""政企关系能力""组织学习能力""沟通协调的诉讼能力"等外部能力、内部能力以及知识资源的合理组合,还可能帮助企业将"337 调查"的经验转化为后续专利国际化的推动力[31]。因此,针对"337 调查",我国应在多边机制下加强国际合作,联合具有共同利益的国际力量;完善知识产权制度、建立相关公共服务体系,为中国企业应对"337 调查"提供援助和指导。中国企业则应在加强自身知识资源和相关能力部署的同时,充分了解美国知识产权制度和竞争对手知识产权布局,建立相关风险评估机制和应对预案,通过对竞争对手意图的及时识别及积极取证,摆脱在"337 调查"中的不利地位。

综合来看,在中国及中国企业参与知识产权国际治理的过程中,利益相关主体的知识产权保护政策和策略选择,均会对国家及企业层面的技术创新利益产生影响[33-35];同时,在知识产权成为国家综合实力竞争重要领域的情况下,我国企业海外知识产权布局能力仍有待提升[36]。鉴于此,我国更应提高自身在国际知识产权治理体系中的话语权,促成对我国创新发展有利的知识产权国际博弈结果。

5.6 数字时代的知识产权管理

随着工业 4.0 技术的发展,数字产业化及产业数字化不断推进,如何完善知识产权制度以适应数字时代多个层面及关键领域的技术创新需要,是学者重点研究的问题。

(1)数字产业创新与知识产权管理

技术标准与知识产权的协同推进,是数字产业创新的重要保障。知识产权保护能够减少研发创新的外部性问题、降低创新成果溢出的损失[37],从而对创新主体形成长效激励。技术标准的制定则能够规范产业技术的内容,促进产业先导技术在产业内建立主导地位[38]。数字产业发展过程中,在"数据驱动、智能驱动、网络驱动、安全驱动、用户驱动、创新驱动、平台驱动、服务驱动"等八种因素赋能下,技术标准制定、知识产权创造保护和组合运营能够依托技术标准联盟、知识产权联盟、产业联盟及政府组织的沟通、合作实现螺旋上升式互动,推动数字产业创新[39]。具体地,数字产业的关键创新成果专利化后,在得到知识产权保护的同时,逐步融入技术标准体系并实现专利标准化。通过标准竞争占据主导地位的技术标准在经历充分的商业化推广后有可能走向开源化,引发新一轮的知识产权创造,从而实现知识产权保护与技术标准制定协同循环。在这一过程中,知识产权的基础价值也能够在技术标准扩散中得到充分放大,从而又形成了数字产业创新价值循环[40]。在这种循环中,知识产权的"私有属性"和技术标准的"公共属性"之间的矛盾得以化解,数字产业创新升级得以实现。

(2)企业数字化转型与知识产权管理

企业数字化转型是产业数字化的落脚点。通过技术创新对数字资产进行识别、选择、过滤、存储和应用是企业进行数字化转型的关键步骤[41]。因此,数字资产及技术创新是企业数字化转型过程中知识产权管理所需关注的重点。首先,作为企业数字化转型的关键资源,数字资产的概念尚不明晰,但可大致将其分为数字化资产及资产化数据两大类[42],其中资产化数据是其关键组成部分。当前与之相关的知识产权问题主要有两方面。第一,由于数字资产存在不易损耗、易被复制、可变性强等特征,其被窃取、模仿的难度和成本较低,相关的侵权案件数量多、取证难度大[43],这对知识产权保护效率提出了更高要求;第二,作为数字资产重要组成部分的数据资产,虽然在法律属性、表现形式、保护目标等方面与知识产权客体相似[45],但法学界对其确权问题仍存在争议,其流通、交易和保护缺乏法律和制度保障。其次,作为企业数字化转型的实现手段,技术创新活动需要得到更加有效的激励。因此,中国应加快数字资产特别是数据资产在法律上的确权,为企业保护其数字资产提供法律依据和制度保障;应加强数字技术的应用及知识产权全链条保护[44],提高知识产权保护的质量和效率,以应对数字时代形式复杂、数量庞大的知识产权侵权案件;应完善激励机制,充分运用知识产权保护制度,通过扩大知识产权的技术创新促进效应[45],全方位保障企业数字化转型。

(3)人工智能发展对知识产权制度的挑战

人工智能是数字经济的重要领域,其快速发展对我国的知识产权法律、制度提出了新要求。当前,人工智能已具备产出发明创造、文艺作品的能力,在促进技术创新的同时给现行的知识产权制度带来了挑战,其中人工智能的主体资格及其生成物的知识产权客体范围是当前最为关键的两大问题。在法学界,人工智能能否被授予法律主体资格尚存争议,根据其主导程度对其进行创作辅助工具及创造主体的区分[46],并不能从本质上解决这一问题。有学者认为,在"弱人工智能时代",人工智能由人类设计和操控,不具备自然人或法人特有的"意志能力",因此反对授予其法律主体资格[47]。同时,人工智能算法作为其所有人的客体,若再被认定为其生成物的主体,就会在私权角度上形成悖论。关于第二个问题,即人工智能生成物客体的"可专利性"及"可版权性",有学者认为其并未体现创造者的意志与人格,因此并不符合专利权的"新颖性""创造性"及著作权的"独创性"标准[48]。但人工智能生成物本身及形成过程终究会受到人类的影响,因此仍可将其视为对人类创造意志的一种反映[49],据此将其认定为知识产权客体具有一定合理性[50]。最后,在知识产权归属及侵权责任认定方面,由于人工智能生成物的形成过程涉及算法设计者、数据提供者、投资者和使用者等多元主体,且这些主体均可能对人工智能生成物的形成做出贡献,从而获得相应知识产权归属或侵权责任认定依据[49],因此应尽快明确权利与责任的界定,扫清人工智能领域技术创新的障碍。

(4)知识产权数据治理

随着数字化的推进,知识产权治理结构和治理模式本身也发生了较大变化,知识产权数据治理成为数字化时代知识产权管理的重要趋势。尽管知识产权数据治理的主体日益多元化、数据治理客体日益海量化与复杂化,但数据资源和数字技术在知识产权的创造、保护、政策决策、审查审批、商务交易、公共服务等环节和场景中得到了更广泛、高效的应用,知识产权治理的效率也随之提高。然而当前我国的知识产权数据治理在"制度数据刻画""算法伦理与数据正义""数据产权法律属性""数据平台的责任与规制"等方面仍存在问题和争议[51]。具体地,如我国当前的数据供给、刻画能力有限;全球知识产权数据分布不均衡、算法滥用现象频繁发生;数据及人工智能成果产权归属不明;网络平台在知识产权治理中的责任、规制尚不明晰。在此背景下,应变革数据治理价值观,完善知识产权数据治理架构和数据供给制度,积极在全球范围内展开知识产权数据合作交流[51],以知识产权数据治理赋能技术创新。

5.7 中国企业知识产权管理实践

(1)恒瑞医药知识产权管理体系的演进

恒瑞医药是一家专门从事医药创新和药物研发、生产及推广的医药企业。在恒瑞医药发展历程中,知识产权战略帮助企业明确发展方向,优化资源配置,制定长远的创新发展规划。现有学者围绕恒瑞医药的知识产权管理推动企业创新开展了丰富的研究。李珮璘和黄国群[52]主要关注恒瑞医药知识产权战略的实践特点与演化规律,总结相关成功经验,并探究影响企业知识产权战略演进的因素,包括:新兴大国优势的驱动、对技术机遇的及时捕捉、国内竞争国际化的影响以及政府产业政策的引导等。

纵观恒瑞医药知识产权战略的演化过程,可将其归纳为四个阶段,分别为:萌芽阶段、初创知识产权体系阶段、规范知识产权管理体系阶段和战略知识产权管理体系阶段。在萌芽阶段(1970—1992 年),恒瑞医药没有自己的品牌药品,只能从事技术含量低的医药产品生产和医药原料加工。由于缺乏资金和利润率较低,恒瑞医药在研发及品牌药上的投资较少,且知识产权意识不强,没有相关的专利技术。在初创知识产权体系阶段(1993—1995 年),恒瑞医药开始逐渐重视知识产权,选择抗肿瘤药品作为突破口,尝试建立知识产权管理体系。通过购买专利技术,恒瑞医药首次拥有了自己的品牌仿制药,在随后几年促进了公司的快速增长。在规范知识产权管理体系阶段(1996—2010 年),恒瑞医药开始进行实质性的产品研发与专利申请活动,通过建立上海药物研发中心,开展《专利合作条约》下的国际专利(PCT 专利)申请工作。2008 年公司设立知识产权部门,逐渐建立并完善了集中管理模式的专利管理制度和流程。这一时期,恒瑞医药的知识产权战略与公司总体发展战略的融合程度逐渐提高。在战略知识产权管理体系阶段(2011 年至今),恒瑞医药进一步完善了创新及知识产权管理体系,建立了从研发立项到运营管理的高价值专利全流程培育机制。公司围绕科技创新和国际化两大战略,紧跟全球医药前沿科技,加速推进药品的研发与创新,同时积极拓展国际市场,实现了中国企业从依赖国外医药技术进口到向国际市场输出自主研发医药技术的转变[53]。

恒瑞医药的知识产权战略演化历程展示了一个成功企业的知识产权战略发展过程,从最开始的缺乏正式知识产权管理活动阶段,到如今知识产权与企业整体战略紧密结合,推动企业持续创新,为其他企业的知识产权战略管理提供了有益借鉴。

(2)阿里巴巴构建数字网络空间知识产权治理体系

数字经济的发展催生了平台经济等新业态,但同时也出现了数字网络空间知识产权治理的新挑战。数字经济中,电子商务活动的广域性、即时性、虚拟性和互动性等特点,使得电子商务平台的发展频繁受到假冒伪劣和侵权商品的侵扰。作为国内电子商务龙头企业,阿里巴巴集团的业务范围包括 B2B 贸易、网上零售、第三方支付和云计算等多个领域,构成了典型的平台生态系统。面对数字时代的知识产权治理问题,阿里巴巴积极利用数字技术及平台积累的数据资源,联合知识产权利益相关方共同参与治理,在知识产权保护的技术与制度创新上不断突破,从商业逻辑出发建立和完善平台知识产权保护制度,形成了"技术赋能+制度创新+多元共治"的知识产权治理模式[54](见图 5.1)。

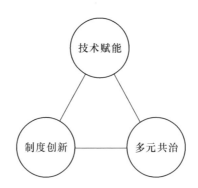

图 5.1　阿里巴巴知识产权治理模式

在具体实践中,阿里巴巴以通知和投诉机制、主动防控措施、线下打假举措、利益相关方合作四个方面为核心,实现了线上线下多元融合的知识产权共治模式(见图 5.2)。

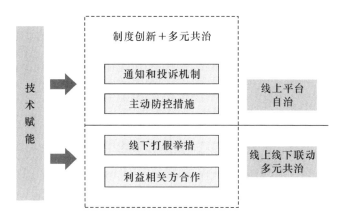

图 5.2 阿里巴巴知识产权治理体系

在通知和投诉机制方面,基于历史投诉的数据指标等大数据资源和互联网技术,阿里巴巴先后推出了较普通投诉机制更为积极、准确的诚信投诉机制和"知识产权快车道"项目,进一步提升了维权效率并建立了阿里巴巴平台的统一投诉入口。

在主动防控措施方面,阿里巴巴依托二十余年的知识产权治理经验所积累的海量线上线下打假数据,结合自身大数据及算法优势,采用信息技术主动筛查潜在问题商品;同时通过大数据模型开发全球首个电商+权利人共建体系——"权利人共建平台",实现了平台与权利人的双向沟通,在方便权利人"一键维权"的同时,基于双方沟通优化数据模型,更有效、精确地打击侵权行为,充分保证了权利人的合法权益及平台的健康良性发展。

在线下打假举措方面,由于电子商务领域的知识产权侵权证据多以电子化、数据化的方式存在,线上知识产权侵权的执法面临取证以及效力认证困难的问题。阿里巴巴利用其数据和算法优势为执法机关提供线索,协助执法机关打击线下制售假货窝点;同时成立线下调查团队,利用技术能力检测潜在的侵权活动,不仅保证了与商品相关权利人的合法权利,也提升了消费者对阿里巴巴平台的信赖度。

在与利益相关方合作方面,阿里巴巴始终秉承知识产权社会共治理念,与权利人、行业协会、政府机关、学术界积极协作,在数字技术赋能下,借助利益相关方的数据、知识等资源输入,开展了多个利益相关方多元共治的实践项目,如阿里巴巴打假联盟、中小企业咨询委员会、"打假无疆"项目等。

通过数字技术赋能、多元共治协同及制度创新的保障,阿里巴巴实现了对其电子商务平台有效的知识产权治理,化解了知识产权侵权案件多、取证难、权属及责任不明等突出问题,为数字时代的知识产权治理提供了有益借鉴。

5.8　结　论

在改革开放的四十余年里,我国的知识产权建设取得了长足进步,知识产权对经济社会发展和创新的推动作用日益显著。究其原因,一方面在于国家的知识产权政策的发展完善。完善的知识产权政策体系能够更好地激励创新,保护创新者的权益,从而鼓励更多的研究与开发活动,推动科技进步和产业创新。与此同时,完善的知识产权政策体系能够强化知识产权保护,提高侵权成本,有助于营造公平竞争的市场环境,吸引国内外投资,促进企业创新和经济的健康发展。另一方面在于企业不断推进知识产权战略管理。通过有效的知识产权战略管理,企业可以确保其研发成果、技术秘密、品牌标识等不被侵犯,保护企业的核心竞争力和研发成果,通过专利申请、商标注册等方式,增强员工的创新意识和能力,推动技术进步。拥有并有效管理知识产权的企业能够在市场中获得竞争优势,通过专利、商标等知识产权的独占使用权,限制竞争对手,扩大市场份额。此外,完善的知识产权管理有助于在商业合作中建立互信机制,通过许可、转让等方式实现知识产权的商业化,为企业带来收益。尽管知识产权在激励创新和保护企业权益方面发挥着重要作用,但过度的知识产权保护可能会导致创新资源的不均衡分配,限制技术的自由流动和扩散。因此,需要制定合理的知识产权政策,确保创新和公共利益之间的平衡。

随着全球化的深入发展,知识产权的国际治理成为关键问题,我国面临着多边机制被挑战、知识产权国际标准不适应新兴市场国家发展利益等问题,为此我国需要推动建立更加公平、合理的知识产权国际治理体系。与此同时,在数字化时代,技术创新与知识产权管理面临着新的挑战和机遇。随着工业4.0技术的推进,数字产业化和产业数字化的加速发展,我国知识产权政策和企业知识产权战略管理需要适应这一变化,以支持技术创新和新兴产业的发展。未来,要实现知识产权支持全面创新的目标,我国还需要进一步更新和完善知识产权相关法律法规和政策,确保其与国际标准接轨。例如,建立和完善知识产权服务体系,提供一站式的知识产权服务,包括咨询、申请、维权等,降低企业和个人的知识产权管理

成本;鼓励企业和研究机构通过专利许可、技术转移等方式,促进知识产权的商业
化和产业化,将知识产权转化为实际的创新成果。国家同样需要在制定知识产权
政策时寻求平衡,即确保既能激励创新,又能保护公共利益,以促进技术的传播和
公平竞争。

参考文献

[1] 孟猛猛,雷家骕,焦捷.专利质量、知识产权保护与经济高质量发展[J].科研管理,2021,42
   (1):135-145.

[2] 李红.发展中国家知识产权保护与创新研究进展[J].科研管理,2020,41(4):263-269.

[3] 杨君,肖明月,蒋墨冰.知识产权保护、技术创新与中国的资本回报率[J].科研管理,2023,
   44(2):137-145.

[4] 代中强.知识产权保护提高了出口技术复杂度吗? ——来自中国省际层面的经验研究[J].
   科学学研究,2014,32(12):1846-1858.

[5] 余长林,王瑞芳.发展中国家的知识产权保护与技术创新:只是线性关系吗?[J].当代经济
   科学,2009,31(3):92-100+127.

[6] 李静晶,庄子银.知识产权保护对我国区域经济增长的影响[J].科学学研究,2017,35(4):
   557-564.

[7] 龙小宁,易巍,林志帆.知识产权保护的价值有多大? ——来自中国上市公司专利数据的经
   验证据[J].金融研究,2018(8):120-136.

[8] 李莉,闫斌,顾春霞.知识产权保护、信息不对称与高科技企业资本结构[J].管理世界,2014
   (11):1-9.

[9] 吴超鹏,唐菂.知识产权保护执法力度、技术创新与企业绩效——来自中国上市公司的证据
   [J].经济研究,2016,51(11):125-139.

[10] 朱东平.外商直接投资、知识产权保护与发展中国家的社会福利——兼论发展中国家的引
    资战略[J].经济研究,2004(1):93-101.

[11] 肖冰,肖尤丹,许可.知识产权司法保护与企业创新的互动机制研究——基于专利侵权诉
    讼的分析[J].科研管理,2019,40(12):172-181.

[12] 张超,张晓琴.专利权质押融资影响出质企业绩效的实证研究[J].科研管理,2020,41(1):
    142-151.

[13] 刘凤朝,邬德林,马荣康.专利技术许可对企业创新产出的影响研究——三种邻近性的调
    节作用[J].科研管理,2015,36(4):91-100.

[14] Huang C. Recent development of the intellectual property rights system in China and

challenges ahead[J]. Management and Organization Review, 2017, 13(1):39-48.

[15] 张鹏.知识产权公共政策体系的理论框架、构成要素和建设方向研究[J].知识产权,2014 (12):69-73.

[16] 冯晓青.我国知识产权制度实施的战略布局——关于《知识产权强国建设纲要(2021—2035年)》的理论思考[J].知识产权,2021(10):55-81.

[17] 吴汉东.中国知识产权制度现代化的实践与发展[J].中国法学,2022(5):24-43.

[18] 谷丽,梁茜,贺敬辉.知识产权治理主体的相互作用机制研究——基于全过程视角[J].科学学研究,2023,41(10):1854-1863+1886.

[19] 许可,张亚峰.支持创新的地方知识产权政策体系:基于创新系统与制度逻辑的分析[J].科研管理,2023,44(10):62-70.

[20] 林德明,罗宇晴,刘文斌.知识产权政策如何提升国家创新能力?——基于政策工具的组态分析[J].科学学研究,2023,41(12):2193-2203.

[21] 刘希宋,于雪霞.企业知识产权管理的特征和本质[J].科学管理研究,2008(1):110-112.

[22] 冯晓青.企业知识产权管理基本问题研究[J].湖南社会科学,2010(4):54-58.

[23] Davis J L, Harrison S S. Edison in the boardroom: How leading companies realize value from their intellectual assets[M]. New Jersey: John Wiley & Sons, 2002.

[24] 何华.中美知识产权认知差异研究[J].科研管理,2019,40(3):163-170.

[25] 蔡晓东.后 TRIPs 协议时代的贸易协定与知识产权条款[J].西南政法大学学报,2012,4(1):44-50.

[26] 王黎萤,高鲜鑫,张迪,等.FTA知识产权规则对出口贸易结构的影响研究[J].科学学研究,2021,39(12):2149-2159.

[27] 吴汉东.知识产权法的制度创新本质与知识创新目标[J].法学研究,2014,36(3):95-108.

[28] 徐元.知识产权全球标准形成的三层博弈与启示[J].科研管理,2023,44(5):159-165.

[29] 毛昊,赵晓凤,魏洽.美国对华知识产权压力焦点变迁与趋势预见[J].科学学研究,2023,41(7):1282-1293.

[30] 朱雪忠,徐晨倩.337调查下的企业专利诉讼策略博弈分析[J].科研管理,2021,42(6):112-119.

[31] 徐晨倩,朱雪忠.美国337调查、动态能力与企业专利国际化[J].科学学研究,2023,41(8):1474-1483.

[32] 曹晓慧.美国"337调查"的新趋势及我国的应对措施[J].情报杂志,2018,37(2):30-36.

[33] 赵旭梅.专利保护宽度的国际趋同与创新博弈[J].科研管理,2015,36(9):128-133.

[34] 蔡中华,何浩东,罗新宇.新发展格局下知识产权与中国高技术产业出口[J].科研管理,2023,44(8):152-161.

[35] 徐璐,叶光亮.竞争政策与跨国最优技术授权策略[J].经济研究,2018,53(2):95-108.

[36] 裘江南,张野.中国高技术企业国际化中的专利布局研究[J].科研管理,2016,37(11):43-51.

[37] 吴超鹏,唐菂.知识产权保护执法力度、技术创新与企业绩效——来自中国上市公司的证据[J].经济研究,2016,51(11):125-139.

[38] 王博,刘则渊,丁堃,等.产业技术标准和产业技术发展关系研究——基于专利内容分析的视角[J].科学学研究,2016,34(2):194-202.

[39] 王黎萤,楼源,赵春苗,等.标准与知识产权推进数字产业创新理论与展望[J].科学学研究,2022,40(4):632-641.

[40] 戚聿东,杜博,叶胜然.知识产权与技术标准协同驱动数字产业创新:机理与路径[J].中国工业经济,2022(8):5-24.

[41] 吴非,胡慧芷,林慧妍,等.企业数字化转型与资本市场表现——来自股票流动性的经验证据[J].管理世界,2021,37(7):130-144+10.

[42] 王敏,袁娇.数字资产税收治理难点与治理路径创新[J].税务研究,2022(11):17-22.

[43] 王淇.论专利行政执法对公共利益的保护[J].知识产权,2016(6):107-111.

[44] 甄红线,王玺,方红星.知识产权行政保护与企业数字化转型[J].经济研究,2023,58(11):62-79.

[45] Besen S M, Raskind L J. An introduction to the law and economics of intellectual property [J]. Journal of Economic Perspectives, 1991, 5(1):3-27.

[46] Hristov K. Artificial intelligence and the copyright dilemma[J]. Idea, 2016(57):431.

[47] 吴汉东,张平,张晓津.人工智能对知识产权法律保护的挑战[J].中国法律评论,2018(2):1-24.

[48] 张怀印,甘竞圆.人工智能生成物著作权归属问题研究——谁有资格放弃《阳光失了玻璃窗》的版权?[J].科技与法律,2019(3):34-41.

[49] 吴汉东,刘鑫.生成式人工智能的知识产权法律因应与制度创新[J].科技与法律(中英文),2024(1):1-10.

[50] 刘鑫.人工智能创造物知识产权保护的正当性释疑——黑格尔"财产权人格学说"下的理论证成与制度调适[J].科技与法律,2020(6):41-47.

[51] 董涛.知识产权数据治理研究[J].管理世界,2022,38(4):109-125.

[52] 李珮璘,黄国群.我国跨国公司知识产权战略演进及影响因素分析——基于恒瑞和海正的案例研究[J].情报杂志,2018,37(12):56-64.

[53] 魏江,张莉,李拓宇,等.合法性视角下平台网络知识资产治理[J].科学学研究,2019,37(5):856-865.

[54] 沈慧君,李溪涵,王旭明,等.用创新保护创新:阿里巴巴电子商务平台知识产权治理之路[C]//第十三届全国百篇优秀管理案例获奖案例,2022.

第二部分

技术创新在中国企业

6 技术驱动的商业模式创新

朱明洋　张玉利

6.1 引　言

　　商业模式创新作为一种区别于技术创新、产品服务创新和流程创新等创新类别的组织整体性创新,广受学界与实践界的积极关注。随着信息与通信技术(ICT)、物联网、工业互联网、云计算、大数据、人工智能、区块链及元宇宙等新兴数字技术和绿色技术的快速发展与推广应用,无论是海内外知名的互联网企业,如阿里巴巴、腾讯、京东、拼多多、字节跳动、百度和滴滴等,还是以华为、小米、美的、格力、比亚迪和吉利等为代表的制造业巨擘,抑或是数不胜数的中小企业和新创企业,都正积极利用这些前沿技术、颠覆性技术助推自身商业模式创新,以探索新型商业化,获取独特竞争优势。据此,本章利用成熟的商业模式画布工具并通过分析和总结本土企业创新实践经验,尝试提出新兴技术驱动商业模式创新的可视化框架,这不仅能为当前企业指明利用前沿技术、颠覆性技术实现自身商业模式创新的可能途径和方法,也可为探索未来技术的新型商业化落地实践和组织数字化与绿色化转型等实践提供参考借鉴意义。

　　第 6.2 节阐释了商业模式和商业模式创新的概念内涵及其重要性。第 6.3 节论述了新技术发展对商业模式创新的促进作用。第 6.4 节基于商业模式画布工具,提出了技术驱动商业模式创新的可视化框架,探索性思考企业商业模式价值主张、创造、传递和获取四个方面的创新可能。第 6.5 节基于所提出的技术驱动商业模式创新可视化框架,通过小米公司实际案例描述中国企业的数字技术驱动商业模式创新实践。第 6.6 节基于商业模式画布工具分析中国本土情景的新兴技术驱动商业模式创新实践研究,得出一些具有普遍意义的结论,探讨未来研究与实践方向。

6.2 商业模式与商业模式创新

随着 20 世纪 90 年代中期互联网兴起,起源于企业实践的商业模式(business model,BM)概念开始广泛传播[1-2],吸引学界和业界持续关注。商业模式概念可用于对一个企业"如何做生意"或"其背后商业逻辑"的概况性描述[3-4],解释了企业与其利益相关者如何创造、传递和获取价值的基本原理[1,5-6],它强调"对企业如何安排其活动系统以创造、传递和获取价值的系统性与整体性理解"[2,7]。近来,商业模式创新(business model innovation,BMI)以一个更加动态的视角来处理商业模式本身的创新问题,已成为一个新兴的重要的研究与实践方向[8-10]。

商业模式创新被普遍定义为"企业有意识地改变其核心商业逻辑或寻找新商业逻辑的过程",目的是使企业以新的方式创造、传递或获取价值[7,11]。商业模式创新是对技术创新、产品创新、流程创新等传统创新形式的有效补充[8]。不同于技术创新、产品(服务)创新等创新类型,商业模式创新关注企业的整个"架构"转变[1],可集成不同类别的创新,能为企业创新提供整体性视角。在实践中,技术创新可为商业模式创新提供基础性支撑[7,12-13]。例如,数字技术发展推动智能制造和智能营销,使人机共生成为新的价值创造与传递方式。再如移动互联网、社会化媒体等信息和通信技术改变企业与客户的互动方式,带来协作观念转变,促进价值共创与顾客员工化现象兴起,进而推动商业模式创新。当然,商业模式创新也可对技术创新产生积极推动作用。商业模式创新往往能通过发现与满足市场新需求,发掘技术的经济价值[4,14],为技术创新提供市场空间与机会,促进技术创新成果的商业化和市场化。技术创新与商业模式创新之间是一种相互促进关系。

6.3 新兴技术发展与商业模式创新

当前,新一轮科技革命与产业变革加速演进,在未来制造、未来信息、未来材料和未来能源等方面的前沿技术、颠覆性技术层出不穷。随着新兴数字技术的不断突破、融合与推广应用,越来越多行业内的企业追求这些前沿技术、颠覆性技术驱动的商业模式创新以探索新型商业化和市场化,紧跟数字化、智能化、绿色化和生态化转型之路,其重要原因是诸如数字技术、绿色技术、循环技术等前沿技术革新能带给企业新的创新点和增长点[15-16]。当然,也存在以下问题:传统商业模式并不适应技术发展趋势、用户新需求趋势（如用户关于即时互动和参与的诉求以及追求独特的数字体验与绿色体验等）和竞争环境激烈变化，特别是难以满足现行新发展理念（提倡开放、共享、绿色等）所激发的客户新体验需要。例如，基于移动互联网技术和社交媒体等的直播带货与线上购物模式对实体店"等客上门"模式的极大冲击，再如，利用大数据技术的优步等网约车平台对传统出租车行业的颠覆性挑战，皆是前者倒逼后者引入新兴技术，驱动"线上线下"整合模式创新。技术驱动的商业模式创新可催生基于新兴技术识别与利用商业机会的新机制，因能够使企业抓住新一轮科技革命和产业变革趋势所带来的新机遇，实现追赶超越，而正受到学界、业界和政府部门的热切关注。

企业作为创新主体、创新驱动发展的生力军，正积极拓展应用数字技术和绿色技术等前沿技术、颠覆性技术，以推动新场景、新模式与新业态。那么，这些新兴技术究竟能带来怎样的商业模式创新？数字技术、绿色技术等可改变经济主体生产、互动和产品商业化的方式[17]，例如，当前数字化几乎挑战了"做生意"（do business）的所有要素，包括资源安排、客户互动和经济模式[15,18]，即改变企业传统的价值创造、传递与获取方式或体系，必然影响其商业模式设计与创新。数字化产生海量、实时的可获取数据资源，通过数字技术工具挖掘与利用高质量数据，促进商业模式创新和管理方法创新，并产生一系列积极后果[19-20]。例如，人工智能、AR、VR 和元宇宙等数字技术与绿色技术有助于企业在价值主张方面提出新的关于数字体验和绿色体验的内容，并通过支持人机共生的智能制造与沉浸式服务场景有效地生成和传递这些内容，从而驱动其商业模式价值主张创新、价值创造体系创新和价值传递体系创新。大数据技术也可促进企业价值主张生成方法的创新。例如，移动支付技术发展推动了"线上线下融合"的新型商业模式的兴起，这意味着企业在商业模式价值获取方面取得创新突破。再如，Open AI 公司所发布的聊天机器人模型 ChatGPT 和首款文生视频大模型 Sora 带来的通用人工智能技术（AGI）发展，都能够对企业产品设计、广告设计和营销推文生成等相关工作产生颠覆性影响，助其在商业模式价值主张与价值传递方面有突破式创新。可见，当前，数字技术与绿色技术等前沿技术、颠覆性技术的发展可驱动企业在其商业模式价值主张、价值创造、价值传递和价值获取方面实现创新。

从成长过程来看，在创业初期与成长阶段，一些企业重视数字技术、绿色技术驱动的商业模式价值主张创新和价值创造体系创新，但在成熟时期或衰退期，可能转为关注涉及"数智技术"驱动的渠道创新和客户关系管理创新（即商业模式价值传递体系创新),且基于强烈的"获利"诉求,更重视数智技术的"开源节流"作用,积极探索商业模式价值获取体系创新。当前沿技术、颠覆性技术驱动企业在价值主张、创造、传递和获取四个方面都发生彻底的、根本性的创新变化时,意味着其商业模式实现了激进式创新,且创新程度高。在整个成长过程中,由于商业演化高路径依赖性加之技术发展路径依赖性,企业在多数时刻采用渐进式创新商业模式[21-22](例如利用数字技术或绿色技术在其原有价值主张基础上提出新内容),但可能在某一时点选择骤然引入具有全新价值主张、价值创造体系、价值传递体系和价值获取体系的商业模式与颠覆式技术创新相匹配,以利于获得颠覆式成功[23-24]。在不同成长阶段,企业需结合自身内部情况及所面临的行业技术、市场、制度、文化等环境变化趋势差异,考虑未来新兴技术驱动商业模式创新的不同侧重方面、频次和程度等。

6.4　从商业模式画布到商业模式创新的可视化工具

商业模式设计与创新是复杂的,需要有效的工具。商业模式画布(business model canvas)是亚历山大·奥斯特瓦德(Alexander Osterwalder)和伊夫·皮尼厄(Yves Pigneur)在《商业模式新生代》一书中提出的一种用于描述、可视化、评估以及改变商业模式的通用语言和实用型工具[5],可促进人们对商业模式的了解和在很大程度上降低商业模式设计与创新的难度,因而已获理论界与实践界的广泛认可及拓展应用。结合技术发展新趋势探索该画布的新情境应用,能为企业基于数字技术、绿色技术等前沿技术、颠覆性技术驱动商业模式创新提供重要的可视化工具。商业模式画布意在揭示和具象化企业如何创造、传递与获取价值的基本原理[5],主要由 9 个模块构成,分别是价值主张、重要合作、核心资源、关键业务、客户细分、渠道通路、客户关系、收入流和成本结构,且通过聚焦、归纳并对应为价值主张、运营模式、营销模式和盈利模式,如图 6.1 所示。

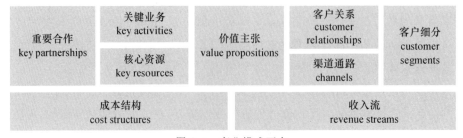

图 6.1　商业模式画布

作为商业模式画布的核心维度之一,价值主张(value propositions)指明了企业所需创造的价值,对商业模式价值创造、传递与获取活动起到提纲挈领作用,可被视作商业模式设计与创新的起点和最为活跃的创新维度[1,7-8]。在众多商业模式文献中,价值主张即指顾客价值主张,描述了企业向顾客所提供的内容,可具体到指定的产品与服务[3,6,14,25]。在当前倡导价值共创模式背景下,商业模式价值主张设计与创新需要面向所有的价值共创者,从而关注到更广义的价值主张。价值共创导向下的商业模式价值主张创新应挖掘包括潜在客户群体在内的所有价值共创者的新价值诉求,揭示其与焦点企业进行价值共创的独特深层次原因。基于更广泛的利益相关者视角,商业模式价值主张中的价值范畴并不局限于经济价值,还可包含社会价值(social value)和生态价值(ecological value)[2,21]。企业伦理、企业公民和企业社会责任等理论演进及诸如"绿色经济""低碳经济""循环经济""企业可持续发展""社会创业"等相关议题兴起,为界定商业模式的社会价值与生态价值新内容提供重要依据。数字技术、绿色技术和循环技术等前沿技术、颠覆性技术驱动企业在商业模式价值主张内容创新方面挖掘新的社会价值与生态价值,探索价值主张在经济—社会—生态价值三角权衡机制方面的创新及差异化价值组合与层级方面的创新。

在价值创造方面,商业模式画布提出了核心资源、关键业务和重要合作三个基本维度。为实现商业模式价值主张,企业首先应创造价值主张中所指定的价值,即价值创造(value creation),主要对应企业制造产品、服务的运营体系或模式,与制造系统、生产系统、生产与运作系统等概念相近[1,5-6]。当前,数字技术、绿色技术等前沿技术、颠覆性技术发展带来数字资源、绿色技术资源等的爆炸式增长与持续积累,这些新资源已成为企业推进数智化、绿色化并孕育出新型商业模式的核心要素。现阶段的一个突出趋势是数字技术突破边界并赋能企业构建或嵌入复杂的组织间生态系统、商业生态系统等以创建新型商业模式,从而通过基于特定生态系统的合作关系来整合不同层次的数字与非数字资源要素,实现企业内外利益相关者在即时互动中共创价值[18]。这表明在基于数字技术的新商业模式或数字化商业模式中,用户、合作伙伴等外部利益相关者已转变为重要的价值创造者,例如共同参与新产品概念设计,努力实现一种共同生产过程[26-27]。所以,如何基于独特生态系统的新合作关系进行价值共创,是当前企业实现新情境下商业模式创新的重要关切。企业可探索独特的数字接口,以新的方式聚合潜在用户等外部关键利益相关者,或者尝试识别新的、未曾出现过的外部利益相关者角色且将其引入组织间生态系统中,并通过创建独特的互动平台与协作机制以实现持续创造价值。

在价值传递方面,商业模式画布提出客户细分、渠道通路和客户关系三个重要维度。价值传递,又称价值提交或价值交付,是将商业模式所创造的价值集交付给客户的过程,主要对应企业将产品服务交付给客户的营销体系、营销模式或营销系统[1,7,21,28],涉及渠道、促销、广告、售后服务和客户关系管理等相关方面。目前,数字技术、绿色技术等前沿技术、颠覆性技术能够促进企业积极发展新的数智营销能力和绿色营销能力等,驱动其在客户识别与细分、渠道和客户关系管理方面取得突破性创新。企业应对 5G/6G 网络技术、第三代互联网、人工智能(人形机器人)、AR 和 VR 等前沿技术、颠覆性技术在渠道建设(包括物流体系)和客户沟通与服务体系中的创新应用方面投入更多努力,探索这些新技术催生的针对不同类型客户的新的高精准营销渠道体系(如网红直播带货)、新营销手段(如短视频平台热点事件营销、广告数字化设计与个性化精准推送)、新"点对点"即时沟通与交互界面、新定制化虚实融合服务场景等,以促进自身商业模式价值传递体系创新。现阶段价值共创模式兴起背景下,客户已成为重要价值创造者,这要求企业探索新的顾客员工化关系管理,积极创建独特的基于数字平台的价值共同传递模式与联合消费过程[27,29]以吸引和促进客户高度参与,改善客户体验或提供新体验(尤其是数字体验和绿色体验等),进而提高满意度与市场接受度。商业模式价值传递体系创新应关注整个交易过程而非仅关注产品使用过程中客户独特体验的创造,并尝试通过数字技术和绿色技术工具等的创新运用,积极发现客户的更多潜在问题或"痛点",更深入、准确地挖掘其新需求[30]。

在价值获取方面,商业模式画布提出收入流和成本结构两个重要维度。在多数研究中,价值获取(value capture/value appropriation)即指企业价值获取,被视为企业获取利润的机制,主要解决"企业如何赢利"问题,可对应于企业的经济模式(economic model)、财务模式(finance model,包括收入结构和成本结构)、盈利模式或利润模式(margin model/profit formula)[1,12,14,31]。当前,在数字技术、绿色技术等前沿技术、颠覆性技术发展助推下,新兴商业模式(如数字化商业模式)的价值获取体系已摒弃传统商业模式价值获取体系所秉持的以焦点企业为本位、追求利润最大化目标的内部财务视角,转向以价值创造者为本位、追求共享价值最大化目标的系统分配视角,且更倾向重视如何创造新的收入流或收益模式[7,28,30]。企业在实施商业模式价值获取体系创新时,可尝试探索从生态系统层面平衡价值共创者之间利得与投入的新收益模式和成本结构,特别是积极关注基于特定生态系统层面的价值共享机制创新[7,29]。

　　值得格外注意的是,目前新兴商业模式关注提供免费产品和增值服务,意味着与"免费"相关的成本需有其他收入机制来补偿,企业可关注维持向客户提供免费内容的成本补偿机制创新,也可能进一步涉及新收入源挖掘问题。当然,企业在努力探索"开源"方面创新的同时,也应积极关注前沿技术、颠覆性技术在成本控制和结构等"节流"方面带来的可能创新,包括成本分析与控制方式方法的数字化创新等。数字技术及数字平台有助于通过扩展企业与利益相关者的联系范围而突破资源获取成本限制[32],所以,企业可探索利用数字平台自建广泛而独特的融资网络,或借助互联网金融开发面向公众融资的新方式或新机制(如 P2P 或众筹方式创新),以降低融资难度与成本,构建实现企业与终端用户直接联系的新数字渠道体系而摒弃具有多中间环节的传统分销渠道,从而减少流通环节费用、营销成本和节省时间。企业也有必要关注怎样创新利用人工智能、区块链和物联网等数字技术降低供应链成本,通过提升制造精准性与敏捷性来降低冗余成本和沉没成本,以及探索如何创新应用机器人或虚拟代理,以取代制造与服务交付过程中成本更高的人力资源等。

　　综合上述分析,我们尝试提出基于商业模式画布的技术驱动商业模式创新可视化框架,如图 6.2 所示。

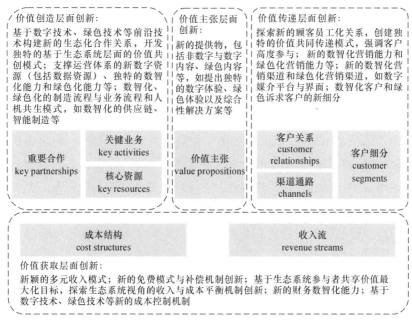

图 6.2　基于商业模式画布的技术驱动商业模式创新可视化框架

6.5 数字技术驱动商业模式创新实践

本节将利用上文所提出的基于商业模式画布的技术驱动商业模式创新可视化框架,结合二手资料(官方网站信息、财务报告、新闻报道及研究文献等)和访谈内容,对小米公司实例进行聚焦分析,以描述当前企业在积极探索数字技术驱动商业模式创新方面的实践经验和努力方向。

小米集团成立于 2010 年 3 月,是一家以智能手机、智能硬件和物联网(IoT)平台为核心的消费电子及智能制造公司。在早期,它主要凭借 MIUI(米柚)、米聊和小米手机在国内智能手机市场异军突起,通过追求低成本、高性价比的手机产品组合创新吸引了大量"发烧友级"粉丝的狂热追捧。随着大数据、云计算、人工智能和 IoT 等数字技术发展与应用,小米于 2013 年底开始着力推动"投资＋孵化"模式的创新创业平台搭建,积极孵化创新创业项目来布局小米 IoT 生态链,逐渐形成以小米平台为中心的复杂的数字创新创业生态系统,支撑整体商业模式运行、转变和创新。除了支持手机系列产品的快速推陈出新外,诸如小米盒子、电视、路由器、电脑、运动手环、运动相机、空气净化器、小爱音响、电饭煲、扫地机器人及智能门铃等琳琅满目的智能硬件相继在小米平台数字创新创业生态系统中孕育而生,小米集团努力将智能设备尽可能多地接入小米 IoT 开放平台,利用智能设备积累丰富的用户数据和合作伙伴数据,为用户与创业者提供智能化的服务。当前,小米正积极推进"手机＋AIoT(智能物联网)"核心战略,强调两类业务的互相融合与促进,特别是 AIoT 业务保持强势领先地位。小米公布的 2023 年第三季度财务报告显示,截至 2023 年 9 月 30 日,小米 AIoT 平台连接的智能设备数达 6.99 亿(不包括智能手机、平板及笔记本电脑),米家 App 月活用户数达到 8400 万。

从技术驱动商业模式创新的可视化框架来看,在价值主张创新方面,小米提出以积极塑造"为发烧而生"的价值观为主导的企业文化和品牌形象,为"发烧友"粉丝打造高性价比的差异化产品服务及参与式互动体验(特别关注独特的数字服务与体验),通过利用数字技术创建"小米社区"与粉丝用户即时深度互动,以及"主动倾听用户心声"来洞察新的价值诉求,并激发"发烧友"的自我提升价值和文化认同。在价值创造体系创新方面,就核心资源维度而言,小米将粉丝用户生成的数字内容(包括使用行为数据、评价数据和互动反馈数据等)视为核心资源之一,并利用大数据技术等进行深度挖掘,及时识别用户新需求和发现新问题,为改善产品服务及其创新提供重要参考。同时,值得格外关注的创新之举是在"共创共识"价值观的指引下,小米将粉丝用户纳入研发组织,在数字技术支持下打造数十万人的研发团队,并积极联合同行企业及其他外部创新力量共建开发平台。就商业模式画布的关键业务维度而言,小米的三大核心业务是智能手机、IoT与生活消费产品研发和销售业务、互联网服务(例如小米金融、小米社区、小米云等)。

在为用户打造高性价比的软硬件智能系统的同时,积极依托社交媒体(例如微博)等交互渠道提升用户数字体验,关注基于新兴数字技术创建的线上线下深度融合的智慧零售所带给用户的数字体验性。尤其是小米推出设备间智联服务,通过手机下载软件云端将软件与智能硬件相连接,实现手机联网直接在云端控制硬件设备,打造智能生活体验。在重要合作维度,小米最重要的创新举措是基于数字平台创建了新颖的生态链合作关系。它通过创立谷仓爆品学院在全国跨区域(包括无锡、昆明、重庆、泉州、深圳和杭州等)搭建多个创新创业孵化基地,以"投资+项目孵化+培训辅导"方式孵化与遴选一批新项目和新企业进入小米生态链中。在该生态系统支持下,手机、电视等核心产品由小米自身把控,周边产品则交给生态链企业(例如华米科技、云米科技、九号机器人和德尔玛等)来拓展,逐渐形成从小米核心品牌向米家品牌再向小米生态链品牌扩散的复杂业务体系。此外,近年来,小米积极推进智能制造,通过运用数字技术、绿色技术等前沿科技赋能自建工厂向智能化和绿色化转型。目前,小米在北京的第一个智能工厂已于2020年初投产,且正在建设另一座精益化的数字化工厂。

在价值传递体系创新方面,就客户细分维度而言,小米的目标客户多样,既包括年轻人的大众市场(特别是将热爱追求新的科技体验、数字体验与服务的发烧友级粉丝作为独特的重要细分客户),也包括第三方销售平台及移动、联通与电信运营商的利基市场和智能手机周边产品的多元化市场。就客户关系维度而言,小米运用数字技术支持用户参与产品研发以及共建小米生态系统等,推崇共同创造和让用户在参与过程中获取与众不同的体验,以及得到自我价值的肯定。它将潜在用户发展为粉丝用户,主张"和用户交朋友",积极创建基于新兴社会化媒介平台的小米社区、米粉文化、米友系统和米聊功能,以及建设智能化客服界面与交互场景等来即时连接用户,提高用户黏性,并利用大数据分析技术及时挖掘企业与用户互动数据、用户间互动数据中所隐藏的亟待解决的新问题。

在渠道通路维度上,小米以网络平台为主要渠道,也利用合作伙伴的销售渠道,并积极探索"手机+AIoT"新零售方式。在当前移动互联网技术、社会化媒体

App 等的拓展应用及伴随而来的社交思维变革、社会化营销方式革新背景下,小米积极探索全新的社会化营销方式(特别是基于微博平台开展互动营销、事件营销和口碑营销等活动,实现裂变式传播),借助数字即时交互媒介重塑其线上线下渠道通路。小米搭建了大数据的 AI 选品模型,该模型基于用户群体消费习惯数据洞察用户需求和趋势变化,从而为门店智能选品提供支持,强化门店的响应能力。同时,小米自主研发的零售数字化运营系统,支持在移动端用 App 方式实现数字化的万家门店经营管理,接入系统之后的合作商家能实时查看各门店的"进销存"生意数据和经营状况等关键数据,且小米总部的政策、激励活动等相关信息可第一时间直达各门店。

整体来看,小米公司在数字技术驱动的商业模式价值创造体系创新和价值传递体系创新方面表现更加突出,为中国本土企业运用前沿技术、颠覆性技术驱动商业模式创新和数字化转型实践提供了很好的借鉴,如图 6.3 所示。

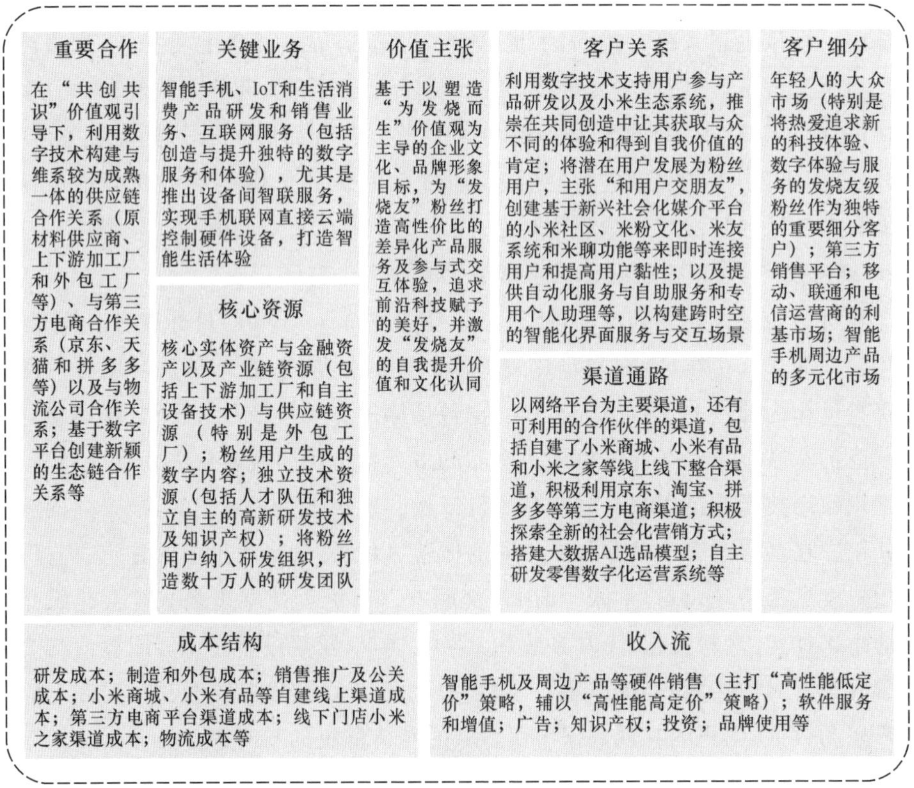

图 6.3　小米公司的技术驱动商业模式创新可视化路径

6.6 结 论

商业模式创新作为一种创新类别,在概念上,区别于技术创新、产品创新、流程创新等,且是对这些创新形式的有效补充[1,7]。在实践中,技术创新与商业模式创新之间是一种相互促发关系。前者可为后者提供基础性支撑,后者则有助于发掘技术的经济价值,为前者提供市场空间与机会,促进技术创新成果的商业化。现有研究指出,数字技术、绿色技术等前沿技术、颠覆性技术挑战了"做生意"的所有要素[17-18],即意味着这些新技术可对商业模式画布九大维度产生显著的变革性影响,因而能改变企业传统的价值主张内容以及价值创造、传递与获取方式,驱动商业模式创新。本章以商业模式画布为主要工具,结合相关研究成果,把数字技术、绿色技术等前沿技术、颠覆性技术嵌入商业模式画布九大维度,形成技术驱动商业模式创新的可视化框架。并且,进一步运用小米公司案例验证了该可视化框架的适用性,能够为企业开展商业模式创新提供分析框架:技术创新与商业模式创新之间的互促关系—在商业模式画布中加入技术创新的具体作用—对比商业模式画布的要素及相互关系的变化—探索商业模式创新的方向和路径。然而,商业模式创新并不局限于商业模式画布视角的探索,因为现有较为成熟的商业模式设计与创新工具丰富。未来还可以有基于不同视角或工具的其他探索,通过结合具体情境,广大研究者可尝试给出并诠释关于如何运用前沿技术、颠覆性技术实现企业价值主张体系创新、价值创造体系创新、价值传递体系创新和价值获取体系创新的新路径与新思考。

商业模式创新必须建立在真实的价值创造基础上,特别是应关注技术发展带来的新价值创造,响应国家强调的重视技术创新成果转化及未来技术产业化落地和积极发展实体经济等系列政策,而不能仅将其作为单一的营销手段或融资口号等。商业模式创新离不开技术支撑,实质上包含了技术的创新应用以及挖掘其潜在价值的探索过程,这是强调技术驱动的商业模式创新的主要原因。为了更好地实现前沿技术、颠覆性技术驱动商业模式创新目标,企业需要结合自身情况选择合适的商业模式设计与创新工具,在准确把握未来技术发展趋势和拒绝盲目跟风前提下,积极关注与深入认识前沿技术、颠覆性技术对商业模式价值主张、创造(运营模式)、传递(营销模式)和获取(财务模式)方面的变革性影响,有倾向性和针对性地探索基于特定生态系统层面的价值主张创新、价值创造体系创新、价值传递体系创新及价值获取体系创新,从而释放技术潜力,突破企业成长瓶颈。

参考文献

[1] Teece D J. Business models, business strategy and innovation[J]. Long Range Planning, 2010, 43(2/3):172-194.

[2] Zott C, Amit R, Massa L. The business model: Recent developments and future research [J]. Journal of Management, 2011, 37(4):1019-1042.

[3] Magretta J. Why business models matter[J]. Harvard Business Review, 2002, 80(5):86-92+133.

[4] Chesbrough H, Rosenbloom R S. The role of the business model in capturing value from innovation: Evidence from Xerox Corporation's technology spin-off companies [J]. Industrial and Corporate Change, 2002, 11(3):529-555.

[5] 亚历山大·奥斯特瓦德, 伊夫·皮尼厄. 商业模式新生代[M]. 王帅, 译. 北京: 机械工业出版社, 2011.

[6] Amit R, Zott C. Value creation in E-business[J]. Strategic Management Journal, 2001, 22 (6/7):493-520.

[7] Foss N J, Saebi T. Business models and business model innovation: Between wicked and paradigmatic problems[J]. Long Range Planning, 2018, 51(1):9-21.

[8] Wirtz B W, Pistoia A, Ullrich S, et al. Business models: Origin, development and future research perspectives[J]. Long Range Planning, 2016, 49(1):36-54.

[9] 张玉利, 李雪灵, 周欣悦, 等. 商业模式创新过程: "从无到有"与"从有到新"[J]. 管理学季刊, 2020, 5(3):113-118.

[10] 朱明洋, 吴晓波. 平台网络的行动空间对商业模式创新影响研究[J]. 科学学研究, 2023, 41(7):1306-1315.

[11] Pedersen E R G, Gwozdz W, Hvass K K. Exploring the relationship between business model innovation, corporate sustainability, and organisational values within the fashion industry[J]. Journal of Business Ethics, 2018, 149(2):267-284.

[12] Gamble J R, Clinton E, Diaz-Moriana V. Broadening the business model construct: Exploring how family-owned SEMs co-create value with external stakeholders[J]. Journal of Business Research, 2021, 130:646-657.

[13] 杨俊, 张玉利, 韩炜, 等. 高管团队能通过商业模式创新塑造新企业竞争优势吗？——基于 CPSED Ⅱ 数据库的实证研究[J]. 管理世界, 2020, 36(7):55-77+88.

[14] Johnson M W, Christensen C M, Kagermann H. Reinventing your business model[J]. Harvard Business Review, 2008, 87(12):52-60.

[15] Soluk J，Miroshnychenko I，Kammerlander N，et al. Family influence and digital business model innovation：The enabling role of dynamic capabilities[J]. Entrepreneurship Theory and Practice，2021，45(4)：867-905.

[16] Trischler，M F G，Li-Ying J. Digital business model innovation：Toward construct clarity and future research directions[J]. Review of Managerial Science，2023，17(1)：3-32.

[17] Porter M E，Heppelmann J E. How smart，connected products are transforming competition[J]. Harvard Business Review，2014，92(11)：64-88.

[18] Dellermann D，Fliaster A，Kolloch M. Innovation risk in digital business models：The German energy sector[J]. Journal of Business Strategy，2017，38(5)：35-43.

[19] 蔡莉，张玉利，蔡义茹，等. 创新驱动创业：新时期创新创业研究的核心学术构念[J]. 南开管理评论，2021，24(4)：217-226.

[20] 朱明洋，张玉利，张永强. 民营科技企业成长过程中商业模式双元演化研究[J]. 科学学与科学技术管理，2017,38(10)：26-40.

[21] Laasch O. Beyond the purely commercial business model：Organizational value logics and the heterogeneity of sustainability business models[J]. Long Range Planning，2018，51(1)：158-183.

[22] Mcgrath R G. Business models：A discovery driven approach[J]. Long Range Planning，2010，43(2/3)：247-261.

[23] Christensen C M，Johnson M W，Rigby D K. Foundations for growth：How to identify and build disruptive new business[J]. MIT Sloan Management Review，2002，43(3)：22-31.

[24] Osiyevskyy O，Dewald J. Explorative versus exploitative business model change：The cognitive antecedents of firm-level responses to disruptive innovation [J]. Strategic Entrepreneurship Journal，2015，9(1)：58-78.

[25] 亚历山大·奥斯特瓦德,伊夫·皮尼厄,格雷格·贝尔纳达,等. 价值主张设计:如何构建商业模式最重要的环节(第 1 版)[M]. 余锋,曾建新,李芳芳,译. 北京:机械工业出版社，2015.

[26] Weill P，Woerner S. Optimizing your digital business model[J]. MIT Sloan Management Review，2013，54(1)：71-78.

[27] Fjeldstad Ø D，Snow C C. Business models and organization design[J]. Long Range Planning，2018，51(1)：32-39.

[28] 朱明洋,李晨曦,曾国军.商业模式价值逻辑的要素、框架及演化研究:回顾与展望[J]. 科技进步与对策，2021，38(1)：149-160.

[29] Kohtamäki M，Parida V，Oghazi P，et al. Digital servitization business models in ecosystems：A theory of the firm[J]. Journal of Business Research，2019,104：380-392.

[30] Weill P，Woerner S. What's Your Digital Business Model? [M]. Boston：Harvard Business Review Press，2018.

[31] Morris M，Schindehutte M，Allen J. The entrepreneur's business model：Toward a unified perspective[J]. Journal of Business Research，2005，58(6)：726-735.

[32] Verhoef P C，Broekhuizen T，Bart Y，et al. Digital transformation：A multidisciplinary reflection and research agenda[J]. Journal of Business Research，2021，122：889-901.

7 颠覆式创新

郁培丽

7.1 引 言

颠覆式创新(disruptive innovation)亦即破坏性创新,最早由 Bower 和 Christensen[1]于 1995 年提出。Christensen 于 1997 年出版了《创新者的窘境》(*The Innovator's Dilemma*)一书,指出颠覆式创新以出其不意的方式取代现有的主流技术,通常由后发企业即新进入者发起,从边缘市场或新市场切入,逐渐取代主导产业主流技术的在位者。Christensen 又于 2003 年出版了《创新者的解决方式》(*The Innovator's Solution*)一书,进一步明确颠覆式创新包括:颠覆性技术、颠覆性商业模式以及颠覆性服务等,并对颠覆式创新的理论内涵进一步做出阐释。颠覆式创新彻底改变了原有技术范式以及市场竞争格局[1]。例如,VCD 颠覆录像机、数码相机颠覆胶片相机、电动汽车颠覆传统燃油车、数字平台零售颠覆传统实体店零售等创新,极大地提高了产业运行效率,以新技术范式重塑了社会生产力系统,深刻改变了市场竞争格局,从根本上促进了产业结构转型升级。

本章 7.2 节阐述颠覆式创新理论基础及其在中国的发展。回顾颠覆式创新理论的渊源与核心思想,介绍颠覆式创新在中国的最新发展动态。7.3 节介绍颠覆式创新重塑市场利基与市场竞争。颠覆式创新面向边缘市场或新市场需求奠定新的市场利基,开辟新的市场竞争赛道,为后发国家赢得市场竞争优势创造机会。7.4 节阐述中国"金字塔"需求结构下的颠覆式创新。颠覆式创新具有市场需求的内生性特点,中国具有超大规模市场并且呈"金字塔"市场需求结构,有利于颠覆式创新涌现。7.5 节为科技驱动颠覆式创新引领高质量发展。关键核心技术不断实现新突破,科技驱动颠覆式创新成果不断涌现,支撑我国高质量发展。7.6 节介绍中国企业颠覆式创新案例。包括美团数字平台颠覆式商业模式创新,比亚迪新能源汽车颠覆式创新竞争战略。7.7 节总结颠覆式创新实践与理论前沿,指明颠覆式创新未来的研究方向。

7.2 颠覆式创新研究及其在中国的发展

颠覆式创新研究理论基础是内生增长理论,强调技术进步对于经济增长的驱动作用。20 世纪初,苏联学者康德拉季耶夫和奥地利经济学家熊彼特相继总结了资本主义经济活动存在 40—60 年长期波动的增长规律,认为新技术变革是经济增长的驱动力。熊彼特于 1912 年出版的《经济发展理论》首先提出了创新的基本概念和思想,其后续出版的《经济周期》《资本主义、社会主义与民主》两部专著,对创新理论加以补充完善,逐渐形成了以创新理论为基础的独特的创新经济学理论体系。熊彼特研究了从 18 世纪 80 年代到 1842 年的"产业革命时期"、从 1842 年到 1897 年的"蒸汽和钢铁时期"和 1897 年以后的"电气、化学和汽车时期",以技术创新思想为基础阐释了经济周期波动机理,较早从宏观层面观察到技术变革所带来的建设性与破坏性共存的战略转折意义。伴随第三次工业革命的萌芽与发展,信息技术的影响日益显现。20 世纪 80 年代新熊彼特学派的多西、弗里曼等人观察总结欧美发达资本主义国家的经济发展状况与经验,将技术进步引入经济分析框架与政策制定,构建技术经济范式理论框架阐释技术创新与产业结构、经济变迁的关系。

1982 年,意大利创新研究学者多西将科学哲学"范式"①概念引入技术创新管理研究,提出了"技术范式"的概念,并将其定义为解决所选择的技术经济问题的一种"模式"。例如,模拟信号与数字信号是两种不同的通信技术范式,手动打字机与 PC 机是两种不同的文字处理技术范式。弗里曼、佩雷斯在多西"技术范式"的基础上,使用"技术经济范式"概念阐释经济系统如何影响企业的创新行为与产业发展趋势规律[2]。Soete 等[3]将影响经济发展的技术创新分为:增量创新、基本创新、新技术体系变革以及技术经济模式变革四种类型,将是否改变技术经济范

---

① 1962 年,美国科学哲学、科学史学家托马斯·库恩在其《科学革命的结构》中提出"范式"概念,指出某项科技创新的领域足够空前,能够吸引一批坚定的追随者远离既有科学活动的竞争模式;同时,这些科技创新领域又足够开放,有各种问题留待研究者群体去重新界定和解决。具有这两个特征的科技创新领域被称为"范式"[4]。

式作为区分创新类型的依据。第一次和第二次科技革命时期,所有科技创新领域都数学化了,热、光、电以及磁都获得了范式,奠定了现代科技及经济体系的起点与基础。第三次科技革命兴起的信息、量子、生物、空间等科学革命,引发了新兴科技与传统科技之间的结构竞争、范式替代以及世界观改变,奠定了颠覆式创新管理理论研究的重要基础[2]。

随着第三次科技革命持续发展,长期忽略技术进步作用的新古典经济学日趋内生化,逐步重视创新以及技术进步的重要作用。20世纪中期Arrow[5]的研究开始假设技术进步不是外生的,而是由资本积累所决定的,这就是著名的"干中学"的思想。1986年,Romer[6]假设技术进步通过中间产品的种类以及引入一个显性的研究与开发部门来解释其内生性来源。Lucas[7]则引进人力资本积累因素来解释经济增长的内生性。进入20世纪90年代,熊彼特主义(Schumpeterism)复兴,助推内生增长理论进一步发展。Aghion和Howitt[8]于1992年提出了增长过程中的创造性破坏的作用,引入了新技术使原有技术过时的概念,视技术进步为一种具有创造性的破坏过程。同时,技术进步的微观机制受到更多创新管理学者的关注与讨论,在此背景下,美国创新经济学者Christensen[9]重点分析了美国钢铁、便携式电脑设备等产品的非对称性产品功能创新实践,总结了新进入者结构化产品功能的竞争力对在位者市场主导地位的破坏性作用,提出了颠覆式创新概念,为创新管理研究系统阐释技术范式更迭演化规律奠定了基础,为研究改变技术范式的颠覆式创新的市场机遇与竞争战略提供了理论框架。

中国改革开放后,第一代创业企业引进技术、建构产品、开拓市场,颠覆式创新实践与理论研究快速兴起。Yu和Hang[10]总结了具有破坏性的颠覆式创新竞争策略特点:①小型化:大多数破坏性创新产品的特点是规模更小、重量更轻[11];②简单化:由于现有产品在功能上更加复杂,并且出现性能供给过剩[12],简单化策略更加有利于占领主流市场之外的边缘市场或新市场;③功能扩大化:在现有产品的基础上增加破坏性创新的产品属性,不仅可以满足现有消费者的需求,还可以带来新的消费需求;④对新应用的利用式搜索:通过文本勘探和专利地图等方式,搜索新的技术,应用于现有产品和技术,开发现有产品的新应用[13]。颠覆式创新在中国改革开放早期成为创业企业赢得国内市场的重要竞争策略,引发了国内外学者进一步从技术发展轨迹定义颠覆式创新与维持性创新,指出维持性创新是指在原有技术性能轨迹上进行提高的创新,而颠覆式创新打破了或重新定义了原有的技术轨迹[14]。同时,颠覆式创新作为非对称性、结构化竞争战略及其所带来的不确定性日益受到关注。

信息技术与数字技术广泛渗透,为中国企业开展颠覆式创新实践以及学术界进行理论创新创造了条件。创新管理研究者重点研究了颠覆式创新目标市场[15-16]、技术轨迹[17-18]以及创新者组织特征[19]。在此基础上重点形成了颠覆式创新市场利基与竞争战略理论创新[20],讨论了颠覆式创新细分市场创新生态系统多主体、多组合、复杂系统运行规律[21],分析中国"金字塔"需求结构及其对中国企业颠覆式创新的影响[22],总结数字平台颠覆式商业模式创新机理,并研究颠覆式商业模式创新定价、算法、流量等竞争策略[23]。我国进入高质量发展新阶段,特高压输变电、新能源汽车、5G 通信技术等科技驱动颠覆式创新不断涌现,科技驱动颠覆式创新技术突破、市场利基、价值共创等机理成为创新管理前沿课题。近年来,数字技术应用迅猛发展,颠覆式创新涌现频率显著增强,科技驱动颠覆式创新的趋势预测、应用场景、价值冲突等研究受到重视,特别是脑机接口、人工智能大模型、图像生成等数字科技驱动颠覆式创新前沿突破,引发创新管理学术界对于生成式创新逻辑的前沿探索[24]。

7.3 颠覆式创新重塑市场利基与竞争格局

Christensen 在其著作《创新者的窘境》中指出颠覆式创新通过满足那些被现有市场的主流产品或服务所忽视或无法满足的消费者需求,重塑市场利基,为新的参与者提供了机会。王锋正等[25]也指出,颠覆式创新通过引入新的价值主张,提供更简单、更便宜、更便捷的产品或服务来满足被传统市场忽视的消费者需求,从而创造了新的市场利基。石俊国等[26]基于消费者的偏好特点,提出颠覆式创新运用产品设计、定价、广告等市场策略,引导消费者对颠覆式创新产品附属属性形成新的偏好,逐渐获取市场份额,并最终与主流市场的在位企业进行竞争。改革开放早期,中国企业颠覆式创新主要针对边缘市场或新市场构筑市场利基,如图 7.1 所示。颠覆式创新产品与传统技术范式下主流市场的产品属性存在显著的结构性差异,随着颠覆式创新技术的不断演进,主流市场消费者偏好发生改变,推动颠覆式创新技术范式确立、市场利基确立,并逐步成长为主流市场。

自 2007 年起,山寨手机在中国盛行,2008 年和 2009 年山寨手机的市场份额达到 30％以上,对在位企业造成了威胁,使得跨国公司不得不降低产品价格并推出低价手机。研究发现,在位企业与颠覆式创新企业在新产品市场竞争中,竞争

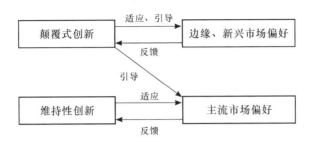

图 7.1　颠覆式创新市场利基

效应的存在使得在位企业的市场份额、价格以及市场利润均相应缩减或下降,在位企业的高品质优势被弱化[26]。中国企业颠覆式创新市场利基演变具有低端市场侵入、技术持续提升的特点,其产业竞争格局以及创新者竞争地位的变化规律显著。作为技术跟随者的联发科公司于 20 世纪 90 年代进入手机芯片市场之际,中国手机市场正面临着井喷式的市场扩容,手机芯片供应严重短缺。当时全球手机芯片市场被德州仪器、飞利浦、英飞凌等国际巨头垄断,它们主要面向诺基亚、爱立信、摩托罗拉等国际品牌手机厂商提供高性能、低功耗的中高端手机芯片。联发科技敏锐识别出被主流市场忽视的中低端手机芯片利基市场,快速打入价格低廉、功能简便、易于组装的中低端手机芯片替代产品研制领域[27]。这一时期,中国企业选择了主动避开主流市场主导的技术竞争,切入被主流市场忽视的利基市场,并在后续产品性能提升过程中逐渐将利基市场优势转化为技术优势,当技术发展到相对成熟之后再选择向主流市场发起强有力的挑战以寻求超越。

　　总之,颠覆式创新通过满足新的或未被充分满足的需求,创造了新的市场利基,并在更深层次上重塑了市场竞争格局,为作为技术跟随者的中国企业以非对称性、结构化竞争策略赢得市场、技术乃至有利的产业竞争地位创造战略机遇。

7.4　中国"金字塔"需求结构下的颠覆式创新

　　改革开放初期,我国急于摆脱"短缺经济"困境,同时开发我国劳动力"红利",引进国外先进技术高歌猛进发展通信、家电、日化、纺织等消费品制造业。"万燕"牌 VCD 新产品架构设计颠覆了由日本企业长期垄断的录放机,并成功引爆了国内市场[28]。孙启贵等[29]指出对于不具备技术优势的中国创业企业,广阔的市场是得天独厚的优势资源。格兰仕最初作为羽绒服制造商,发现国产微波炉市场占有率不足 1%,进一步挖掘中国本土消费者需求,开发了一种简单、能效高、体积小且便宜的微波炉,并努力从生产设施、管理、劳动力等多方面赢得总成本最低优势,实现了规模经济,快速占领国内市场。

随着经济社会的快速发展,我国已拥有约 4 亿以上的中低收入群体,形成了中国"金字塔"形市场需求结构。石俊国等[30]研究指出颠覆式创新的本质特点正是在于响应市场需求、满足异质性消费偏好,并在消费者需求偏好与企业创新行为之间形成互动机制,对产业运行以及政策体系形成颠覆。中国"金字塔"形市场需求结构,进一步放大了产业重塑效用,即创新的颠覆效应[31]。一方面,高收入人群与低收入人群之间的消费偏好异质蕴含了巨大的市场机会;另一方面,消费者偏好的快速变化意味着新市场扩张的不确定性及其潜在市场机会。王家宝、陈继祥从价值链的视角分析作为后发企业的中国企业利用颠覆性创新培育生产性服务的过程[32]。

进入 21 世纪,互联网和移动通信设备在我国快速普及,超大规模市场进一步扩容,为中国数字平台颠覆式商业模式创新风起云涌创造了条件。一方面,我国超大规模的市场为颠覆式创新扩散提供了强大需求,2022 年我国网民规模已达10.79 亿人,使平台企业能够快速获得网络效应收益;另一方面,中国政府不断加快基础设施建设、强化科技创新、促进创新创业,助力数字平台颠覆式创新迅猛扩张,赢得显著市场竞争优势。阿里巴巴、百度等数字原生代商业模式创新不断打破行业壁垒,冲击既有市场逻辑,颠覆传统零售商业模式。孙翰宁等[33]提出商业模式的创新,由单纯产品和服务的创新转变为针对消费者多样化需求的创新;由以企业为中心的运营模式转变为以客户价值主张为中心的运营模式;由产品和服务驱动的商业模式转变为提供全面性服务与多样化解决方案驱动的商业模式变革。继淘宝、京东等数字平台颠覆式创新传统的线下零售行业,并满足主流市场需求之后,拼多多另辟蹊径,推出全新的"拼单"模式,颠覆了传统农产品营销模式[34]。再之后,直播带货模式横空出世,给商业模式带来新的更大冲击。郁培丽等[35]和何郁冰等[36]关注到平台经济下的颠覆式创新往往会超越社会公众认知,挑战大众传统信念与价值观,引发颠覆性创新利益相关者之间物质利益、精神、道德规范等方面的价值冲突。

7.5 中国高质量发展阶段科技驱动颠覆式创新

数字经济新范式开启,中国迈入创新驱动的高质量发展新阶段。科技驱动颠覆式创新强调以独创的先进科学技术开发新产品或新工艺,以吸引或创造全新的市场需求,并持续改进技术性能以满足主流市场需求,赢得绝对领先的市场竞争优势[37-38]。颠覆性创新的核心在于其独特的技术创新能力,提供不同于传统市场的价值主张来满足新兴或未被充分发掘的市场需求,利用消费者特定的行为特征,如对新技术的迅速接受和较低的学习门槛等,来促进创新产品的市场渗透[39]。科技驱动颠覆式创新为战略性新兴产业与未来产业创造新的市场机会。科技驱动颠覆式创新往往伴随多领域技术融合[40]。例如,美的公司在推出微蒸烤一体机的过程中,不仅凭借对市场需求的深刻理解和产品概念的创新开发取得了技术上的突破,而且利用数字孪生技术,实现产品数字化、分布式技术融合,加速产品智能化升级并对传统市场构成威胁与冲击。多领域技术融合开辟了新利基市场,为企业提供了增长机遇和竞争优势,显著提升科技驱动颠覆性创新技术突破与市场突破能力[37]。

科技驱动的颠覆式创新从根本上重塑产业创新生态系统,模糊传统产业边界,并促进社会深层次变革[40]。科技驱动颠覆性创新的另一特点是多主体参与的创新生态构建,以从"垂直整合"到"开放创新生态"的比亚迪公司为例,技术创新是比亚迪公司的核心竞争力,在固定能源储存技术及电池、电机、电控等新能源汽车核心技术的引领下,比亚迪适时推出了刀片电池、DM-i 超级混动、e 平台3.0、CTB(cell to body,电池车身一体化)等颠覆性技术,引发了化学、电池、电子和能源等多个产业间界限的模糊。在新能源汽车产业的发展过程中,比亚迪不仅自身在电池技术、电动车设计与制造方面取得了创新,还与上下游供应链伙伴、政府机构以及科研院所形成了紧密的合作网络,包括合并、合资、战略联盟及合作伙伴关系等,展现了多主体协作的复杂性和重要性[41]。这种跨主体合作模式有效地加速了技术创新和产业规模化,说明在复杂的创新生态系统中,多方协同合作对于推动技术突破和市场应用至关重要[42]。此外,比亚迪致力于打造开放的生态圈,在半导体、新材料、物联网、AR 与 VR 技术上不断寻求合作伙伴,形成双向赋能的产业协同。

在 5G 和 AI 等前沿科技领域内,中国展现了从模仿学习到技术追赶再到自主创新和领先发展的成长轨迹,中国企业进行科技驱动的颠覆式创新能力不断增强。华为在 5G、AI 及云计算等前沿科技领域的关键核心技术突破,极大提升了我国在该领域的竞争地位。华为发布了全球首个全系列 5.5G 产品与解决方案,其中采用智能波束管理技术,突破毫米波移动性瓶颈,保障高速移动和 NLOS (non-line-of-sight,非视距)场景的连续体验。这些技术的突破不仅极大提高了通信效率和网络稳定性,还推动了智能制造、智慧城市、远程医疗等多个领域的创新应用,从而加速了我国信息化和数字化社会转型的进程。

中国在氢能、新材料、生物制造等前沿新兴产业加速发展,并积极探索商业航天、低空经济等新的增长引擎,同时在量子技术、未来科学、基因技术等未来产业方面加速实现从量的积累向质的飞跃转变。量子计算、量子通信等领域的研究,汇聚了来自国家研究机构、高等院校和企业的顶尖科学家和技术人才,形成了多学科、跨领域的大协作创新体系。"墨子号"卫星实现千公里级量子密钥分发、海森堡极限精度的单光子克尔效应测量、200公里单光子三维成像、在室温水溶液环境中探测到单个 DNA 分子的磁共振谱等重大颠覆性技术成果,凝聚了中国科学院上海技术物理研究所、微小卫星创新研究院、光电技术研究所、国家天文台、紫金山天文台、国家空间科学中心等各个科研机构的协作共创,不仅为全球量子通信网络的建设奠定了基础,也推动了量子技术在网络安全、数据传输等领域的融合应用。

数字经济新范式为我国创新驱动高质量发展提供了先进技术手段,中国企业正面临着战略性新兴产业与未来产业发展的重大机遇。科技驱动颠覆式创新有赖于构建开放和协同的创新生态系统,企业需要在多主体间建立资源共享与交换的依赖关系,协调多主体创新互动行为与创新互动关系,涉及问题识别、解决方案寻求、支持者联盟建立,以及通过建立模型实现创新的制度化[43]。在新能源、新材料、生物制造等未来产业方面,创新主体间的多样性、共生性、适应性互动以及创新价值协同是实现颠覆式创新技术突破的关键[36]。智能网联驾驶、海水淡化、垂直起降汽车等科技驱动颠覆式创新成果不断涌现,并呈现出超大规模市场利基、多领域技术融合、多主体参与的创新生态构建、重大核心技术创新突破、协作的技术体制和边界逐渐模糊的跨界发展等显著特点。

7.6　中国企业颠覆式创新典型案例

(1)美团:数字平台颠覆式商业模式创新市场利基及其演化

美团属于北京三快在线科技有限公司旗下,是中国本地生活服务龙头平台。美国以团购起家,不断拓展业务,形成对餐饮、酒店、旅游、社区电商等本地生活场景的全覆盖,同时发力于零售、出行及供应链等新业务的探索。公司在外卖行业居于龙头地位,占有约70%的市场份额,在外卖、酒店、社区团购、出行等领域居于行业前列。至2021年底,美团平台用户数达到6.9亿,活跃商家达到880万。2021年实现营业收入1791亿元,实现净利润156亿元。2023年市值曾达到10185亿港元。作为中国领先的生活服务电子商务平台,美团的使命是"帮大家吃得更好,生活更好"。公司拥有美团、大众点评、美团外卖等消费者熟知的App,服务涵盖餐饮、外卖、生鲜零售、打车、共享单车、酒店旅游、电影、休闲娱乐等200多个品类,业务覆盖全国2800个县(区、市),当前,美团战略聚焦"food+platform"(餐饮+平台),正以"吃"为核心,建设生活服务业从需求侧到供给侧的多层次科技服务平台。

美团成立之初,以数字平台的颠覆式商业模式进入零售折扣线上服务这一边缘化新市场,对传统零售、餐饮生活服务模式形成冲击,引领全新的生活服务模式,创造出新市场。美团以数字赋能改变了传统线下消费模式,捕捉消费痛点,打造数字赋能新场景,用户规模不断扩大,用户异质性与黏性不断提高,推动市场细分,流量变现价值持续增加,奠定了数字化平台零售服务新范式,实现了颠覆式商业模式创新。美团初创阶段从本地电子商务细分市场切入,专注服务团购,低折扣出售商品。2012年美团在团购业"千团大战"中脱颖而出,注册用户量迅速积累,市场份额稳居行业第一。在其后的发展中,美团进一步确立餐饮外卖市场利基,在餐饮领域团购模式站稳市场之后,开始向非餐饮领域扩张。与此同时,美团开始探索新业务场景,进入线上预订、外卖配送、出行等赛道,细分出电影、外卖、酒店及旅游、出租车、共享单车、充电宝等本地生活服务市场,扩大流量价值,在多领域与主流市场展开竞争。在竞争过程中,美团注重向供应链延伸,挖掘存量价值。2018年美团上市,活跃用户量和交易规模均稳居行业第一。2019年,着力细分会员用户和下沉细分市场,扩展新消费场景,细分出众多新零售市场——"T+0"的美团买菜、"T+1"美团优选市场以及"T+N"的美团电商。同时,加大科技投资,合作深耕底层技术、人工智能、无人驾驶技术等,赋能交易有效性、安全性、稳定性,提质增效。美团数字平台以数字技术赋能零售服务业创新商业模式,从最初的边缘化新市场,发展为目前零售、支付、人工智能等众多细分市场经营体系,其流量变现价值不断提升,质量提升与创新价值日益显现,呈现出颠覆式商业模式创新市场利基持续演化规律。

(2)比亚迪公司：新能源汽车科技驱动颠覆式创新竞争策略

比亚迪股份有限公司(以下简称比亚迪)成立于1995年2月,以"技术、品质、责任"为愿景。比亚迪集团主要从事包含新能源汽车及传统燃油汽车在内的汽车业务、手机部件及组装业务、二次充电电池及光伏业务等,并积极拓展城市轨道交通业务领域。比亚迪在2016年积极进军新能源汽车行业,坚持在环保低碳的前提下,着力进行科技创新,提高新能源汽车的性能,在新能源汽车领域不断实现技术突破,逐步确立市场利基与技术范式,并快速扩张市场规模,成为全球新能源汽车领军企业。比亚迪在电池关键核心技术领域不断实现突破,在较短时间内就发展成为诺基亚、摩托罗拉等知名跨国公司的供应商。一方面成本低廉,另一方面质量过硬,比亚迪非常注重产品质量安全,从产品设计、质量管理体系、测试和检验三大部分进行严格监管。同时比亚迪以市场细分的概念对产品进行定位,相继推出了从低档车到高档车、从轿车到SUV的全产品系列,实现自主品牌创新。比亚迪始终坚守"为客户着想"的理念,通过不断提升客户感知价值,提高客户的满意度,增加其对于比亚迪产品的忠诚度。

致力于科技创新,1998年12月,比亚迪第一个海外子公司在欧洲成立。2000年,成为摩托罗拉第一个中国锂离子电池供应商。2002年,成为诺基亚第一个中国锂离子电池供应商。2014年4月,比亚迪发布"5-4-2战略",为比亚迪后续的新能源车设定了性能目标与技术攻关重点。2020年,比亚迪乘用车销售39.46万辆,2022年实现180万辆/年,奠定了坚固的市场利基,确立了电动汽车技术范式与技术标准,成为全球新能源车销量冠军,并实现166.22亿元的净利润。比亚迪电动汽车颠覆式创新具有平台化、网络化以及生态化特征。比亚迪基于数字化信息背景,对目标客户群体进行细分,以深厚的技术为底蕴,以市场为导向,为了能够满足更多不同客户的需求,不断推出具有市场竞争力的车型,定制符合个性化的产品;依靠长久以来创立的优良口碑和品牌形象,基于数字化转型背景,应用拓展下沉市场、优化服务模式等策略,不仅深入了含承德、镇江、宜昌、永州等在内的众多市场,同时也深化了深圳、广州、长沙、天津等地区的市场运营。

7.7 结 论

在人类伟大创新精神驱动下,对既有技术与市场构成破坏性威胁的颠覆式创新不断涌现,持续开创经济社会发展的新机遇与新方向,为后发国家实现技术追赶开辟全新赛道。在经历了前两次科技—产业革命之后,信息技术、数字技术新一轮科技革命引发颠覆式创新。颠覆式创新以创造新技术机会、新市场机会奠定新的市场利基,市场新进入者与在位者之间以不同的技术范式争夺用户,展开非对称性、结构化市场竞争。改革开放早期,中国企业利用超大规模市场及其"金字塔"需求结构特点,抓住信息技术颠覆式创新机会窗口,进行颠覆式产品创新以满足快速增长的消费需求。多面向用户需求的颠覆式创新市场竞争策略的探索,形成了"金字塔"需求结构下技术跟随者的颠覆式创新理论。同时,中国企业在应对颠覆式创新利益相关者之间价值冲突方面的积极探索,为总结颠覆式创新合法性理论提供了鲜活的实验场景。数字经济新范式开启新一轮科技革命,我国进入创新驱动的高质量发展新阶段,中国企业迎来战略性新兴产业与未来产业发展重要机遇,中国企业细分市场创新能力积累奠定了科技驱动颠覆式创新重要基础,推动中国企业在诸多领域实现重大技术突破,以颠覆式创新不断赢得全球产业竞争新优势。

未来,为实现我国科技自立自强和经济社会高质量发展,科技驱动颠覆式创新支撑战略性新兴产业与未来产业发展十分关键。笔者研究团队积极探索颠覆式创新市场需求内生性特点,揭示用户需求偏好内生性变化对于供给侧企业技术创新方向与定位的根本性影响,突破了长期以来经济学研究以及创新管理研究将需求偏好设定为外生性、同质化变量的局限性,强调需求异质性在产业创新体制与创新生态系统形成中的重要性,阐明科技驱动颠覆式创新持续涌现的决定性意义。人工智能、生物技术、新能源、新材料等重大技术突破不断取得新进展,生成式经济、创成式经济、创生式经济体系日新月异,中国企业数实融合催生颠覆式创新持续涌现,数字技术颠覆式创新持续深化,中国企业参与全球化竞争的市场机会迅猛扩张,颠覆式创新利益相关者价值冲突面临挑战,颠覆式创新合法性演进的制度、文化、政策变革,必将推动中国企业的技术创新达到全新高度。

参考文献

[1] Bower J L, Christensen C M. Disruptive technologies: Catching the wave[J]. Harvard Business Review, 1995, 73(1):43-53.

[2] 鄢显俊. 从技术经济范式到信息技术范式——论科技—产业革命在技术经济范式形成及转

型中的作用[J].数量经济技术经济研究,2004(12):139-146.

[3] Soete L,Freeman C. The economics of industrial innovation[M]. London:Routledge,
2012.

[4] 托马斯·库恩.科学革命的结构[M].金吾伦,胡新和,译.北京:北京大学出版社,2003.

[5] Arrow K J. Economic welfare and the allocation of resources for invention[M]. London:
Macmillan Education UK,1972.

[6] Romer P M. Increasing returns and long-run growth[J].Journal of Political Economy,1986,
94(5):1002-1037.

[7] Lucas R E Jr. On the mechanics of economic development[J]. Journal of Monetary
Economics,1988,22(1):3-42.

[8] Aghion P,Howitt P. Growth and Unemployment[J]. Review of Economic Studies,1994,61
(3):477-494.

[9] Christensen C M. The innovator's dilemma:When new technologies cause great firms to fail
[M]. Cambridge:Harvard Business Review Press,1997.

[10] Yu D,Hang C C. Creating technology candidates for disruptive innovation:Generally
applicable R&D strategies[J]. Technovation,2011,31(8):401-410.

[11] Kostoff R N,Boylan R,Simons G R. Disruptive technology roadmaps[J]. Technological
Forecasting and Social Change,2004,71(1-2):141-159.

[12] Adner R. When are technologies disruptive? A demand-based view of the emergence of
competition[J]. Strategic Management Journal,2002,23(8):667-688.

[13] Chesbrough H W. Open innovation:The new imperative for creating and profiting from
technology[M]. Cambridge:Harvard Business Press,2003.

[14] 熊鸿儒,吴贵生,王毅.需求和渠道要素驱动的市场轨道形成机理研究[J].科研管理,
2014,35(7):13-19.

[15] 杨桂菊,陈思睿,王彤.本土制造企业低端颠覆的理论与案例研究[J].科研管理,2020,41
(3):164-173.

[16] Guo J,Pan J,Guo J,et al. Measurement framework for assessing disruptive innovations
[J]. Technological Forecasting and Social Change,2019(139):250-265.

[17] 斯晓夫,刘婉,巫景飞.克里斯坦森的破坏性创新理论:本源与发展[J].外国经济与管理,
2020,42(10):125-138.

[18] 周江华,仝允桓,李纪珍.基于金字塔底层(BoP)市场的破坏性创新——针对山寨手机行业
的案例研究[J].管理世界,2012(2):112-130.

[19] 张枢盛,陈继祥.颠覆性创新演进、机理及路径选择研究[J].商业经济与管理,2013(5):
39-48.

[20] 宋亮,杨磊,延玲玲,等.新形势下我国颠覆性创新的发展现状、典型模式及路径选择[J].技术经济,2023,42(1):44-52.

[21] 陈衍泰,夏敏,李欠强,等.创新生态系统研究:定性评价、中国情境与理论方向[J].研究与发展管理,2018,30(4):37-53.

[22] 郁培丽,潘培尧.创新理论视角下细分市场价值研究综述[J].产业经济评论(山东大学),2022,21(2):89-106.

[23] 曲创,刘重阳.平台竞争一定能提高信息匹配效率吗?——基于中国搜索引擎市场的分析[J].经济研究,2019,54(8):120-135.

[24] 邹波,李淑华,孙黎,等.生成性:一个数字化创新的基石性概念评述[J].外国经济与管理,2024,46(7):3-21.

[25] 王锋正,杜栋,王春博.价值创新视角下开放型商业模式研究——以小米公司为例[J].科技进步与对策,2015,32(19):72-78.

[26] 石俊国,郁培丽,孙广生.颠覆性技术威胁下在位企业的战略响应与时机选择[J].技术经济,2018,37(8):28-34+51.

[27] 李平,臧树伟.基于破坏性创新的后发企业竞争优势构建路径分析[J].科学学研究,2015,33(2):295-303.

[28] 路风,慕玲.本土创新、能力发展和竞争优势——中国激光视盘播放机工业的发展及其对政府作用的政策含义[J].管理世界,2003(12):57-82+155-156.

[29] 孙启贵,汪滢.破坏性创新的影响因素与演化机理[J].科技进步与对策,2009,26(11):4-7.

[30] 石俊国,郁培丽,孙广生.金字塔收入结构市场下破坏性技术创业研究:述评与展望[J].南大商学评论,2015,12(4):135-147.

[31] Prahalad C K. The fortune at the bottom of the pyramid：Eradicating poverty through profits [M]. NI：FT Press,2002.

[32] 王家宝,陈继祥.颠覆性创新、生产性服务业与后发企业竞争优势[J].科学学研究,2010,28(3):444-448.

[33] 孔翰宁,张维迎,奥赫贝.2010 商业模式——企业竞争优势的创新驱动力[M].北京:机械工业出版社,2008.

[34] 唐方成,顾世玲,马晓楠,等.后发平台企业的颠覆式创新路径——以拼多多为例[J].南开管理评论,2024,27(5):175-185.

[35] 郁培丽,刘沐洋,潘培尧.颠覆性创新合法性与企业家战略行动:研究述评与展望[J].外国经济与管理,2019,41(3):111-125+152.

[36] 何郁冰,叶凌峰,王志玮,等.创业企业如何成功开展颠覆性创新?——生态系统合法性视角的案例研究[J].科学学研究,2024,42(10):2216-2227.

[37] 刘海兵,刘洋,黄天蔚.数字技术驱动高端颠覆性创新的过程机理:探索性案例研究[J].管理世界,2023,39(7):63-81+99+82.

[38] 郁培丽,石俊国,姜坤,等.考虑消费者需求特征的颠覆性创新与产业演化[J].系统工程学报,2021,36(2):256-263.

[39] Benitez G B, Ayala N F, Frank A G. Industry 4.0 innovation ecosystems: An evolutionary perspective on value cocreation[J]. International Journal of Production Economics, 2020, 228:107735.

[40] Borghei B B, Magnusson T. Niche aggregation through cumulative learning: A study of multiple electric bus projects[J]. Environmental Innovation and Societal Transitions, 2018,28:108-121.

[41] 胡登峰,冯楠,黄紫微,等.新能源汽车产业创新生态系统演进及企业竞争优势构建——以江淮和比亚迪汽车为例[J].中国软科学,2021(11):150-160.

[42] 郁培丽,冷丽婧.技术转移价值创造研究综述与展望[J].外国经济与管理,2024,46(6):67-82.

[43] 王层层,郁培丽,冷丽婧.创新生态系统视角下颠覆性创新价值创造综述研究[J].产业经济评论(山东大学),2023,22(1):1-23.

8 非研发创新

郑　刚　郭艳婷

8.1 引　言

研发(research and development，R&D)是创新的重要来源，多年来很多实证研究也证明了研发投入对企业创新成功具有正向影响。长期以来，国内外众多学术文献和政府创新政策几乎主要关注企业的研发活动，推崇基于研发的"线性"创新模型(研发—创新—绩效)，甚至将技术创新等同于研发，认为研发是企业提升技术创新能力的唯一方式。一些创新实证研究也普遍以研发为企业创新的主要来源，或者用研发表征创新能力或创新绩效，但这在很大程度上忽视了广大中小企业所进行的一些并非基于研发的多样化创新活动。对于众多的没有独立研发机构和研发能力的中小企业来说，如何通过独特有效的创新途径提升创新能力，从而保持创新性并取得良好的绩效呢？

本章基于对中国中小企业的案例研究和调查，提出了非研发创新(non-R&D based innovation)的概念框架，分析这些没有正式研发机构和研发能力的企业是如何通过多样化的创新方式来提升竞争力的。第8.2节围绕中小企业的创新特点，概括五种类型的非研发创新者(non-R&D innovator)。第8.3节梳理了非研发创新的定义与六种典型模式，包括技术与知识采用、渐进性模仿改进与反求工程、现有知识的创新运用、产品与服务个性化定制、市场与商业模式创新、组织与制度创新。随后探讨了中小企业开展非研发创新的内外部影响因素。第8.4节通过小巷三寻和双童吸管的实际案例揭示中小企业非研发创新的具体发展过程。第8.5节探讨了非研发创新与研发创新的共同作用对于企业绩效的影响。第8.6节概括了本章得出的主要结论以及政策建议。

8.2 被忽视的创新者

第三次和第四次"欧盟创新调查"(community innovation survey)表明,在创造产品创新和工艺创新的欧洲企业中,大约一半没有内外部研发活动。这些非研发创新者多为中小型企业,更加集中于低技术制造业和服务业。在中国等新兴经济体国家中,也涌现出越来越多的不基于研发的创新者,它们利用市场营销、组织设计等众多不以研发为主的创新方式也照样取得了市场竞争优势。例如吸管行业的"隐形冠军"双童吸管(早期发展阶段几乎没有研发投入)、诞生于淘宝平台的互联网食品品牌"三只松鼠"(互联网+坚果的商业模式与服务体验创新)、"凉茶领导者"王老吉(市场营销创新、战略定位创新等)、互联网快时尚服装品牌"韩都衣舍"(互联网+服装的商业模式创新和小组制组织创新)等。

Dosi[1]认为创新是"寻找、发现、实验、开发、模仿或采用一种新产品、新工艺或新的组织形式"。创新的测量指标并不能仅局限在研发上,创新过程也包括很多非研发活动,如技术获取、设计、试生产、人员培训、市场调查以及固定资产投资等等[2]。OECD(经济合作与发展组织)在第三版《奥斯陆手册:创新数据的采集和解释指南》中也首次将市场和组织创新纳入创新活动范围中。事实上,任何类型和行业的企业都可能开展非研发创新活动。对于那些没有资源和能力进行研发的中小企业,非研发创新所创造的经济价值可能更高。然而这些企业通常没有正式的研发机构,其研发统计数据可能容易引起误导[3-5],因此很多非研发创新活动经常被公开调查忽略,难以得到足够的政策支持[2,6]。创新活动的分类如表8.1所示。

表 8.1 创新活动的分类[1]

	活动类型	分类视角	具体活动
创新活动	研究和试验发展①	内部和外部	内部研发
			外部研发
	产品和工艺创新活动(研发除外)	有形和无形	外部技术和知识的获取(无形)
			机械、设备和其他生产资料的获取(有形)

① 由于研发活动比较特殊,OECD将其在创新活动中单独列出,实际上研发可能与产品、工艺、市场和组织创新中的一种或几种相关。

续表

活动类型	分类视角	具体活动
创新活动	产品和工艺创新活动(研发除外)	生产性与支持性	产品和工艺创新中的内部准备性活动(如部分工业设计活动、测试和评估、启动和工程活动)
			产品创新相关的市场准备活动(如市场预调研、测试,新产品的上市宣传)
			产品创新实现相关的培训活动
	市场创新活动	市场各环节	新市场方法的开发和实现活动,产品设计、包装、定价、渠道和促销方面的新市场方法的引进
	组织创新活动	对内与对外	新组织方法的开发和实现活动,业务活动、工作场所和外部关系方面的新组织方法

基于欧盟第四次创新调查(CIS-4)数据,Heidenreich[8]发现中低技术产业虽然普遍存在流程创新、组织创新及市场营销创新,但内部创新能力较弱,对外部设备、技术和软件依赖性较强。在这种条件下,非研发创新对中小企业的价值更为突显。Arundel等[6]对常见的非研发创新活动进行了总结,包括对产品或工艺渐进性改良、模仿及反求工程,对现有知识的创新运用以及技术引进等。

与研发相比,非研发创新的理论和实证研究都较为匮乏。虽然早在20世纪八九十年代就出现了非研发创新研究的思想萌芽[2,3,5,9-10],但是基本停留在对非研发创新活动简单探讨的层面上,尚缺乏系统性的深入分析,也并未引起学界重视。

基于演化理论和资源基础理论,SOM利用2009年德国制造业调查中的1466家企业进行研究,主要得出五种非研发创新型企业类型[11],具体如下。

①知识密集型产品开发者(knowledge-intensive product developers)。该类型与研发密集型的技术创新模式较为接近,这类企业大部分是产品开发者。新产品往往伴随着相关服务,意味着企业强烈的服务导向。大部分此类企业以内部知识为创新来源,近一半企业也与外部研发组织合作,例如大学或者研发实验室也是其创新知识的重要来源。简言之,这类企业采用的是利用内外部知识/人才,在产品、服务和组织上都有较高强度创新的模式。

②客户驱动的技术工艺专家(customer-driven, technical process specialists)。这种类型的主要特征是强烈的客户导向,善于根据客户需要或者具体规格来开发产

品,依靠先进制造设备或机器来实现高度定制化的产品。此外,这些企业还拥有较多经验丰富的生产组装人员,但很大一部分从业于低技术行业,在知识来源上根据需要利用内部经验知识或外部专业知识。

③偶尔的 B2C 产品开发者(occasional B2C product developers)。与前两种类型相比,这种类型没有明显的创新资源使用特点。即便如此,这类非研发创新者中仍有相当比例的产品开发者(29%),因此被称为"偶尔"的新产品开发者。另外,超过 60% 的企业表明创新相关的知识主要来自内部(员工),但很少根据顾客的特殊需求来开发新产品,且产品相关服务化的程度也很低。

④低创新性、劳动力密集型的制造商(low-innovative, labor-intensive manufacturers)。这一类非研发创新者的重要特征是基于外部特殊需要来定制产品,但与前三种类型的不同之处在于,它们几乎不自己开发新产品,也并未通过相关服务或者技术、非技术的工艺流程来弥补。同时,这些企业也没有主要的创新知识来源或合作。简言之,这类非研发企业是与"不进行研发活动"或"低技术"企业形象最接近的一类。

⑤数量灵活的专业供应商(volume-flexible, specialized suppliers)。这一类型中开展产品定制化企业的比例几乎与第 2 种类型相当,表明企业具有较高的顾客导向性。与第 3、4 类企业相比,其非技术性工艺流程创新的水平更高,意味着这种制造组装过程大多由简单任务构成,员工知识主要是经验性的。较高比例的低技术人员使企业在应对订单和市场变化时具有一定灵活性,例如通过雇佣合同工或临时工来实现。综合来看,这类企业表现出了以经验为知识来源、管理灵活、顾客定制化供应商的特征,整体创新水平中等偏低。

8.3 非研发创新的定义、模式与影响因素

(1)非研发创新的定义

鉴于非研发创新活动与研发活动有较大的区别,可以从"研发"的对立面出发来探索"非研发"创新的概念。非研发创新是企业中除了研发的各种其他创新类型的统称。其核心要点是,创新主要来源于企业的现有知识储备或者企业外部,并不通过企业内部系统化的研发活动来实现;在以非研发创新为主的企业中,几乎没有投入研发费用或投入比较低的研发费用,通过非研发创新活动同样能够实

现较好的创新绩效[12]。

非研发创新与传统的非技术创新（non-technological innovation）概念既有联系，又有重要区别，其区别如下。

①内涵与外延不同：非技术创新包括除技术创新的其他创新活动，如管理创新、市场创新、制度创新等，而非研发创新是指除了研发的其他创新活动，包括技术类非研发创新和非技术类非研发创新两大类。

②角度不同：非研发创新是从创新投入视角提出的，非技术创新是从创新要素视角提出的。

③非研发创新主要是基于中小企业情境提出的，而非技术创新的提出主要基于技术创新成功的大中型企业实践。非研发创新与研发创新、技术创新、非技术创新四者的关系可以用图 8.1 来表示。

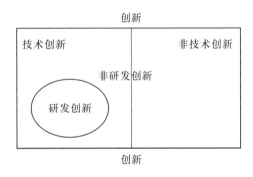

图 8.1　非研发创新与研发创新、技术创新、非技术创新的关系[11]

（2）非研发创新的典型模式

非研发创新的典型活动可以分为技术类和非技术类两大类型。其中，技术类的非研发创新活动包括技术与知识采用、渐进性模仿改进与反求工程、现有知识的创新运用、产品与服务个性化定制；非技术类的非研发创新活动包括市场与商业模式创新、组织与制度创新。

技术与知识采用是指企业从外部直接采购或获得创新的产品或工艺技术，自身不进行或者很少进行相关的技术活动，包括新机器购买、新部件采购、新设备购买等有形技术引进，以及引进新的工艺流程、技术、隐性知识经验等无形知识。

渐进性模仿改进与反求工程是指通过引进购买、反求破译或吸引投资等手段，来吸收和掌握率先创新的核心技术秘密，并在此基础上对率先创新进行改进和完善,进一步开发和生产富有竞争力的产品,以此来参与市场竞争的一种创新模式[13]。很多模仿性的创新活动,也包括一些反求工程,并不需要基于研发,因此中小企业可以通过进行反求模仿性活动,实现对先进产品或工艺的反求模仿,以及在此基础上的"二次创新",而这些模仿并不需要企业进行大量研发活动和投入,如当年吉利汽车在起步阶段就是靠对夏利与赛欧等经济型轿车的反求、模仿与创新实现后来居上的。

现有知识的创新运用(集成创新)是指企业以新的方式对已有的知识加以整合运用,强调的是对现有知识的创造性运用,包括一些工业设计和工程项目等[6]。一个典型的案例是油墨喷印技术在食品领域的应用,油墨喷印技术从前是一种应用于纸张打印的技术,通过创新整合后运用到食品领域,实现了在蛋糕或饼干上印刷各种不同的图案,受到市场的好评。这种交叉知识的整合往往不需要耗费很多的企业资源,却为企业带来了较好的创新绩效[14]。集成创新是一种创造性的融合过程,强调在各要素的结合过程中,注入创造性的思维[15]。但是两者又有不同,集成创新的范围更广,包括战略集成、组织集成和知识集成等方面[16],而现有知识的创新运用只是对企业内的技术和知识创造性地运用来进行创新的活动。

产品与服务个性化定制是企业以客户需求为指导,以产品为导向的非研发创新模式,包含三种主要活动,分别是根据客户需求更改产品的部分特性(标准定制),根据某个客户的特殊要求开发产品(个别定制),为客户提供跟产品有关的新服务(服务创新)。

市场与商业模式创新是指新的市场方法的实现,包括在产品设计、包装、产品分销、产品促销和定价等方面的显著改变,旨在更好地解决用户需求,打开新的市场,对企业产品进行新的定位以提高企业的销售额[7]。研究表明,产品创新往往伴随着市场创新的进行[17],市场部门是研发主导型企业和非研发创新企业最常获取创意来源的部门之一[6]。

组织与制度创新的定义是在企业的业务活动、工作场所、外部关系中实施一种新的组织方法,通过减少管理费用、降低交易成本、改进工作满意度、获得隐性知识、降低供应成本来提高企业的绩效[7]。组织创新一般和工艺创新有着紧密的联系,企业在进行工艺创新的过程中往往需要相应的组织创新支持;组织创新也可能会与产品创新有互动,一种新产品的开发成功可能导致新的生产或者销售部门的建立,因而需要重新组织企业的工作流程、知识管理或者外部关系等[17]。

(3)中小企业开展非研发创新的内外部影响因素

资源基础观认为,不同企业拥有不同的资源,企业是这些资源的集合体。企业资源为企业的正常运转提供了支持,企业创新活动的开展离不开企业所拥有的创新资源。通过面向中小企业的实证研究发现,尽管非研发创新活动较研发创新活动而言投入较少、风险较低、效率较高,但仍需要人力资本和财务资源等基础资源的支撑,以及组织创新氛围的营造。与大企业相比,尽管中小企业面临资金短缺和融资约束等挑战,但财务资源仍是开展创新活动的基础保障,并可能影响活动类型和活跃度。例如,企业通过杠杆融资获得资金的同时往往需要考虑降低创新的潜在风险,因而更可能采用渐进式改良等方式进行创新。因此,资源有限的中小企业往往倾向于将资金投入成本较低和风险小的非研发创新中去。人力资本对创新活动的作用机制主要是培养和提高组织的学习能力和吸收能力,高水平的人力资本能够促进知识流动,可以将资源投入更有效地运用到创新活动中。中小企业善于利用人力资本进行研发之外的创新活动,例如"干中学""模仿中学""非正式的当地联结学习"等[18]。创新氛围是指组织工作场所中与创造力或创新有关的环境因素,包括创新政策及具体实践等[19]。一个良好、浓厚的创新氛围可以表现为公司鼓励创新、鼓励员工在空余时间提出创造性的想法、允许用多种方式解决同一个问题等多个方面。在中国,许多中小企业仍从事劳动密集型制造行业,一线工人和管理人员往往是非研发创新的主体。友好的、创新的工作环境有助于工人保持积极的工作情绪,激发他们"干中学""用中学"的热情,对流程工艺等提出改进意见。组织氛围还能够增强知识管理,促进中小企业利用现有技术进行非研发创新[20]。

此外,企业所处的外部行业环境也会对企业的创新行为有影响。研究发现,当环境不确定性较高时,企业获取信息的难易程度和成本增加,在一定程度上影响企业进行高风险创新的意愿和决策,企业更有可能开展基于模仿、渐进式改良等的非研发创新。这里的环境不确定性是指企业外部环境动荡性和不可预测的程度。在环境不确定性高的行业里,市场需求或顾客偏好都较难预测,产品和服务更新换代快,除了少数领先企业,大部分中小企业都很难把握技术发展方向,因此倾向于对现有技术的创新利用等非研发创新活动。

8.4　中小企业非研发创新实践案例

(1)小巷三寻的非研发创新实践

杭州小巷三寻文化创意发展有限公司成立于 2005 年 1 月,是一家致力于将传统手工织布技术与现代时尚相结合,以纯手工织布和土布面料为原料,集设计、生产、销售为一体的专业服饰公司。从成立之初小巷三寻就一直重视创新,大部分新产品的设计为自主完成,2006 年率先制定首个土布行业标准,并通过浙江省质量监督局颁发的企业标准认证,2012 年小巷三寻土布纺织技艺被列入"浙江省非物质文化遗产名录",与中国刺绣大师、杭绣代表人物陈水琴,中国美术学院教授、浙江省民间美术家协会主席裘海索达成战略合作关系。这样一家创新型的企业,其每年的研发投入只占销售额的 0.5% 左右,究竟是什么造就了它在经营和创新上的成功?

①技术采用。小巷三寻的经营重点是设计和生产,当遇到难以解决的技术问题时,公司通过外部技术来达到创新的目的。例如,填充棉花的衣服水洗后,保暖性能会变差,但长期不洗会影响婴幼儿的身体健康。考虑到自身在填充物方面的技术缺乏,小巷三寻便寻求外部技术合作,最终开发出可水洗的棉花,并申请专利,由小巷三寻持有。在此基础之上,公司推出了更多类型的环保保暖新产品,包括童装棉服、棉被等。2005 年,小巷三寻还与杭州万事利丝绸科技有限公司进行合作,将土布技术融入丝绸技术,通过不断探索、改良,共同开发出一种全新的面料——新云布。新云布采用传统手工织法,兼具丝绸和纯棉的优点。

②渐进式改良创新。小巷三寻的产品原材料是手工织布,但传统的手工织布面料粗糙,色彩和花型单一,缺乏时尚性,而且产量较低。于是,公司聘请织布机方面的专家,在北方传统织布机的基础上进行了改良。经过渐进式的改进,公司推出了新的织布机,其速度可比原来提高 30%—50%,且劳动强度大幅降低,受到了织布者的喜爱。同时,为了让土布纺织技艺更好地被传承与保护,小巷三寻改良了老式织布机,制造了携带方便、操作简单的新式织布机,并且该织布机已申请专利,由小巷三寻完全持有。

小巷三寻的营销创新活动也颇为丰富。首先,公司开拓了"买件衣服赠个故事"的销售方式,将文化元素与产品相结合,以动漫小卡片的方式将《游子吟》《花木兰》《牛郎织女》等传统文化经典故事附在服饰上,增加了产品的附加价值。其次,小巷三寻会通过组织一些有文化意义的活动来塑造自己的品牌和企业形象,同时传播中国手织布文化,如儿童节组织手工 DIY 活动,到学校介绍织布技艺等等。近几年,小巷三寻推出线下体验式定制产品,共有 3 个线下生活体验馆,分别位于杭州、北京以及深圳,不断积累用户良好口碑。最后,为了打造文创品牌,小巷三寻在 2015 年先后打造了 6 个手工村落品牌:采用城乡联动的形式,手工村落提供原材料手工织布,城市有需求和设计,小巷三寻则担任桥梁连接的作用。每个村落自成品牌,当地品牌加入小巷三寻的设计,该过程由小巷三寻监制完成,产品主要由小巷三寻销售,探索新的销售模式。

(2)以小博大:双童吸管的低成本非研发创新探索

位于浙江义乌的双童吸管成立于 1994 年,是一家专业从事塑料饮用吸管研发、生产和销售的公司。发展至今,公司占地面积已达 15000 平方米,建有 40000多平方米的食品标准全封闭清洁厂房,拥有各类塑料吸管生产流水线 200 多条,年生产各类塑料吸管近万吨(200 多亿支),成为品种全、创新多、市场覆盖面广的全球塑料吸管生产企业。同时,双童吸管还承担了中国轻工行业标准《聚乳酸冷饮吸管》、国家标准《聚丙烯饮用吸管》和 ISO 国际标准《食品用塑料吸管细则和规范》的起草编制工作,增强了中国企业在国际上的话语权和主动权。在利润微薄、技术含量较低的吸管制造领域,双童吸管是如何从名不见经传的义乌"小商贩"成长为世界级"隐形冠军"企业的?

首先,在市场创新方面,双童积极探索电商、互联网营销。除了传统的广告投放推广方式,双童一直比较重视新媒体网络营销。企业较早地接触使用互联网营销,从 1997 年开始学习运用电子商务技术,注册了公司域名,并率先跟环球资源、阿里巴巴等网站进行了对接入驻,在对品牌进行网络推广的同时,营销网络也在互联网世界不断延伸。2004 年,双童与阿里巴巴旗下淘宝网以及其他网络开展广告应用项目合作。当时,双童吸管国外询价的 70% 都是通过阿里巴巴完成的。目前,双童拥有年轻化的电商运营团队,营销渠道扩展至线上,拥有自己的天猫旗舰店、微店等。

其次,为了避免低价竞争,双童采取了更加灵活的订单模式,即小客户原则。从 1997 年开始,双童吸管涉足外贸,发展到 2002 年,沃尔玛、英国特易购等 5 家大型企业的订单占了双童吸管盈利的 90%。在 2003 年,为了防止对大型连锁巨头的过度依赖并破解利润偏低问题,双童实行小客户原则,采用小订单策略:每个客户的订单数量不允许超过公司年产量的 3%,非 35% 以上毛利的订单不接。通过这种方式,双童有效避免了对某些国外大公司的依赖,掌握了全球吸管市场一定程度的定价权,同时有效避免了小商品容易陷入的低价竞争陷阱,保证公司的盈利水平。

再者,双童还通过现有知识的创新运用与个性化定制推动产品创新。许多小客户处于服务行业的中高端,除了对产品的质量和品牌的知名度要求高,有更多产品定制化需求,例如要求吸管产品或外包装上印有品牌的标识,或者对颜色有特殊要求。这些小客户包括中小商超、咖啡馆和酒店会所。2013 年,在双童的内销市场上,商超销售占 30%,小客户销售占 40%,其余 30% 是个性化和定制化产品。有些客户可能一两年才拿一次货,用量也不大,但在双童看来,它们都是宝贵的客户,客观上与企业一直保持贸易关系。而且正是因为订单额不大,且多为定制的个性化产品,对价格也不敏感,反而造就了很高的品牌黏性。一条巨大的长尾,就这样通过订单的积累,长期为双童创造着价值。

8.5　非研发创新与研发创新的交互作用

对于大部分企业来说,非研发创新活动和研发创新活动是同时存在的。以往研究已经证明了研发创新能够提升企业绩效。研发创新可以提高企业的效率、人员增长率或者利润率等。同样,也已经有相当数量的研究证明了多种不同的非研发创新活动对企业各方面的绩效有着不同程度的正向影响[5,6,11,12,21,22]。那么,研发和非研发创新活动的共同作用会对创新绩效有什么样的影响? 是否存在互补关系或是替代关系?

结合案例分析和对浙江省中小企业大样本问卷分析发现,除模仿创新外,中小企业的另外 3 种非研发创新模式,即外部技术采用与改良、产品与服务定制、组织和市场创新,与研发创新在对企业创新绩效的影响上呈现替代效应。但是在对企业财务绩效的影响上,非研发创新活动和研发创新活动并没有明显的交互效应。具体来说,首先,外部技术采用与改良和研发创新在对企业创新绩效的影响上存在替代效应。大量的技术引进可能会导致企业对外部技术的依赖,企业进行研发创新的需求和动机降低,并且技术引进对自主研发创新有"门槛效应",由于中小企业吸收能力较弱,过量的技术引进导致内部研发的边际效益降低,中小企业由于资源有限,而研发又需要大量投入才能取得成效,因而只能减少创新研发投入,形成恶性循环。其次,产品与服务定制和研发创新在对企业创新绩效的影响上存在替代关系。产品与服务定制满足了客户个性化和多样化的需求。在大多数情况下定制的产品和服务不需要进行大量研发,只需要在设计或是功能上进行个性化改进。最后,组织和市场创新与研发创新在对企业创新绩效的影响上存在替代效应。我国中小企业可能受到技术能力、管理能力等限制,无法实现要素协同所带来的优势,在资源上,如领导者关注度、资金、人力等的分散也导致了往往无法同时兼顾组织、市场创新与研发创新。综上,中小企业在进行创新活动决策时,应该注意研发和非研发创新活动的协调匹配,尽可能形成协同和互补效应,产生最佳的创新绩效。

8.6　结　论

长期以来,传统创新研究把研发(R&D)视为企业创新的主要途径,甚至是唯一途径,这在很大程度上忽视了广大中小企业所进行的一些并非基于研发的多样化创新活动。由于自身条件和外界环境的限制,中小企业有其自身的创新特点,其创新模式、途径与成熟的基于研发的大中型企业创新存在明显差异,对于中国的中小企业来说更是如此。大部分中小企业更多开展的是非研发创新活动,而不是研发创新活动,很多企业甚至不进行研发活动。中小企业往往在竞争中处于劣势地位。对于众多没有独立研发机构和研发能力的中小企业来说,如何通过独特有效的创新途径提升创新能力,从而保持创新性并取得良好的绩效,是值得关注的问题。

本章基于已有的非研发创新文献,同时结合中国中小企业近年来的创新实践发现,非研发创新活动是我国中小企业重要且普遍的创新活动类型,对于没有能力进行研发活动的中小企业来说更是如此,非研发创新是企业在初创阶段的重要创新方式。此外,总结出了常见的技术类非研发创新活动,包括技术与知识采用、渐进性模仿改进与反求工程、现有知识的创新运用、产品与服务个性化定制;非技术类的非研发创新活动,包括市场与商业模式创新、组织与制度创新等。

作为国家创新体系的重要主体,中小企业和大企业的创新模式存在很大差别。我国近年来虽然出台了相当数量的政策来鼓励企业创新,但大多是普适性政策,尚缺乏针对中小企业多样化创新特点的差异化创新政策。政策制定者有必要进一步认识非研发创新活动对于中小企业的重要作用。现有面向企业的创新政策措施和扶持经费大多用于鼓励加大研发投入和研发机构建设,但对广大中小企业,特别是小微企业来说,生存比持续发展更重要,不应盲目、一刀切地鼓励中小企业加大研发投入,而应基于全面创新观,因地制宜、引导鼓励开展多样化、行之有效的创新活动。例如,在技术改造、模仿创新与反求工程、工业设计创新、组织与制度创新、市场与商业模式创新等不需要大量研发投入的非研发性创新方面适当加强政策引导和扶持。

参考文献

[1] Dosi G. Sources, procedures, and microeconomic effects of innovation[J]. Journal of Economic Literature, 1988:1120-1171.

[2] Brouwer E, Kleinknecht A. Measuring the unmeasurable: A country's non-R&D expenditure on product and service innovation[J]. Research Policy, 1997,25(8):1235-1242.

[3] Kleinknecht A. Measuring R&D in small firms: How much are we missing?[J]The Journal of Industrial Economics,1987,253-256.

[4] Kleinknecht A,Reijnen J O. More evidence on the undercounting of small firm R&D[J]. Research Policy,1991, 20(6):579-587.

[5] Santarelli E, Sterlacchini A. Innovation, formal vs. informal R&D, and firm size: Some evidence from Italian manufacturing firms[J]. Small Business Economics, 1990,2(3): 223-228.

[6] Arundel A, Bordoy C, Kanerva M. Neglected innovators: How do innovative firms that do not perform R&D innovate? [Z]. Results of an analysis of the Innobarometer, 2008.

[7] Oslo Manual. Guidelines for collecting and interpreting innovation data[M]. OECD,2005.

[8] Heidenreich M. Innovation patterns and location of European low-and medium-technology industries[J]. Research Policy,2009, 38(3):483-494.

[9] Hansen P A, Serin G. Will low technology products disappear? The hidden innovation processes in low technology industries[J]. Technological Forecasting and Social Change, 1997,55(2):179-191.

[10] Sterlacchini A. Do innovative activities matter to small firms in non-R&D-intensive industries? An application to export performance[J]. Research Policy, 1999,28(8): 819-832.

[11] Som O. Innovation without R&D: Heterogeneous innovation patterns of non-RD-

performing firms in the German manufacturing industry［M］. Berlin：Springer Science Business Media,2012.

［12］郑刚,刘仿,徐峰,等.非研发创新:被忽视的中小企业创新另一面［J］.科学学与科学技术管理,2014,35(1):140-146.

［13］郑刚,郭艳婷. 被忽视的创新者:中小企业非研发创新模式初探［M］.北京:科学出版社,2017.

［14］Huston L,Sakkab N. Connect and develop［J］. Harvard Business Review,2006, 84(3)：58-66.

［15］李宝山,刘志伟. 集成管理——高科技时代的管理创新［M］.北京:中国人民大学出版社,1998.

［16］陈劲,蒋子军,陈钰芬.开放式创新视角下企业知识吸收能力影响因素研究［J］.浙江大学学报(人文社会科学版),2011,41(5):71-82.

［17］Schmidt T,Rammer C. Non-technological and technological innovation：Strange bedfellows? ［J］. ZEW Discussion Papers,2007(7):52.

［18］Chen C J,Huang J W. Strategic human resource practices and innovation performance：The mediating role of knowledge management capacity［J］. Journal of Business Research,2009,62(1):104-114.

［19］Amabile T M,Conti R,Coon H,et al. Assessing the work environment for creativity［J］. Academy of Management Journal,1996,39(5):1154-1184.

［20］Chen C,Huang J,Hsiao Y. Knowledge management and innovativeness：The role of organizational climate and structure［J］. International Journal of Manpower,2010,31(8)：848-870.

［21］刘仿.中小企业非研发创新:一个理论框架及对企业创新绩效的影响研究［D］.杭州:浙江大学,2013.

［22］Santamaría L,Nieto M J,Barge-Gil A. Beyond formal R&D：Taking advantage of other sources of innovation in low-and medium-technology industries［J］. Research Policy, 2009, 38(3):507-517.

9 模块化创新

顾 复 顾新建

9.1 引 言

模块化创新是基于原始创新的样机(基型),将整体产品拆分为多个独立的模块以实现分工协作。其主要特点包括:①模块比完整产品更为简单,单个模块创新也因此更容易进行,从而推动产品的整体创新。这一特性促进了专业化分工和协同创新模式的发展,典型案例包括计算机和手机等的模块化创新。②能够满足用户的多重需求,在个性化和多样化日益受到重视的市场环境中,用户希望以合理的价格获得短交货期的定制产品。大批量生产的通用模块的不同配置组合,可以满足用户的个性化需求,从而实现定制创新,例如汽车领域的模块化创新。自模块化创新方法出现迄今已逾 60 年,其仍然是非常重要且广泛应用的创新方法,德国将产品模块化视为其工业 4.0 参考架构的重要组成部分,而大批量定制则是工业 4.0 所追求的目标之一,产品模块化创新是实现这一目标的关键技术之一[1]。在智能化大趋势的背景下,模块化创新也正朝着智能的模块化方向发展[37]。产品模块化有助于简化产品结构和制造过程,支持智能制造。"先模块化,后智能化"已成为我国智能制造的重要方法之一。

第 9.2 节将介绍模块化创新的发展历史,通过分析国内外产品模块化创新的发展概况,阐述模块化创新对于中国创新既能满足补课的需要,又能适应信息化和智能化时代的需求。第 9.3 节将探讨模块化创新的理论和原理,详细介绍其体系框架。第 9.4 节围绕模块化创新的过程模型,简要阐述相关理论和原理。第 9.5 节基于单件定制、大批量生产及多品种中小批量产品的模块化创新模式,介绍部分中国企业的实践案例。第 9.6 节将探讨模块化创新与产品创新、协同创新、绿色创新等其他创新模式之间的关系,强调模块化创新作为基于产品创新成果的面向用户的二次创新,是开展协同创新和绿色创新的重要基础。第 9.7 节则介绍模块化创新的发展趋势,包括如大范围跨企业的模块化创新、从原理到结构的产品模块化创新以及面向产品生命周期的模块化创新等。

9.2 模块化创新的发展历史

(1)背景

在市场经济环境中,用户需求是企业创新的指挥棒。只有充分满足用户需求的企业才能生存和发展。当前用户需求的一个重要发展趋势是:产品多样化和个性化,同时要求产品交货期短、成本低。其挑战主要来自批量法则:产品批量与单件生产成本成反比关系,即产品批量越小,单件生产成本越高,进一步可归因于规模经济效应和专业化分工效应。例如,标准的 M10 螺栓采用大批量生产模式制造,一个螺栓的平均成本不到 1 元;如果采用智能制造装备生产一个相似的个性化螺栓,成本就可能要高出上千倍。

(2)国外模块化创新发展概况

模块化创新在国际上有着悠久的发展历史,其理念和实践不断推动着各行各业的变革。其发展历程可以追溯到几个世纪前,并在多个领域展现出重要的技术进步。早在 1700 年前,欧洲的城墙建造已经采用了模块化设计的基本原理,通过统一尺寸的墙砖实现了不同形状和尺寸的城墙建造。进入 20 世纪初,模块化设计开始在工业中得到广泛应用,德国的车床、铣床、货车等产品通过模块化实现了灵活组合和功能定制,提升了生产效率。二战期间,德国的 U 形潜艇被设计为模块化船体,展现了模块化在军事装备中的应用潜力。20 世纪 50 年代,欧美国家的大学正式提出了模块化设计理论,奠定了现代机械产品研发的基础。随后,IBM(国际商业机器公司)在 1964 年推出的模块化计算机系统 IBM System/360,极大加速了计算机创新和改进的进程。20 世纪 70 年代,模块化设计在起重设备、电子设备以及汽车领域得到了进一步推广,例如瑞典 Linden 公司的回转塔机、德国德马格公司的单梁吊车的生产,以及德国大众公司在 A 平台上的模块化轿车生产。这一时期,国际电工委员会(IEC)还推动了电子设备的尺寸系列标准化,为电子设备模块化奠定了基础。进入 21 世纪,模块化设计成为工业 4.0 的核心内容,尤其是在德国,模块化创新被纳入其三维体系架构中,推动了智能制造和产品定制化的发展。通过模块化创新,国外多个行业实现了产品多样化、生产灵活性和资源优化的全面提升。国外模块化创新发展概况如表9.1所示。

表 9.1　国外模块化创新发展概况[2]

时间	产品	特点
1700 年前	欧洲墙砖—城墙的基本模块	长、宽、高分别为 104cm、52cm 和 35cm,比例约为 6∶3∶2,组合成各种形状和尺寸的城墙
1900 年	德国家具公司的书架	设计了几种不同尺寸的架体、底座和顶板的构件,用它们组成的书架可以满足不同使用者对不同规格尺寸的"理想书架"的需要
1920 年左右	弗里茨-韦尔纳(Fritz-Werner)公司的铣床	产品按功能分解成不同模块,可以很方便地组装出满足用户需求的产品
1920 年左右	德国联合车床厂的车床	模块化主轴箱系统共有 63 个不同的齿轮,可以通过选择、搭配组合成 60 种不同的主传动系统,分别用于丝杠车床、光杆车床、六角车床以及卧式深孔钻床等不同产品
1920 年	北欧的货车公司斯堪尼亚(Scania-Vabis)的货车	实施了不同货车车型之间的部件通用化,既实现了多品种生产,又降低了管理成本,提高了生产效率
1930 年	德国的机床	提出了"模块化构造"的设计方法,用这种方法设计制造的机床具有很好的经济效益
二战期间	德国的 U 形潜艇	将船体划分为 6 个模块
20 世纪 50 年代	欧美国家的一些大学	正式提出模块化设计理论,模块化设计成为各类机械产品研发中普遍采用的一种现代化设计方法
1964 年	IBM 的模块化计算机系统 IBM System/360	提高了计算机的创新和改进速度以及效益。过去产品中任何一个元件的改变都会引起整个系统的变化
20 世纪 60 年代		出现了模块化的工业汽轮机、模块化集装箱、模块化武器系统等[3]
20 世纪 70 年代	瑞典 Linden 公司的回转塔机	采用 61 个标准模块和一些非模块零件组合成 4 万多种不同性能的回转塔机[4]
20 世纪 70 年代	德国德马格公司的单梁吊车	单梁吊车改为模块化设计后,其设计费用仅为单台设计时的 12%,生产成本减少 45%
20 世纪 70 年代	国际电工委员会(IEC)的电子设备尺寸系列标准化	电子设备尺寸系列标准化工作为电子设备模块化奠定了基础

续表

时间	产品	特点
20 世纪 80 年代	日本索尼公司的随身听	仅利用 4 个基础平台的随身听产品,生产出 250 余种随身听,无论是价位、功能还是款式上都有很大的区别,可以满足用户的各种不同需求
20 世纪 90 年代	德国大众公司的轿车	在 A 平台上开发了 4 个品牌的 10 多种轿车,分布在不同的大众公司分厂中生产;模块化极大地推动了汽车产业的产品创新发展[5]
21 世纪第二个 10 个	德国工业 4.0	产品模块化创新作为其三维体系架构中的一个维度,是其市场化战略的重要内容

(3)国内模块化创新发展概况

国内模块化创新的发展经历了从早期探索到系统研究和广泛应用的过程。早在北宋时期,毕昇的活字印刷术已初步体现了模块化的基本原理。进入现代,模块化设计在机床、工业汽轮机和卡车等领域逐步推广,尤其是 20 世纪 70 年代,哈尔滨工业大学、北京第一机床厂和杭州汽轮机厂等企业率先应用模块化设计理念,取得了显著成效。到 20 世纪 90 年代,模块化技术被引入武器装备领域,推动了军工产品的快速研发并提升了可靠性。在 20 世纪 90 年代至 21 世纪初的这一时期,国内开始系统研究模块化理论,并在汽车、电子设备、家电等多个行业广泛应用。21 世纪以来,模块化设计与信息技术深度结合,形成了产品配置设计系统和派生式计算机辅助工艺规划(computer aided process planning,CAPP)系统,进一步提升了模块化生产效率。进入 21 世纪第一个 10 年,国家发布了 20 项模块化国家标准和 10 项个性化定制国家标准,覆盖机器人、家电等智能制造领域。2022 年,海尔旗下卡奥斯工业智能研究院成立的全国重点实验室更以模块化为核心,推动大规模个性化定制系统与技术的研究,标志着中国模块化创新进入了新的阶段。总体来看,中国的模块化创新实践不断深化,从早期的单一领域探索,到今天的多领域广泛应用,并伴随着国家标准的制定和信息化技术的结合,模块化创新已经成为推动中国制造业升级和智能化发展的重要力量。国内模块化创新发展概况如表 9.2 所示。

表 9.2　国内产品模块化创新发展概况

时间	产品	特点
1041—1048 年	北宋时期的毕昇的活字印刷术	在雕版印刷中运用了模块化基本方法和原则
1958 年	哈尔滨工业大学的积木化机床	研究车、钻、镗、铣、刨、磨机床的共性和个性,设计积木化机床,并且取得了成效[6]
20 世纪 70 年代	北京第一机床厂的模块化龙门铣床	应用模块化设计原理,进行龙门铣床新产品开发设计,取得了一定的成果
20 世纪 70 年代	杭州汽轮机厂的模块化工业汽轮机	引进西门子的三系列工业汽轮机的积木块技术
1983 年	中国重型汽车联营制造厂的卡车模块化	引进斯太尔模块化 91 系列车型
20 世纪 90 年代	上海仪表机床厂和上海市机床研究所的仪表车床模块化	通过合理规划和组织,在较短时间内完成 13 个品种设计和制造
1989—1991 年	机械电子工业部的模块化设计项目	把 86 项模块化设计项目列入了"机械电子工业第一批产品现代设计计划表"中,涉及机床、加工中心、磨具、照相机、泵、电表、电机等,发布了多项指导性技术文件,为解决模块化设计与生产管理提供了帮助
20 世纪 90 年代	国防科工委的武器装备模块化	为缩短武器装备研制周期,提高其质量、可靠性和综合保障能力,把开展模块化技术的研究与应用作为发展国防科技和武器装备的一项基本政策,投入巨资,全面开展军事装备模块化的研究、设计、试制工作
20 世纪 90 年代	模块化理论研究和实践	国内开始对模块化理论进行系统的研究[7-8],并在汽车、舰船、工程机械、轨道交通、电子设备、计算机、家电、手机、鞋靴[9]等领域开始应用
21 世纪 00 年代	产品模块化与信息系统结合	产品模块化与 CAD 系统结合产生产品配置设计系统和产品变型设计系统;产品模块化与 CAPP 系统结合形成派生式 CAPP 系统[10]
21 世纪 10 年代	20 项模块化国家标准;10 项个性化定制国家标准	涉及模块化设计规范和评价规范、数据字典等基础内容,覆盖机器人、家电、移动实验室、数据中心、制造执行系统、应急医用隔离单元、存储系统、多电平换流器、智能制造等领域;产品模块化是智能制造的基础

时间	产品	特点
2022 年	大规模个性化定制系统与技术全国重点实验室	海尔旗下的卡奥斯工业智能研究院成立首批以企业为主体的全国重点实验室,模块化是其主要研究内容

9.3 模块化创新的体系框架

本章基于模块化创新的主要目标,依据模块化创新的主要理论和原理,将模块化创新的主要技术分为三种类型:产品模块化创新、管理创新＋模块化创新、信息技术＋产品模块化＋管理创新。图 9.1 为模块化创新的体系框架。

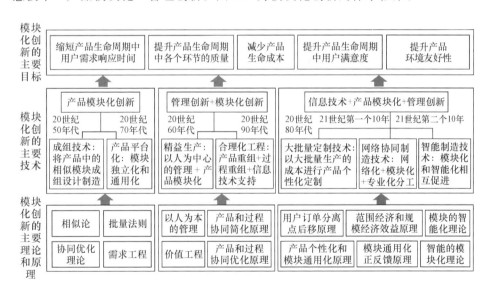

图 9.1 模块化创新的体系框架

(1)产品模块化创新

产品模块化创新的基础技术主要包括:①成组技术(group technology):将企业生产的多种产品、部件、零件和结构要素,按照一定的相似性准则分类成"组",并以相应的"组"为基础来组织生产过程的各个环节,从而实现生产全过程的合理化和科学化。②产品平台化技术(product platform technology)[39]:对产品进行模块分解,再对独立的模块进行通用化设计以满足不同产品的需要,然后在此基础上建立产品平台,进行产品模块的配置和变型设计。

产品模块化创新依据的主要理论和原理包括:①相似论:不同的产品和过程中存在大量相似的实体,如几何、结构、功能、过程、活动、知识等,对这些相似实体进行归纳、统一处理,形成通用和标准的实体,从而提高效率和节约成本。②协同优化理论:用尽可能少的通用模块代替尽可能多的个性化模块,变型出尽可能多的产品品种,在满足用户需求和保证质量的同时,使相似产品的总成本最低、总的交货期最短。③批量法则,即通用模块批量—成本反比法则:模块化创新提高了个性化产品中的通用模块的批量,在满足用户个性化需求的同时,使产品成本增加很少。④需求工程:产品模块化是用户需求驱动的。用户需求可以从不同角度分类,并采用不同的模块化应对策略。例如,用户个性化需求可以分类为:显性和隐性需求、关键和非关键需求、产品外部的和内部的多样化需求、共性和个性的需求等。

(2)管理创新十模块化创新

随着模块化创新的发展,人在其中的作用日益凸显。模块化创新需要创新者对企业有很高的忠诚度,对工作有很强的责任心,有全局优化的目标和思维,对问题看得远,看得深,看得宽。这就需要管理创新,让员工积极主动地参与模块化创新,由此也出现了"管理创新十模块化创新"的技术,其中应用较为广泛的有:①精益生产(lean production):一方面强调以人为中心的管理,充分发挥员工的积极性;另一方面通过产品模块化,简化产品结构层次和生产过程,支持精益化设计、制造和供应链管理[11]。②合理化工程(ratio engineering):该技术最初由德国西门子公司提出,重视做好产品标准化、系列化、模块化工作,重点是改进产品设计过程和产品结构的合理性以及信息重组[12-13]。

"管理创新十模块化创新"技术依据的主要理论和原理包括:①以人为本的管理:强调权力下放、以人为中心,让每位员工成为"独立经营体",充分发挥其积极性。②价值工程:精益生产强调通过组织、过程优化等,减少乃至消除生产过程中的不增值环节,如中间产品的检测、运输、库存等。③产品和过程协同简化原理:产品简化包括减少产品层次和模块化,进而在产品简化的基础上实现过程简化,如过程集成组织等。④产品和过程协同优化原理:产品模块化是产品优化,过程优化则包括面向过程的组织、并行工程等,两者协同优化才能取得好的效益。

(3)信息技术十产品模块化十管理创新

信息技术的快速发展使模块化创新更上一层楼,开始出现"信息技术十产品模块化＋管理创新"的技术,其中包括:①大批量定制技术(mass customization technology):以大批量生产的成本进行产品个性化定制,大批量定制是工业 4.0 的主要目标,所采用的主要技术是新一代信息技术、产品模块化技术和管理创新技术等。②网络协同制造技术(network collaborative manufacturing technology):网络化技术的发展使模块化的范围进一步扩展,促进全球专业化分工,使通用模块的批量极大提高,成本急剧下降。③智能制造技术(intelligent manufacturing technology):模块化和智能化具有相互促进的关系,即模块化简化智能制造系统,智能制造获得的大量数据以及智能分析方法可以促进更合理的模块化。

"信息技术＋产品模块化＋管理创新"技术依据的主要理论和原理包括:①用户订单分离点后移原理:用户订单分离点是指企业生产活动中由基于预测的库存生产转向响应用户需求的定制/订单生产的转换点(见图 9.2)。在用户订单分离点之前的生产经营活动是根据预测进行的,在用户订单分离点之后的生产经营活动则需要根据用户订单的实际要求而定。模块化创新有助于将用户订单分离点后移(即朝着用户方向移动),减少定制环节,增加大批量生产的环节。例如,我国客车行业的龙头企业宇通集团提出通过模块化创新,要做到至少 80% 的订单处理是按订单制造(make to order,MTO),20% 是按订单设计(engineering to order,ETO)。MTO 不需要在技术上做太多的修改,接到用户的订单之后企业有相应的车型与之对应,只需要对车身颜色、内饰等做出一些改变。ETO 则是对订单进行基于模块化平台的产品配置和变型设计。②产品个性化和模块通用化原理:通过模块化创新,实现用尽可能少的通用模块组成尽可能多的用户需要的个性化产品。③范围经济和规模经济效益原理:模块化的产品范围越大,模块化的效益就越高,并且通用模块生产企业的集成度越高,规模越大,成本越低。④模块通用化正反馈原理:在信息透明环境下,通用模块批量大、价格低、质量好,更受用户的欢迎,进而使通用模块需求量更大,这将进一步降低成本,使通用模块更受用户欢迎,促使产品模块化朝正反馈优化循环方向快速发展(见图 9.3)。⑤模块的智能化理论:模块化可以简化智能化,使智能化容易实现;智能化的模块能够方便地组合成满足用户个性化需求的智能产品。⑥智能的模块化理论:采用新一代人工智能技术,如群体智能、模式识别理论等智能地分析用户需求的相似性、产品模块的相似性,智能地建立产品主结构和模块主模型,促进模块化的发展。

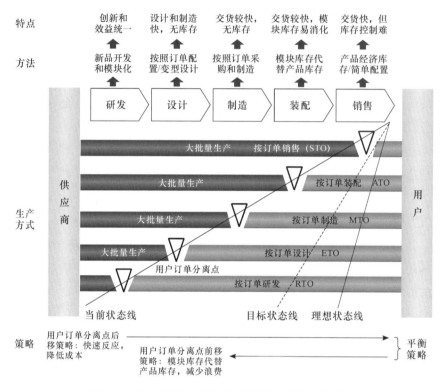

图 9.2 从大批量生产到大批量定制的各种生产模式

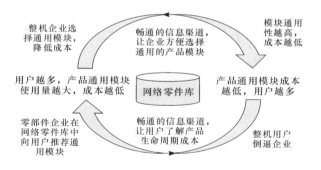

图 9.3 模块通用化正反馈原理

9.4 模块化创新的过程

模块化创新的过程可以分为模块化产品平台构建、模块化产品平台维护和订单产品模块化设计三个阶段,模块化产品平台构建过程纵向上可分为产品模块化和产品模块化建模,横向上又可以划分为新产品和已有产品的模块化平台开发过程,在构建好平台和平台维护的基础上就可以展开订单产品的模块化设计。本章设计的模块化创新过程模型呈"Y"形结构,如图 9.4 所示,模型的左上部为新产品模块化平台开发过程,右上部为已有产品模块化平台开发过程。具体操作上,企业可根据实际需要选择其中的全部或部分功能块开展产品模块化创新。比如,有的企业已经有过大量定制产品开发经历却并未建立产品模块化平台,则需要重新进行产品模块化平台的构建。

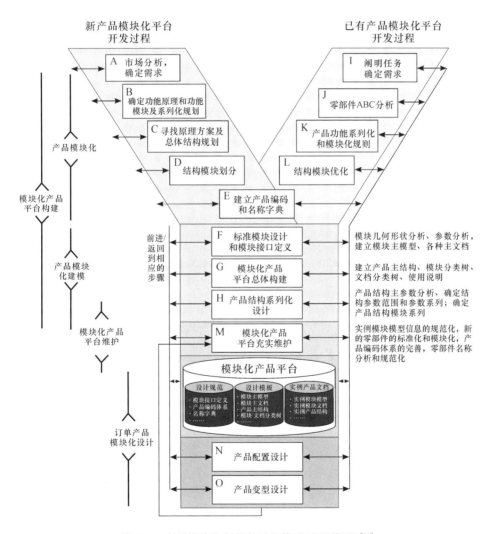

图 9.4 产品模块化创新的过程模型("Y"模型)[14]

(1)产品模块化过程

产品模块化过程主要包括:①用户需求获取和分析:产品模块化创新首先是由用户需求驱动的,需要模块化创新人员看得"宽",将所有相似产品一并分析;需要看得"远",能够预测未来可能出现的用户个性化和多样化的需求;需要识别并提取用户群的共性需求,为定义产品平台提供基础。如果企业已有大量用户订单,可以利用订单数据进行分析;如果是新产品,则需要进行深入的市场调研。②产品功能模块化:将用户需求转换为产品功能。通过采用质量功能配置(quality function deployment,QFD)方法[15]、用户需求分类方法、知识模块本体方法、数据挖掘分析方法等,将用户群的共性需求转变为产品的通用功能,采用产品功能分解[16]、产品功能目录方法[17]、功能分析法、产品族主功能树[18]等方法进行产品功能模块划分。③产品结构模块化:产品结构模块化的基本原则主要是交互性原则、相似性原则、层次性原则、基础件模块化优先原则,采用模式识别、聚类分析等方法实现。

(2)产品模块建模过程

产品模块建模过程主要包括:①建立产品分类编码系统:主要通过建立产品分类编码系统,对产品及其组成部分进行分类描述,以码代形,便于搜索、分类和统计。包括产品编码体系的选择、名称术语的规范化、名称字典建立等。对已有产品零部件可以通过 ABC 分类分析,确定 A 类零部件(必须根据客户的需求进行设计、开发和加工的零部件,即专用件)、B 类零部件(可以用参数化设计的方法从原先已有的零部件中派生出来的变型零部件,即通用件)、C 类零部件(主要是标准件)。②产品通用模块建模:通过零件几何形状分析,充分挖掘存在于产品、零部件中的几何、结构、功能和过程等的相似性,找到相似的模块族。在对模块的功能分析、约束分析的基础上,建立具有代表性的模块几何模型,即模块主模型和事物特性表,满足变型模块的功能和约束要求,并设计模块接口[38],支持通用模块变型设计,减少零部件种类。③模块化产品总体构建:建立面向相似产品族的产品主结构(各模块之间的关系),包括基本模块、必选模块和可选模块,支持订单产品的配置设计;开展产品结构参数系列化设计,分析产品结构主参数、确定关联结构参数、确定结构参数系列和建立产品系列化分布图等。

(3)订单产品模块化设计过程

订单产品模块化设计过程主要包括:①产品变型设计:在保持产品基本功能、原理和总体结构不变的情况下,根据需求的变化,从已有产品的原型出发,采用

"主模型＋事物特性表"的方法,通过对现有产品局部结构形式和工程约束的变型形成新的产品,来满足不同工作性能的需求,同时控制产品变型的多样化,减少零部件变型数目,达到降低成本和环境影响的目的。②产品配置设计:根据综合分析客户的需求,在产品设计性能和结构约束下,以产品主结构为基础,组合出满足客户个性化需求的产品。产品模块化创新基本概念间的关系如图9.5所示。例如,某叉车厂生产上百种型号的叉车,其中很多结构是相似的,客户需求批量较小,大多为1—2台,但交货期要求很短。如果每种型号的叉车都有两台库存,以备客户的选择,那么就需要200多台叉车作为库存,会造成大量流动资金的积压,而且有的叉车可能存放很长时间也没有客户购买,造成了浪费。如果对产品进行模块化创新,以通用部件代替整车作为库存,这样只库存20多套叉车的通用部件就可以满足客户的需要。当然,这些通用部件必须能够较快地装配成合格的整车。

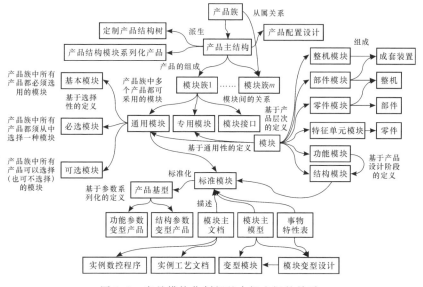

图 9.5　产品模块化创新基本概念间的关系

(4)产品模块化评价方法

　　产品模块化创新具有实施周期长、涉及范围广、不确定因素多等特征,这给开展模块化创新的评价带来了一定难度。可应用国家标准《机械产品零部件模块化设计评价规范(GB/T 39589—2020)》,帮助企业提高产品模块化评价的能力。该方法在中车集团的轨道交通产品模块化、电动汽车电池热管理集成产品的模块化的评价中得到应用[19-20]。

9.5 模块化创新的中国实践

模块化创新在提升中国产业创新能力和推动产业升级中具有重要作用。在坚持自主创新的道路上,中国企业通过模块化创新取得了显著的成就,展现了模块化创新的强大动力和深远影响。从单件定制生产到模块化生产,再到大批量生产和多品种中小批量生产的模块化转型,不同企业展现了各自独特的创新路径与成效。尽管企业的模块化创新方式和深度各有不同,但整体趋势无疑朝向更高效、更灵活、更标准化的模块化模式发展,这不仅提高了企业的生产效率和市场响应速度,还为实现产业高端化升级奠定了坚实基础。模块化的发展方向已成为不可逆转的趋势,它正引领着中国制造业向更加智能化、个性化的方向迈进,模块化创新已成为我国企业保持竞争优势和实现高质量发展的重要手段,为我国从制造大国向制造强国转变提供了强有力的支撑。

(1)单件定制生产型企业的模块化创新

传统的单件定制生产虽然能够满足用户的个性化需求,但是生产周期长、产品成本高、质量不稳定等问题制约了其广泛应用。通过产品模块化,采用模块的通用化和标准化,以模块的不变和少变应对产品需求的多变,大幅度降低了定制生产中的不确定性和高成本,显著提升了生产效率和产品质量。以中国运载火箭的组成方案为例,其中既有助推火箭模组(整机)的捆绑并联组合,也有箭身模组(部件)的串联组合,模块化的运用可以实现以最经济的方式完成不同重量物资的发送任务,如图9.6所示。

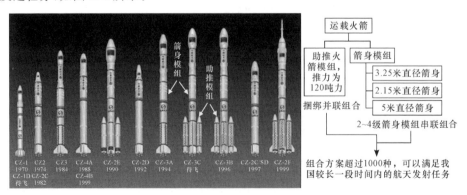

图 9.6 中国运载火箭的组成方案

(2)大批量生产型企业的模块化创新

我国在继续发展大批量生产以提供价廉物美的产品的同时,也在积极推动模块化生产,以满足用户对多样化、个性化高端产品的需求,如汽车、家电、服装[21]、家具[22]等。以吉利汽车的通用模块化架构体系(common modular architecture,CMA)为例,不仅可以满足大众消费者的需求,还能够通过模块化设计打造差异化的定制产品,展现出模块化创新的灵活性和市场适应性[23]。海尔是国内较早实行模块化生产的企业之一,其模块化创新战略分为企划模块化、开发结构化、采购成套化和制造标准化,各个部分又进一步划分为了更小的模块,具体如图9.7所示[24]。

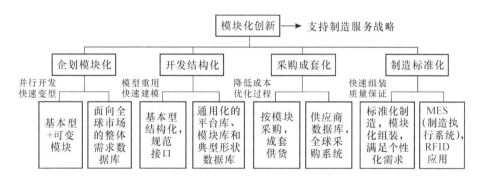

图 9.7 海尔集团的模块化创新战略

(3)多品种中小批量生产型企业的模块化创新

多品种中小批量生产常见于通用机床、飞机、工业机器人、起重机、变电站等领域,模块化生产显著降低了成本并大幅缩短了交货期。以中车的 25 型客车的模块化[25-26]为例,为满足铁路客运市场发展的需求,中车集团下属的唐山机车车辆厂从 2000 年 10 月开始对 25 型客车(分硬座车、硬卧车、软卧车和餐车 4 个车种,每个车种又分 25K、25G 和 25B 3 种车型,共计 12 个大品种)开展了模块化创新,通过工厂设计图样集成化、图样利用率最大化、图样更改最小化和工装投入最低化,从而使不同车型、不同车种的相同部位实现最大的通用化,减少了重复设计错误,提高了生产灵活性和市场响应能力,为中小批量、多品种生产企业提供了有效的模块化创新路径。另外,我国 C919 客机采用了世界一流水平的综合模块化航电系统(intergrated modular avionics,IMA)平台,通过集成优化不同功能机载电子电气系统,为上层应用开发提供通用 API 接口调度资源,大大简化了软硬件集成与开发难度,同时提高了航电系统的可维护性和可配置性,展现了模块化创新在高端制造领域的巨大潜力[27]。

9.6 模块化创新与其他创新模式的关系

在当今快速变化的市场环境中,企业面临着日益增长的创新压力。模块化创新作为应对这一挑战的关键策略,不仅能够提升产品开发的效率和灵活性,还能促进企业间的协同合作,并推动可持续发展。具体而言,模块化创新通过建立模块化设计平台,快速定制设计产品,推动了产品创新从逆向创新向正向创新的转型。模块化创新还能简化企业间的协作,通过将复杂产品分解成独立的模块,推动了企业之间的协作和资源共享,从而提高了创新效率。模块化创新还具有绿色性,通过模块重构与拆解可以降低能耗和物耗,实现更高的资源利用效率。因此,模块化创新与产品创新、协同创新、绿色创新等创新模式密切相关,在推动产品创新和产业升级中起到了至关重要的作用。

(1)模块化创新与产品创新的关系

产品创新、模块化创新和定制设计的关系模型如图 9.8 所示。产品创新阶段生产方基于理论研究与应用,通过大量的实验,开发出新产品的基型。产品模块化创新则在新产品样机(基型)上针对未来用户的个性化和多样化需求,建立产品模块化设计平台,包括通用模块库、产品主结构和主模型。当用户订单到达时,就可以进行快速、低成本的产品定制设计。上述过程即正向创新。而目前我国许多

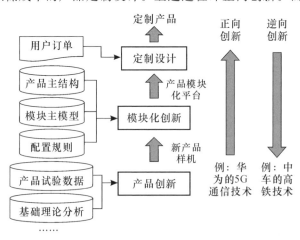

图 9.8 产品创新、模块化创新和定制设计的关系[28]

企业在实践中实际采用的是逆向创新过程:首先引进国外的某种型号的产品,然后根据用户需要进行定制产品设计,即所谓的"一品一设计""单打一设计",特点是成本高、交货期长。于是企业开始进行模块化创新,建设产品模块化设计平台,然后再进行产品创新,根据需要进行基础理论和实验研究,如轨道交通车辆[29]。当前,我国亟须提升自主技术创新能力,加快推进制造业向高端化升级,提高产品技术含量,突破全球价值链的中低端锁定状态,从逆向创新模式转向正向创新模式至关重要。

(2)模块化创新与协同创新的关系

随着现代产品的复杂性不断增加,产品技术创新的周期要求也越来越高。在此背景下,单个企业难以独立完成产品的所有创新任务,因此需要依靠企业间的协同创新[40]。产品模块化将复杂产品分解为相对独立的模块,由不同的专业化企业分别创新,由于这些企业在某些模块创新方面拥有长期的知识积累,协同创新大幅提高了产品创新的效率[30]。产品模块化能简化企业间的合作关系,降低知识和技术壁垒,各企业只要按照模块标准进行创新,最后各自按模块集成,即可快速完成复杂产品的整机创新[31]。以联发科技为例[32],该公司从 2005 年起推出手机芯片模块,将手机基本功能高度集成和模块化,下游整机厂商只需要通过"搭积木"的方式进行简单的后端设计,就可以迅速推出新产品,将手机创新周期从过去的 9—12 个月缩减至 2—3 个月。这种模式不仅减小了开发团队的规模,还推动了大量中小手机企业的迅速发展。模块化创新不仅能提升创新效率,还可以强化供应链的协同作用,推动整个行业的技术进步,提高国际市场竞争力[33]。

(3)模块化创新与绿色创新的关系

模块化创新本质上也是一种绿色创新,其绿色性体现在以下几个方面[34-35]:①模块化产品大生产批量,采用高效的生产手段和工具,从而节约能耗;②模块化设计便于产品拆卸回收和维护更换,可以减少配件库存,减少浪费;③模块化提高了产品模块的可重用性和可重构性,显著降低模块制造的能耗和物耗。例如,模块化锅炉[36]把单体大锅炉拆分为若干个体积小于 $1m^3$ 的小锅炉,通过并联组合达到任意蒸吨规模。同容量的模块化锅炉比单体大锅炉可节约 25% 的能源,在环保、安全、自控、寿命、安装、耗电量、容量扩充、占地面积及空间等方面具有明显优势。又如,天然气井口气回收场站的撬块化装备,将各工艺设备分为多个相对独立又相互联系的小单元,各个单元能够独立实现功能,并可以根据不同需求进行拆分、组合、调换,组成一个完整的放空天然气回收处理站。当放空量减少时,这些设备可以迁移至其他井口重复利用。此类撬块化装备缩短了设计周期,降低了采购成本及时间,并推动了工厂化制造发展,有效提升了工程质量和工作效率。通过这些实例,我们可以看到模块化创新在提升生产效率、降低成本的同时,也为环境保护和资源节约做出了重要贡献。这种创新方式不仅提高了产品的市场竞争力,还促进了可持续发展。

9.7 模块化创新的发展趋势

随着科技的迅猛发展和全球化的深入,模块化创新正逐步成为推动各行业产品创新、提升效率和促进可持续发展的关键策略。模块化不仅使得复杂产品的分解和组合更加灵活,还推动了跨企业协同创新的广泛应用,极大地降低了成本和资源消耗。同时,随着信息技术、人工智能等新兴技术的融入,模块化创新也从传统的串行模式走向并行和智能化,进一步提升了产品设计、制造与服务的协同效率。未来,模块化创新将在功能原理、结构优化及全生命周期管理等多个方面深度融合,成为推动企业创新和绿色发展的重要驱动力。

(1)大范围跨企业的模块化创新

互联网和无线网的发展使得产品模块化创新的协同范围迅速扩展。例如,Web 零件库的快速发展,使得产品模块化创新范围从企业内部扩展到跨企业层面。产品种类越多,形成的通用模块就越多、批量越大,进而降低成本,减少资源和能源的损耗。大范围跨企业的产品模块化创新需要具备以下特点和要求:①自发性。通过"多赢"机制,鼓励企业发布并持续更新自己的产品模块资源。在资源整合模式下,企业能够通过贡献产品模块资源获得收益,激励更多企业参与。②自组织性。技术支持至关重要,确保产品模块资源在使用过程中不断优化和有序化,而非无序堆积,以提升资源的有效性。③自助性。信息技术的支持让企业或个人能够便捷地整合产品模块资源,显著降低发布和使用成本,提高响应速度,满足多用户的个性化服务需求。④正反馈性。模块资源越多、价值越大,使用者越愿意使用产品模块资源,参与人数也随之增加。而使用人数越多,模块资源的价值也越高,发布者更加积极分享模块资源,从而形成良性循环。⑤集成性。产品模块资源整合的主要挑战是发布者和使用者之间的描述体系不一致(如名称、定义、结构等），导致模块资源的搜索难度加大，重用性降低。本体技术可以帮助解决这一问题，并需要通过自组织、自优化和正反馈的发展模式实现持续改进。⑥广域性。模块资源整合的范围越广，涉及的内容越多，其利用效率也就越高，进而推动跨企业协同创新的深化和扩展。

（2）从原理到结构的产品模块化创新

模块化创新最初主要侧重于优化产品结构，以降低成本并促进产品大批量定制。然而，随着产品模块化创新深入发展，将产品功能原理、技术方案和结构优化全面结合的创新模式逐渐形成。这种综合的模块化创新能够全面支持产品创新、协同创新和绿色创新。在产品概念设计阶段，设计人员可以充分利用已有的产品功能原理、技术方案和结构等方面的模块化信息及知识。例如，芯粒（chiplet）技术是一种将多种芯片模块在一个封装内组装起来的解决方案，能大幅加快新产品的研发，提高良品率，并降低成本。对于中国的半导体产业而言，由于在极紫外光刻机技术上存在瓶颈，难以实现 7nm 以下工艺，芯粒技术被视为突破口，有望成为我国突破半导体工艺被"卡脖子"的重要途径。2023 年 4 月，龙芯中科技术股份有限公司发布新款高性能服务器 CPU 龙芯 3D5000，就是通过芯粒技术将两枚 3C5000 芯片进行封装后得到的更高性能的产品[42]。此外，阿里巴巴达摩院在其 2023 年十大科技趋势报告中也提到了"chiplet 模块化设计封装"的重要性，表明这一趋势正受到广泛关注和重视。

（3）面向产品生命周期的模块化创新

随着人们消费理念的变化和法规制度的完善，产品模块化创新将深入应用于产品生命周期的各个阶段，特别是产品服役阶段。这一进程将显著提高产品的可服务性、可维修性和可回收性等，促进模块的深度和全面重用，从而为节能降耗做出重大贡献。通过在设计和生产阶段就考虑产品的全生命周期，企业能够更有效地实现资源的优化配置，进而实现可持续发展。

（4）并行的产品模块化创新

传统的产品模块化创新往往是串行进行的，即在产品创新结束后再进行模块化设计。但近来越来越多的产品模块化创新将与产品创新并行进行，这将带来显著的优势：①支持复杂产品的协同创新。不同企业能够共同参与复杂产品的开发，尽早进行模块化设计和接口定义，提高整体创新效率。②充分利用现有的通用模块。在产品创新阶段尽早利用现有的通用模块可以提高创新产品的模块化率,降低成本,缩短交货期,提高产品创新质量。③充分发挥产品模块化创新的潜力。尽早考虑模块化问题可以充分挖掘产品的潜力,使产品模块化设计与产品性能优化同步进行,从而实现更加高效的创新过程。

(5)智能的模块化创新[41]

面对来自不同用户的订单数据和海量产品数据,传统依靠人工进行产品模块相似性和关联性识别的方式变得越来越难。人工智能技术在此背景下发挥了重要作用:①基于群体智能的产品名称本体建立可以通过分析企业产品数据库、网络零件库等系统中的用户行为数据实现,如产品名称本体的点击、使用名称本体作为产品标签、使用产品名称进行搜索等,以此构建产品名称本体,并根据排名帮助用户选择合适的产品名称。②产品模块划分的智能优化,通过大数据分析发现零部件间的关联性,将关联性高的零部件组成模块,提升模块之间的独立性。③产品主结构的智能建立,可以利用企业信息系统中有大量的定制产品的 BOM 数据,建立产品主结构和产品族,进一步提高设计效率和产品创新能力。

9.8　结　论

模块化创新起源于工业 3.0 时代,既满足了中国在工业 3.0 方面的补课需求,又适应了工业 4.0 的发展趋势。它是基于产品创新成果的面向用户的二次创新,构成了协同创新的重要基础,同时也是绿色创新的重要组成部分。目前,模块化创新主要朝着"信息技术＋产品模块化＋管理创新"的方向发展,以提高创新效率和成果。模块化创新主要包括产品模块化过程、产品模块建模过程、订单产品模块化设计过程以及产品模块化创新评价。

各类企业正积极向模块化创新转型。对于单件定制生产型企业,典型的模块化创新案例包括中国运载火箭的组成方案、神舟系列载人飞船以及电子制动器智能生产线的模块化;大批量生产型企业则有吉利汽车的 CMA 平台、电动汽车电池热管理集成产品的模块化以及海尔的模块化创新战略;对于多品种中小批量生产企业,则可见中车的 25 型客车、模块化变电站以及 C919 客机的综合模块化航电系统平台[43]等。

模块化创新的发展趋势主要体现在以下几个方面:从小范围企业内的模块化创新逐步向大范围跨企业的模块化创新方向发展;从产品结构的模块化创新转向

涵盖原理与结构的全面模块化创新;从设计阶段的模块化创新向全生命周期的模块化创新方向延伸;从串行的模块化创新模式转向并行的创新方式;从依赖人工的传统模块化创新逐步向智能化、模块化创新方向转型。这些趋势将进一步推动模块化创新的广泛应用与发展。

参考文献

[1] 祁国宁,顾新建,谭建荣.大批量定制技术及其应用[M].北京:机械工业出版社,2003.

[2] 贾延林.模块化设计[M].北京:机械工业出版社,1993.

[3] Pahl G,Beitz W. Engineering design:A systematic approach[M]. Berlin:Springer-Verlag, 1996.

[4] Leukel J,Schmitz V,Dorloff F. A modeling approach for product classification systems [C]. Proceedings of the 13th International Workshop on Database and Expert Systems Applications(DEXA'02),2002.

[5] 王凤彬,李东红,张婷婷,等.产品开发组织超模块化及其对创新的影响——以丰田汽车为案例的研究[J].中国工业经济,2011(2):131-141.

[6] 柳献初.模块化思想溯源[J].商用汽车,2009(2):80-81.

[7] 施进发,游理华,梁锡昌.机械模块学[M].重庆:重庆出版社,1997.

[8] 孙跃.机械控制模块学[M].重庆:重庆出版社,1997.

[9] 吴洁,王晨晨,于百计.模块化设计在鞋靴产品设计中的应用研究[J].服装设计师,2022 (6):94-98.

[10] 顾新建,纪杨建,祁国宁.制造业信息化导论[M].杭州:浙江大学出版社,2010.

[11] 安玉华,刘毅.基于扎根-SNA-ISM的预制构件精益生产实施驱动因素分析[J].工程管理学报,2023,37(6):35-40.

[12] 李龙梅,张暴暴,刘晓冰.合理化工程系统结构的探讨[J].机械科学与技术,1998(3):480-482.

[13] 江彦.新思维 新方式 CAD应用上台阶——杭汽合理化工程专题报道[J].计算机辅助设计与制造,1997(2):6-9.

[14] 全国信息与文献标准化技术委员会.GB/T 31982—2015 机械产品模块化设计规范[S].北京:中国标准出版社,2015.

[15] 韩梦圆.智慧供应链精准化需求的多级质量功能配置研究[D].南昌:南昌航空大学,2022.

[16] 童时中.模块化原理 设计方法及应用[M].北京:中国标准出版社,1999.

[17] Pahl G,Beitz W. Engineering design:A systematic approach [M]. Berlin:Springer-

Verlag，2007.

[18] 顾新建，杨青海，纪杨建，等.机电产品模块化设计方法和案例[M].北京:机械工业出版社，2014.

[19] 钱柯浙，顾复，顾新建.电动汽车电池热管理集成产品的模块化工作评价研究[J].成组技术与生产现代化，2020,37(4):7-16.

[20] 鲍滕霄，顾新建.电子制动器智能化生产线模块化设计方法的研究[J].成组技术与生产现代化，2021,38(2):1-6.

[21] 颜伟雄.基于模块化的服装精益生产线平衡及产品组合研究[D].杭州:浙江理工大学，2022.

[22] 王珂鑫.模块化设计方法在家具产品中的应用研究[J].鞋类工艺与设计，2022,2(18):124-126.

[23] 钱柯浙，顾复，顾新建.电动汽车电池热管理集成产品的模块化设计[J].成组技术与生产现代化，2021,38(1):18-27.

[24] 金姝彤，王海军，陈劲，等.模块化数字平台对企业颠覆性创新的作用机制研究——以海尔COSMOPlat为例[J].研究与发展管理，2021,33(6):18-30.

[25] 孙帮成.25型客车的模块化设计[J].铁道车辆，2006,44(4):10-14+45.

[26] 徐剑佩，许慧，张冰淇.变电工程模块化建设的研究与探讨[J].电力安全技术，2023,25(11):46-49.

[27] 青岚.C919成功交付,揭示我国民机航电系统发展进入新天地[EB/OL].(2022-12-13)[2024-09-08].https://mp.weixin.qq.com/s?_biz=MzI4MDIzNTk5MA==&mid=2247549659&idx=1&sn=ed6eeb51ec116b58ee545fb94cdaf2d8&chksm=ebb9d862dcce5174f3fca194cff8f0bad15aa45a07104aea100dcce3bf427c1953049ec65821&scene=27.

[28] 顾新建，顾复，纪杨建.产品模块化与大批量定制[M].北京:清华大学出版社，2022.

[29] 张海柱，何旭，黎荣，等.轨道交通车辆模块化产品平台的技术框架与关键技术[J].城市轨道交通研究，2023,26(3):194-199.

[30] 杨烨.离散型制造企业模块化产品协同创新能力影响因素研究[J].现代工业经济和信息化，2023,13(11):7-11.

[31] 张虎翼，冯立杰，朱天聪，等.模块化视角下产品的创新路径研究[J].机械设计，2022,39(3):46-52.

[32] 齐鹏.联发科技:颠覆你的手机[N].数字商业时代，2010-09-10.

[33] Wang H，Shu C. Constructing a sustainable collaborative innovation network for global manufacturing firms：A product modularity view and a case study from China[J]. IEEE Access，2020，8:173123-173135.

[34] 裴国阳.家电产品绿色模块化设计与评价方法研究[D].徐州:中国矿业大学，2023.

[35] 童霞,贾涛,陈秋俊,等."绿色＋创新"视角下产品模块化策略实现企业绩效的作用机理研究[J].科技管理研究,2023,43(5):97-107.

[36] 艾欧史密斯(中国)热水器有限公司上海分公司. A. O. 史密斯商用模块化热水设备[J].上海节能,2011(1):35-39.

[37] Habib T, Kristiansen J N, Rana M B, et al. Revisiting the role of modular innovation in technological radicalness and architectural change of products: The case of Tesla X and Roomba[J]. Technovation, 2020, 98:102163.

[38] Chen K M, Liu R J. Interface strategies in modular product innovation[J]. Technovation, 2005, 25(7):771-782.

[39] Hölttä-Otto K. Modular product platform design[D]. Espoo: Helsinki University of Technology, 2005.

[40] Baldwin C, Von Hippel E. Modeling a paradigm shift: From producer innovation to user and open collaborative innovation[J]. Organization Science, 2011, 22(6):1399-1417.

[41] 顾新建,马步青,顾复,等.产品模块化中的若干智能方法[J].机械工程学报,2021,57(17):1-9.

[42] 芯粒(chiplet)技术究竟是什么?[EB/OL]. (2023-06-16)[2024-09-17]. https://baijiahao. baidu. com/s? id=1768854881772924964&wfr=spider&for=pc.

[43] Prisaznuk P J. Integrated modular avionics[C]//Proceedings of the IEEE 1992 National Aerospace and Electronics Conference@ m_NAECON 1992. IEEE, 1992:39-45.

10　包容性创新

邢小强

10.1　引　言

　　创新一直被视为推动经济增长与社会发展的重要力量。但长期以来,位于经济社会金字塔底层(base of the pyramid,BOP)的低收入群体不仅没有充分享受到经济增长的收益,反而承受了收入差距扩大与生态环境恶化等不良后果[1]。因此,创新的重点不仅在于扩大经济社会的财富总量,更要关注创新服务的对象与创新结果的可持续性。如果企业等私营部门能够采用新的思维、模式与方法来积极服务 BOP 市场与人群,进而创造出经济、社会与生态等共享的多元价值,这种创新就具有包容性[2]。尤其是在中国,BOP 群体是经济社会的基础,这提供了良好的包容性创新环境。在 2020 年,中国又打赢了人类历史上规模最大的脱贫攻坚战,在这个过程中,本土企业也在 BOP 市场进行了深入的探索与广泛的创新。因此,对中国企业的包容性创新实践进行经验总结与理论归纳,不仅是对传统创新理论的拓展与丰富,对世界其他发展中国家与地区开展包容性创新也具有良好的指导与借鉴意义。本章主要基于中国 BOP 市场情景,探讨包容性创新研究领域的知识创新与理论建构。

　　具体来说,第 10.2 节从 BOP 战略与包容性增长的理论融合视角揭示了包容性创新的源起。第 10.3 节对包容性创新进行概念界定并详细阐释其理论内涵。第 10.4 节结合包容性创新的形式与 BOP 群体在创新中扮演的角色,区分了包容性创新的类型并展现不同类型的创新机制与特征,包括包容性产品服务创新、包容性生产网络创新、包容性商业模式创新以及包容性技术与商业模式的协同创新。第 10.5 节通过实际案例展示中国本土企业在不同领域的包容性创新实践。第 10.6 节总结包容性创新取得成功的共性因素并提出未来的研究方向。

10.2　包容性创新的缘起

　　自熊彼特以来,传统创新理论主要是基于工业化程度比较高的欧美发达国家的企业创新实践发展起来的。在传统理论视角下,创新需要高投入并面临着巨大的风险,只有具备一定经济基础的市场群体才能负担企业创新的成本并因此享受创新带来的收益。在发达国家市场,这部分群体主要由占人口大多数的中产阶级与少量富裕阶层(top of the pyramid,TOP)构成。而对于发展中国家来说,占人口多数的是位于经济社会金字塔底层的低收入群体,其所在的市场环境与发达国家迥然不同[3]。因此,企业在 TOP 市场形成的商业逻辑并不适用于 BOP 市场,通过高投入来提供高质量产品与服务以获得高回报的创新模式也不适用于 BOP 人群[3]。而在创新理论的发展过程中,BOP 人群的需求与作用基本是被忽略的。

　　进入 21 世纪后,全球化引致的世界范围内的竞争加剧已使很多企业的利润空间愈加稀薄,当企业把大量资源投入研发上以不断满足 TOP 市场需求时,边际收益增加却并不显著,甚至导致创新过剩。而与此同时,占世界人口 2/3 的 BOP 人群的基本需求却从未得到有效满足,贫富差距日益扩大。在这种情况与趋势下,Prahalad 与 Hart[3] 提出,广大 BOP 群体内其实蕴含着的巨大商业潜能,如果企业能够采取创新的思维与方法并投入足够的资源,就能够在获得经济利润的同时提高穷人的生活质量或生产能力。Prahalad[4]特别指出,BOP 市场并不是中高端市场的低阶版本,而是有着自身独特环境与需求特征的全新市场,因此需要制定专门的战略来开拓该市场,被称为 BOP 战略。

　　2007 年,亚洲开发银行提出包容性增长的概念,强调经济增长的益处要能够惠及所有民众,核心要义是实现机会平等,消除权利贫困与社会排斥[5]。包容性增长理念反映出对贫困认识的深化和对反贫困路径的扩展,其理论基础一是来自社会排斥理论,二是来自诺贝尔经济学奖获得者阿马蒂亚·森的能力贫困理论。社会排斥是指贫困人口与弱势群体的政治、经济与社会权利等会被剥夺或被侵蚀,从而会被排除在正常的经济、政治与文化活动之外[6]。阿马蒂亚·森则更深刻地指出,贫困的本质在于能力缺失而非收入低下,社会排斥也是能力贫困的一部分。而人的能力越大,在各方面的自由度就越大,经济增长与社会发展应该是扩展人们享有真实自由的一个过程,这种以自由看待发展的观点为包容性增长提供了理论支撑[7]。但包容性增长着重从宏观层面分析如何"自上而下"构建实现包容性增长的经济理论与政策体系,并不能直接指导微观企业实践。BOP 战略则为企业等私营部门通过创新来"自下而上"地促进包容性增长提供了方向与途径。但传统 BOP 战略强调穷人的市场化角色,包容性增长则更注重降低社会排斥与提升穷人能力,两者的结合要求企业创新的重点在于为穷人提供平等参与市场的机会和提高其在市场中获益的能力,这种创新可被称为包容性创新[2]。

包容性创新把贫困问题转化为促进经济与社会可持续发展的动力与机会,改变了传统创新范式背后的支撑逻辑,代表着企业处理复杂经济社会问题的新的创新形态。Nakata[8]认为,包容性创新处在商业与社会的交汇领域,是解决经济、社会问题的可持续与有效的方式,特别是在日益不确定的全球环境下,包容性创新提供了未来社会前进的有益路径。作为一个新的领域,尽管国外有一些研究,但比较零散,研究的主题也相对狭窄。而中国作为全球最大的发展中国家,有着巨大的 BOP 市场与低收入群体,涌现出很多根植于 BOP 市场的新兴企业和创新实践。因此,中国学者在包容性创新领域的研究更为系统与全面,其中以仝允桓教授团队(包含笔者)为代表,在多个层面与领域对包容性创新进行了深入分析[9]。

10.3　包容性创新的概念与内涵

包容性创新的出现把创新研究从技术经济领域拓展到社会发展领域,首先需要在理论层面予以概念界定与内涵解读,才能更好推动该领域的理论进展[10]。笔者最早从经济学、管理学与社会学等多学科交叉视角出发并结合企业创新实践,把包容性创新定义为:企业关于以可持续方式为被经济社会体系排斥在外的 BOP 群体提供机会,使其平等地参与市场以提高收入、发展能力与扩大权利的新思想、新模式与新方法的开发与实现[2]。这个概念包含多层含义,具体如下。

首先,包容性创新本质是通过创新性的思想、模式与方法为穷人提供平等参与市场的机会。长久以来,穷人缺乏有效参与正规市场并获取收益的机会,使其被排斥在全球市场化进程之外,而这种剥夺与排斥主要是由所处环境而非个人努力所造成[11]。包容性创新可以有效地服务于 BOP 市场并使其与全球经济联系在一起,通过把穷人纳入多种形式的市场关系并赋予穷人新的市场角色与地位,客观上降低或消除了市场机会的不平等[12]。其次,包容性创新隐含着对贫困人口追求幸福生活意愿与能力的尊重和信任。在包容性创新视角下,穷人并不是传统观念下消极被动的受助者和被怜悯者,而是对自身所珍视幸福生活有着强烈渴望的市场参与者,具备创新所需要的基础资源与能力,这既拓展了企业创新的视野与格局,也使得穷人可以通过利用自身资源与提升能力来创造新的价值。再次,包容性创新并非出于企业社会责任和慈善动机,而是企业构筑长远竞争优势的战略工具和行为。随着世界范围内中高端市场的竞争越来越激烈,蕴含的成长空间日趋饱和,而从未被充分探索的 BOP 市场则为企业的跨越式发展提供了新的可能,有助于企业通过学习积累新的资源能力并建立新的竞争优势。这种基于赢利与发展的战略动机能够保证包容性创新的效率与经济上的可持续性,其所依赖的正是企业追求利润与有效配置资源的内在驱动力[13]。最后,包容性创新有助于提高 BOP 人群的收入、能力,缓解或消除他们的权利贫困。包容性创新把BOP 人群视为有价值的消费者、生产者与创业者,并根据穷人的不同角色进行相应的创新,对穷人的经济改善、能力提升与权利扩大等多个方面都有积极影响,从而能够有效缓解各种形式的贫困[14]。

10.4　包容性创新的类型、机制与特征

从包容性创新的概念与内涵可知,包容性创新强调为 BOP 人群创造参与市场和被平等对待的机会,因此可以结合穷人的市场角色与创新的具体形式对包容性创新进行类型划分,具体包括包容性产品服务创新、包容性生产网络创新、包容性商业模式创新以及包容性技术与商业模式协同创新四类。

(1)包容性产品服务创新

为 BOP 人群提供可负担的高质量产品与服务是包容性创新的基础类型,是把穷人视为真正的消费者[15]。这类创新的关键不是把 TOP 市场的已有产品服务做成简陋的低配版本,而是针对 BOP 人群特有的需求特征、消费理念和行为模式进行开发与设计,还要适应 BOP 市场的基础设施、资源条件与制度环境[16]。

从实践来看,包容性产品服务创新已经涵盖汽车、饮用水、家用电器、医疗、健康、金融服务以及农业机械等多个领域,满足了 BOP 人群不同层次的需求[17-18]。具体来说,一是满足生存型需求,包括洁净的饮用水、有营养的食品和医疗条件的改善等;二是满足生活型需求,有些适用于 BOP 地区的家用电器可以有效提升穷人的生活水平;三是满足能力型需求,主要是为穷人提供平台、培训、工具与资金等,帮助其提升生产效率与盈利能力,包括互联网、农业机械、金融服务和交通工

具类的创新;四是满足高阶的精神型需求,如扩大社会网络、获得更多的知识与尊重及自我价值实现等,主要集中在信息技术和教育领域。很多包容性产品服务创新往往会同时满足多种层次的需求,例如医疗领域的创新既能强健穷人体魄,避免疾病给家庭带来负担,同时也提供了健康的劳动力。

但在理论层面,对包容性产品服务创新过程与机制的研究还相对较少。尽管也有国外学者建立起包容性创新产品开发的过程模型,但是是基于对大学研究生课程结业设计的总结。笔者团队最早以 6 个实际包容性创新产品为研究对象,深入探究其中的创新策略与机理,揭示出创新者关于产品特征、技术方案和组织流程的选择与设计如何既满足了贫困消费者的需求,又同时克服了 BOP 市场的约束条件[19]。研究发现,包容性的产品创新首先需要有明确的价值表达,即明确新产品能够为 BOP 消费者带来何种效用提升,而且这种提升能够在当地情境中得到充分体现。其次,在技术层面,企业要结合市场需求进行开放式的技术搜寻并基于自身的技术能力进行选择与集成,特别要引入那些跨越技术轨道的新兴技术,这些技术往往具有低成本与高性能的良好特征。再次,设计新颖的产品架构能够通过对资源的节俭性使用而大幅度降低成本,蕴含其中的部件与连接知识可以为企业带来新的竞争优势,模块化的设计也使得产品可以不断扩展升级而进入更高端的 TOP 市场。最后,创新过程中要扩大合作伙伴范围、评估合作伙伴资源能力并建立适宜的合作机制,引入 BOP 市场的本地组织机构与个体是降低创新风险的重要手段。

(2)包容性生产网络创新

相对于包容性产品服务创新主要把 BOP 人群视为消费者,包容性生产网络创新强调把穷人当作生产者或资源能力的提供者,创新的重点是通过构建新的流程、价值链与网络,以有效动员、利用与整合 BOP 生产者的资源能力,释放其价值创造潜力[20]。从网络合作视角,包容性创新依赖于企业与 BOP 人群共同参与,需要双方贡献各自的资源能力并不断创造和分享价值,在此过程中形成一种共同承诺并构建出有利于双方的治理关系,从而克服 BOP 市场的制度约束与交易障碍[21]。

在包容性生产网络创新方面,国外文献主要关注跨国公司的角色,但中国学者的研究表明,在关于 BOP 人群围绕价值创造与共享来构建新型生产关系方面,拥有广大 BOP 市场的本土企业远比跨国公司更具灵活性与动态性。笔者团队通过案例研究,揭示了本土中小型农业企业在 BOP 市场的包容性生产网络构建与演化中的规律[22]。研究发现,BOP 市场存在诸多限制企业与 BOP 生产者进行价值创造的障碍因素,包括 BOP 生产者数量多而分散、生产技能低、不确定性高和存在机会主义行为等。为了克服上述障碍,包容性生产网络构建的原则就是通过改变网络关系与结构来创造出多层次的社会资本并降低社会负债,使得其对正向目标产生激励作用的同时对其他行为形成约束,扩大价值创造空间。在这个过程中,关键是对分散的 BOP 生产者的组织与关系的处理,而引入代表 BOP 生产者集体利益的中介组织或代理机构形成分层治理是简化与优化网络的有效途径。因为高度组织化的 BOP 生产者既能发挥规模优势来提高生产效率,也能够基于跨层次的社会资本来增强讨价还价能力,降低与企业在网络权利方面的不对称性,有助于网络力量的平衡与稳定。而对企业来说,应根据创新与发展的需要主动承担引导网络调整与改变的责任,通过提供合作框架、沟通机制以及运行流程等方式与其他网络成员分享控制权与决策权,让渡部分网络权利符合企业发展的长远利益。

在本章研究基础上,我国学者基于不同区域与 BOP 群体构建的包容性生产网络继续丰富该领域的研究。如郭咏琳与周延风提出了少数民族 BOP 概念,探讨了少数民族 BOP 群体是如何与企业互动以识别、突破资源约束而最终实现包容性创新的过程[23]。这个过程的主要表现就是企业与 BOP 生产者的关系演化并伴随着 BOP 生产者的角色转变。其中包容性的生产关系演化包含外部企业指导帮扶、外部企业联结帮扶和内生驱动发展三个阶段,使得少数民族 BOP 群体实现从普通生产者到以非遗技能作为生产资源的企业合作伙伴,再到以非遗技能作为生产资源实现内生驱动的小型生产者的角色跃迁。刘航等聚焦于电商领域,发现企业分别通过结构性锁定、结构性拓展、结构性剥离三重机制,逐步将 BOP 生产者纳入本地网络、跨区域网络及外部市场网络。在这一过程中,企业不断建立、强化并巩固在 BOP 生产者与 TOP 资源、BOP 产品与 TOP 市场之间的"桥接"作用,这是实现 BOP 生产者网络赋能的关键机理[24]。

(3)包容性商业模式创新

与产品服务和生产网络相比,商业模式强调以系统和整体方式来解释企业的价值活动及其内在关系,从而为理解企业在 BOP 市场内进行的各种创新提供了良好的分析单位。例如 Chesbrough 等[25]就认为,在 BOP 市场企业应集中于设计与执行新的商业模式,其次才是产品设计与开发。也有学者提出企业可以通过商业模式创新在 BOP 地区同时创造出新的市场与社会财富,但由于 BOP 市场是一种近于奈特式的不确定环境,企业必须界定运营边界、辨识合适的商业单位、预期到意外情形的发生并预先计划好退出方案等。但这些国外的早期研究都偏重提出一般性的指导原则,而随着中国企业在 BOP 市场的深入耕耘,多种形式的商业模式创新实践涌现出来,持续推动着该领域研究的不断深化[26]。

我国学者赵晶[27]较早从支撑战略目标的视角,把面向低收入群体的商业模式创新区分为市场开发型商业模式创新、资源开发型商业模式创新、市场开发与资源开发混合的商业模式创新,兼顾了 BOP 群体的消费者与生产者角色。这种包容性商业模式创新的分类标准主要是基于穷人拥有的收入与人力资源差异,并没有对商业模式本身构成与特征再进行分解与描述,是把商业模式作为一个整体概念使用。因此,为继续深化对包容性商业模式创新的认知,笔者团队从结构化视角研究面向我国 BOP 市场的商业模式构成要素,结合不同规模、不同地区的企业创新实践,把包容性商业模式归纳为本地能力、价值主张、价值网络、关键活动与盈利模式 5 个部分,进而系统展示了 BOP 市场内的价值创造、传递与分享活动[28]。研究发现,BOP 地区和人群的自有资源能力包括自然资源、人力资源与社会资本等,是价值创造的重要来源,也是支撑商业模式的先决要素。而包容性商业模式的价值主张包括经济、能力与关系三类,其中经济价值占主导地位,尽管能力价值与关系价值在长期内对 BOP 人群更有助益,但主要伴随着经济价值主张的实现而发生。为了更好地进行价值创造,企业需要充分整合 BOP 市场内外各利益相关者的资源能力,得到政府部门支持是在我国 BOP 市场获得成功的重要因素。同时,企业还要不断从事联结、学习与利用三类关键活动:联结是为促进价值的交换与传递,学习是深化对 BOP 市场的规律性认识,利用则是基于既有条件来最大化实现各种资源的潜在价值。最终,包容性商业模式的可拓展性是支撑企业长期盈利的关键。

随着互联网经济快速发展,包容性商业模式创新的研究对象与边界也得到很大拓展。刘亚军[29]从平台企业视角进行研究,发现互联网平台商业模式创新可通过结构、资源和心理赋权来提供使能,促进 BOP 人群从创业种子产生到创业集聚的自发式发展,实现物质与精神生活的双重提升。而范轶琳等[30]以淘宝村为研究对象,按照淘宝村初创时期的创新资源禀赋和创新驱动主体两个维度,把淘宝村的包容性创新模式区分为自发驱动型、自发培育型、政府培育型与政府驱动型四种类型。在此分类基础上,作者又进一步从动态演化视角,探析这些包容性创新模式的演化机理,揭示内外部因素对不同演化路径的差异化影响,深化了对互联网时代包容性创新模式阶段形态与演化特征的认知[31]。

(4)包容性技术与商业模式协同创新

由于 BOP 市场的复杂性与多样性,很多时候需要不同形式的创新共同发力。其中,技术与商业模式的协同创新往往会推动行业层面的变革,进而推动新商业生态的繁荣,从而改变众多 BOP 人群的生产与生活方式。

在制造行业,周江华等基于对山寨手机产业链的深入探究,结合破坏性技术创新和商业模式创新两个角度探究了面向 BOP 市场的包容性创新特征与机制[32]。一方面,破坏性技术能让 BOP 群体解决之前所不能解决的问题或者为已有问题提供新思路,打破已有的技术范式;另一方面,破坏性技术虽然为企业进入 BOP 市场提供了平台,但企业还需要在相应技术上选择与之匹配的商业模式。作者把破坏性技术定义为由结构属性和功能属性组成的二元结合体,两种属性会首先影响商业模式的要素,并进而影响到商业模式的结构,从而推动企业开展相应商业模式的创新。而技术二元属性破坏性强弱程度的组合,也决定了企业商业模式创新的程度和实现手段,两者的协同创新是实现企业在 BOP 市场跨越式发展的关键。

在互联网行业,笔者团队分别考察了淘宝电商模式与以快手、抖音为代表的短视频模式,分析数字平台企业如何通过数字技术创新与平台商业模式创新推动包容性市场的构建[33]。由于数字技术能够对现实物理世界进行数字化转换、处理、加工与改造,造成信息(内容)与实物的分离,并可以在更大范围内进行即时性的传输与再现,因此就能在实体市场基础上构建出一个虚拟交易市场。由于虚拟交易市场并不存在很多 BOP 本地市场的约束与障碍,在数字技术支持下,企业可以通过商业模式的设计与创新来推动 BOP 人群更有效地参与线上交易,同时以线上交易带动线下资源的流动与转化,实现更大规模的价值创造与交换。其中淘宝电商模式就是通过数字技术与双边平台商业模式把农村 BOP 群体、资源与外部市场进行了对接,强调人与货物的匹配。后来的短视频商业模式则是企业首先提供数字工具来帮助农村 BOP 人群创造数字内容,再通过算法推荐来有效促进人与内容的联结,进而形成人与人的联结并搭建盈利模式(如广告与打赏),因此可以单纯在线上完成交易闭环。但在此基础上,又可以进一步衍生出人与货物的联结,发展出电商模式。而淘宝电商模式也加入了更多社交功能,来促进人与人的联结,两种 BOP 商业模式的叠加范围开始加大,也卷入了更多的 BOP 群体与 BOP 本地资源,缩小了 BOP 市场与 TOP 市场的差距。

因此,可以看出,数字技术与平台商业模式协同创新的本质是打破 BOP 群体所处的时空限制,以线上线下交融的方式构建出复杂的交易网络,使得 BOP 群体在该网络中扮演着重要的市场化角色。在此过程中,一方面使那些 BOP 本地环境中被闲置或被低效利用的资源能够参与市场价值的创造,从而激活了 BOP 僵化资源的商业潜力;另一方面,线上与线下多种资源的整合与任务的复杂化会推动 BOP 人群不断学习与实践,最终很多人不再是传统农业、工业与服务业价值链中的薄弱环节,而成为具有市场意识、熟悉市场规则并具有市场能力(如讨价还价能力)的创新者与创业者。上述两方面共同推动发展出一个更加包容的市场体系,不仅能帮助 BOP 群体获得更多收益以缓解经济问题,也能以满足需求、提升能力与扩大网络等形式来消除社会排斥等多种形式的贫困。

此外,通过比较周江华等与笔者团队的研究可以初步揭示制造业与互联网 BOP 协同创新的异同。两个行业内的 BOP 协同创新都是由技术进步引发或促进商业模式创新而形成适合于 BOP 群体的价值主张,进而通过在价值网络、价值传递与价值获取等其他商业模式维度的创新来支撑并实现价值主张,最后在技术与商业模式的交互中产生包容性结果。但在周江华等的研究中,BOP 人群处于消费者的地位,没有参与商业模式创新,只是山寨手机的接受者与购买者,因此商业模式创新的结果表现为快速响应 BOP 市场需求并提供相应的解决方案。而在笔者团队的研究中,BOP 人群则承担了创业者角色,是商业模式的核心构成,商业模式创新的结果是由 BOP 群体自发性创造与自组织而构建的包容性市场。两个视角的研究形成互补关系,一方面,无论把 BOP 群体视为消费者还是创业者,基于技术进步或创新而形成的商业模式创新都是解决 BOP 问题的重要途径;另一方面,由于 BOP 角色差异或解决问题的不同,在技术和商业模式创新的具体特征与构念维度上会有不同的表现。

10.5 中国企业包容性创新实践

本节通过中科强华、临武鸭业和快手科技三个案例,描述中国企业面向本土 BOP 市场的包容性创新实践,BOP 群体分别主要承担了消费者、生产者与创业者的角色。

(1)中科强华:低成本医疗产品创新

深圳中科强华科技有限公司(以下简称中科强华)是一家致力于提供低成本医疗解决方案的高新技术企业,主打产品为面向BOP市场的多功能健康检查仪。该设备一体化集成多种诊查功能,在15分钟内就能完成多个健康项目的检测,而在价格上比国外同类设备降低了90%以上。笔者团队最早在引入与界定包容性创新概念时,就把中科强华作为医疗领域的创新典型进行展示与说明。在后续研究中,笔者团队又把中科强华的低成本医疗设备创新与其他几个BOP新产品案例放在一起,辨识出包容性产品创新的关键要素[18]。

通过对中科强华创新的案例分析可以发现,它包含了包容性创新的典型特征。首先,多功能健康检查仪是在理解BOP市场基础上的创新。开发团队对农村卫生医疗状况进行了深入调研,理解BOP人群的内在需求,确定了开发基层卫生机构最需要的设备定位与基本特征,即主要面向常见病,注重人最重要的健康生理参数,强调"解决小病、预防大病"。其次,多功能健康检查仪依靠的是高技术创新,即把前瞻性的集成技术运用于医学影像处理和生物电子信息领域,采用多个并行的测量模块同时工作并为中央控制器提供测量数据的方式,在一台设备上集成多项健康诊查功能,背后以"云计算"平台为支撑。而且尽管是高技术创新,但拥有自主知识产权和软硬件的国产化产品可以大幅降低成本,实现高技术下的低价格。再次,企业充分认识到在BOP市场的开拓与创新不是简单地卖设备,而是涉及与多个利益相关者的合作,因此与各省(区、市)的基层政府、乡村医疗机构的BOP群体建立起良好的信任关系。例如,企业与当地政府进行合作,优化传统医疗行业的采购流程,最大限度消除中间环节,而由于低成本医疗关系民生,政府部门也很支持。最后,公司在开始时并不是以利润最大化为导向,主要通过低价格对中国乡村进行覆盖,从而形成规模以降低制造成本,而且设备作为基础设施可以为后续盈利性的产品与服务提供支持。从实物期权视角来看,医疗设备相当于一笔初始投资,通过嵌入乡村基层而获得了未来的增长期权,符合包容性创新需要耐心资本投资的理念。

(2)临武鸭业:跨部门生产合作网络创新

地处湘粤交界处的湖南省临武县,麻鸭养殖历史十分悠久,但该禀赋却长期没有转化为产业优势和品牌效应。湖南临武舜华鸭业发展有限责任公司(以下简称舜华鸭业公司)经过多年经营,从临武县本地的一个小乡镇企业发展成为"农业产业化国家重点龙头企业",带动近 4 万农户因养殖临武鸭及生产周边产品而增收或致富,是将农村 BOP 生产者纳入新型生产网络中的典型企业。

在舜华鸭业公司的发展历程中,公司与当地农户的关系先后经历了三种生产网络模式演变。公司创立时采用的是"公司+农户"模式,即公司专事临武鸭的加工和销售,而农户家庭利用池塘与农田分散养殖临武鸭,双方签订购销合同。这是一种完全市场化的网络交易模式,但由于农户养殖技能不强,加上正式制度约束性弱与价值链的缺失,公司交易成本居高不下,经营难以为继。于是公司决定采取"公司+基地+农户"的模式,即公司主要以行政村为基础进行基地建设,村里的农户将基本农田改造成水塘,连接起来形成基地,以此把分散的农民按原有的行政区划组织起来。这是一种公司主导的委托型网络模式,需要村委会对农户进行有效的约束与管理,但村委会与农户的利益目标并不一致,两者之间的松散关系对农户无法形成制约,公司还是不得不介入农户的关系处理与协调。于是公司放弃对养鸭基地的直接管理和对村委会的依赖,提出了"公司+协会+农场"的新模式。新模式属于公司与协会联合主导的合作型网络模式,公司鼓励和引导农户以农场为依托按照自愿互利的原则组成临武鸭养殖协会,公司与鸭农的生产经营联系主要通过协会来完成。在这种模式下,网络中各成员目标趋于一致,形成以公司为龙头、龙头连协会、协会带农场、农场连农户的产业化经营格局,实现各利益主体的优势互补,取得了显著的经济、社会和生态效益。

在临武鸭业案例中,随着模式转换,BOP 生产网络在结构上变得更加复杂,并出现高密度的子网络,这一变化主要通过网络分层和引入新成员实现。引入的新成员既包括中介组织,也包括提供技术支持和资源渠道的专业机构,推动成员之间建立起多样化的合作关系。这一方面从原料、技术、资金与政策等各个方面增强了网络整体的价值创造能力,克服了 BOP 市场的资源约束;另一方面也在网络内构建起新的社会资本,缓解了正式制度缺失问题[22]。

(3)快手科技:数字技术与平台商业模式的协同创新

北京快手科技有限公司(以下简称快手)的短视频平台创新是数字经济时代我国本土企业包容性创新的典型案例,笔者团队对其创新的底层逻辑与价值创造机制进行了深入探究,重点展示了数字技术与平台商业模式创新两者的交互如何深度开发了 BOP 市场并产生了包容性的结果[33]。吴欣桐等则进一步总结了实现 BOP 市场开发的条件以及 BOP 市场普惠的内在机制[34]。

在移动互联网环境下,随着信息载体从文字、图片逐渐转为(短)视频,内容生产成本不断降低,这为 BOP 群体参与多元化的信息生产、内容制作与平台交易提供了机会。首先,快手抓住信息载体变换的机会,通过创新多种数字化的手段与工具降低了短视频创作与生产的门槛,推动 BOP 人群成为短视频的创作者。然后,基于对 BOP 群体表达的释放,快手构建起以公平与普惠为价值主张的内容平台商业模式。为鼓励 BOP 创作者持续、大量与多样化地提供优质内容,快手对上传到平台的短视频实行去中心化的算法推荐,即会通过类似基尼系数的机制来限制特别高热的创作者和视频出现,避免出现马太效应,这与一般的商业逻辑非常不同。快手之所以这么做,是通过抑制头部而把节省下的流量分给更多普通人,使得每个 BOP 创作者都能得到一定的随机流量,实现公平与普惠的价值主张。快手的商业模式中还包含多种社交功能,可以把具有相同特征或对同类内容感兴趣的人联系在一起,帮助 BOP 人群建立多层次的社交网络、积累社会资本。最后,在快手构建的多边平台商业模式中,BOP 创作者生产内容,用户贡献注意力资源,而平台提供技术、产品与规则,各方共同努力实现了价值的创造并从中分享各自的收益。而随着用户的积累与增加,很多 BOP 短视频创作者都会在提供内容的同时,逐渐加入更多类型的商品,不断扩大收入来源。

10.6 结 论

通过本章的讨论与分析,包容性创新取得成效的关键因素主要包含以下几点。首先,理解 BOP 市场。如前所述,BOP 市场并不是 TOP 市场的低阶版本,而是有着自身独特性的全新市场。包容性创新必须先通过嵌入本地的学习以获取 BOP 市场内经济社会活动的运行机制与规律方面的隐性知识,这种学习不仅发生在创新的初始阶段,而是贯穿创新周期始终。其次,应用先进技术。由于 BOP 市场环境相对苛刻,很多情况下应用较为先进的技术才能予以克服。事实上,相对于那些在上一代技术上积累了大量知识与情感的用户过渡到新技术时遇到的各种困扰,毫无先前技术使用经验的 BOP 人群对先进技术的接纳更加容易。再次,整合本地资源。BOP 市场内蕴含着大量有价值的本地资源与能力,但这些资源大都长期被闲置或者低效地发挥作用,缺乏与外部市场的有效联结。因此,包容性创新的重点不是去构建企业熟悉的 TOP 资源,而是要把 BOP 本地资源与企业已经积累的资源能力进行有效整合来开发新的技术、策略与模式,使得本地资源的价值创造潜力得到充分释放,从而把 BOP 市场的资源匮乏转化为多重机会。然后,利用与新建社会资本。BOP 群体具有高度的社会化导向,尽管收入低却拥有大量的社会资本。通过嵌入 BOP 社会网络并杠杆利用其蕴含的社会资本,可以帮助企业与当地社区建立良好的社会关系,降低各类交易成本,提高企业在 BOP 市场中的运营效率。与此同时,还需要与当地政府部门、金融机构、社会组织、行业协会及 BOP 个体建立跨部门的合作网络,从而构建起新的社会资本,以进一步克服当地的价值链短缺与制度缺失。最后,获取政府支持。国外研究认为政府参与会降低企业的资源配置效率,要求企业最好选择在"雷达下飞行",避开政府干扰才能获得成功。但我国学者研究表明,在中国 BOP 市场中,政府机构而非国外的非政府组织是企业价值网络的关键构成部分,是帮助企业取得创新成功的重要力量。

尽管中国的包容性创新研究取得丰硕的成果,但在新的时代进程中还需要继续丰富、深化与拓展。党的二十大报告明确提出"坚持创新在我国现代化建设全局中的核心地位",重申了创新在中国式现代化中的核心地位和"第一动力"作用。中国式现代化是不同于西方发达国家的现代化,既有现代化建设规律的普遍性,也有中国国情的特殊性,中国式现代化是全体人民共同富裕的现代化。因此,如何通过创新来实现共同富裕,成为创新研究的时代课题,也给中国情境下的包容性创新研究注入了新的活力并指明了方向。在未来研究中,一方面,从技术角度看,需要继续深入探究数字技术对包容性创新的影响。随着数字经济的深入发展,以人工智能、大数据、数字孪生、物联网与云技术等为代表的数字技术激发了大量的、多种形式的包容性创新,能够联结、组合并激活城乡各类要素,为 BOP 群体获取资源、提升能力与平等进入市场提供了新的工具、平台与途径,形成一个有利于 BOP 群体的商业生态,既提升了包容性创新的成效,也拓展了对包容性创新的认知与理论边界。另一方面,从创新主体来看,需要从企业单一主体拓展到包含政府、企业、社会组织机构与 BOP 人群的多创新主体。尤其是在共同富裕背景下,更要激发广大低收入群体参与创新的活力与潜力,以更加重要的角色来直接参与包容性创新过程并发挥重要作用,更多享受包容性创新的价值与成果,从而缩小贫富差距,实现共同富裕。

参考文献

［1］林毅夫,庄巨忠,汤敏,等.以共享式增长促进社会和谐[M].北京:科学出版社,2008.

［2］邢小强,周江华,全允桓.包容性创新:概念、特征与关键成功因素[J].科学学研究,2013,31(6):923-931.

［3］Prahalad C K,Hart S L. The fortune at the bottom of the pyramid[J]. Strategy + Business,2002(26):54-67.

［4］Prahalad C K. The fortune at the bottom of the pyramid[M]. Philadelphia:Wharton School Publishing,2005.

［5］Ali I,Zhuang J. Inclusive growth toward a prosperous Asia:Policy implications,ERD working paper No. 97, economic and research department［R］. Asian Development Bank,2007.

［6］庄巨忠.亚洲的贫困、收入差距与包容性增长[M].北京:中国财政经济出版社,2012.

［7］Sen A. Development as freedom[M]. New York:Anchor Books,1999.

［8］Nakata C. Creating new products and services for and with the base of the pyramid[J]. Journal of Product Innovation Management,2012,29(1):3-5.

［9］全允桓,邢小强,周江华,等.包容性创新[M].北京:经济管理出版社,2018.

［10］邢小强,薛飞,涂俊.包容性创新理论溯源、主要特征与研究框架[J].科技进步与对策,2015,32(4):1-5.

［11］吴晓波,姜雁斌.包容性创新理论框架的构建[J].系统管理学报,2012,21(6):736-747.

［12］Simanis E,Hart S L. The base of the pyramid Protocol:Toward next generation BoP strategy［M］. Ithaca:Center for Sustainable Global Enterprise,Cornell University,2008.

［13］Hall J,Matos S,Lorn S,et al. Entrepreneurship and innovation at the base of the pyramid:A recipe for inclusive growth or social exclusion?［J］Journal of Management Studies,2012,45(4):785-812.

［14］Ramani S V,Athreye S,Bruder M. Inclusive innovation for the BOP:It's a matter of survival［J］. Technological Forecasting and Social Change,2023,194:122666.

［15］Greene M,Van Riel A C R. Learning from the resourceness blind spot for service innovation at the base of the pyramid[J]. Journal of Services Marketing,2021,35(7):933-946.

［16］Purohit S,Paul J,Mishra R. Rethinking the bottom of the pyramid:Towards a new marketing mix[J]. Journal of Retailing and Consumer Services,2021,58:102275.

[17] 张利平,全允桓,高旭东.面向低收入群体(BOP)市场的产品创新研究[J].中国人口·资源与环境, 2012, 22(S1):195-200.

[18] 邢小强,彭瑞梅,全允桓.面向金字塔底层市场的产品创新[J].科学学研究,2015,33(6): 951-960.

[19] Pal R, Altay N. Identifying key success factors for social enterprises serving base-of-pyramid markets through analysis of value chain complexities[J]. Journal of Business Logistics, John Wiley & Sons, Ltd, 2019, 40(2):161-179.

[20] Verwaal E, Klein M, La Falce J. Business model involvement, adaptive capacity, and the triple bottom line at the base of the pyramid[J]. Journal of Business Ethics: JBE, Springer Nature B V, 2022, 181(3):607-621.

[21] 邢小强,彭瑞梅,全允桓.金字塔底层市场的跨部门合作网络研究述评[J].华东经济管理, 2014,28(8):143-148.

[22] 邢小强,葛沪飞,全允桓.社会嵌入与 BOP 网络演化:一个纵向案例研究[J].管理世界, 2015(10):160-173.

[23] 郭咏琳,周延风.从外部帮扶到内生驱动:少数民族 BOP 实现包容性创新的案例研究[J]. 管理世界, 2021, 37(4):159-180.

[24] 刘航,周建青,邓国胜.农产品电商小企业 BOP 网络嵌入演化过程及网络赋能机制研究 [J].南开管理评论,2022.

[25] Chesbrough H,Shan A,Finn M,et al. Business models for technology in the developing world: The role of Non-Governmental Organizations[J]. California Management Review, 2006,48(3):48-61.

[26] 邢小强,周江华,全允桓.包容性创新:研究综述及政策建议[J].科研管理,2015,36 (9): 11-18.

[27] 赵晶.企业社会资本与面向低收入群体的资源开发型商业模式创新[J].中国软科学,2010 (4):116-123+163.

[28] 邢小强,全允桓,陈晓鹏.金字塔底层市场的商业模式:一个多案例研究[J].管理世界, 2011(10):108-124+188.

[29] 刘亚军.互联网使能、金字塔底层创业促进内生包容性增长的双案例研究[J].管理学报, 2018, 15(12):1761-1771.

[30] 范轶琳,吴东,黎日荣.包容性创新模式演化——基于淘宝村的纵向案例研究[J].南开管理评论,2021,24(2):195-205.

[31] 范轶琳,黄灿,张紫涵.BOP 电商包容性创新案例研究——社会中介视角[J].科学学研究, 2015,33(11):1740-1748.

[32] 周江华,全允桓,李纪珍.基于金字塔底层(BoP)市场的破坏性创新——针对山寨手机行业

的案例研究[J].管理世界,2012(2):112-130.

[33] 邢小强,周平录,张竹,等.数字技术、BOP 商业模式创新与包容性市场构建[J].管理世界, 2019,35(12):116-136.

[34] 吴欣桐,陈劲,梅亮,等.互联网平台型企业的 BoP 市场普惠机制研究——基于快手的案例 [J].管理学报,2021,18(4):486-496.

11 绿色创新:中国企业实现绿色转型的新质生产力

解学梅

11.1 引 言

在国家"双碳"目标和绿色发展新时代背景下,中国企业承担着环境治理和经济发展的双重压力,亟须通过绿色创新实现绿色转型和绿色高质量发展。然而,资源约束和成本压力是我国企业进行绿色创新和绿色转型所面临的现实问题。因此,如何为我国企业的绿色创新实践注入动力和活力,以实现全面绿色转型升级以及打造新质生产力,是目前亟待解决的重要现实问题。由于创新实践内嵌于社会和经济环境之中,中国具有的独特制度环境、经济发展模式和社会文化环境导致本土情境下企业的绿色创新实践面临着不同的机遇与挑战:一方面,中国政府在环境保护和可持续发展方面发挥着至关重要的作用;另一方面,中国企业作为新兴市场和全球价值链的重要参与者,面临着庞大的市场需求和巨大的环境规制压力。因此,中国企业亟须实现经济活动与生态法则的契合,尤其是亟须形成与自然环境"和谐共生"的科学发展模式[1]。因此,本章将重点介绍绿色创新的相关理论,并通过探究我国企业绿色创新实践的成功案例,深入探讨和总结在本土情境下中国企业独特的绿色创新实践经验,揭示中国企业"走向绿色"的可行路径,从而为其他新兴经济体参与全球环境治理和实现绿色高质量发展提供有益参考和借鉴。

本章第 11.2 节阐述了绿色创新的理论内涵演变过程,并根据企业的创新动机对绿色创新进行了分类剖析。第 11.3 节总结了绿色创新前因后果的研究,揭示了多元化视角下绿色创新的驱动因素和多维度的作用效果。第 11.4 节凝练了企业通过绿色创新进行绿色转型的行为模式,根据企业转型阶段划分了三种绿色创新行为,由此提出了四种绿色转型模式。第 11.5 节通过实际案例展示了我国制造业企业的绿色创新和绿色转型实践。第 11.6 节总结了本章的研究内容,提炼出了具有普适性的研究结论,并提出具体的政策建议。

11.2 绿色创新的内涵和分类

1996 年,Fussler 和 James[2]率先提出了绿色创新(green innovation)的内涵,绿色创新是指新产品、新技术、新工艺或新服务能够在为企业带来商业利益和为客户提供价值的同时显著减少对生态环境的负面效应。此后,绿色创新内涵的演变过程可以划分为初级、拓展深化和协同转型三个阶段。

在初级阶段,绿色创新主要关注环境保护和资源利用效率;这一阶段的绿色创新主要着眼于减少环境污染、节约资源和提高资源利用率,并将新工艺和新产品从最初设想发展到市场应用,以实现环境可持续性和经济效益的提升[3-4]。随着对可持续发展的认识逐渐加深,绿色创新的内涵得到不断扩展。在拓展深化阶段,绿色创新除了关注环境效益和经济效益,开始关注社会效益,并且实现绿色创新的措施从绿色产品、绿色工艺和绿色技术拓展到以环境保护为目的的管理创新和制度创新等多个创新维度的融合[4-6]。随着时间的推移,绿色创新的内涵得到进一步深化。在协同转型阶段,绿色创新除了关注环境和社会层面,开始关注多主体协同创新和绿色低碳转型。这一阶段的绿色创新主要强调跨界合作、共享资源和知识,以实现更大范围的环境和社会效益[7],并且强调通过创新和技术发展推动经济社会的全面绿色转型,从而实现经济增长和可持续发展的双赢[1,8]。总体而言,绿色创新的内涵演变反映了对可持续发展的认识逐步深化和社会发展需求的变化:从单纯关注环境保护和资源利用效率,到关注社会效益和人类福祉,再到综合考虑多主体绿色协同创新以及赋能绿色低碳转型,绿色创新的内涵逐渐丰富和完善。由此,笔者结合现有研究成果,提出绿色创新的概念:绿色创新是将生态效益纳入企业创新的目标体系之中,将绿色发展理念贯穿从创意形成到市场推广的企业创新全过程,并通过各种途径减少污染物对环境的不利影响,既包括和绿色产品、绿色工艺相关的软硬件创新,也包括能源节约、污染预防、废物回收利用、绿色工艺改进、绿色产品设计等绿色技术创新以及与环境管理相关的绿色管理创新[4,9]。

上述对绿色创新的内涵诠释有助于我们进一步对绿色创新进行分类。根据企业进行绿色创新的对象和动机不同,可以将绿色创新划分为不同的类型。首先,根据创新对象不同,绿色创新可以划分为绿色工艺创新和绿色产品创新[5,10]:绿色工艺创新(green process innovation)是指对现有的生产工艺进行改善或进行新工艺开发,旨在减少环境污染和提高能源利用率,包括清洁生产技术创新和末端治理技术创新[4];绿色产品创新(green product innovation)是指在产品的材料选择、设计研发、市场推广和生产包装等全生命周期融入环保理念,减少各个阶段的材料使用、能源消耗和污染排放等对环境的负面影响,并且通过创造绿色新产品来满足市场的绿色需求,为客户创造更多价值[4,11-12]。从作用效果来看,绿色工艺创新和绿色产品创新均对企业的财务绩效和环境社会责任绩效产生积极的影响[9,13]。然而,环境目标的差异会导致绿色工艺创新和绿色产品创新对企业财务绩效和环境社会责任绩效的促进作用产生不同的影响。具体而言,绿色工艺创新更能够满足环境规制的要求,降低污染物排放,带来更好的环境绩效;而绿色产品创新更能够满足市场用户的绿色需求,获得更高的绿色溢价和财务绩效[1]。

其次,根据创新动机的不同,绿色创新可以划分为合规性绿色创新和战略性绿色创新[14]:合规性绿色创新(compliant green innovation)是指企业被动地遵循政府的环境规制要求,通过采取符合环境规范的绿色创新活动以减少负面环境影响,避免政府的环境处罚和降低合规成本,由此获得政府以及其他利益相关者的合法性认可;而战略性绿色创新(strategic green innovation)是指企业主动地进行绿色创新实践,通过寻求差异化的环境战略积极探索新的技术和新的机会,从而在环境绩效和成本效率方面取得领先地位,获得可持续的竞争优势[14-15]。因此,企业在实施绿色创新战略时面临着合规性和战略性的双重挑战:企业既可以选择遵守环境监管准则,通过合规性绿色创新获得政府支持和提高合法性,也可以选择主动式环境战略模式,通过战略性绿色创新实践实现利益相关者的整体目标[16-17]。综上所述,绿色创新不同类型的划分有助于读者进一步理解绿色创新的内涵和相关战略模式。

11.3 绿色创新的驱动因素和作用效果

本节将基于因果理论视角展示绿色创新的前因后果,以揭示绿色创新的驱动机制和作用效果。首先,从"前因"视角来看,绿色创新的驱动因素可以归纳为以下四个层面:一是基于制度理论视角,环境规制作为一种重要的合法性压力被认为是驱动绿色创新实践的重要因素[6,18]。一方面,政府实施的一系列命令控制型环境规制带来的环境合法性约束越大，企业越有可能进行绿色创新实践。然而需要指出，过高的合法性压力可能导致企业因缺乏绿色创新资源而选择"漂绿"(greenwashing)行为或导致"解耦"(decoupling)现象。因此科学合理的环境合法性约束程度是促进企业有效开展绿色创新实践的关键。另一方面，政府实施的如环境税、绿色补贴和政府采购等一系列市场激励型环境规制能够在不同程度上激励企业进行绿色创新实践[19-21]。因此，有效的环境政策工具组合是促进企业开展绿色创新实践的重要驱动因素。二是基于资源基础理论视角，绿色创新实践从资源角度被认为是一种实现企业可持续发展的重要资源，会通过"虹吸效应"吸引政府资源和社会资源等多元化外部资源，而这些资源又会反哺企业的绿色创新实践[22]。三是基于利益相关者理论视角，消费者、供应商、竞争者、政府和媒体等利益相关者对企业环境行为的关注和压力也是绿色创新的重要驱动因素[23-24]。不同的利益相关者对企业的环境战略和绿色创新实践会提出的差异化要求，例如，客户的绿色产品需求[25]、供应商的环保原材料需求[26]、投资者的环保关注和资本支持[27]等，企业实施绿色创新等环保实践能够满足利益相关者的多元化需求，获得利益相关者的合法性认可，而利益相关者的认可以及提供的外部资源支持反过来可以促进企业的绿色创新实践[28]。四是基于高阶理论视角，企业管理者的性格特征、价值观念、个人认知和历史经验被认为会影响企业进行绿色创新，进而影响企业的绿色创新战略决策。例如，高管学术经历和高管环保意识等管理者特质能够推动企业的绿色创新实践[29-30]，而高管团队断裂带和高管团队异质性等管理者团队特质也在企业绿色创新过程中发挥着重要作用[31-32]。综上可见，绿色创新的驱动因素不仅源于制度和利益相关者的压力以及外部资源，而且受到企业内部管理者特质等因素的影响，这些复杂的内外因素通过交互影响共同推动着企业的绿色创新实践。

其次，从"后果"视角来看，绿色创新的作用效果主要集中在企业绩效层面，包括利益导向型绩效和非利益导向型绩效两个层面。一是基于利益导向型绩效视角的观点指出，绿色创新可以对企业的利益导向型绩效产生积极影响，包括提升企业的盈利能力和竞争能力[33]；提高企业的销售额和市场份额[12]；提高企业的竞争优势和财务绩效等[4,9]。因此，出于经济利益的考量，绿色创新成为企业增加收益和拓展市场的重要途径。二是基于非利益导向型绩效视角的观点指出，绿色创新对企业的非利益导向型绩效也具有积极影响，包括提升企业的社会地位和声誉[13]、改善企业的绿色形象[34]以及改善环境绩效等[15,35]。考虑到环境社会责任在企业价值评估中的重要性,将绿色创新视为提升企业品牌形象和社会责任形象的重要途径对企业的长远发展具有重要意义。综上可见,通过实施绿色创新战略,企业可以实现利益导向型和非利益导向型绩效的提升,即不仅可以在市场竞争中获得持续竞争优势并改善财务绩效,而且能够建立良好的绿色形象并获得可持续的环境绩效,从而实现企业的绿色可持续发展之路。

11.4　基于绿色创新的绿色转型模式

在"双碳"目标和绿色发展新时代背景下,我国制造业企业面临着实现全面绿色转型和绿色高质量发展的重大挑战。因此,我国一批卓越的制造业企业通过制定积极的绿色创新战略探索具有自身特色的绿色转型之路,并取得了显著成效。笔者团队指出,我国制造业企业进行绿色转型的跨越式过程与国外制造业企业的渐进式发展历程不同,呈现出独特的绿色创新模式和绿色转型特征[8]。本节将展现我国制造业企业在绿色转型的不同阶段呈现出差异化的绿色创新模式和绿色转型模式,以刻画我国制造业企业"走向绿色化"的独特进程。

制造业企业的绿色转型过程可以划分为传统发展期、绿色转向期和绿色转型期三个阶段,且在不同阶段形成了各具特色的绿色创新模式[8]。具体而言,在传统发展期,制造业企业主要关注产量和市场份额以实现更高的财务绩效和经济效益,较少存在绿色创新行为,主要通过末端治理技术,如"三废"处理降低污染排放和节能技改提高能源利用效率等,满足政府环境规制要求。因此,本阶段的绿色创新模式主要表现为绿色工艺创新中的末端治理技术创新。

而随着环保意识的提高和绿色技术的不断发展,企业和高层管理者逐渐意识到在追求高财务绩效的同时兼顾环境绩效的重要性。因此,在绿色转向期,制造业企业形成了绿色产品创新和绿色工艺创新并存的模式。本阶段主要发展出两种绿色创新类型:一是绿色工艺创新中的清洁生产技术创新,例如进行回水改造和废水循环利用;二是绿色产品创新,例如采用生态友好设计、减少包装材料和使用环保材料替代等。因此,在这个阶段,企业的绿色化程度不断加深,绿色创新模式涵盖了末端治理技术创新、清洁生产技术创新等绿色工艺创新,并且出现了以生态友好设计、环保材料替代和生产材料减量化为代表的绿色产品创新。

在绿色转型期,制造业企业形成了跨越组织边界的绿色协同创新模式。在此阶段,绿色创新不再局限于组织边界内部的绿色工艺创新和绿色产品创新,出现了跨组织边界的绿色协同创新,即以共同创造绿色价值为目的,企业跨越组织边界与其他利益相关者合作实现的绿色创新行为[7,36],既包括横向整合科研机构、中介机构等利益相关者,也包括纵向整合企业所在供应链和产业链等利益相关者。需要指出,绿色转型期的企业存在多种跨组织边界的绿色创新,例如进行供应商与绿色生产流程的管理创新,运用绿色采购市场机制实现供应链绿色整合和整体环境绩效提升等。总体而言,绿色协同创新是在传统绿色工艺创新和绿色产品创新的基础上,通过绿色协同融合多种类型的绿色创新,以实现行业内的绿色领先地位,实现多方利益相关者的绿色价值创造,是企业进入绿色转型期的重要特征。

　　基于不同阶段绿色创新模式的演变,笔者团队根据管理者注意力的配置对象和聚焦方向划分出四种绿色转型模式:产业链绿色集成、供应链绿色整合、多重响应绿色蝶变和隐形冠军绿色追赶,并构建了绿色转型模式矩阵(见图 11.1)[8]。其中,横轴反映了企业将注意力聚焦"合规性"(在政府环境规制约束下进行绿色创新)或"战略性"(基于市场绿色需求主动进行绿色创新)[1];纵轴反映了管理者注意力聚焦方向为"短视"(当前利益最大化)或"长视"(未来利益最大化)[8]。

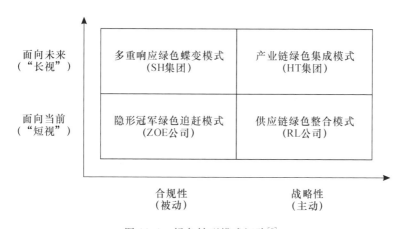

图 11.1　绿色转型模式矩阵[8]

　　具体如下:第一,"隐形冠军绿色追赶模式"是指拥有"隐形冠军"身份的后发企业通过进行绿色追赶缩小与先进企业的绿色技术差距的一种转型模式。在这种转型模式下,企业的绿色创新行为以"绿色工艺创新"为主要特征,尽管与拥有绿色技术和产品优势的领先企业存在差距,企业仍可以通过绿色工艺创新进行绿色技术追赶,逐渐缩小技术差距,最终实现绿色转型。

第二，"多重响应绿色蝶变模式"是指企业积极响应政府、供应商、消费者和公众等多方利益相关者的绿色价值主张的一种转型模式。在这种转型模式下，企业的绿色创新行为以"绿色工艺创新和绿色产品创新并存"为主要特征；通过协调整合多方利益相关者的绿色资源，不断提高绿色智能制造能力和自主研发能力，提升绿色工艺创新和绿色产品创新的水平，以响应多方主体的绿色诉求，最终实现绿色价值共创和绿色转型。

第三，"供应链绿色整合模式"是指企业在监管基础上整合绿色供应链主体参与绿色价值共创的一种转型模式。在这种转型模式下，企业的绿色创新行为以"绿色工艺创新和绿色产品创新并存"为主要特征；通过将更广泛的利益相关者纳入绿色价值共创过程，推动供应商、经销商等主体开展绿色创新和绿色供应链整合，不断提高绿色研发能力和绿色供应链赋能能力，提升绿色工艺创新和绿色产品创新的水平，并通过推动供应链主体参与绿色价值共创，实现绿色转型。

第四，"产业链绿色集成模式"是指企业通过推动多方利益相关者实现产业链深度绿色集成和可持续发展命运共同体的一种转型模式。在这种转型模式下，企业的绿色创新行为以"绿色工艺创新、绿色产品创新和绿色协同创新并存"为主要特征，通过提高绿色工艺、绿色产品和绿色协同创新的水平，不断超越组织边界，广泛协调各方利益相关者参与绿色价值共创，推动产业链深度绿色集成，最终实现绿色转型。

11.5 中国企业的绿色创新实践

(1)格力电器的绿色产品创新实践

珠海格力电器股份有限公司(以下简称格力电器)是一家多元化、科技型的全球工业制造集团，其产品涵盖空调、热水器、冰箱等多个领域。在追求创新突破与高质量发展过程中，格力电器始终将"绿色、环保、节能"视为重中之重[37]，成为探讨中国情境下绿色产品创新实践的典范。由此，笔者团队重点研究格力电器绿色产品创新的驱动因素及其演化过程。

格力电器进行绿色产品创新的驱动力主要来源于三个方面。首先，制度引导是格力电器开展绿色产品创新的重要推力。公司通过严格遵守国家和地方的环境法规，积极响应"三废"治理和环境监测，定期公开环境信息和污染防治情况，将资源向绿色产品创新倾斜[38]。其次,市场导向是格力电器开展绿色产品创新的关键驱动。随着消费者对环保友好型产品的需求不断增加,格力电器针对用户的绿色需求积极调整产品策略,致力于研发符合消费者期望的绿色环保产品。最后,创新联动是格力电器开展绿色产品创新的重要驱动机制。一方面,格力电器建立了完善的研发团队和创新机制,为绿色产品的研发和创新提供了有力保障;另一方面,格力电器通过与供应商、合作伙伴、研究机构和行业协会等合作与知识共享,获得了丰富的绿色创新资源和绿色技术支持,全面推动了格力电器的绿色产品创新进程。

格力电器绿色产品创新的演化过程可以划分为两个阶段。第一个阶段是2005—2010 年的绿色萌芽期:在这一阶段,格力电器将节约能源的绿色环保理念融入新产品开发的全生命周期,并大力推行清洁生产和绿色生产,有效降低了产品对环境的不利影响。第二个阶段是 2011 年之后的绿色转型期:在这一阶段,格力电器将"为全球消费者提供更舒适更环保的产品"作为公司的主要发展战略。这一战略转变标志着格力电器从品牌理念到企业战略层面都积极承担起了绿色产品创新的责任。在这一阶段,格力电器推出了一系列绿色创新产品,如"零碳源"空调系统将光伏与空调产品相结合,降低碳排放率达到 85.7%;磁悬浮变频离心机则在全球范围内实现了 30% 的能效提升。上述绿色创新产品展示了格力电器在环保科技领域的全球领先地位。

纵观格力电器的绿色产品发展过程,其驱动因素丰富多元,创新历程也充满挑战与成就。从绿色萌芽期到绿色转型期,格力电器始终将绿色理念融入产品研发与生产的整个生命周期,为全球消费者提供了更为环保的绿色产品。其成功案例不仅为中国家电行业的绿色发展和绿色转型树立典范,也为全球绿色产品创新实践提供了宝贵经验。

(2)宝钢的绿色工艺创新实践

宝山钢铁股份有限公司(以下简称宝钢)是中国规模最大的钢铁企业,其凭借前瞻性的绿色创新理念走出了一条赶超型的可持续发展之路。近年来,为了响应全球低碳经济号召,宝钢秉持"生态"战略,在创新过程中融入绿色环保理念,积极布局"零碳钢铁"示范产线,推动低碳冶金关键工艺的不断突破。基于此,笔者团队深入剖析宝钢绿色工艺创新的演进路径,归纳出以下三大绿色工艺创新举措。

首先,投入大量环保新技术和环保装备,实施全流程能效和装备升级。宝钢先后落地焦炉烟气清洁处理、输送带全封闭改造、炼铁区域绿化、高炉炉膛大规模修复等一系列环保项目,体现了其在实现钢铁生产过程绿色无害化和实现可持续发展方面的承诺与决心;同时厂区光伏发电二期、冶金含铁尘泥资源化再生装置等大型工程顺利投产,进一步提升宝钢的环保治理水平。由此,2018—2023年宝钢累计实现70万吨标准煤的节能量。其次,实施了低碳工艺技术创新路线图。宝钢凭借深厚的技术研发底蕴,从钢铁冶炼的核心原理入手,详细计算碳、氢、电等多种能源在炼铁过程中的消耗和排放;通过平衡最佳成本和最低排放绘制出低碳炼铁技术革新路线,并实施四大碳减排技术,包括炉顶煤气循环氧气高炉、复合喷吹技术、创新型炉料以及微波烧结技术,由此不断提升了宝钢的绿色工艺创新水平。最后,实施绿色技术共享和绿色协同创新,并取得显著成效。一方面,通过建立400余项节能低碳商业最佳可行技术库,为钢铁全行业节能技术发展贡献了重要智慧;另一方面,通过与新疆八一钢铁股份有限公司合作开展400立方米级富氢碳循环氧气高炉工艺验证试验,使固体燃料消耗降低30%,碳减排超过21%。

综上,宝钢以国家"双碳"目标为指引,通过努力逼近极致能效,探索出了一条有效的绿色工艺创新发展路径,不仅提升了企业自身的绿色能效水平,绿色工艺创新取得重大突破,也为推动钢铁等重污染行业的绿色创新和绿色转型实践提供了重要借鉴和参考。

(3)亨通集团基于绿色创新的绿色转型实践

亨通集团有限公司(以下简称亨通集团)是中国规模最大的系统集成商和网络服务提供商,在光纤网络和智能电网领域处于领先地位。作为全球光纤通信行业前三强之一,曾入选工信部工业转型升级的"绿色制造系统集成项目"。在初始阶段,亨通集团专注于通信电缆和光纤光缆业务,并通过引进先进设备和海外并购等策略拓展国际市场,成功跻身于全球光纤光缆行业的前沿。而随着客户需求的不断变化,亨通集团放弃了传统的光棒扩能计划,转而致力于研发绿色光棒。通过整合内外部资源,从芯棒的源头工艺进行创新,亨通集团成功自主研发了一系列超低损耗的绿色光纤产品,从而打破了国外技术垄断,中标了国家"工业强基工程"。2017年,亨通集团获得了首个国家级"绿色认证",成为第一批获评的国家"绿色工厂"。随后,亨通集团的多家子公司相继获得了国家级"绿色工厂"认证,同时在海外市场业务方面也取得了重大突破——其承建的葡萄牙海上浮式风电高压海底电缆总承包项目正式交付。这是全球最大的浮动式海上风电设计、采购和施工（engineering，procurement，and construction，EPC）项目，同时也是国内电缆厂家首次以设计、采购和施工管理（engineering，procurement，construction，and maintenance，EPC&M）总承包方式参与欧洲海上风电建设。本团队以该企业为案例深入分析亨通集团如何开启和深化基于绿色创新的绿色转型过程。

产业链是供应链的拓展，包括价值链、企业链、供需链和空间链，且相比供应链，产业链更加强调链中各合作伙伴的集成[39]；而 Pucci 等[40]也指出企业的绿色转型需要考虑众多利益相关者的链条嵌入问题。由此，本团队基于亨通集团的绿色实践，剖析龙头企业如何通过绿色创新和推动多方利益相关者参与绿色价值共创实现产业链深度绿色集成的绿色转型模式[8]。具体而言：一是亨通集团的绿色创新行为更关注潜在市场的绿色需求，并积极预测海外客户的"碳中和"需求，助力国际大型运营商客户的低碳开发。二是在资源编排方面，亨通集团的资源建构主要委托外部专业机构进行"三废"处理和"碳足迹"核算，企业无须安装废气、废水处理等环保设施。综合使用"维持式、丰富式和开拓式资源捆绑"形成了绿色创新能力、绿色智能制造能力和自主创新能力，完成了光纤预制棒、绿色光棒等绿色产品差异化研发。此外，亨通集团通过设置专项环境工作里程碑、内部专职绿色管理机构等措施实现"调用式资源撬动"，通过促进解决方案场景落地、参与国内外行业标准制定和对外创投等措施实现"部署型资源撬动"。三是在绿色创新成果方面，亨通集团经过多种方式耦合资源建构、资源捆绑和资源撬动形成绿色竞争优势，致力于打造"四个共同体"（责任、利益、命运和发展共同体），广泛协调各方利益相关者参与绿色价值共创以推动全产业链绿色转型。

综上，亨通集团作为首批获得国家"绿色工厂"认证的企业，其绿色转型主要是从传统的自主研发跨越到绿色自主研发的过程，尤其基于集团的辐射效应通过绿色创新和推动多方利益相关者参与绿色价值共创，探索出了一个基于产业链的深度绿色集成的绿色转型模式，其成功案例为推动我国制造业企业的绿色转型实践提供了重要参考和宝贵经验。

11.6 结 论

绿色创新作为解决环境问题以及实现可持续发展和经济效应双赢的重要途

径,不仅在理论层面引起学者的广泛关注,在企业和社会实践中也展现出了巨大的影响力。本章从以下三个方面展示了绿色创新的相关研究和实践结论。

首先,随着研究的深入,绿色创新的内涵和分类变得更加丰富多元。一方面,绿色创新内涵从绿色工艺创新、绿色产品创新拓展到绿色管理创新和绿色制度创新;涵盖的内容也从简单的环境保护和污染治理拓展到追求生态经济综合效益最大化、多主体绿色价值共创以及绿色低碳转型等更广泛的概念。因此,绿色创新的意义不仅在于能源高效利用、降低污染排放和绿色技术升级,更在于引领企业走向绿色协同发展,带动产业绿色转型,形成新质生产力,推动循环经济发展的可持续发展道路。另一方面,在企业进行绿色创新实践的过程中,绿色创新的分类也因对象和动机的不同变得更加多样化。企业不仅可以通过绿色工艺创新减少生产过程中的环境污染,或通过绿色产品创新提高产品绿色溢价,以实现更高的财务绩效和环境绩效,而且可以选择合规性绿色创新以满足环境规制要求,或选择战略性绿色创新以实现利益相关者的整体目标,从而解决环境约束下的"双重悖论"问题。因此,企业在绿色创新过程中通过实施多元化的绿色创新战略不仅能够有效地平衡财务绩效和环境绩效的"二元悖论",提升企业的竞争力和可持续发展能力,而且有利于实现各方利益相关者的战略目标,推动绿色价值共创和绿色协同发展。

其次,绿色创新的前因后果研究揭示了绿色创新的驱动力和影响力,进一步突出了绿色创新在企业和社会发展过程中的重要性。本章通过研究绿色创新的驱动因素揭示了环境规制、资源基础、利益相关者和企业高管在驱动企业绿色创新实践过程中的重要作用,帮助企业高管和政策制定者制定更有效的环境治理政策。通过研究绿色创新的作用效果,评估绿色创新对企业竞争优势、财务绩效、绿色形象和环境绩效的贡献,促使更多企业积极开展绿色创新实践。因此,研究绿色创新的前因后果为推动绿色创新的实施提供了深入的理解和评估:一方面,能够更准确地把握绿色创新的关键驱动因素,从而指导企业和政府制定更有效的绿色创新战略和政策工具组合,为企业绿色创新实践注入新的活力和动力;另一方面,能够帮助企业和利益相关者更准确地识别和利用绿色创新的成果,进而推动绿色创新在各行业、各领域广泛实施,为构建绿色、低碳、可持续的未来社会做出积极贡献。

最后,在绿色发展新时代背景下,我国制造业企业通过绿色创新探索绿色转型之路,并呈现出独特的绿色创新行为和绿色转型模式。一方面,处于不同绿色转型阶段的企业形成了不同的绿色创新模式,即随着绿色转型推进,从最初的绿色工艺创新拓展到绿色产品创新,并且超越组织边界形成了绿色协同创新,呈现多种绿色创新模式并存的特征;另一方面,构建了制造业企业绿色转型模式矩阵,定义了四种独特的绿色转型模式,并诠释了每种转型模式中的绿色创新行为。因此,绿色创新实践是企业进行绿色转型的重要途径,企业可以基于自身实际情况选择适合的绿色转型模式,优化配置多元化的绿色创新战略,协同内外部利益相关者参与绿色价值共创,实现传统制造业的跨越式战略变革,从而推动企业实现全面绿色转型的目标。

总之,全面推进绿色创新是应对环境挑战、满足政府环境规划、追求生态效益和实现绿色转型的有效途径。由此,需要从政策、技术、市场和社会等多层面大力推进绿色创新,具体可以采取以下措施(见图 11.2)。

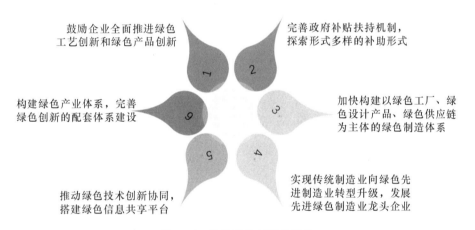

图 11.2 推进绿色创新的措施

一是激励企业探索多样化的绿色创新战略:一方面,通过引进先进环境技术、生态补偿技术和碳捕获设备以及有效融合清洁生产技术和末端治理技术,鼓励企业全面推进绿色工艺创新;另一方面,鼓励企业进行绿色产品创新,加强绿色产品设计和创新人才的培养,提高企业绿色产品研发能力,完善客户绿色需求反馈机制,提高绿色产品的市场竞争力。二是发挥政府补助的扶持作用,将原有与低碳技术改造、末端治理、清洁生产相关的政府补助由"事后补贴"改为"事前补贴",调动企业绿色技术创新的积极性;探索多样的补助形式,降低绿色创新的投资成本。三是加快构建以绿色工厂、绿色设计产品、绿色供应链为主体的绿色制造体系:打造多级绿色工厂布局;加大绿色设计产品研发投入,建立绿色产品认证标准和评估体系;打造绿色供应链,助推绿色产业体系升级。四是围绕"双碳"目标推动传统高排放行业绿色转型,实现原有传统型制造业向绿色先进制造业转型升级;同时发展一批创新水平领先、低碳技术先进、环保效益明显的先进绿色制造业龙头企业,建立绿色产业示范园区或示范企业,推广成功的绿色转型经验。五是推动绿色技术创新协同,搭建全国性的绿色信息共享平台,为实现制造业绿色创新提供绿色技术和绿色信息,协同攻克绿色技术创新难题,掌握市场绿色需求和行业发展动向。六是完善绿色创新的配套体系建设,全面构建绿色产业体系,加速能源消费结构转型,形成绿色能源消费体系,加快绿色服务业的发展,为实现制造业绿色创新提供配套体系支撑。

参考文献

[1] 解学梅,朱琪玮.企业绿色创新实践如何破解"和谐共生"难题?[J].管理世界,2021,37(1):128-149+9.

[2] Fussler C, James P. Driving eco-innovation: A breakthrough discipline for innovation and sustainability[M]. London: Pitman Publishing, 1996.

[3] Chen Y S, Lai S B, Wen C T. The influence of green innovation performance on corporate advantage in Taiwan[J]. Journal of Business Ethics, 2006, 67(4):331-339.

[4] Xie X, Huo J, Zou H. Green process innovation, green product innovation, and corporate financial performance: A content analysis method[J]. Journal of Business Research, 2019, 101:697-706.

[5] Ben Arfi W, Hikkerova L, Sahut J M. External knowledge sources, green innovation and performance[J]. Technological Forecasting and Social Change, 2018, 129:210-220.

[6] Triguero A, Moreno-Mondejar L, Davia M A. Drivers of different types of eco-innovation in European SMEs[J]. Ecological Economics, 2013, 92:25-33.

[7] 解学梅,罗丹,高彦茹.基于绿色创新的供应链企业协同机理实证研究[J].管理工程学报,2019,33(3):116-124.

[8] 解学梅,韩宇航.本土制造业企业如何在绿色创新中实现"华丽转型"?——基于注意力基础观的多案例研究[J].管理世界,2022,38(3):76-106.

[9] Xie X, Huo J, Qi G, et al. Green process innovation and financial performance in emerging economies: Moderating effects of absorptive capacity and green subsidies[J]. IEEE

Transactions on Engineering Management，2016，63(1):101-112.

[10] El-Kassar A-N，Singh S K．Green innovation and organizational performance：The influence of big data and the moderating role of management commitment and HR practices [J]．Technological Forecasting and Social Change，2019，144:483-498.

[11] Chan H K，Yee R W Y，Dai J，et al．The moderating effect of environmental dynamism on green product innovation and performance[J]．International Journal of Production Economics，2016，181:384-391.

[12] Lin R J，Tan K H，Geng Y．Market demand，greenproduct innovation，and firm performance：Evidence from Vietnam motorcycle industry[J]．Journal of Cleaner Production，2013，40:101-107.

[13] Huang J W，Li Y H．Green innovation and performance：The view of organizational capability and social reciprocity[J]．Journal of Business Ethics，2017，145(2):309-324.

[14] Li Y J，Mothe C，Nguyen T T U．Linking forms of inbound open innovation to a driver-based typology of environmental innovation：Evidence from French manufacturing firms [J]．Technological Forecasting and Social Change，2018，135:51-63.

[15] 解学梅，朱琪玮.合规性与战略性绿色创新对企业绿色形象影响机制研究:基于最优区分理论视角[J].研究与发展管理，2021，33(4):2-14.

[16] Zhao E Y，Ishihara M，Jennings P D，et al．Optimal distinctiveness in the console video game industry：An exemplar-based model of proto-category evolution[J]．Organization Science，2018，29(4):588-611.

[17] Zhang Y，Wang H，Zhou X．Dare to be different? conformity versus differentiation in corporate social activities of Chinese firms and market responses[J]．Academy of Management Journal，2020，63(3):717-742.

[18] Zhang J，Liang G，Feng T，et al．Green innovation to respond to environmental regulation：How external knowledge adoption and green absorptive capacity matter? [J]．Business Strategy and the Environment，2020，29(1):39-53.

[19] 李青原，肖泽华.异质性环境规制工具与企业绿色创新激励——来自上市企业绿色专利的证据[J].经济研究，2020，55(9):192-208.

[20] Tchorzewska K B，Garcia-Quevedo J，Martinez-Ros E．The heterogeneous effects of environmental taxation on green technologies[J]．Research Policy，2022，51(7):104541.

[21] 汤颖梅，张小雅，陈俊聪.政府采购、高管团队环境关注与企业绿色技术创新[J].公共财政研究，2023(4):33-46＋69.

[22] Shu C，Zhou K Z，Xiao Y，et al．How green management influences product innovation in China：The role of institutional benefits[J]．Journal of Business Ethics，2016，133(3):

471-485.

[23] Huang X,Hu Z,Liu C, et al. The relationships between regulatory and customer pressure, green organizational responses, and green innovation performance[J]. Journal of Cleaner Production, 2016, 112:3423-3433.

[24] Eiadat Y, Kelly A, Roche F, et al. Green and competitive? An empirical test of the mediating role of environmental innovation strategy[J]. Journal of World Business, 2008, 43(2):131-145.

[25] Awan U, Nauman S, Sroufe R. Exploring the effect of buyer engagement on green product innovation: Empirical evidence from manufacturers [J]. Business Strategy and the Environment, 2021, 30(1):463-477.

[26] 彭雪蓉,刘姿萌,李旭.吸收能力视角下企业生态创新绩效提升的实施战略[J].生态经济, 2019, 35(7):70-75.

[27] 蒋艺翅,姚树洁.组织资本、利益相关者压力与企业绿色创新[J].科研管理,2023,44(12): 71-81.

[28] Wei Z, Shen H, Zhou K Z, et al. How does environmental corporate social responsibility matter in a dysfunctional institutional environment? Evidence from China[J]. Journal of Business Ethics, 2017, 140(2):209-223.

[29] 徐建中,贯君,林艳.制度压力、高管环保意识与企业绿色创新实践——基于新制度主义理论和高阶理论视角[J].管理评论, 2017, 29(9):72-83.

[30] 尹建华,双琦.CEO学术经历对企业绿色创新的驱动效应——环境注意力配置与产学研合作赋能双重视角[J].科技进步与对策, 2023, 40(3):141-151.

[31] 李楠博.本土情境下高管团队断裂带对企业绿色技术创新的影响[J].科技进步与对策, 2019, 36(17):142-150.

[32] 解学梅,王若怡,霍佳阁.政府财政激励下的绿色工艺创新与企业绩效:基于内容分析法的实证研究[J].管理评论, 2020, 32(5):109-124.

[33] Hojnik J, Ruzzier M. What drives eco-innovation? A review of an emerging literature[J]. Environmental Innovation and Societal Transitions, 2016, 19:31-41.

[34] Xie X, Zhu Q, Wang R. Turning green subsidies into sustainability: How green process innovation improves firms' green image[J]. Business Strategy and the Environment, 2019, 28(7):1416-1433.

[35] Xie X, Han Y, Hoang T T. Can green process innovation improve both financial and environmental performance? The roles of TMT heterogeneity and ownership [J]. Technological Forecasting and Social Change, 2022, 184:122018.

[36] Melander L. Achieving sustainable development by collaborating in green product

innovation[J]. Business Strategy and the Environment，2017，26(8):1095-1109.

[37] 简冠群,郑希雅.数字技术协同创新要素赋能企业高质量发展——以格力电器为例[J].财
会月刊，2024，45(4):100-106.

[38] 王锋正,姜涛,郭晓川.政府质量、环境规制与企业绿色技术创新[J].科研管理，2018，39
(1):26-33.

[39] 王静.跨界共融的产业链与供应链双联动协调发展研究[J].中国软科学，2021(6):31-43.

[40] Pucci T，Casprini E，Galati A，et al. The virtuous cycle of stakeholder engagement in
developing a sustainability culture：Salcheto winery[J]. Journal of Business Research，
2020，119(10):364-376.

12 服务创新

李靖华　朱建涛

12.1 引　言

　　伴随着经济社会的高速发展,第三产业在国民经济发展中的地位不断攀升,中国已然步入服务经济、知识经济和数字经济的时代。服务创新是企业通过新的生产要素组合,在服务业务上实现其商业目标的活动。基于服务本身所具有的无形性、生产和消费的同时性等特征,服务创新往往直观地表现为传递新服务业务的组织形态,而不像技术创新那样会产生新的有形产品或新的制造工艺。因此,服务创新是企业对市场需求和技术机会的组织创新响应。

　　本章基于服务创新的组织创新和知识管理本质,结合 21 世纪以来中国企业所处的市场演进和技术变革环境,系统刻画中国服务企业(包括知识密集型服务企业),是如何在服务业蓬勃发展的过程中,努力通过组织创新实现服务创新的。同时,也具体呈现在生产性服务业发展滞后的背景下,中国的制造企业又是怎样围绕自己制造的产品,通过组织创新为下游客户提供高质量的生产性服务,进而促进中国制造业的蓬勃发展的。此外,我们还提供了中国服务业和制造业各一个典型的服务创新案例。最后是结合本章对服务创新的定义,系统总结了中国服务创新在服务经济、知识经济和数字经济下的一般特点和基本管理规律。第 12.2 节介绍服务创新的本质与内涵;第 12.3 节和 12.4 节分别论述了服务企业的创新和制造企业的服务创新;第 12.5 节列举了中国企业服务创新的案例;第 12.6 节总结本章内容。

12.2 服务创新的本质与内涵

　　服务创新可以理解为通过非物质制造手段来增加有形或无形产品附加值的

经济活动,它遵循创新的本质规律,即对生产要素的重新组合并实现其首次商业化应用,同时体现了服务所具有的无形性等特征。对服务创新的研究比对技术创新的研究要晚得多,因此也借鉴了大量技术创新的研究成果。曾经存在对服务创新与技术创新关系的两种对立观点[1]。第一类观点认为,服务的非物质性和客户导向的属性,决定了其与有形产品和大规模制造属性的制造创新之间存在根本性的不同;第二类观点认为,新服务的开发与制造层面的创新一样,都是使用技术来实现职能,两者并没有本质差异。随着服务创新的发展特别是制造企业服务创新的兴起,两者的关系并不是简单对立的,而是辩证统一的,这已经成为共识。

首先,服务创新与技术创新一样,都是为了满足客户尚未得到满足的需求[2-3]。随着经济社会的发展,市场需求也在不断演进;服务创新作为"问题的解决者",必然要对客户的异质性需求做出及时响应。以数字经济为例,大部分中小企业缺乏数字化方面的经验,如何为这类企业提供数字化转型的服务便是一个巨大需求市场。再加上服务业务所具有的与客户近距离、高频度的交流互动特性,服务创新天然成为市场和客户领域中知识学习和知识创造的过程。因此,"市场需求"成为服务创新定义的第一个动因。

其次,从技术的实体层次来看,由于服务企业也大量采用了制造企业的产品,新技术通过嵌入有形产品进入服务业,也会影响服务企业的组织创新,甚至引发新的制造产品创新[4]。具体来说,先是渐进性的服务过程创新,接着是根本性的服务过程创新,最后引发制造产品创新,故称其为"逆向产品周期"。这是服务企业创新中技术要素的早期体现。

再次,技术创新与服务创新开始在同一个营利组织内正面接触,即大量的制造企业开始依托其制造产品开展具有营利目的的生产性服务业务。这就是制造企业服务创新,又称服务型制造、制造服务化[5-6]。制造企业服务创新真正打破了技术创新与服务创新之间的藩篱,开始直面两者之间的辩证统一关系。此外,数字技术的广泛应用为服务创新克服传统障碍提供了极大的可能[7-8]。因此,"技术机会"成为服务创新定义的第二个动因。

服务创新的本质可以看作在服务业务中企业对市场需求和技术机会的组织创新响应。以组织为创新实施的载体和创新研究的主线,可以容纳战略、营销等相关理论,既是对纷繁复杂的创新现实的真实写照和精简提炼,也跨越了传统上管理学各领域的分隔,形成一个企业内外部整合的权变主义的分析框架[9]。事实上,强调组织因素对环境因素的动态相宜性,也与英国萨塞克斯大学科学政策研究中心乔·蒂德教授一贯的学术观点不谋而合[1,10]。

组织创新是一个组织创造或采纳新想法和新行为的创新。学界对于组织创新有三个主流研究流派,一是关注组织的结构形式与组织创新倾向关系的组织设计流派,二是关注组织创新的认知基础与知识创造过程的组织认知与学习流派,三是关注组织突破传统惯性进行调试以应对环境变化和技术变革的组织变革与适应性流派[11]。由于服务过程具有强业务导向性,因此服务创新过程的结构性调整、认知与学习的更新、组织适应性变化等均较为突出,并且各个流派之间的重叠度要比技术创新更高。因此,本章不过度区分各个流派在服务创新领域的细致差异。

如前文所述,新技术的引进对于一个组织而言既是机会又是挑战,会带来管理实践的改变,并催生新的组织形式。因此,企业的服务创新可以视作组织变革行为的一种。面对市场需求,企业通过对新型技术的采用,来对组织结构进行有机编排,进而实现对服务需求的快速响应[12]。因此,在这个意义上服务创新利用了新型技术以推动组织结构的有机变化,通过响应市场需求实现新服务业务的成功商业化。

为了把握和赢得市场机会,组织结构要具备较高的灵活性。从组织内部结构上看,服务创新过程中服务前台和服务后台之间要进行大量沟通、共同决策,这种业务导向型的沟通模式使得组织内部门之间的界限变得模糊,组织结构趋向扁平化、网络化[13]。从组织外部关系来看,服务创新的异质性对企业相关资源与能力提出了较高要求,由于内部资源的稀缺性,企业需要联结外部合作伙伴来获取互补性资源与能力,进而共同为客户提供服务[14]。因此,企业需要调整其组织结构来与外部组织紧密联系,出于降低交互成本、共创新型服务、获取关系租金的需要,企业与外部组织之间的边界也将变得模糊。

此外,服务创新天然是一个企业在市场和客户领域知识学习和知识创造的过程。在这个过程中,组织向服务客户获取问题本身的知识,界定出新的问题,创造出解决这些问题的新知识,并在提供服务的过程中将部分知识传递给客户[15]。从这一角度来看,企业的服务创新主要包含两个方面,一是如何获取问题知识并积累和创造解决方案的知识,二是如何有效地将解决方案的知识传递给客户。

首先是获取问题知识并积累和创造解决方案的知识。这里的核心问题是获得客户和问题知识,将其转化为组织的集体知识,实现组织内部的知识创造[16]。共享的认知能力和集体的学习行为是组织知识创造的基础,组织知识创造的过程就是要动员起存在于个体的隐性知识,推动这些知识与企业中已经积累起来的显性知识相互交融[17]。

其次是企业向客户传递自己所创造的服务知识,这部分的研究尚不够充分,特别是在知识密集型服务业和制造企业服务创新情境下。相似的组织设计和惯例可以有效促进组织间知识的流动与吸收,进而实现组织间的知识传递[18]。此外,由于创新含有成功商业化的内涵,因此,企业在知识传递的过程中也需要考量其经济效益。

12.3 服务企业的创新

(1)服务产业和服务企业的创新

服务业的发展水平已经成为衡量现代社会经济发达程度的重要标志。据国家统计局的数据,2023 年中国服务业增加值为 688238 亿元,占国内生产总值的54.6%,远高于一次产业占比 7.1% 和二次产业占比 38.3%。而且新技术、新业态促进服务业发展,大数据、云计算、人工智能等新技术加速应用,消费领域直播电商、即时零售等新业态不断涌现,推动服务业创新,拓展新就业形态。如前所述,服务创新已经超越服务业本身,它会对所有经济活动中的服务业务都产生重要影响。鉴于服务产业对服务创新研究具有的基础性作用,本节首先讨论服务企业的创新。

首先,服务企业的业务以客户的特定需求为目标,具有高交互性和价值共创的特征。服务企业与客户的互动,主要表现在信息分享、客户接触、合作行为三个方面[19]。其中客户参与创新也可能提高客户的预期、增加实施的难度[20]。客企互动围绕客户价值的实现展开,客户的价值主张可以分为功能型、经济型、情感型和符号型等四个维度,其中功能型价值主张是客户价值主张中最基础的部分[21]。更进一步,服务创新作为一种旨在盈利的要素重新组合,客企互动的目的是实现服务企业的价值,即实现双方的价值共创。它从完全自发式的组织认知更新(环境感知)开始,最终实现因果逻辑升级(效率转向价值共创)[22]。

其次,服务表现为一个服务传递的过程,对数字技术具有较高的容纳性。中国数字经济发展迅猛,对服务创新既是机会也是挑战。以大数据对服务创新的影响为例,服务企业的大数据能力可以分为大数据资源整合能力、大数据预测分析能力[23]。从资源管理的角度看,培养大数据能力有助于服务业企业强化资源耦合、资源调动能力及活动透明度,推进服务过程和服务系统的优化[22]。从知识管理的角度看,大数据能力越强,知识搜寻通过知识吸收对服务创新的间接影响越大[16]。

最后,服务创新的本质是组织创新,服务企业的组织创新越来越趋向协同化、平台化、生态化。服务创新通常不是通过单一部门(特别是研发部门)实现的,而是需要企业内多部门参与,以及跨组织协同才能实现的[24]。服务业中的组织创新首先表现为关系学习,关系学习有三个维度(信息分享、共同理解和特定关系记忆),并通过组织惯例更新来影响服务创新[15]。其中,特定关系记忆在资源获取与服务创新绩效之间的中介作用大于信息分享和共同理解[25]。从创新组织的协同形式上看,平台化、集成化特征日益明显,助力服务企业进一步做大市场、做强产业[26-27]。此外,从服务生态系统构建的角度看,制度为服务创新提供环境和保障,并通过制度化过程促进服务创新的实现[14]。

(2)知识密集型服务企业的创新

知识密集型服务业(knowledge intensive service industry,KIBS)包括所有建立在高度专业化知识基础之上的商业服务企业,是服务业中更富有创新力的行业,在整个经济体系的创新过程中扮演了关键性的角色。KIBS 具有高定制性、高人力资本,以及高聚集性的特征。首先,KIBS 定位于客户企业的"问题解决者",能够灵活地将技术知识/技能性知识与客户遇到的特定问题结合起来加以解决,其产出必然具有较高的定制性[28]。其次,专业性的知识高度地依存于人力资本,KIBS 的服务质量在很大程度上也取决于服务的人力资本水平。作为技术服务业,除了专业知识外,KIBS 的专业人员还应具备人际交往、知识介绍和"印象管理"等方面的技能[1,11]。最后,由于 KIBS 在聚集条件下的溢出效应更为突出,因此呈现出高区域集聚性,这一集聚性可以有效促进服务创新、改善区域产业生态和优化区域产业布局[29]。

首先,KIBS 对市场需求的深刻理解,主要表现在高强度的客企互动甚至协同上。KIBS 企业的客企互动可以分解为结构维度(包括规则正式化与决策集体化)与过程维度(包括资源共享与任务协作)[30]。并且,由于客户的深度参与,KIBS 与客户之间形成了协同创新的合作关系,可以从协同关系嵌入(包括互惠利益、关系质量和持续意愿)、协调协作机制(包括程序化协调、人际关系协调),以及协同资源投入(包括信息资源分享、协同任务分担)对其加以刻画[31]。

其次，KIBS 中技术应用和扩散的因素更加突出，可分为专业导向型（P-KIBS）和技术导向型（T-KIBS）两大类。前者主要运用专业知识提供服务，如金融服务、会计和法律服务等；后者直接基于科学和技术知识提供服务，如测试、原型、环境服务、工程咨询等。P-KIBS 结合社会系统和制度，特别是管理原则和规制来解决问题；新技术的出现则使 T-KIBS 获得商机，从而在新技术的扩散上扮演重要的角色[1,11]。从 KIBS 内部社会资本角度考察，P-KIBS 内部社会资本对服务结果绩效的影响更显著；T-KIBS 内部社会资本对服务过程绩效的影响更显著[32]。此外，P-KIBS 和 T-KIBS 的创新轨迹不同。前者从客户驱动创新发展为与客户合作创新，最终实现基于网络的协同创新；后者则从技术驱动创新发展为基于技术的商业模式创新，最终实现基于网络的协同创新[33]。

最后，知识密集特性对 KIBS 组织创新的影响具有正负两个方面。从这枚硬币的正面看，可以看到自我管理性已经成为 KIBS 组织创新的核心特征[34]。无论是定制化 KIBS（高度的共享决策）还是标准化 KIBS（大中型服务企业，高度的战略规划），都拥有高的自我管理性。从这枚硬币的反面看，知识惯性则对 KIBS 组织创新具有负向的总体影响[18]。KIBS 在解决问题的时候，会顺其自然地使用过去惯有的问题解决程序、僵化的知识来源以及过去获得的经验，这不利于服务创新和组织创新的实现。

12.4 制造企业的服务创新

(1)产业融合背景下的制造企业服务创新

服务作为一种广泛存在的业务和要素，在制造业中也扮演着越来越重要的角色。制造企业服务创新体现了制造业与服务业的融合，进而涉及了制造业与服务业的关系这一服务经济思想史核心议题[35]。服务经济思想演进可分为四个时期：古典时期（18 世纪晚期—19 世纪中期）、"泛服务化"理论时期（19 世纪中期—20 世纪 30 年代）、第三产业和后工业化理论时期（20 世纪 30 年代—20 世纪 70 年代），以及新工业主义时期（20 世纪 70 年代至今）。

第一阶段的代表人物亚当·斯密认为服务业就业是非生产性的；第二阶段的许多学者倾向于将所有经济活动都视为生产性和服务性的；第三阶段通过三次产业的划分开始将服务业显著独立出来，强调了服务业对经济增长的重要贡献，这时将制造业放在了一个不重要的地位;第四阶段则关注经济与社会结构的快速转型,强调制造业是服务业扩张的基础,认为生产商品方式的变化带来了服务业发展的改变,如与资本品生产相关的"高级服务"不断兴起,生产变得更加服务密集化。

总体来看,制造企业服务创新体现了服务经济思想由制造与服务对立观走向制造服务融合观。对立观认为,制造逻辑强调产品的交易价值,制造企业将消费者需求同质化,通过一次性买断的方式,实现规模经济效应;而服务逻辑强调产品的使用价值,制造企业关注客户的价值主张,通过与客户直接互动的方式共创价值,实现服务带来的长尾效应。两者的观点不同。融合观认为,随着客户异质性需求的增长,制造企业应在其生产流程中不断注入"柔性"要素,以满足客户的定制化需求。此外,高附加值的服务还可以有效推进制造业的高端化发展[36]。

制造企业服务创新是制造企业(who)向下游用户(whom)提供基于产品功能的服务(what),从关注产品的交换价值转变为关注产品的使用价值,通过与用户的互动实现价值共创(why),实现双方价值增值的动态过程(process)[36]。贝恩斯、莱特福德[8]根据生产性服务的六大特性,即更换率、重要性、风险水平、复杂性、个人传递性和可信性,将制造企业的服务业务划分为基本服务、中级服务和高级服务三大类(见图 12.1)。相关研究也表明,实体产品有重大创新的企业,客户市场具有寡占特点的企业,以及具有自身产品知识优势的企业,更容易实现制造企业服务创新[37]。

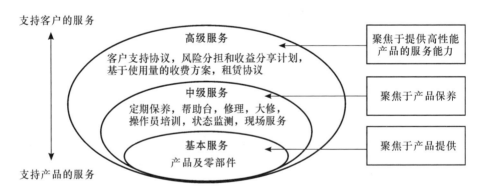

图 12.1　制造企业可以提供的服务类型[8]

(2)制造企业的服务创新

国际上关于制造企业服务创新的研究多聚焦于制造业成熟情境,将服务化转型视为避免商品化陷阱的重要战略,较少关注制造业方兴未艾情境下制造企业服务创新的发展之路[38]。当前,一方面中国生产性服务业发展不足;另一方面,制造业大而不强仍是基本现状,核心基础零部件(元器件)、关键基础材料、先进基础工艺、产业技术基础薄弱。为满足下游制造业的服务需求并进一步提升上游制造业的综合实力,避免"过早或者过快地去工业化""制造业空心化""经济脱实向虚"的陷阱,制造企业服务创新就得兴起[39,6]。

制造企业服务创新也充分体现了制造企业对市场需求、技术机会的组织创新响应。

首先,制造企业服务创新与下游客户关系的紧密性和知识的复杂性,对更深程度的客企互动提出了需求。需求端场景的深耕以提高客户场景化需求为基点,以不断改善场景方案、满足客户需求升级,以及及时响应客户动态需求为目标[40]。特别是,随着服务复杂性的加深,客户参与对制造业企业服务创新的贡献逐渐降低[41]。如果从客户价值主张的维度上看,制造企业服务创新为客户提供的情感型价值主张对企业绩效的提升作用要高于功能型价值主张,这与前文提到的服务企业创新存在差异[42]。此外,从契约治理和关系治理的角度看,数字化情境下制造企业与客户的关系也发生了变化。在数字化水平高的情况下,制造企业应多运用关系治理这类非经济治理手段[43]。

其次,从制造企业服务创新对技术机会的把握来看,主要表现在对新一代数字技术的创造性运用方面①。制造企业服务创新受到用户信息、生产成本、服务人才、运行数据等方面的限制,新一代数字技术则使制造企业在链接、数据、算法和算力、加工制造能力等方面的能力显著增强[44]。比如,工业互联网以其开放、共享、平等、去中心化等网络特性,在产业链有效对接基础上,实现新技术经济条件下产业链的整合优化,进而形成产业链生态系统与网络式组织[45]。特别地,这种推动作用在生产率比较低的制造业更为显著[46]。

最后,制造企业服务创新存在服务主导逻辑与制造主导逻辑的激烈冲突[47],进而表现出显著的组织创新。从组织柔性角度出发,中国学者的实证研究发现组织柔性对制造企业服务创新绩效具有积极影响,且在组织文化柔性、组织结构柔

---

① 目前应用于制造企业服务创新的数字技术场景主要包括:大数据虚拟仿真、制造实时监控、制造异常报警、制造异常溯源、产品制造仿真、物流实时监控、操控指令分析、智能优化作业、故障预警、远程故障运维等[52]。

性和人力资源柔性三个维度中,组织文化柔性的影响最大[48]。如果单从组织架构创新上来看,多业务、跨产业链的组织创新是制造企业服务创新的主要形式[49-50]。更进一步,兼具协调性和独立性优势的模块化组织,能够满足服务化和数字化对内外部信息有效流动的需求[51]。

需要特别指出的是,制造企业服务创新与服务企业创新的最大区别是,前者是建立在制造企业技术创新的基础上的,服务创新与技术创新相互协同、共同演化。两类创新相辅相成,不同阶段的产品技术决定了差异性的服务创新内容,越高技术含量的产品可承载的服务内容越丰富[52]。而且,制造企业服务创新可以延长既定产品技术的市场寿命,其价值创造随时间演化呈现倒 U 形;制造企业应重视与高级服务相配套的产品技术跟进,打破产品技术承载能力对服务创新价值创造的桎梏[53]。更进一步从创新扩散和采纳的角度看,数字化环境下两类创新相互作用能够实现产品创新的客户采纳更大化;制造企业数字化水平越高,内外部因素对两类创新扩散的影响将愈加显著[54]。

12.5　中国企业服务创新案例

(1)钉钉的服务创新实践

钉钉,作为阿里巴巴集团打造的企业级智能移动办公软件,是数字经济时代立足于高度专业化知识基础之上的商业服务平台。钉钉依托先进的移动互联网、云计算和大数据等,致力于为企业提供涵盖通信、办公自动化、项目管理、团队协作等多方面功能的一站式协同办公解决方案,以促进企业组织数字化和业务数字化,实现企业管理"人、财、物、事、产、供、销、存"的全链路数字化。

在整个数字经济时代,作为 T-KIBS,钉钉扮演着重要的角色。一是钉钉不断优化即时通信技术、改进视频会议技术,并加强数据安全保障。基于企业的安全性痛点,钉钉通过持续的技术研发,实施数据加密、访问控制等安全措施,保障企业数据的安全性。此外,钉钉团队秉承共创理念,通过观察工业企业现状,发现办公硬件存在改善空间,因此加大研发投入。运用人工智能和物联网等领域的技术知识,推出钉钉智能前台 M2、钉钉智能通信中心 C1、钉钉智能投屏 FOCUS 系统等智能办公硬件。通过提供优化服务端的硬件设备,钉钉为企业提供了一体化的智能升级解决方案,实现服务与设备智能化的融合。二是钉钉借助阿里云,从提出低代码,再到推出酷应用,钉钉不断推动技术升级。利用宜搭低代码技术平台,生态伙伴可以在钉钉上创建自己的企业管理系统和业务系统等,为钉钉带来更高的灵活性、敏捷性和扩展性,以快速响应市场需求和用户反馈,快速扩展现有系统和工具,提升提供更多功能和服务的可能性。同时,这也使得企业根据自身业务需求,在低技术门槛下迅速实现数字化转型。酷应用的推出,使应用程序被引入高频场景中流转,重新定义了软件交付和应用的方式,激活了应用程序的服务价值。

基于对市场的认知和倾听用户声音,钉钉不断挖掘并满足用户需求。在市场需求方面,钉钉专注于完善自身功能,以满足安全、高效办公等需求。特别是在新冠疫情的影响下,很多公司要适应远程办公等方式,钉钉积极推出适应远程办公环境的系列功能,诸如升级视频会议品质、增强远程协作效能、优化在线文档编辑、消息必达、消息已读等,有效促进远程办公的顺畅进行。同时,钉钉云学堂在线教育服务的推出,为教育行业提供数字化支持服务,实现远程教学和学习的无缝衔接。此外,钉钉还提供疫情信息发布、健康打卡、智能疫情防控小程序及在线医疗等服务,全方位支持和服务用户。在企业服务方面,钉钉从成立之初就紧抓中小企业的数字化痛点,为其开启了商业服务机会,为企业提供专业技术知识。通过卓越服务助力企业组织数字化转型,加速全链路数字化发展,打造了"营销＋销售＋服务"的一体化解决方案。相比于其他办公软件,钉钉更专注于管理,突出业务系统上的优势。此外,钉钉根据企业的多样化的需求,建立了专业版、专属版、专有版钉钉,开发定制化应用程序与功能服务,满足不同企业和行业的特殊需求。

为了实现自身发展目标,钉钉对其组织结构进行了更新。一方面,2020 年是钉钉成长历程中的一个里程碑,在应对用户和组织数量快速增长的挑战时,阿里巴巴宣布对其进行未来导向的组织升级。在这一轮升级中,钉钉与阿里云全面融合,开启"云钉一体"的新时代。这一融合共同构建了服务企业数字化转型的基础设施,促进了开放生态。一年后成果显著,钉钉用户数量突破 5 亿并持续高速增长,同时其服务对象从中小企业拓展至大中小企业,在战略目标上也由规模扩张转向深度价值创造。另一方面,随着用户规模的增长和市场竞争的加剧,钉钉借鉴阿里云的经验,建立了一套面向大企业客户的组织体系。该体系通过开放自身,并整合大企业 IT 部门的专业技术知识,从而构建了联合性服务。此外,针对大企业的共性痛点,钉钉推出了数字化"连接器"工具产品,通过利用外部系统和数据源的知识,将其整合到钉钉平台中,实现了业务系统的低成本集成。

截至2023年底,钉钉用户数达到7亿人,软件付费企业数达到12万家,付费日活跃用户突破2800万人。钉钉以工作场景为出发点,以数字化为发展主线,持续拓展服务业务线,促进协同合作和价值共创,从而在服务业领域这一细分市场树立了自己的独特地位。

(2)杭氧的服务创新实践

空分设备具备高技术复杂度,我国通过早年与苏联和德国空分企业的合作,逐渐消化吸收相关知识,建立我国自身的空分技术知识体系。杭氧集团股份有限公司(以下简称杭氧)就诞生于我国"发展民族气体产业"的战略考量。杭氧曾提出"牵着奶牛卖牛奶"的市场逻辑,该模式在杭氧对其组织结构不断调整优化后得以成熟,并且结合客户企业需求将服务性知识转移到管网供气、槽车、小储宝等多样化的气体供应场景。此外,利用数字技术的分层模块化和实施匹配性,杭氧从设计端开始研制便于服务的空分设备,并且强化了杭氧综合制造和气体运行等统筹资源的能力。

空分设备通过深冷分离、变压吸附、膜分离等工艺将空气分离为氧气、氮气、氩气等气体,形成钢铁、冶金、化工以及医疗等行业的配套技术。空分行业也由最初在空分设备销售市场的竞争,转向气体供应市场的竞争。

杭氧作为中国第一台空分设备的制造者,始终不懈地钻研技术。一是突破空分设备的压力等级,在技术改进和设备更新上投入大量资金,这样既可以维持其在国内空分设备行业的领先地位,也能够支持气体的大规模供应,快速响应气体市场需求。二是通过提升精馏计算能力和技术控制效果,提高所提取气体的纯度,进而提升气体溢价。自2013年中标神华宁夏煤业集团的六套10万空分设备的项目之后,杭氧正式与国际空分巨头林德同台竞争,而此时杭氧还没有过提供10万空分设备的经验。为此,杭氧进行大量的技术投入。为了保证设备核心部件的生产供应能力,杭氧自研换热器、精馏塔等核心部件,并且将气体提取的纯度做到了世界一流。2018年神华宁夏煤业集团对杭氧的空分设备进行成果鉴定,认为其整体性能非常优秀,自此,打破了国外巨头对10万空分设备的技术垄断。大型空分设备的研制,大大降低了杭氧气体业务的成本。此后,杭氧的产品市占率超过50%。

基于对气体市场的认知,杭氧还不断挖掘潜在的市场需求,逐渐形成"设备销售+气体销售+液体销售"的业务范围。首先,杭氧建立集液体生产、运输和投罐为一体的液体销售网络。液体是气体供应过程中的副产品,成本基本为零但具有较高的销售价格,为此,杭氧自建物流公司服务于液体运输,而且开拓了槽罐、小储宝等在内的多种液体供应模式来满足不同群体的客户需求。其次,杭氧于2017年成立衢州杭氧特种气体有限公司,主要生产具有"黄金气体"之誉的氪气和氦气等稀有气体。

为了实现上述目标,杭氧对其组织结构进行了大刀阔斧的更新。一方面,为了寻求技术突破并精准利用技术机会,杭氧成立气体研究设计院,从运行端挖掘真实的需求来推动整个设备的迭代,并且开拓新的气体应用场景。另一方面,为了有效满足市场需求,对其不断扩张的服务业务进行有效管理,协调气体公司之间的生产和调度问题,2020年,杭氧建立了8个区域中心。区域销售公司可以调度车队,协调液体销售的业务线;检修力量、配送力量均实行统一化管理;统筹安排生产计划,对于降低电耗、控制成本起到非常好的作用。基于此,截至2022年,杭氧的气体公司数量达54家。在经营利润上,2022年仅稀有气体利润就达到1.78亿元,气体业务利润占比超过60%。

12.6 结 论

本章将中国企业的服务创新划分为三类场景,分别是服务企业的创新、KIBS创新,以及制造企业服务创新。三种企业的服务业务在技术和知识的涉入度上,呈现出逐渐上升的特点。就其服务经济发展和创新效应来看,KIBS创新在宏观数据层面做出了最大的贡献,而制造企业服务创新则在微观层面起到了弥补KIBS创新发展不足的实际效应。下面主要结合21世纪以来中国经济和数字技术发展过程,分析中国服务创新在服务经济、知识经济和数字经济下的一般特点,以及其中所贯穿的最基本的知识管理规律。

首先,服务创新对市场需求的捕捉,主要体现在创新企业对具体客户在互动、关系和知识上的把握,进一步表现为共同价值的创造。21世纪以来中国市场和经济发生了戏剧性的变化。2001年中国加入WTO后,在对外贸易和外资进入的拉动下,首先经历了高速的粗放式发展;2012年以来则逐步进入新常态,在人口老龄化和对外贸易下降的压力下,发展速度放缓。在前一阶段,蓬勃的市场需求引发了服务创新的高潮,客企互动加强、客企关系深化、价值主张丰富;在后一阶段,相对不振的市场需求则对客户场景深耕、客企关系治理,以及情感价值凝练提出了更高的要求。此外,企业需要应对客户需求的不确定性带来的挑战[55]。

其次,服务创新对技术机会的把握,主要体现在对新技术特别是数字技术的应用,以及与技术的相互支撑上。21世纪以来中国数字技术和数字经济取得了巨大的进步。2000年国家经贸委、信息产业部发起"企业上网工程",标志着中国数字经济开始进入互联网转型阶段,此后云计算、大数据蓬勃发展;2017年以AI的突破性应用为标志,社会与经济发展进入数字化转型阶段。可以说,信息技术革命对全社会思维方式、生产方式及生活方式都产生了深远的影响,产业规则已经改变[56]。数字技术具有的可关联、可通信性,扩展了服务创新活动的广度和范围;数字技术具有的可感知、可记忆性,提升了服务创新活动的深度和精度;数字技术具有的可追溯、可寻址性,使服务创新价值共创的权、责、利更加清晰。面对数字技术在服务创新领域的广泛和深入的应用,相应的学术研究还有待加强。

再次,服务创新所具有的服务创新响应本质,同时包含企业对环境的适应性、组织边界的威廉姆森"第三组织"性质的扩展性,以及企业对外部环境的主动改变性。具体来说,前面的分析表明,服务创新企业的组织结构取决于创新和外部环境的要求(如组织模块化、组织柔性),服务创新同时表现为一种组织内学习和知识创造的过程(如自我管理性),以及服务创新企业具有组织变革的能力(包括网络化、平台化、生态化等),以及对环境的主动塑造倾向(如制度化过程)。这一部分的研究总体上还比较零散,也相对缺乏组织(创新)理论层面的学理定位,虽较10年前的情形已有所改观[57]。

最后,21世纪以来中国服务创新的企业实践和理论研究表明,服务经济、数字经济的本质都是知识经济。知识因素在市场需求捕捉、技术机会把握和服务创新响应三个方面都发挥着基础性的作用,并呈现出不同形态、不同创造方式,以及不同传递和传播方向。具体地说,在服务创新中,企业深入地了解和发掘客户知识,精准地掌握和运用技术知识,持续地提炼、优化服务流程和组织知识,进而基于服务的组织积累和创造解决方案知识,并将其有效地传递给不同的客户,最终实现商业化目的。据此,知识管理理论成为服务创新研究的最基础的理论和视角。

特别是,KIBS创新和制造企业服务创新都生动诠释了服务创新的知识管理本质。两者都与生产性服务业高度相关,呈现出相关服务业务知识的专业性和复杂性。KIBS是客户企业的"问题解决者",能够灵活地将技术知识和技能性知识与客户遇到的特定问题结合起来;制造企业的服务创新建立在其技术创新的基础上,具有自身产品知识优势的制造企业和实现重大产品创新(技术创新)的制造企业,正是运用其独特的专业知识和有效的知识管理经验,实现了向高价值的产业链下游的服务延伸。

参考文献

[1] 迪德,赫尔. 服务创新:对技术机会和市场需求的组织响应[M]. 李靖华,等译. 北京:知识产权出版社,2010.

[2] Priem R L, Li S, Carr J C. Insights and new directions from demand-side approaches to technology innovation, entrepreneurship, and strategic management research[J]. Journal of Management, 2012,38(1):346-374.

[3] 韦影,盛亚. 创新管理:计划、组织、领导与控制[M]. 杭州:浙江大学出版社,2016.

[4] Barras R. Toward a theory of innovation in services[J]. Research Policy, 1986,15(4):161-173.

[5] Wise R, Baumgartner E. Go downstream: The new profit imperative in manufacturing[J]. Harvard Business Review, 1999,77(5):133-141.

[6] 李靖华,马江璐. 制造服务化的兴起[M]. 杭州:浙江工商大学出版社,2020.

[7] Yoo Y, Boland Jr R J, Lyytinen K, et al. Organizing for innovation in the digitized world[J]. Organization Science,2012, 23(5):1398-1408.

[8] 贝恩斯,莱特福德. 为服务而制造:高级服务的兴起[M]. 李靖华,毛丽娜,译. 杭州:浙江大学出版社,2017.

[9] van der Aa W, Elfring T. Realizing innovation in services[J]. Scandinavian Journal of Management,2002,18:155-171.

[10] 蒂德,贝赞特. 创新管理(第6版)[M]. 陈劲,译. 北京:中国人民大学出版社,2020.

[11] 法格博格,莫利,纳尔逊. 牛津创新手册[M]. 柳卸林,郑刚,蔺雷,等译. 上海:东方出版中心,2021.

[12] 罗建强,戴冬烨,李丫丫. 基于技术生命周期的服务创新轨道演化路径[J]. 科学学研究,2020,38(4):759-768.

[13] 李靖华. 新服务开发的知识转移:前后台视角[M]. 杭州:浙江大学出版社,2014.

[14] 王雷,陈朝昱,刘威,等. 服务生态系统视角的服务创新模型研究——以兴盛优选为例[J]. 管理案例研究与评论,2023,16(4):428-442.

[15] 辛本禄,代佳琳. 关系学习、组织惯例更新对开放式服务创新的影响[J]. 科技进步与对策,2022,39(6):92-102.

[16] 简兆权,戴炳钦,卢荷芳,等.知识搜寻、知识吸收与服务创新:大数据能力的调节效应[J]. 科技管理研究,2022,42(17):158-165.

[17] 野中郁次郎,胜见明.创新的本质[M].林忠鹏,鲍永辉,韩金玉,译.北京:人民邮电出版 社,2020.

[18] 范钧,高孟立.知识惯性一定会阻碍服务企业绩效的提升吗？——基于 KIBS 企业的实证 [J].商业经济与管理,2016(4):28-38+47.

[19] 张克英,吴晓曼,李仰东.顾企互动对服务创新及企业绩效的影响研究[J].科研管理, 2018,39(11):69-78.

[20] Magnusson P R, Matthing J, Kristensson P. Managing user involvement in service innovation:Experimenting with innovating end users[J]. Journal of Service Research, 2003,6(2):111-124.

[21] 王雷,曾剑秋,温馨.顾客价值主张对服务创新绩效的影响——顾客参与的中介作用[J]. 经济与管理研究,2018,39(8):133-144.

[22] 简兆权,刘念.动态能力构建机理与服务创新绩效——基于佛朗斯的服务平台转型研究 [J].科学学与科学技术管理,2019,40(12):84-101.

[23] 周小刚,陈水琳,李丽清.大数据能力、技术创新与人力资源服务企业竞争力关系研究[J]. 管理评论,2021,33(7):81-91.

[24] 道奇森,甘恩,菲利普斯.牛津创新管理手册[M].李纪珍,陈劲,译.北京:清华大学出版 社,2019.

[25] 郭淳凡,梁肖梅,吴小节,等.资源配置、关系学习与服务创新绩效的关系研究——以在线 旅游企业为例[J].旅游学刊,2021,36(9):75-87.

[26] 陈志明.我国流通企业开放式服务创新模式——基于资源流动方向与创新组织形式整合 的视角[J].中国流通经济,2018,32(10):8-15.

[27] 依绍华,梁威.传统商业企业如何创新转型——服务主导逻辑的价值共创平台网络构建 [J].中国工业经济,2023(1):171-188.

[28] 张丹宁,相辉.定制化知识密集型服务系统价值共创耦合机制研究[J].科技进步与对策, 2019,36(17):66-71.

[29] 董岩辉.知识密集型服务企业的知识创新研究[J].科学管理研究,2015,33(1):80-83.

[30] 王琳,魏江,周丹.顾企交互对 KIBS 企业服务创新绩效的作用机制研究[J].研究与发展管 理,2015,27(3):126-136.

[31] 岳英,万映红.客户协同创新维度及构成实证研究——以知识密集型服务业为例[J].科技 进步与对策,2016,33(13):106-112.

[32] 盖卫东.内部社会资本、知识流动与服务创新绩效——基于 T-KIBS 与 P-KIBS 的对比研究 [J].会计之友,2019(6):125-131.

[33] 白鸥,魏江.知识密集型服务业创新轨迹演化研究:P-KIBS 与 T-KIBS 的对比[J].北京工商大学学报(社会科学版),2014,29(6):8-15＋21.

[34] 魏江,王铜安,陆江平.知识密集型服务企业创新组织结构特征及其与创新绩效关系实证研究[J].管理工程学报,2009,23(3):103-110.

[35] 德劳内,盖雷.服务经济思想史[M].江小涓,译.上海:格致出版社,上海人民出版社,2011.

[36] 李靖华,刘树龙.何谓制造服务化——基于双案例探索的质性研究[J].创新科技,2020,20(10):1-15.

[37] 莱.制造服务化手册[M].李靖华,等译.杭州:浙江大学出版社,2017.

[38] 李靖华,姜中霜.既授人以渔又授人以鱼——新形势下我国服务型制造发展之路[J].创新科技,2021,21(6):9-18.

[39] 黄群慧.理解中国制造[M].北京:中国社会科学出版社,2019.

[40] 赵慧娟,刘璐,杨皎平,等.制造企业需求端场景深耕对服务创新绩效的影响[J].科技进步与对策,2023,40(23):22-31.

[41] 冯文娜,姜梦娜,穆耀.用户驱动的制造业企业服务创新:以资源拼凑为路径的研究[J].科学学与科学技术管理,2020,41(4):49-67.

[42] 江积海,沈艳.制造服务化中价值主张创新会影响企业绩效吗?——基于创业板上市公司的实证研究[J].科学学研究,2016,34(7):1103-1110.

[43] 吴晓波,房珂一,刘潭飞,等.数字情境下制造服务化的治理机制:契约治理与关系治理研究[J].科学学研究,2022,40(2):269-277＋308.

[44] 李晓华.数字技术推动下的服务型制造创新发展[J].改革,2021(10):72-83.

[45] 王晓蕾,杜传忠,刘磊.工业互联网赋能服务型制造网络的演化逻辑与路径优化研究[J].经济学家,2022(10):108-118.

[46] 徐佳宾,孙晓谛.互联网与服务型制造:理论探索与中国经验[J].科学学与科学技术管理,2022,43(2):87-112.

[47] 许庆瑞,李杨,刘景江.结合制造与服务逻辑发展企业创新能力——基于海尔集团的纵向案例研究[J].科研管理,2020,41(1):35-47.

[48] 赵晓煜,高云飞,孙梦迪.制造企业组织柔性、动态服务创新能力与服务创新绩效[J].科技进步与对策,2020,37(15):62-69.

[49] 李靖华,马江璐,瞿庆云.授人以渔,还是授人以鱼——制造服务化价值创造逻辑的探索式案例研究[J].科学学与科学技术管理,2019,40(7):43-60.

[50] 姜中霜,王节祥,李靖华.制造商依托数字技术推进跨越式服务化转型的过程:基于诺力股份的案例研究[J].管理工程学报,2023,37(3):212-223.

[51] 王鹏程,刘善仕,刘念.组织模块化能否提高制造企业服务创新绩效?——基于组织信息

处理理论的视角[J].管理评论,2021,33(11):157-169.

[52] 王康周,彭波,江志斌.新信息技术驱动的制造服务化价值创造过程:基于徐工的探索性案例研究[J].管理评论,2021,33(11):275-285.

[53] 罗建强,郭亚涛.既定产品技术下制造企业服务创新价值创造机理研究[J].运筹与管理,2022,31(8):225-231.

[54] 李玉娟,罗建强.数字化环境下制造企业服务创新反哺产品创新扩散机理[J].系统管理学报,2023,32(5):995-1008.

[55] 张颖,顾远东,高杰.服务化与产品创新:环境不确定性的调节效应[J].科研管理,2022,41(4):140-150.

[56] 刘洋,董久钰,魏江.数字创新管理:理论框架与未来研究[J].管理世界,2020,36(7):198-217+219.

[57] 李靖华,朱文娟.组织理论视角下的我国服务创新研究进展[J].研究与发展管理,2014,26(4):82-91.

13　数智创新

魏　江　刘　洋

13.1　引　言

以大数据、云计算、区块链、人工智能、物联网等为代表的数智技术正在重组全球要素资源、重塑全球经济结构,成为改变全球竞争格局的关键力量。这背后核心在于数据成为一种新生产要素,智能化成为获取数据价值的一种重要技术手段和工具。基于此,各行各业都在积极拥抱智能化,以推进组织架构、生产流程、商业模式、产品等各个方面的创新,构建自身竞争优势。由此,数智创新作为以数据驱动为基础、积极借助一系列智能化技术所开展的创新活动,引发了学术界和实践界的广泛关注。

本章以数智创新为核心,聚焦中国技术与创新管理的前沿理论探讨和最新实践介绍。第13.2节聚焦数智创新的概念基础,着重介绍其定义与内涵;第13.3节则聚焦数智创新的学理基础,阐释其基本假设以及核心逻辑;第13.4节聚焦数智创新的机制和路径,具体分析数智产业技术创新以及数智技术赋能创新的典型模式;第13.5节则聚焦数智创新的领先实践,以阿里巴巴和正泰为例详解数智创新的过程机理;第13.6节总结本章内容。

13.2　数智创新的定义与内涵

(1)数智创新的定义

数据要素和数智技术是数智创新的两大内核。

一方面,数据是信息的载体,其作为新生产要素扮演着创造和获取信息价值的关键角色[1]，多样和多源的数据已经成为企业竞争优势的重要来源[2-3]。在特性上，数据具有非竞争性、使能性以及生产和消费统一性的特征[4-5]。非竞争性意味着不同组织和个体可以共享同样的数据而不会损害其他用户的利益[6]。使能性指数据可以与其他生产要素结合以推动创新[7-8]。生产和消费统一性指数据的生产者和使用者可以自由转换角色，从而使数字化生产和消费间呈现出自我激励和自我协同的特征[6]。

另一方面，数智技术是针对数据生产、存储、传输和处理的方式[4]。数智技术本质上包含信息数字化和处理数据两个部分，具有两个本质特征：数据同质化和可重新编程性[9-10]。数据同质化特性指数字技术把所有声音、图片等信息均操作为二进制数字 0 和 1 进行处理，该过程中具有二进制特征的数据被同质化处理；可重新编程性是指数字技术使得对数据进行处理的程序同样作为数据进行存储和处理，这一性质使得对程序的编辑或重新编程变得更加容易[11]。

故此，我们将数智创新定义为：以数据为驱动要素、采用数智技术所开展的创新。数智创新依赖数据的数量及其有用性与正确性，以及创新主体针对数据的强大算力和算法（包含如机器学习、神经网络、AI 大模型等的一系列数智技术），强调基于数据能力和智能能力所创造出的智能化产品、服务和整体解决方案[12-14]。

(2)数智产业技术创新与数智技术赋能创新

本章认为，数智创新可以区分为数智产业技术创新和数智技术赋能创新（见表 13.1）。前者以"数字产业化"为基础，以数据资源为核心创新要素，关注数智产业中数智技术本身的创新突破[15-16]；而后者则以"产业数字化"为基础，强调数智技术的赋能作用，关注数智技术与传统产业相融合的创新[17-18]。

具体而言，其一，创新要素方面，数智技术赋能创新强调数据要素对知识、劳动力、劳动资料等传统生产要素的赋能和改进；而数智产业技术创新则依赖于数据（data）这一新生产要素，强调数据是构筑产业创新能力和竞争优势的基础性资源。其二，创新过程方面，数智技术赋能创新强调在创新过程中采用数智技术，数智产业技术创新则强调以数据要素为驱动，不断创新算力与算法。其三，创新能力方面，数智技术赋能创新强调对环境的扫描能力、吸收能力和双元能力等，数智产业技术创新则强调应用数据的能力和智能化能力。其四，创新结果方面，数智技术赋能创新致力于产品更新、生产过程改进、组织模式变革以及商业模式的创建和改变等，数智产业技术创新则以基于数据要素的智能化产品、服务和整体解决方案为目的。

表 13.1　数智产业技术创新与数智技术赋能创新

项目	数智产业技术创新	数智技术赋能创新
创新要素	以数据资源为核心创新要素,强调数据是构筑产业创新能力和竞争优势的基础性资源	数据要素对知识、劳动力、劳动资料等传统生产要素的赋能和改进
创新过程	强调以数据要素为驱动,在创新过程中不断创新算力与算法	强调在创新过程中采用信息、计算、沟通和链接技术等数智技术来促进创新
创新能力	强调数据能力和智能化能力	强调应用数字技术获得数字环境扫描能力、吸收能力和双元能力等
创新结果	带来基于数据的智能化产品、服务和整体解决方案创新	带来产品更新、生产过程改进、组织模式变革以及商业模式的创建和改变等

13.3　基于数据基础观的数智创新

数智创新是基于数据作为一种新生产要素,能够为企业带来竞争优势的既定事实而发展起来的创新概念,即数智创新的前提是将数据这一新的生产要素纳入生产函数中,并认为数据是构筑数字时代产业企业创新能力和竞争优势的基础性资源。

(1)将数据作为一种新的生产要素

数据要素具有非独占性、用户参与性、边界模糊性以及过程跨界性四个独有特征,使其能够改变企业组织、产业组织、生态组织的方方面面。

第一,非独占性指使用者在使用数据时,不能排除其他人消费使用这一数据资源,数据的所有权和使用权难以分离。此外,任何使用者对数据资源的消费都不会影响其他使用者的利益,也不会影响整个社会的利益。从成本角度看,数据资源使用的边际成本接近于零,数据资源的边际拥挤成本为零。即每个使用者对数据资源的消费都不会减少其他使用者的消费数量和质量,也不会减少其他人对数据资源的满足程度,不存在消费拥挤的现象。第二,用户参与性指数据的价值随着用户参与者数量的增加而增加,进而促进用户创新。第三,边界模糊性指数据权属边界日益模糊,数据产权在不同主体之间的分配较为困难。第四,过程跨界性指数据要素可以跨界发展,打破时空限制,打破传统创新的过程边界。例如,数据要素的使用让不同的参与者在不同时间和地点可以参与创新过程,打破过程边界。

(2)将数据要素转化为竞争优势

要将数据要素与传统生产要素结合起来建立新"生产函数",帮助企业构筑起竞争优势,包含了数据要素化、数据价值化两个核心逻辑。

核心逻辑一为建构起数据要素化逻辑链,即从数据获取、数据属性、数据清洗、数据结构到数据应用的过程链条,使原始数据成为生产要素。具体而言,数据要素化是指将数据作为基础性、战略性的资源,强调数据资源整合后能成为新的生产要素、创新要素。首先,数据获取和数据属性界定是逻辑起点。企业可以通过流量入口等获取大体量、多类型以及具有流动性的大数据。在获取多数据源的可重用、可应用的数据后,数据需要被妥当存储。其次,需要通过数据清洗,对直接或间接获取到的数据进行加工整理、归集和分类。再次,数据结构化指将清洗后的数据转化为具有标准化格式、易于人类和程序访问的数据。最后,基于海量的结构化数据,结合数据分析能力等形成的数字地图、数据画像等应用,能够使数据价值得到进一步挖掘,能够在创新活动中得到应用。

核心逻辑二为建构起数据价值化逻辑链,即通过从数据结构化、数据可评估、数据可交易、数据资本化到价值可分配的全过程解析,使数据具有创新价值。该过程需要解决以下关键点:首先是数据结构化,通过算法技术把数据转化成为结构化的知识和技术;其次是解决数据归谁所有、数据谁可以用和数据收益属于谁的问题,实现数据的可评估和可交易,建立起"数据所有权、数据使用权、数据收益权"的数据确权架构;再次,需要解决数据资本化问题,在数据可评估、可交易基础上,才能通过一定手段,将数据要素盘活,使之成为能增值的创新资产和创新资本;最后把数据价值可分配作为创新合作的根本点,经历数据确权、数据评估、数据资本化后,让数据成为产业技术创新的价值实现。

13.4 数智创新的机制与路径

如前述对数智创新定义内涵的界定,数智创新可以分为数智产业技术创新与数智技术赋能创新,本节分别阐述数智产业技术创新与数智技术赋能创新的机制与基本路径。

（1）数智产业技术创新的机制与路径

数字产业化是指全新技术应用及全新技术基础设施构建的过程，其中关键技术包括产品硬件（芯片）、软件应用、通信系统（5G）以及产品云等。在我国，通信技术标准、集成电路技术、云计算底层架构技术等数字技术更是面向国家重大需求与经济主战场，制约着我国数字产业的整体发展，是亟须攻克的关键核心技术[12,19-20]。因此，如何实现数字产业核心技术的突破与创新是当前业界与学界共同关心的话题。

现有文献分别基于创新生态系统理论、制度理论以及知识管理理论角度为数智产业技术创新的机制提供思路。

从创新生态系统的视角看，数智产业技术创新需要构建特殊的创新生态系统。具体而言，构建支撑数智产业技术创新的生态系统通常可使用两种模式，一种是美国大学的知识成果转化激励模式，另一种是研究机构牵头的合作模式[21]。例如，谭劲松[22]从创新生态系统中核心企业的视角出发，认为核心企业构建创新生态系统以推动数智产业技术创新，首先应与科研机构建立紧密耦合的研发网络；而后通过松散耦合的研发网络为生态系统中的互补企业提供支持；最后，核心企业应该加强与创新生态系统上下游成员的交互、配合，促进研发网络与商业化网络的紧密耦合，以防止技术研发与市场应用脱节。

从制度理论视角来看，数智产业技术创新强调了国际国内的制度环境对于数智产业技术创新的重要作用。例如，Hinings 等[23]指出数智产业技术创新在制度体系方面引入了新的主体、结构和价值，这会改变现有的行业规则，基于此，企业需要通过组建数字化组织架构、搭建数字化基础设施、构建数字化制度来获得新的合法性以支持数智产业技术创新。相似地，Karahanna 等[24]研究发现基于制度安排的社会资本能够帮助企业从人工智能、机器学习等新兴智能技术中获得竞争优势。

从知识管理理论出发，数智产业技术创新被认为是一种将外部获取知识与内部存量知识进行整合的动态互补的过程[25]。数智产业技术创新实质是技术质量的根本性创新，通过已有技术知识组合与自主研发获取自主知识产权[26]。

对数智产业技术创新的路径而言，同样可以基于创新生态系统理论、制度理论以及知识管理理论来进一步探讨。

一是基于创新生态系统视角的突破路径。在数智产业技术创新的过程中,核心企业构筑创新生态系统。而在生态系统中,核心企业负责领导生态系统的演化过程,目的是利用创新生态系统的特征形成竞争优势[27-28]。柳卸林和葛爽[21]认为以芯片等为代表的数智产业技术创新对基础研究和产业应用经验均有较高要求,其突破路径重点在于以科研院所为中心,构建创新生态系统,推进产学研紧密合作,由科研院所将研究成果与生产企业进行对接,共同完成技术攻关和生产。

二是基于学习视角的突破路径。数智产业技术创新可以采取自主研发和引进学习双链条交织的路径,通过产学研深度融合模式,使创新主体、创新链各环节边界相互拓展、相互渗透,创新活动不断突破地理与组织边界[26,29]。此外,数智产业技术还具有开放开源性、虚拟社区化、数据高度分布和平台企业高度垄断等特征,因此需要寻找机器学习、深度学习等新的路径[7]。此外,复杂技术系统的隐性知识和技术积累也非常重要,数智产业技术创新要把技术学习和自主开发有效结合[21]。

三是基于过程视角的突破路径。基于过程视角,可以将数智产业技术创新根据从技术跟随到技术领先的突破路径分为三个阶段[21,26,30]。一是"技术跟随"阶段,该阶段企业通过引进先进技术并加以本土化进行前期技术跟随,属于产业链发展路径探索期[31]。二是"技术并跑"阶段,该阶段企业结合所在市场特性,通过自主研发,开始抢占技术范式主导权[30]。三是"技术领跑"阶段,企业通过持续的研发投入、技术探索与迭代实现创新能力积累与技术知识集聚,通过创新商业化获取发展主动权和竞争优势[31]。

(2)数智技术赋能创新的机制与路径

数智技术赋能创新指在创新过程中采用数字技术和智能技术来赋能公司进行产品创新、创新过程变革、商业模式创新,以及组织模式变革等[12,14,32-34]。根据这个定义,数智技术赋能创新按照赋能的范围可以分为数智产品创新、数智过程创新、数智组织创新与数智商业模式创新。具体地,数智产品创新指对特定市场来说非常新的产品或服务是包含数智技术的,或者被数智技术支持[34];数智过程创新指数智技术的应用改善甚至重构了原有创新的流程框架[33];数智组织创新是指数智技术的应用改变了组织的形式或者治理结构[35-36];而数智商业模式创新指数字技术的嵌入改变了企业的商业模式[9]。

数智技术赋能创新包括产品创新、过程创新、组织创新和商业模式创新,其中的路径并不完全一致。

一是数智产品创新路径。数智技术改变了企业创造、交付产品和服务的方式[45],企业利用数智技术实现高度差异化和定制化产品、产品服务组合或增值服务[46]。数智技术能够使数智产品在不断的试验中快速形成、修改与重构[47],促进数智产品创新的实施。

二是数智过程创新路径。数智技术使过程创新的时间和空间边界变得模糊[33]。在数字平台生态系统中,企业选择使用开放的外部合同而不是封闭的垂直整合路径来进行创新,因而使得价值创造的轨迹从企业内部转移到外部[48]。此外,数智技术的可重新编程性使得在过程创新中出现许多衍生创新[49]。组织身份理论认为数智创新使企业将数智技术过程从边缘转向公司价值链的核心[50]。而吸收能力理论认为,数智技术广泛影响了企业在多个外部知识来源中深度搜索过程创新绩效的价值[51]。

三是数智组织创新的赋能路径。数智组织创新的核心就在于以人工智能、机器学习等为代表的智能技术改变了组织形式,进而提升了组织运营效率[33]。企业能够通过设立首席数字办公室(chief digital office, CDO)赋能创新[52-53]。Hinings 等[23]从制度视角出发,认为数智技术赋能组织创新是数智技术对组织参与者(actors)、组织结构、组织实践以及组织文化等进行综合变革的过程。

四是数智商业模式创新的赋能路径。数智技术改变商业模式有三条路径:自动化和数智增强、数智化扩展、数智转型[54]。其中,自动化和数智增强指使用数智技术增强现有商业模式;数智化扩展指企业使用数字技术支持新的业务流程进而改变原有商业模式、丰富现有活动和流程;数智转型指企业利用数智技术开发出新的商业模式以代替传统的商业模式。

(3)数智创新的变与不变

数智创新只是在创新过程中融入了数据要素和采用了数智技术,并没有改变创新的本质。故此,我们从创新活动的呈现角度(分布式创新和重组式创新),来审视数据要素和数智技术对创新活动的影响。

从分布式的数智技术赋能创新来看,由于数智技术的快速发展使得信息和知识的存储、传播速度大幅提高,交流和搜寻成本大幅降低,创新的焦点从组织内部逐渐外移到分布式的、不能预先界定的参与主体上[37-38]。因此,分布式创新中,数据信息或者知识通常是跨组织边界并且高度异质性的,为企业创新提供新的创意来源[39]。此外,搜寻和内化知识是创新开发的关键流程,而通过分布式创新系统的设计(例如界面、参与者架构和评估工具的设计)[38],数智技术可以让这个过程加速促进企业创新的开发[40]。

从重组式的数智技术赋能创新来看,数智技术的可收敛性、自生长性等特性使得企业能够通过组合不同的技术模块来进行价值创造和价值获取[41-43]。具体的重组创新过程中,Henfridsson 等[42]区分了设计重组和使用重组,前者是从资源端出发,强调通过数智技术为使用者创造出产品以提供价值。而使用重组则强调从需求端出发,通过数智技术的不同组合以产生独特的价值。此外,Carnabuci 和 Operti[44] 提出了重组使用和重组创造两个概念,前者指重新定义现有技术组合以解决新问题和开发新应用,后者则强调通过组合新技术与现有资源进而创造出新组合的过程。更为重要的是,数智技术的收敛性、自生长性均要求组织在进行创新过程中强调"场景化",即把数智技术和自身组织的价值主张、组织文化、行业背景、认知背景等结合起来。

13.5　中国企业数智创新实践

本节结合阿里巴巴和正泰两个实际案例,具体阐述中国企业如何实现数智产业的技术创新以及数智技术赋能的创新。

(1)数智产业技术创新路径:阿里云的案例

阿里云是阿里巴巴旗下全球领先的云计算及人工智能科技公司,致力于为用户提供安全、可靠的计算和数据处理服务。从最初问题频出到登顶中国云计算领域第一、世界云计算领域前三强,其发展过程是探讨数智产业关键核心技术突破路径的典型案例[55]。

2009 年成立的阿里云核心目的为摆脱国外"IOE"[IBM(国际商业机器公司)提供服务器;Oracle(甲骨文公司)提供数据库;EMC(易安信公司)提供存储设备]的桎梏。2013 年,中国本土企业首次实现 5K 云计算的"飞天"正式上线对外提供服务,中国本土云计算技术实现突破;2019 年,阿里云智能自研并发布了"含光800"AI 芯片,成为又一项重要技术突破。截至 2024 年,阿里云拥有中国唯一自主研发的计算引擎"飞天"大数据平台,有艾字节级的大数据存储和分析能力、10K(单集群 1 万台服务器)任务分布式部署和监控,有 243 个行业解决方案,37

个行业通用解决方案已服务超过 10 万家客户，并为"双 11"、春运购票等复杂场景提供服务。

在阿里云发展历程中，我们初步抽象出数智产业技术创新追赶路径（见图 13.1）。首先，数智产业技术创新基础底座建设至关重要，按照"科学—知识"的学理化过程和"知识—技术"的价值化过程，数智基础研究、知识体系、技术资源池和基础设施建设是实现数智产业技术创新追赶的基础底座架构。其次，技术、市场和制度变革机会窗口是中国数智产业技术创新追赶的基础，并利用超大规模市场优势的技术供求（系统生态位）、价格（产权制度、价值评估、交易平台）和竞争（去中心化、共享共治）等机制助力数智产业关键核心技术突破。再次，动态环境下技术体制优化与数智产业技术的动态演化是数智产业技术创新追赶的重要情境。最后，阿里云在数智技术创新驱动下形成数智产业创新链和产业链的双向融合，成为数智产业技术创新追赶的典型路径。

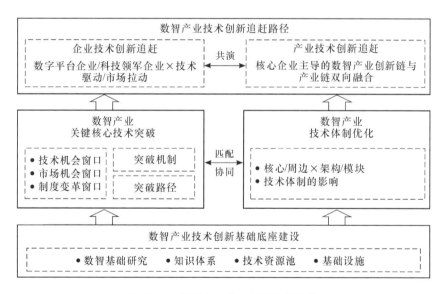

图 13.1 数智产业技术创新追赶路径

（2）数智技术赋能创新路径：正泰的案例

正泰集团股份有限公司（以下简称正泰）作为全球知名的智慧能源系统解决方案提供商，从"大数据"整合的轻量化模式入手，走出了一条数智化发展道路，是探究数智技术赋能产业技术创新的典型案例企业[56]。

正泰集团的数智技术赋能创新主要包括了三个阶段：管理要素数据化、生产智能化与组织架构平台化。

首先,正泰推动了公司实现"管理要素数据化",通过"整合管理型数据",将公司的部分要素数据化。具体而言,通过将公司的管理型数据从原有的系统中剥离出来,正泰打破了原先的信息孤岛模式,让内部管理以数据化方式呈现,并通过"正泰云"大数据平台挖掘数据的价值,实现对生产的预测、预警和自适应。通过"管理要素数据化",正泰走出了一条"轻资产转型"道路,为未来进一步深入布局智能化打下了基础。

其次,为了实现"生产智能化",正泰的工作重心聚焦在智能制造、数据物联、挖掘生产型数据的价值上。针对传统制造业企业智能化改造成本高、风险大等问题,正泰选择了将小型断路器和交流接触器这两个明星产品作为智能化改造试点,并最终取得了显著成效。同时,正泰也积极推进打造智能电气产业大脑,赋能产业集群的转型升级。通过产业大脑,参与企业能够实时查看工厂生产、设备、质量等运行情况,自动生成管理、质量、物流等智能化数据分析,帮助供应链实现数智化转型(见图13.2)。

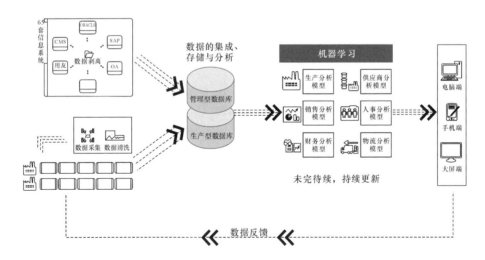

图 13.2　正泰大数据平台运行逻辑

最后,在"组织架构平台化"方面,正泰打破了原有的科层制组织架构,参考了华为的架构与阿里巴巴的中台战略,边摸索边修订地逐渐搭建起"后台、中台、前台"相互协作的组织框架。在该框架中,委员会和共享中心组成了"稳后台";专业市场、传统市场与新兴市场业务共同组成了"强前台";业务中台与数据中台形成了链接前后台的"大中台"。组织架构的变动让正泰克服了流程烦琐、信息流隔断等"大企业病",实现了从一个传统制造企业到工业领域数智化建设先行者的转变。

正泰集团数智化转型历程展现了一个成功的数智技术赋能产业技术创新的过程,并利用数智技术开展产品、流程、组织和商业模式创新。这为制造企业提供了一条利用数智技术赋能产业技术创新的可借鉴路径。

13.6 总 结

伴随数智技术的发展,数据之于产业和企业的竞争越来越重要,数智创新作为一个新的创新概念被建构出来,数据要素和数智技术应用是该概念的内核。由此,数智创新天然地存在于两个前提假设之上,一是数据是一种全新的生产要素,二是对数据创新利用能够为产业和企业带来新的价值和竞争优势。

数智创新包含了两大核心逻辑:数据要素化和数据价值化。数据要素化就是要建构起数据要素化逻辑链,即从数据获取、数据属性、数据清洗、数据结构到数据应用的过程链条,使原始数据成为生产要素。数据价值化就是要建构起数据价值化逻辑链,即通过从数据结构化、数据可评估、数据可交易、数据资本化到价值可分配的全过程解析,使数据转化为创新价值。

作为一种新的创新范式,数智创新的研究目前主要停留在数智创新的机制和路径的探讨上。分析相关研究,可以发现数智创新的研究可以区分为创新生态系统理论、制度理论和知识管理理论三个理论流派。对此,本章分别从这三个理论视角就数智产业技术创新和数智技术赋能创新的机制和路径展开了介绍。值得一提的是,尽管数据要素驱动和数智技术应用改变了创新的机制和路径,但并未改变创新的本质,其在创新呈现上仍旧可以区分为分布式和重组式创新。

数智技术的飞速发展,催生了数智创新的广泛实践。中国作为互联网大国,无论是消费互联网还是工业互联网,每天大量的线上活动都产生了大量的数据。但也要看到,尽管超大规模的数据是我们的优势,然而如何真正使用这些数据,推动我国从数据大国迈向数据强国,这对创新学者提出了极高的要求。对此,我们也呼吁更多研究学者一起加入这个方向研究,共同构建基于中国本土数智创新实践的创新理论,为世界创新理论贡献中国智慧。

参考文献

[1] Henfridsson O，Nandhakumar J，Scarbrough H，et al. Recombination in the open-ended value landscape of digital innovation[J]. Information and Organization，2018，28（2）：89-100.

[2] Holmström J. Recombination in digital innovation：Challenges，opportunities，and the importance of a theoretical framework[J]. Information and Organization，2018，28(2)：107-110.

[3] Divaio A，Palladino R，Pezzi A，et al. The role of digital innovation in knowledge management systems：A systematic literature review[J]. Journal of Business Research，2021，123：220-231.

[4] 时建中. 数据概念的解构与数据法律制度的构建[J]. 社会科学文摘，2023(5)：118-120.

[5] 魏江,刘嘉玲,刘洋. 新组织情境下创新战略理论新趋势和新问题[J]. 管理世界，2021，37(7)：182-197+13.

[6] 唐要家，唐春晖. 数据要素经济增长倍增机制及治理体系[J]. 人文杂志，2020(11)：83-92.

[7] 魏江，刘洋. 数字创新[M]. 北京：机械工业出版社，2020.

[8] Lyytinen K. Innovation logics in the digital era：A systemic review of the emerging digital innovation regime[J]. Innovation，2022，24(1)：13-34.

[9] Ciriello R F，Richter A，Schwabe G. Digital innovation[J]. Business & Information Systems Engineering，2018，60：563-569.

[10] Fitzgerald M，Kruschwitz N，Bonnet D，et al. Embracing digital technology：A new strategic imperative[J]. MIT Sloan Management Review，2014，55(2)：1.

[11] Yoo Y，Boland J R R J，Lyytinen K,et al. Organizing for innovation in the digitized world[J]. Organization Science，2012，23(5)：1398-1408.

[12] Bharadwaj A，Elsawy O A，Pavlou P A,et al. Digital business strategy：Toward a next generation of insights[J]. MIS Quarterly，2013：471-482.

[13] Hanelt A，Bohnsack R，Marz D，et al. A systematic review of the literature on digital transformation：Insights and implications for strategy and organizational change[J]. Journal of Management Studies，2021，58(5)：1159-1197.

[14] Yoo Y，Henfridsson O，Lyytinen K. Research commentary：The new organizing logic of digital innovation：An agenda for information systems research[J]. Information Systems Research，2010，21(4)：724-735.

[15] Rindfleisch A，O'hern M，Sachdev V．The digital revolution，3D printing，and innovation as data[J]．Journal of Product Innovation Management，2017，34(5):681-690.

[16] Igna I，Venturini F．The determinants of AI innovation across European firms[J]．Research Policy，2023，52(2):104661.

[17] Teece D J．Profiting from innovation in the digital economy: Enabling technologies，standards，and licensing models in the wireless world[J]．Research Policy，2018，47(8): 1367-1387.

[18] Meeteren V M，Trincado-Munoz F，Rubin T H，et al．Rethinking the digital transformation in knowledge-intensive services: A technology space analysis[J]．Technological Forecasting and Social Change，2022，179:121631.

[19] 孟庆时，余江，陈凤，等.数字技术创新对新一代信息技术产业升级的作用机制研究[J].研究与发展管理，2021，33(1):90-100.

[20] 杜丹丽，简萧婕，赵丹.中国数字技术创新与数字经济发展耦合协调度研究[J].科技进步与对策，2023，40(22):1-11.

[21] 柳卸林，葛爽.中国复杂产品系统的追赶路径研究——基于创新生态系统的视角[J].科学学研究，2023，41(2):221-229.

[22] 谭劲松，赵晓阳.创新生态系统主体技术策略研究——基于领先企业与跟随企业的演化博弈与仿真[J].管理科学学报，2022，25(5):13-28.

[23] Hinings B，Gegenhuber T，Greenwood R．Digital innovation and transformation: An institutional perspective[J]．Information and Organization，2018，28(1):52-61.

[24] Karahanna E，Chen A，Liu Q B，et al．Capitalizing on health information technology to enable digital advantage in US hospitals[J]．MIS Quarterly，2019，43(1):113-140.

[25] 郑刚，邓宛如，胡珊.创新者的"模仿"？在位企业反应型知识搜寻[J].科学学研究，2021，39(4):652-661.

[26] 李显君，熊昱，冯堃.中国高铁产业核心技术突破路径与机制[J].科研管理，2020，41(10):1-10.

[27] Debackere K，Veugelers R．The role of academic technology transfer organizations in improving industry science links[J]．Research Policy，2005，34(3):321-342.

[28] 梅亮，陈劲，刘洋.创新生态系统:源起、知识演进和理论框架[J].科学学研究，2014，32(12):1771-1780.

[29] 胡旭博，原长弘.关键核心技术:概念,特征与突破因素[J].科学学研究，2022，40(1):4-11.

[30] 胡登峰，黄紫微，冯楠，等.关键核心技术突破与国产替代路径及机制——科大讯飞智能语音技术纵向案例研究[J].管理世界，2022，38(5):188-209.

［31］吴晓波，张馨月，沈华杰.商业模式创新视角下我国半导体产业"突围"之路［J］. 管理世界，2021，37(3):123-136＋9.

［32］Fichman R G，Dossantos B L，Zheng Z. Digital innovation as a fundamental and powerful concept in the information systems curriculum［J］. MIS Quarterly，2014，38(2):329-A15.

［33］Nambisan S. Complementary product integration by high-technology new ventures: The role of initial technology strategy［J］. Management Science，2002，48(3):382-398.

［34］刘洋，董久钰，魏江. 数字创新管理:理论框架与未来研究［J］. 管理世界，2020，36(7):198-217＋219.

［35］Su Z，Wei J，Liu Y. Digital industrial platform development: A peripheral actor's perspective［J］. Technological Forecasting and Social Change，2023，194C:122683.

［36］LakhanI K，Panetta J. The principles of distributed innovation［M］//Successful OSS Project Design and Implementation. London: Routledge，2016:7-26.

［37］Sawhney M，Prandelli E. Communities of creation: managing distributed innovation in turbulent markets［J］. California Management Review，2000，42(4):24-54.

［38］Kornberger M. The visible hand and the crowd: Analyzing organization design in distributed innovation systems［J］. Strategic Organization，2017，15(2):174-193.

［39］Franke N，Hippel von E. Satisfying heterogeneous user needs via innovation toolkits: The case of Apache security software［J］. Research Policy，2003，32(7):1199-1215.

［40］BOGERS M，WEST J. Managing distributed innovation: Strategic utilization of open and user innovation［J］. Creativity and Innovation Management，2012，21(1):61-75.

［41］Svahn F，Mathiassen L，Lindgren R. Embracing digital innovation in incumbent firms［J］. MIS Quarterly，2017，41(1):239-254.

［42］Henfridsson O，Nandhakumar J，Scarbrough H，et al. Recombination in the open-ended value landscape of digital innovation［J］. Information and Organization，2018，28(2):89-100.

［43］Mangematin V，Sapsed J，Schüssler E. Disassembly and reassembly: An introduction to the Special Issue on digital technology and creative industries［J］，Technological Forecasting and Social Change，2014，83:1-9.

［44］Carnabuci G，Operti E. Where do firms' recombinant capabilities come from? Intraorganizational networks，knowledge，and firms' ability to innovate through technological recombination［J］. Strategic Management Journal，2013，34(13):1591-1613.

［45］Piening E P，Salge T O. Understanding the antecedents，contingencies，and performance implications of process innovation: A dynamic capabilities perspective［J］. Journal of Product Innovation Management，2015，32(1):80-97.

[46] Liu Y, Dong J, Mei L, Shen R. Digital innovation and performance of manufacturing firms: An affordance perspective [J]. Technovation, 2023, 119:102458.

[47] Srivardhana T, Pawlowski S D. ERP systems as an enabler of sustained business process innovation: A knowledge-based view[J]. The Journal of Strategic Information Systems, 2007, 16(1):51-69.

[48] Parker G, Van Alstyne M, Jiang X Y. Platform ecosystems: How developers invert the firm[J]. MIS Quarterly, 2017, 41(1):255-266.

[49] Nylén D, Holmström J. Digital innovation in context: Exploring serendipitous and unbounded digital innovation at the church of Sweden[J]. Information Technology & People, 2019, 32(3):696-714.

[50] Obwegeser N, Bauer S. Digital innovation and the becoming of an organizational identity [C]//HCI in Business, Government, and Organizations: eCommerce and Innovation: Third International Conference, HCIBGO 2016, Held as Part of HCI International 2016, Toronto, Canada, July 17-22, 2016, Proceedings, Part I 3. Springer, 2016:556-564.

[51] Trantopoulos K, Krogh von G, Wallin M W, et al. External knowledge and information technology[J]. MIS Quarterly, 2017, 41(1):287-300.

[52] Sia S K, Soh C, Weill P. How DBS bank pursued a digital business strategy[J]. MIS Quarterly Executive, 2016, 15(2).

[53] Weill P, Woerner S. Surviving in an increasingly digital ecosystem [J]. MIT Sloan Management Review, 2018, 59(2):26-28A.

[54] Li Y, Dai J, Cui L. The impact of digital technologies on economic and environmental performance in the context of industry 4.0: A moderated mediation model[J]. International Journal of Production Economics, 2020, 229:107777.

[55] 郑刚,林文丰.天空中飘来一朵"阿里云":中国自主云计算技术如何从0到1[R].中国管理案例共享中心,2020.

[56] 应瑛,张晓杭,孔小磊,等.制度视角下的制造企业数字化转型过程:一个纵向案例研究[J].研究与发展管理,2022,34(1):8-20+106.

第三部分

中国技术创新体系构建：
产业、区域与国家

>>>>>>>

14 产业创新体系

蔡 宁

14.1 引 言

创新是驱动产业核心竞争力提升的重要力量,但创新成效在不同产业之间差异极大[1-4]。将全世界产业创新活动进行静态比较会发现,差异最明显的是生物医药业和服务业。驱动生物医药业创新的是大企业的研发机构或者科研院所,而驱动服务业创新的更多是用户的需求。通信设备和医药产业均属高新技术产业范畴,但是在我国,通信设备产业在发明专利申请量和拥有量、人均产值及总产值方面明显超过医药产业[5]。毫无疑问,探讨产业间创新活动差异,关注由产业创新活动的知识基础、参与主体、网络关系以及制度环境所构筑的产业创新体系(sectoral system of innovation)[1,4-7],即产业技术创新体系①,对于进一步提升我国产业核心竞争力,建设现代产业体系具有重要的价值。

本章第 14.2 节主要介绍产业创新体系的理论根基、内涵与研究流派以及构成要素。第 14.3 节从产业创新体系构成要素出发,分析产业创新体系演化的四大驱动力:学习方式与核心能力、创新网络、用户需求与产品使用以及制度环境。上述两小节构成产业创新体系的基础理论,在此基础上我们进一步分析产业创新体系的边界,并描述中国的实践案例。第 14.4 节分析跨区域与特定空间的产业创新体系。其中在讨论跨区域的产业创新体系时,我们分别选取生物医药业、装

---

① Malerba 和 Adamas[4]用产业创新体系(sectoral system of innovation)强调创新的部门特征,而非相似商业领域或活动的企业聚合在一起创新所构成的体系(industrial innovation system)。但我国学者一般将二者均翻译为产业创新体系[3],或产业技术创新体系[8]。本章在概念内涵和研究流派部分,对此将做进一步阐释。

备制造业和服务业等三类差异较大的产业作为比较对象,分析三大产业创新体系构成要素的差异;而在讨论特定空间的产业创新体系时,则关注产业在地理上的集聚,以及由此而引致的特定空间上产业创新体系的特征。在第14.5节我们基于产业创新体系的基础理论,对中国环保产业和纺织产业创新的实践案例进行了分析,以阐明跨区域与特定空间产业创新体系的构建。在第14.6节,我们结合过去和当下产业创新体系的前沿实践,提出具有普遍意义的结论和未来研究方向。

14.2 产业创新体系的内涵与构成要素

(1)产业创新体系的理论根基

产业创新体系的基本内核直接萌芽于创新系统理论,得益于演化经济学、创新分类理论等思想的启发,产业创新体系在创新阶段演化差异和驱动要素、创新活动类别等方面得到不断完善,如表14.1所示。创新系统理论直接为产业创新体系提供了一个基础分析框架,涵盖创新主体多元特征、互补依赖的主体间关系,以及主体间的互动方式的研究。根据创新系统理论,产业创新不是由企业独自完成,而是产生于企业与非企业组织(如大学、研究中心、政府和金融中介等)之间基于互补依赖的合作、学习等互动过程[9-10]。虽然创新系统理论也讨论了公共政策、制度设计等制度环境对企业与非企业互动过程的影响[10-12],但是有关二者互动机制的解释,特别在行为主体认知受产业知识基础、特定技术以及制度情境等因素影响下二者互动所呈现的复杂机制解释上,演化经济学的研究更有解释力[13-14]。

表 14.1　产业创新体系的三大理论来源

理记来源	创新系统理论	演化经济学	创新分类理论
理论起点	多元创新主体:企业与非企业组织(如大学、研究中心、政府和金融中介等) 主体间关系:互补依赖 主体间互动方式:相互合作、学习	阶段演化:产业创新要素多样性生成和筛选过程 驱动因素:产业知识基础和特定技术、创新主体的学习和核心能力,以及动态变化的制度环境及其影响	静态情境:Pavitt 四分类 动态情境:熊彼特的创新生命周期过程

来源:本章作者整理。

演化经济学为理解产业创新体系的动态演化及其驱动力提供了深刻见解。

演化经济学认为,产业创新体系是通过多样性生成和筛选过程不断演化的[6]。这里的多样性是指产业内部的知识和技术差异、不同类型的企业与非企业组织及其行为模式的多样,而生成和筛选过程分别是多样性涌现和删减的过程。以化学制品产业为例,新技术的出现促使高等院校新增相关学科和院系[15]。反之,技术的淘汰也会导致高等院校对现有学科和院系进行适应性调整。在演化经济学看来,这背后的推动力来自产业的知识基础和特定技术、企业与非企业组织的学习和核心能力,以及不断变化的制度环境及其影响[16-17]。

创新分类理论为划分产业创新体系中的创新活动提供了有益的启发。鉴于不同产业及其发展阶段中创新活动的显著差异,划分创新活动有助于进一步明确具体情境下不同构成要素间的互动机制。静态情境下,对产业创新活动最具影响力的分类是 Pavitt 四分类[18],这一划分基于创新的来源与其独占性,将创新活动分为供应主导型产业(如服务业)、规模密集型产业(如汽车业)、专业设备供应产业(如设备制造业)、基于科学研究的产业(如制药业)。动态情境下,对产业创新活动划分影响较大的主要是基于熊彼特的创新生命周期过程[19]。该过程涵盖两个阶段:产业创新活动早期阶段和成熟阶段,在两个阶段中与创新活动相关的知识变化速率、进入门槛高低、创新者类型、学习曲线等均存在显著差异。

(2)产业创新体系内涵与研究流派

产业创新体系(sectoral system of innovation)是以特定或新出现的创新活动为核心,由其关联产品或服务统合一系列具有共同知识或技术、参与行动的主体,他们之间的互动网络以及制度等要素,形成由要素及其互动机制所构成的复杂系统[1-4,6,20]。尽管众多的学者都在关注产业创新体系,但由于研究视角的差异,理论研究领域存在两类大相径庭的流派(见表 14.2),一类沿着行业(industry)展开,另外一类沿着部门(sector)展开①。二者对创新活动的分类基本保持互相认同,但是在创新活动的分析思维和范围、产业创新体系的构成要素及其边界等方面保持较大的分歧。具体如下。

---

① 在英文语义上,部门(sector)是"组成"的概念,从经济体系看,部门的范围大于行业(industry);行业(industry)是由从事相似商业活动的企业组成的产业,如建筑业、制造业、零售业、娱乐业、金融业。

表 14.2　产业创新体系两大研究流派的异同比较

		行业（industry）研究	部门（sector）研究
创新活动	活动类别	双方基本均认同各自对创新活动类型的划分，例如高技术产业与低技术产业、熊彼特Ⅰ类与Ⅱ类产业、技术净供应与净使用产业、Pavitta 四分类产业	
	分析思维	从事创新的企业构成的链条	从事创新的多元主体构成的复杂系统
	分析范围	关注技术创新、产品设计与开发	基础科学研究、技术创新、产品设计与开发整个过程
构成要素	行动主体	主要强调企业	企业与非企业组织
	互动关系	关注合作	关注合作，更强调协同
	制度要素	重点关注产业政策要素	考虑更一般的制度要素
产业创新体系边界		相对静态考察	相对动态考察
		产业间：技术、需求以及沉没成本	产业间：知识和学习、主体和网络以及制度
典型代表学者		Utterback、Abernathy 等	Malerba、Christensen 等

来源：本章作者整理。

　　行业研究流派的学者持相对朴素的链式分析思维[21-23]，认为产业创新体系就是由从事创新的企业连成的链式系统。因而创新活动的分析范围就应该仅仅关注与企业相关的技术创新、产品设计与开发等内容，而不应该涵盖基础科学研究的内容。沿着这一分析思路，学者们将企业视为创新的唯一主体，而产业创新体系被解构为由企业间合作及其互动关系、制度等要素构成的体系。在探讨创新主体的互动关系时，研究者们关注主体间的合作，如企业为攻克某项产业共性或关键技术建立的企业间战略合作网络[24]。与此同时，行业研究流派的学者们也对外部环境中的产业政策的控制和激励措施如何影响产业创新活动本身、企业间互动方式，以及产业创新体系边界及其内部阶段演化进行了讨论。其中，做出重要贡献的当属 Utterback 和 Abernathy[25] 提出的"U-A"模型，以及 Massa 和 Tucci[26] 所提出商业模式创新是对"U-A"模型的下一阶段产业创新活动的延展。

　　与之对应的，部门研究流派的学者持复杂系统分析思维，认为产业创新体系是由从事创新活动的多元主体构成的复杂系统[1-4,6,20]。这正是本章所强调的产业创新体系范畴。正如上一节所阐释的内容，该研究流派的学者从创新系统理论出发,强调产业创新活动的行为主体不仅是企业,也应该关注非企业组织,尤其是高等院校、科研院所等。也正因此,部门研究流派将行业研究流派所忽视的基础科学研究纳入了分析框架中。由此,产业创新体系构成要素被解构为多元主体及其互动关系、制度等要素。需要强调的是,由于将非企业组织纳入创新主体分析后,该流派的学者虽然也关注合作[27],但更强调主体间的协同,典型的合作形式就是产学研合作网络[28-29]。进一步,由于多元主体在信仰、认知等各方面存在差异,对产业创新活动中的制度分析从关注产业政策放松至更具一般性的制度性要素,如规制、规范以及认知合法性等。由于创新活动分析范围更加广泛、构成主体更加多元、制度因素更加多样,因而部门研究流派中有关产业创新体系的边界分析更加复杂,学者们也不再仅关注产业中的技术和需求等因素,在演化经济学中阶段动态思想的指引下,转而研究组织多样性生成和筛选的过程[6]。

(3)产业创新体系的构成要素

根据上述内涵,虽然不同细分产业的创新存在极大的差异,但是产业创新体系的基本构成要素并未改变,这些要素涉及:知识基础和特定技术、创新主体、关系网络,以及与产业创新活动相关的制度环境(见图 14.1)。

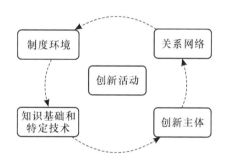

图 14.1 产业创新体系的构成要素

来源:基于 Malerba 和 Adamas[4]和结合我国产业创新体系实践修改。

①知识基础和特定技术

知识基础和特定技术在产业创新体系中扮演核心角色[20],决定了产业的性质、组织形式以及边界的变化[7]。不同的产业创新活动依赖于知识基础或特定技术[4,20],主要包括已被编码化的显性知识或技术,以及尚未被编码化但内嵌于具体个体或组织内部的隐性知识或技术。以集成电路产业中的封装技术[30]为例。该技术是集成电路产业区别于其他产业的特有技术之一,其先进与否直接影响集成电路的电、热、光和机械性能,并且决定电子产品的大小、重量、应用方便性、寿命、性能和成本[31]。该技术涉及的特定专利技术,涵盖引脚插入式封装、尺寸贴片封装、表面贴片封装等①,属于已经被编码化的显性知识。而如何利用上述专利解决封装过程中的具体问题,则依赖于每位一线员工的隐性封装技巧。

产业知识基础和特定技术的形成与发展涉及获取和积累两个过程[4,20]。知识获取程度与创新主体接触到的机会[32]密切相关。一般而言,创新主体接触到知识的机会越多,能够获取的知识就越多[33-34]。普遍认为,创新战略联盟[33]、产学研合作[28,35]等方式有助于创新主体增加自身接触知识的机会。但是,创新主体能否消化吸收、再生成新知识,则依赖于自身的吸收能力[36]和特定的学习方式(尤其是解构与重构两种学习方式[37])。这一过程就是知识积累[32]。以我国空分产业中乙烯冷箱②的产品设计与制造的知识获取和积累为例[37]。该产品技术就主要是由我国空分设备龙头企业——杭氧集团股份有限公司(以下简称杭氧)在现有吸收能力基础上,把复杂的知识或技术逐级降维成若干现有吸收能力条件下就能运用的知识或技术,并结合本地特定需求进行适应性改进,渐进掌握的。整个过程,杭氧首先以产品设计解构者参与一项联合技术攻关的反向工程项目,从而接触到乙烯冷箱产品相关知识;其次,通过为国内外石化企业供应定制化产品备用件,消化吸收设计和制造相关的知识和技术;最后,在进口设备替代政策支持下,通过供应全套设备完全掌握了乙烯冷箱系统制造相关的知识。

产业知识基础和特定技术的形成与发展离不开知识的流动,产业创新活动相关的知识流动依赖于知识溢出效应[38-39]。知识溢出用于描述产业创新活动生成知识过程中产生的外部性现象[38],它是指产业创新主体创造的知识或技术能够促进产业内其他主体的创新活动。此效应源于创新主体之间直接或间接、有意或无意地沟通、交流和合作,进而促进了知识或技术在产业内扩散。按照知识的类型不同,知识溢出大致可以分为两种类型:能够被编码、记录的显性知识更可能通过间接溢出效应促进知识或技术在产业内的流动,如产业内关键核心技术的专利应用、科技成果转化等;难以被编码、记录的隐性知识嵌入特定个体或组织中,只能通过直接溢出效应促进知识或技术在产业内的流动,如产业内劳动力市场、产

---

① 2022 年度中国集成电路行业知识产权年度报告:http://www.ssipex.com/view_detail129.html。

② 在产品原料混合气的分离过程中,低温分离是所有工艺都必须采用的方法。乙烯冷箱就是进行低温分离的主要设备之一。

业技术创新战略联盟等。这一过程在产业创新活动的空间聚集中特别明显,我们会在探讨产业创新体系的空间边界时进一步阐述。

②创新主体:创新活动的行动者

产业创新体系中的主体与创新活动相对,是指具有特定目标、能力、组织结构和行为方式的异质性的个体或组织[1,4,20]。主要包括企业、高等院校、科研机构、科技中介、金融机构、政府组织、用户等。根据这些主体在产业创新活动中扮演的功能和角色不同,大致可以将其划分为核心主体和参与主体两种类型。

创新的核心主体也被称为创新供给主体[1],是指在产业创新体系中扮演关键角色的个体或者组织,其活动直接针对新知识创造、新技术开发和新产品商业化,直接影响产业创新活动的方向和速度。这些主体通常包括企业、高等院校和科研机构。其中,企业不仅直接开展产业关键技术或共性技术的研发活动,而且直接负责创新活动成果的工程化、产业化以及商业化;高等院校主要进行基础理论研究、前沿科技探索,并为创新活动培养人才;科研机构则以产业发展需求为导向,主要进行应用研究和技术开发。以我国移动通信产业为例,该产业的创新技术主要集中于华为、中兴通讯等超大型企业,这些企业拥有相关专利总计超过 9.6 万件①,并带动了系统设备和终端设备的产业化。产业内其他企业在产业技术创新中也具有不可或缺的作用,如海信在 4G 终端整机开发上拥有多项技术专利,而展讯、联芯借助于所掌握的多模多频芯片技术,打破了高通在这方面的垄断。高等院校和科研院所不仅在人才培养,而且在部分创新点上发挥了重要作用,其中以北京邮电大学泛网无线通信教育部重点实验室、东南大学移动通信国家重点实验室、清华大学无线与移动通信技术研究中心等为典型代表。由于企业、高等院校和科研机构受到特定的信念、目标、能力以及学习方式等因素影响[1,4,6,20],它们需要彼此展开沟通与合作,才能获取创新的互补资源和能力、降低研发过程的交易成本以及增强创新协同。其中,最为普遍的合作形式是产学研合作(如我国移动通信产业中的 TD 产业联盟),我们将在后续的主体间网络关系部分做着重介绍。

创新的参与主体指在产业创新体系中扮演辅助或支持角色的个体或者组织。虽然参与主体并不直接进行知识创造或技术开发,但是为产业创新活动顺利进行

---

① 数据时间截至 2013 年。

提供了必要的支持和服务。这些参与主体通常包括技术中介、金融机构、用户以及政府单位等。其中,技术中介机构在创新知识和技术的供需双方之间牵线搭桥,助推创新活动相关的知识和技术进行评估、流动、交易和转化。例如,浙江省现代纺织工业研究院(以下简称浙纺院)在绍兴纺织产业升级过程中,整合大学、科研机构和企业等技术力量,为纺织企业技术能力升级提供技术服务[40]。而金融机构则在产业创新活动中发挥催化剂的作用,这些机构通过风险投资、项目融资等服务为核心主体的研发活动提供重要的资金支持并分担失败的风险。如在集成电路产业中,产业基金、风险投资等融资方式成为支持该产业共性技术和关键技术研发与产业化的重要金融支持。产业创新活动的有利外部环境主要是由政府提供的,政府通过制定政策、制度和规划,提供研发基础设施等,激发各类创新主体参与创新活动的积极性,推动产业创新活动的顺利开展。

③关系网络:主体间关系

产业创新体系中的网络是促进知识在创新主体间共享、流动和交换的关键渠道。通过沟通、交换、合作等市场与非市场的活动进行互动,创新主体间形成松散耦合的创新网络,有效支撑了产业创新活动的开展。由于创新主体受制于特定的信念与目标、有限的资源与能力以及不同的学习方式等因素[1,4,6,20],无法完全依赖自己从事知识与技术的创造、成果转化,需要与其他主体合作完成创新活动,从而获取合作收益。企业出于获取互补性研究成果、探索新技术领域、开发新产品、吸引重要科研人才以及提升自身创新能力等目的,与高等院校、科研院所进行交流与合作;而高等院校和科研院所也会从合作中获得研究经费与支持,或推进研究成果的转化,或推动在新领域内进一步探索。通过合作,企业与高等院校、科研机构等创新主体构成了产业创新体系中最基本的合作网络——"产学研"合作网络[29,41]。更广泛的产业创新主体间的网络是在"产学研"合作网络基础上,其他参与主体也进入其中,形成"政产学研用"[42]合作网络,其中以产业技术创新战略联盟、政府支持的制造业创新中心等形式最为典型。

产业技术创新战略联盟是政府推动的[43-46],由企业、高等院校、科研机构或其他组织机构,共同进行产业技术创新,突破产业共性或关键技术的合作网络。该合作网络内部具有权责利明确分工的组织结构体系[43],并且契约关系受到法律约束和保障[44]。以闪联产业技术创新战略联盟为例[43]。该联盟由信息产业部(今工业和信息化部)科技司领导,实行组长负责制,下设秘书处、专家委员会、策略联盟组、技术组、知识产权组、认证组以及市场推广组,目标是共同做好闪联标准研究与制定工作。截至 2020 年底①,我国已有三批共 146 家国家级试点产业技术创新战略联盟。而制造业创新中心是在政府支持下,以企业为主体,联合大学、科研院所等产业创新体系各类主体,围绕产业技术知识开发、转移与扩散的创新网络,它是推动制造技术创新活动加速开展并商业化的创新网络。2016 年以来,我国围绕新一代信息技术、机器人等 36 个重点领域,在全国批复认定了 26 家国家级制造业创新中心②。制造业创新中心不仅在我国存在,欧美也有类似机构[47]。

④制度环境:协调主体关系和资源配置

产业创新体系中的制度是一系列支撑和影响创新主体行为与关系、资源配置的正式与非正式规则,包括产业政策、法律法规、流程标准、行为模式等[4,20,48]。因为这些正式与非正式的规则构成了创新主体的行动框架,影响产业创新活动相关知识与技术的产生、扩散、吸收和利用。如认知合法性为进行新型创新活动的企业提供身份和行为模式等方面的合法性[49],从而帮助它们从高等院校、科研机构等获取产业关键技术相关的前沿知识和高素质研发人才[48]。

一般而言,产业创新活动的主体关系和资源配置可由市场机制进行协调,但是市场机制并不总是有效,需要在制度安排与建设等方面进行补充[48],包括知识产权制度、创新融资制度以及人才教育与培养制度。一是知识产权制度。该制度与产业创新活动的知识或技术相关,通过提供法律保护,确保创新活动相关的知识和技术成果能够被发明者控制和利用,以直接激励创新主体进行资源投入。在一些特定的产业中,知识产权保护还有利于知识和技术的共享。如生物医药产业中建立在专利保护基础上的专利付费有助于促进医药研发成果在不同企业间的流动。二是创新融资制度。该制度与产业创新活动的资源配置紧密相连,通过公开并透明化创新活动的相关信息,确保创新融资获得的资源能够被监督并被有效地投入创新活动中。该制度为外部利益相关者提供了相应的权益保障,也将鼓励更多投资者提供资金支持。三是人才教育与培养制度。该制度与人力资源供给相关,面向特定产业设置的人才教育与培养制度,会极大地影响创新主体的研发投入策略。如德国一些产业(如汽车、机床和仪器仪表等)所获得的相对优势就与

---

① 数据来源:中国产业技术创新战略联盟官网(http://www.citisa.org/)。

② 数据来源:http://www.niiddm.com/View/NewsDetail.aspx? id=1594。

德国职业教育制度息息相关。除此之外,人才资源的流动市场对于产业创新活动也至关重要。目前存在两种典型的人才资源流动方式:美国依赖组织外部市场劳动力流动来获取创新相关人才的流动;德国和日本通过与组织签订长期合约并进行内部培养的方式获得创新相关人才的流动。

目前,国际上产业创新制度存在两种比较典型的模式:英美模式与欧洲大陆模式。英美模式针对突破性产业创新,更加关注实验室处于研究状态的萌芽技术(如 IT 产业)。在该制度模式下,知识产权制度是为保障创新者所有的商业利益而设计的,因而对尚未上升到技术发明的科学发现也会授予专利。同时,因为突破性产业创新的研发风险较高,既为了保障创新融资的外部投资者利益不受损,也为了提高创新融资的成功率,公司创新活动的治理强调股东权益至上。除此之外,该制度模式通过构建流动高效的人才市场,为创新主体提供特定技能的人才资源。然而,与之对应的欧洲大陆模式却针对渐进性产业创新,更加关注在现有技术基础上做增量改进的技术(如机床产业)。该制度模式认为,创新应该与企业特定能力相关而不是对知识产权的占有,因而视知识和技术为产业内的公共物品,强调只有明确的发明才能被授予专利。同时,因为渐进性产业创新的研发有一定规律可循,风险相对较低,所以公司创新活动的治理让位于内部人,并且在人才资源的获取上也更重视内部培育。

14.3 产业创新体系的演化动力

基本要素及其关系区分了不同细分产业,如果将视线聚焦在产业创新活动的时间维度,我们会观察到上述要素及其关系存在显著的阶段差异[4,6,27]。Christensen 等[27]基于视听消费电子产业创新活动的研究,将产业创新体系划分为开拓阶段和成熟阶段。前一阶段,产业内的创新主体抱团合作共同推动技术走出实验室并进行商业化。后一阶段,产业内的创新主体拔刀相向、争相倾轧,进行战略博弈。我们并不去细究产业创新体系演化应该是两阶段还是三阶段,或一浪潮接一浪潮,而是聚焦更具有一般性色彩的演化动力。因此,我们基于创新相关的知识视角,将产业创新体系演化的动力概括为:多元主体的学习和吸收能力、主体间的创新网络、市场需求与产品使用以及制度环境等[4,6]。

多元主体的学习和吸收能力决定产业创新体系演化的知识基础。创新主体通过经验与观察学习[50]、解构与重构学习[37]等方式组织学习,获取了自身需要但不具有的多样性知识,并通过吸收能力将这些获取到的知识进行消化吸收、整合,再应用至创新活动的研发设计、生产制造等多样的环节中,从而形成能够补充产业创新体系知识基础的新知识,推动知识基础的横向扩展和纵向深化。

创新网络为产业创新体系演化提供知识流动的渠道。创新主体并非拥有创新活动所需的所有知识,需要利用创新网络的知识溢出和转移等机制,获取其他主体掌握的通用知识或互补知识,共同推动创新活动的开展。虽然研究发现创新网络的密度、中心性以及对等性等结构特征在不同类型的知识(如显性与隐性知识)的流动方面具有较大的差异性[51-52],但是毫无疑问的是,产学研合作[28-29]、战略联盟[24]、产业集群[53-55]等创新网络的存在为产业创新体系演化提供了知识流动的渠道。

市场需求和产品使用是产业创新体系演化的知识源。一方面,用户需求及其影响能力存在异质性,甚至在某些特殊情况下,用户需求蕴含了丰富的创意信息,推动了产品和工艺的改进或定制化生产,由此产生了新的知识,补充并扩展了产业创新体系的知识基础。另一方面,新产品市场化应用的信息反馈,又激发了创新过程中的新知识生成。需求侧推动的产业创新越来越受到重视[56-57]。以化妆品产业为例,目前欧美一些护肤品的研发和制造,可以说几乎完全是基于用户个性化皮肤数据支撑的[58]。当然,在某些特定产业中,当用户可能通过产品改进使产品性能大幅领先市场时,用户极有可能采取自创业形式将新颖产品商业化,进而推动产业创新体系演化。

制度中规则、规范和认知合法性的变化,影响了产业创新体系中技术变革的速度、参与者创新的行为及其结果。产业创新体系演化涉及的制度类型和性质并不一样。以医药和软件产业为例,两个产业在知识产权保护制度、专利保护等方面差异显著。在医药产业,创新保护高度依赖专利制度,创新主体通常采用积极的专利策略,保护涵盖了关键成分、生产工艺、用途等专利,并进行广泛的专利布局,形成所谓的"专利壁垒"。相反,软件产业的创新保护更加多元,除专利保护外,还包括版权保护、商业秘密保护等。同时,创新主体会考虑到软件专利申请难度、成本以及潜在的诉讼风险,因而会更加谨慎地利用专利保护,从而更可能采取快速迭代产品、利用开源模式和商业秘密等策略进行竞争。此外,需要强调的是,国家法律和法规的差异也会导致产业创新体系演化存在国别差异。以美国的发明优先制(first-to-invent)和日本的注册优先制(first-to-file)为例。这是两种不同的知识产权保护制度,对两国的产业创新有着显著的影响。美国的发明优先制可能鼓励更多的开放式创新,因为即使信息被公开,只要能证明其是第一个发明者,仍然有机会获得专利授权。而日本则将专利授权于首位提交专利申请的个人或组织。这可能导致创新的专利被刻意隐藏,以避免竞争对手抢先申请专利。

14.4 产业创新体系的边界:跨区域与特定空间

知识基础和特定技术、创新主体、关系网络及其制度环境决定了产业创新体系的形成和演变,当产业创新体系的主要构成要素表现为跨空间或者地理集聚特征时,产业创新体系呈现为跨区域产业创新体系和特定空间产业创新体系两种典型的类型。

(1)跨区域产业创新体系:产业间差异

生物医药、装备制造和服务等产业在创新体系的构成要素上存在显著差异[4],对其进行深入分析有助于深刻理解跨区域产业创新体系的内在差异。

生物医药产业的创新,依托深厚的生物医学、细胞生物学、分子生物学等生物、医学和药学等基础学科的知识,其技术进步主要源自长期的基础研究[1,4]。这一产业特征为高投入、长周期及高风险。其创新参与者涵盖制药公司、生物技术企业、研究机构和政府监管机构等。该行业的网络关系特别强调研发合作与知识共享,特别是产学研合作。然而,这里存在一个创新悖论:尽管研发合作和知识共享促进了创新,但是合作过程中创新成果被侵占的风险也随之增加。因此,强化知识产权保护制度对鼓励合作至关重要。全球范围内,各国均设立了促进本土创新活动的知识产权保护机制。我国也多次修订专利法规①,以强化生物医药领域的知识产权保护。

装备制造产业的创新是基于工程学和物理学知识,注重产品设计、生产过程和材料科学的创新。其目的与提升生产效率和改进产品性能密切相关,主要呈现为渐进式创新。创新主体包括大型设备制造商、中小型零部件供应商、技术服务商及标准设定机构。创新活动通常发生在供应商与用户间的技术对接和需求反馈过程中,并且特别强调定制化的共同创新。例如,杭氧根据中国石化集团燕山石化公司的需求,多次协商后提供定制的乙烯冷箱设备[37]。由于装备

---

① 来源:https://www.cnipa.gov.cn/art/2023/12/28/art_3319_189353.html。

制造业强调满足特定用户需求的定制化产品,相比于生物医药产业,其对知识产权保护的需求相对较低。

服务业(如电子通信、金融服务)创新依赖于广泛的知识领域,包括信息技术、管理学、经济学和心理学等。其创新主要集中在服务流程优化和提升客户体验的商业模式上。创新参与主体包括服务提供商、IT企业、顾问公司和消费者等,用户参与主体对创新尤为关键。同时创新受到服务贸易政策、数据保护法律和消费者权益保护等制度环境的广泛影响。

通过以上比较可以看出,不同产业在知识基础和特定技术、创新主体、关系网络和制度环境方面展现出独有的特征(见表14.3),生物医药产业的创新受基础研究驱动且周期长,装备制造产业的创新依赖于技术进步和生产过程的改进,而服务业的创新则更加注重服务流程的优化和客户体验的提升,这些特征决定了各自的创新路径和策略,由此形成了产业特有的创新体系。产业创新体系理论为此提供了一个有力的分析框架,帮助我们理解不同产业创新体系的复杂性和动态性。

表 14.3　生物医药、装备制造以及服务等三种产业创新间的差异

构成要素	生物医药产业	装备制造产业	服务业
知识基础和特定技术	生物、医药等基础科学知识	制造和吸收用户应用的知识	用户需求相关的知识
创新主体	研发机构主导	企业与用户互动并引导创新	用户引导的创新
关系网络	以产学研合作为主	大企业与用户之间的交流	需要供方联合各创新参与主体共同为用户提供服务
制度环境	知识产权保护制度	知识产权保护并不是很重要,定制化能力很重要	定制化产品、商标和版权保护创意等

来源:基于 Malerba 和 Adamas[4]、干勇和钟志华[1]、任声策[5]等整合。

(2)特定空间产业创新体系:产业集群

产业创新体系在特定空间的表现形态是产业集群创新体系。在传统的产业创新体系研究中,对创新的考察主要是在部门、市场等背景下进行的,这意味着创新所处的地理空间特征被忽视了。来自新经济地理理论的研究指出,地理区位对产业创新至关重要[59],由此开拓了从空间集聚视角解释产业创新的新领域。在

地理区位上形成的产业集聚并非产业创新主体与参与主体的简单聚集,更重要的是他们之间形成了有助于创新形成、扩散与演化的各种经济社会关系。事实上,产业创新的空间集聚现象在全世界都非常普遍,包括美国硅谷的半导体集群、芬兰的赫尔辛基通信集群、印度的班加罗尔软件集群等。我国的产业集群主要分布在东部地区,其占比超过 70%,其中仅江苏、浙江、广东三省就集聚了近 50% 的产业集群①,其他省份在特定区域的产业聚集现象也非常普遍,如河北保定市新能源及输变电产业集群[60]。从形成的基础来看,产业集群主要有建立在农村或乡镇工业基础上的特色产业集群,以我国浙江省产业集群为代表;也有建立在高新技术基础上的高新技术产业集群,如北京中关村的 IT 产业集群;还有在外贸补贴政策推动基础上发展起来的产业集群,如广东东莞电脑产业集群[61]。从特定空间维度对产业创新体系进行审视具有重要的价值。

集群为产业创新活动提供了有利的知识交换环境。传统产业创新理论假定:创新相关的知识限定在企业内部,不会自动且免费地在产业中各企业间扩散。但是,集群使得产业内企业、产业间企业以及大学与科研机构在地理上彼此临近,形成了有利于知识传播的物理空间。在集群这个区域内,一个企业或大学与研究机构的知识能够在地区内快速传播,并成为集群内企业的公共知识。集群内的企业并不需要有意识搜寻就可以快速获取创新相关的专业知识、多样知识和源头知识,甚至并不需要长期积累的能力就可以消化吸收获取的知识,从而加速产业创新并改变着创新方向。空间上集聚导致创新相关知识的溢出,Bottazzi 和 Peri[62]通过对欧洲国家的区域知识溢出效应的考察,认为集群的知识溢出最优半径为300 公里,而来自我国的研究认为集群的知识溢出最优半径可能达到 1000 公里[63]。溢出的半径与集群内的创新协作平台搭建[63]、高铁交通基础[64]、数字通信基础等因素密切相关。

集群为中小企业创新提供了友好的集体学习环境。传统产业创新理论的一个主要观点是:创新相关的学习由大企业承担,中小企业因资源有限或能力不足基本无力参与其中。但是产业在空间上的集聚使得创新相关的学习有了集体效应,使得中小企业也能进行知识交换和积累[40],从而参与创新的生成和商业化。这是因为集群内人员和组织具有共同的归属感和价值观,并且在持续高频率且高

---

① 中国百强产业集群分布(2023):https://www.acfic.org.cn/fgzs/fgdt/202303/t20230328_189638.html。

质量互动过程中发展信任关系,形成了有利于知识扩散的关系空间[53]。在这个空间中,稳定且互惠的组织间关系减少了创新活动中的机会主义行为风险,并形成了诚信共赢的区域社会规范基础。合作双方遇到合同之外未明说的意外事情,彼此能够基于共识有效沟通并达成一致意见。同时,具有地理归属感的人员也会被限定在特定的区域中,并通过当地人才市场流动推动知识在集群中的流动。例如,在大企业存在职级晋升压力的人员,可以去集群中的中小企业获得更高的职级,同时也会将大企业中与创新相关的隐性或显性知识带到中小企业。更重要的是,区域内的社会规范基础和人员流动形成了共同的技术、组织和制度惯例,使得集群具有了学习俱乐部的属性,能够将集群外的知识通过转译、评价和筛选的过程,留存在集群中。表 14.4 呈现了集群有助于产业创新的两种不同环境特征。

表 14.4 集群的知识交换和集体学习环境支持产业创新

特征	知识交换环境	集体学习环境
空间属性	物理空间	关系空间
临近特征	地理临近 相关产业内和产业间企业、学研机构	文化临近 共同的归属感和价值观、高频高质互动
影响层次	集群整体环境	集群个体互动
知识流动	偶然的联系 知识扩散的最优物理半径 区域内的知识传播类似于流行病传播	稳定的联系 知识扩散的社会经济关系 区域内的合作稳定、市场有效、本地企业衍生
知识生成	否	是
知识获取	集群内部知识	集群内外部知识

来源:本章作者据 Capello 和 Faggian[53] 整理。

14.5 中国产业创新体系的实践

本节运用环保和纺织产业创新体系的实际案例,描述中国产业创新体系演化的两种过程模式:前者通过平台模式逐步跨越地理边界,助力产业创新体系的升级;后者通过技术中介充当知识桥梁和资源整合者角色,推动产业集群创新体系的升级。

(1)环保产业创新体系的建构

环保产业是我国战略性新兴产业之一,面对持续释放的政策机遇,环保产业龙头企业——宜兴环保产业集团(以下简称宜兴环保)搭建了"环境医院"平台,并利用该平台具有的跨区域竞争挤出效应和资源配置能力,逐步推动产业创新体系的建构和升级。相关学者已经探讨了该产业创新体系的行动主体互动方式[65]、创新主体网络特征[51]、制度环境[66-67]以及空间特征[65,68-69]等,我们期望通过平台模式下产业创新体系升级的典型案例分析,关注跨区域产业创新体系的建构和升级[65]。

"环境医院"平台模式实现跨区域产业创新体系建构和升级的过程主要经历三个过程。在第一阶段,"环境医院"平台主要通过网络效应的竞争挤出机制,升级本地环保产业创新体系,也就是中国最大的环保产业集群——宜兴水环境产业集群的创新体系①。"环境医院"作为平台,联结环保产业相关大学、研究机构、企业、中介组织等,为存在环境治理需要的政府、企业和园区等用户,特别是有多种环保处理需要的大型综合用户,提供包括水体、土壤、声音、大气、固体废弃物及配套产品等在内的一站式环保服务解决方案。依托宜兴环保产业集群内 3000 多家环保企业,"环境医院"平台迅速越过网络效应自强化阈值,迫使产业内环保企业纷纷加入其中,包括鹏鹞、江苏一环、菲力等。而伴随环保企业数量的增加,竞争随之增强,集群内部分创新能力不足的企业开始重置创新相关的资源配置,部分被挤占掉的落后企业让位于创新能力强的企业或新兴企业,实现了本地产业创新体系的构建。

在第二阶段,"环境医院"平台通过双边市场资源配置机制,跨越本地聚合全国创新要素,赋能集群产业创新体系升级。随着集群内企业创新能力持续提升,本地创新资源已难以满足需要,包括环保产品创新相关的技术和人才资源、新兴企业成长的资金资源等等。在此背景下,"环保医院"平台与国内 300 多家高等院校、科研院所保持并加强了合作,如南京大学、北京大学以及中国科学院生态环境中心等,在推动集群内企业与大学、研究机构进行知识交流、实施创新成果转化的同时,也聚合了大量优质环保创新人才。与此同时,引入了国内外优质环保基金和科技孵化器,为产业创新提供技术和资金资源支持。

---

① 2023 年中国百强产业集群中宜兴水环境产业排名第 57 名,是唯一入选的环保产业集群。

在第三个阶段,"环境医院"平台利用竞争挤出和资源配置的双元机制,融入全球创新链、价值链,推动国内环保产业创新体系的构建和升级。"环境医院"平台的网络自强化效应突破了地理限制,全国各地的需方用户加速增长,刺激了环保服务、产品和创新提供者的加入,其中包括中国瑞林、韩国最大的环境服务公司KECC 等国内外优质环保企业,以及环保技术相关的科研院所、技术中心、产业基金等,促进了创新相关的技术、知识、资金等资源在产业内流动,加速了环保产业创新体系的升级。

(2)纺织产业集群创新体系的升级

绍兴纺织产业(以下简称绍兴纺织)集群是我国纺织产业最大的产业集群①,面对国际贸易乏力和同质化竞争的压力,绍兴纺织通过技术中介——"浙纺院"充当集群内外的技术桥梁和资源整合者角色,推动了产业集群创新体系的构建。现有学者围绕纺织产业创新体系的演化阶段[40,70]、演化动力[40,70-72]、创新主体间的互动[73]等进行了分析,本节重点关注"浙纺院"作为技术中介如何通过联结集群外部高等院校、科研机构,内部帮扶中小企业促进技术能力提升,促进集群内外产业创新活动相关的知识和技术的流动,推动绍兴纺织产业集群创新体系的构建。

绍兴纺织产业创新体系的构建和升级发生在 2005—2010 年。在此期间,绍兴纺织产业外部面临人民币升值、国际贸易壁垒、增强进出口退税率的调整,内部面临产品同质化严重且低价格竞争等情形。集群内中小企业受制于技术能力和有限资源,无法像大企业一样进行自主研发,需要依赖外部技术力量的支持,尤其是高等院校、科研机构。但是中小企业与这些机构建立关系不仅成本高昂,而且因为吸收能力不足也无法完全吸收、消化并利用产业前沿创新成果。而本地的技术中介具有地理临近性,中小企业接触难度小,并且技术中介处于企业和高等院校、科研机构的中间,天然具有在集群内传播知识的优势,可以担当技术桥梁和资源整合者角色。"浙纺院"就是推动绍兴纺织产业集群创新体系构建和升级的关键组织。"浙纺院"整合浙江大学、东华大学等高等院校、科研机构进行纺织产业的共性关键技术研发,在此基础上为产业内中小企业提供技术服务,不仅降低了中小企业的研发成本,而且大大提高了中小企业对前沿知识和创新技术的吸收效率。

---

① 2023 年中国百强产业集群中绍兴纺织产业排名第 17 名,是所有纺织产业集群的头名。

技术中介充当集群内外的技术桥梁和资源整合者角色的实质是,作为技术中介的"浙纺院"联结纺织产业集群内外的知识和技术拥有方,如高等院校、科研机构等,为纺织产业创新体系的构建和演化提供关键的知识动力,并利用自身具有的吸收能力,将集群外复杂的知识和技术分解为集群内企业能够消化、吸收和创新的知识和技术,由此推动产业集群创新体系的构建和升级。

14.6 结 论

自改革开放以来经过 40 多年的发展,我国是全世界唯一拥有联合国工业分类中全部门类的超级工业大国,积累并培育产业特定的知识基础和特定技术、激发创新主体的创新活力、推动知识共享和流动的关系网络建设、创设适合产业创新发展的制度环境,对于支持我国实现工业强国的愿景具有极为重要的价值。

面对现实需求亟待产业创新体系理论给出回应和指引,未来产业创新体系的理论应关注以下两个领域:一是数字技术与实体产业融合发展情境下,传统的产业知识基础和特定技术、创新主体和关系网络、制度和环境正在飞速发生变化。在产业知识基础和特定主技术方面,以经编产业为例[74],产业中原先无法获取的数据可以通过数字技术实时沉淀,并经过清洗、标签化后成为一种数据资源[75],指导企业的产品研发、工艺改进等创新活动。与此同时,大数据、区块链、人工智能技术,改变了创新主体和组织的互动关系,也改变了产业创新体系的边界,跨区域产业创新体系和特定空间产业创新体系的边界不断模糊乃至消失[76]。二是去全球化背景下产业创新体系的重构。在经济全球化的背景下,创新链与产业链是跨国界的,产业中的创新主体可以跨国界进行知识创造、技术转移、消化吸收等创新活动。但在经济去全球化背景下,构成产业创新体系的要素及其互动关系,以及制度环境也必然发生根本性的变化,由此产业创新体系的理论研究也必须给予高度关注。

参考文献

[1] 干勇,钟志华. 产业技术创新支撑体系的理论研究[M]. 北京:经济管理出版社,2019.

[2] 张贵,温科,宋新平. 创新生态系统:理论与实践[M]. 北京:经济管理出版社,2018.

[3] 张耀辉. 产业创新的理论探索[M]. 北京:中国计划出版社,2002.

［4］ Malerba F，Adamas P. Sectoral systems of innovation［M］. Oxford：Oxford University Press，2014.

［5］ 任声策. 中国通信设备与制药产业创新系统比较研究［J］.科研管理，2013，34(4)：34-42.

［6］ Malerba F. Sectoral systems of innovation：Concepts，issues and analyses of six major sectors in Europe［M］.Cambridge：Cambridge University Press，2009.

［7］ Nathan R. Inside the black box：Technology and economics［M］.Cambridge：Cambridge University Press，1983.

［8］ 王彦，李纪珍，吴贵生.中国光纤光缆产业技术能力提高:逆向技术学习［J］.科研管理，2007(4)：1-8.

［9］ Edquist C. Systems of innovation：Technologies institutions and organizations［M］. London：Pinter，1997.

［10］ Lundvall B A. National systems of innovation：Towards a theory of innovation and interactive learning［M］. London：London Pinter，1992.

［11］ Nelson R R. National innovation systems：A comparative analysis［M］. Oxford：Oxford University Press，1993.

［12］ Cooke P，Uranga M G，Etxebarria G. Regional innovation systems：Institutional and organizational dimensions［J］. Research Policy，1997，26(4-5)：475-491.

［13］ Nelson R R，Winter S G. An evolutionary theory of economic change［M］. Belknap：An Imprint of Harvard University Press，1985.

［14］ Malerba F，Orsenigo L. Schumpeterian patterns of innovation［J］. Cambridge Journal of Economics，1995，19(1)：47-65.

［15］ Arora A，Landau R，Rosenberg N. Dynamics of comparative advantage in the chemical industry［J］. Sources of Industrial Leadership：Studies in Seven Industries，1999，6：1-64.

［16］ Nelson R R. An evolutionary theory of economic change［M］. Cambridge：Harvard University Press，1985.

［17］ Metcalfe J S. Evolutionary economics and creative destruction［M］.London：Routledge，2002.

［18］ Pavitt K. Sectoral patterns of technical change：Towards a taxonomy and a theory［J］. Research Policy，1984，13(6)：343-373.

［19］ Klepper S. Entry，exit，growth，and innovation over the product life cycle［J］. The American Economic Review，1996：562-583.

［20］ Malerba F. Sectoral systems of innovation and production［J］. Research Policy，2002.

［21］ Oke A，Prajogo D I，Jayaram J. Strengthening the innovation chain：The role of internal innovation climate and strategic relationships with supply chain partners［J］. Journal of Supply Chain Management，2013，49(4)：43-58.

[22] Buciuni G，Pisano G. Variety of innovation in global value chains[J]. Journal of World Business，2021，56(2):101167.

[23] Ambos B，Brandl K，Perri A，et al. The nature of innovation in global value chains[J]. Journal of World Business，2021，56(4):101221.

[24] Stuart T E. Network positions and propensities to collaborate：An investigation of strategic alliance formation in a high-technology industry[J]. Administrative Science Quarterly，1998:668-698.

[25] Utterback J M，Abernathy W J. A dynamic model of process and product innovation[J]. Omega，1975，3(6):639-656.

[26] Massa L，Tucci C L. Business Model Innovation [M]. Oxford：Oxford University Press，2014.

[27] Christensen J F，Olesen M H，Kjær J S. The industrial dynamics of open innovation—evidence from the transformation of consumer electronics[J]. Research Rolicy，2005，34(10):1533-1549.

[28] 郭斌,等. 知识经济下产学合作的模式、机制与绩效评价[M].北京:科学出版社,2007.

[29] Scandura A. University-industry collaboration and firms' R&D effort[J]. Research Policy，2016，45(9):1907-1922.

[30] 施锦诚，朱凌，梅景瑶. 关键共性技术攻关产学研联盟实现突破性创新的机制研究[J]. 科研管理，2023，44(12):104-114.

[31] 周晓阳.先进封装技术综述[J].集成电路应用，2018，35(6):1-7.

[32] Malerba F，Orsenigo L. Knowledge，innovative activities and industrial evolution[J]. Industrial and Corporate Change，2000，9(2):289-314.

[33] Grant R M，Baden-Fuller C. A knowledge accessing theory of strategic alliances[J]. Journal of Management Studies，2004，41(1):61-84.

[34] Clercq D D, Dimov D. Internal knowledge development and external knowledge access in venture capital investment performance[J].Journal of Management Studies，2008，45(3):585-612.

[35] 吴晓波,韦影,杜健. 社会资本在企业开展产学研合作中的作用探析[J]. 科学学研究，2004(6):630-633.

[36] Cohen W M，Levinthal D A. Absorptive capacity：A new perspective on learning and innovation[J]. Administrative Science Quarterly，1990，35(1):128-152.

[37] Guo B. Decoding the rise of made-in-China：Why the continuity of catch-up ladder ultimately matter[M]. Singapore：World Scientific，2023.

[38] Jaffe A B，Trajtenberg M，Fogarty M S. Knowledge spillovers and patent citations：

Evidence from a survey of inventors[J]. American Economic Review, 2000, 90(2): 215-218.

[39] Aghion P, Jaravel X. Knowledge spillovers, innovation and growth[J]. The Economic Journal, 2015, 125(583):533-573.

[40] 吴结兵,郭斌. 企业适应性行为、网络化与产业集群的共同演化——绍兴县纺织业集群发展的纵向案例研究[J].管理世界,2010(2):141-155+188.

[41] Lacetera N. Different missions and commitment power in R&D organizations: Theory and evidence on Industry-University alliances[J]. Organization Science, 2009, 20(3):565-582.

[42] 贺远琼,刘路明,田志龙,等. "政产学用"如何驱动"卡脖子"技术的双核创新?——基于华中数控的纵向案例研究[J].南开管理评论,2022.

[43] 李峰,肖广岭. 基于 ANT 视角的产业技术创新战略联盟机制研究——以闪联联盟为例[J].科学学研究,2014,32(6):835-840.

[44] 潘东华,孙晨. 产业技术创新战略联盟创新绩效评价[J]. 科研管理,2013,34(S1):296-301.

[45] 孙亮,李建玲,李岱松.产业技术创新战略联盟的组织模式与政府作用[J].中国科技论坛,2015(3):12-17.

[46] 周青,王乃有,马香媛.产业技术创新战略联盟冲突类型与影响因素的关联分析[J].科学学研究,2014,32(3):473-480.

[47] 刘金山,曾晓文.技术创新的多螺旋模式研究——基于美国制造业创新中心的范式解读[J].美国研究,2018,32(2):50-67+6.

[48] Coriat B, Weinstein O. National institutional frameworks, institutional complementarities and sectoral systems of innovation[M]//Malerba F. Sectoral Systems of Innovation. Cambridge: Cambridge University Press, 2004:325-347.

[49] Scott W R. Institutions and organizations: Ideas, interests, and identities[M]. London: SAGE publications, 2013.

[50] Posen H E, Chen J S. An advantage of newness: Vicarious learning despite limited absorptive capacity[J]. Organization Science, 2013, 24(6):1701-1716.

[51] 叶琴,曾刚.解析型与合成型产业创新网络特征比较——以中国生物医药、节能环保产业为例[J].经济地理,2018,38(10):142-154.

[52] 鲁若愚,周阳,丁奕文,等.企业创新网络:溯源、演化与研究展望[J].管理世界,2021,37(1):217-233+14.

[53] Capello R, Faggian A. Collective learning and relational capital in local innovation processes[J]. Regional Studies, 2005, 39(1):75-87.

[54] Capello R. Spatial transfer of knowledge in high technology milieux: Learning versus

collective learning processes[J]. Regional Studies, 1999, 33(4):353-365.

[55] 蔡宁,吴结兵.产业集群与区域经济发展:基于"资源—结构"观的分析[M].北京:科学出版社,2007.

[56] Edler J, Georghiou L. Public procurement and innovation: Resurrecting the demand side [J]. Research Policy, 2007, 36(7):949-963.

[57] Priem R L, Li S, Carr J C. Insights and new directions from demand-side approaches to technology innovation, entrepreneurship, and strategic management research[J]. Journal of Management, 2012, 38(1):346-374.

[58] 肖静华,胡杨颂,吴瑶. 成长品:数据驱动的企业与用户互动创新案例研究[J].管理世界,2020, 36(3):183-205.

[59] Krugman P. Geography and Trade[M]. Massachusetts: MIT Press, 1992.

[60] 蒋石梅,张爱国,孟宪礼,等. 产业集群产学研协同创新机制——基于保定市新能源及输变电产业集群的案例研究[J].科学学研究, 2012, 30(2):207-212.

[61] 蔡宁, 吴结兵. 产业集群与区域经济发展:基于"资源—结构"观的分析[M].北京:科学出版社,2007.

[62] Bottazzi L, Peri G. Innovation and spillovers in regions: Evidence from European patent data[J]. European Economic Review, 2003.

[63] 原毅军,高康. 产业协同集聚、空间知识溢出与区域创新效率[J].科学学研究, 2020, 38(11):1966-1975+2007.

[64] 易巍,龙小宁,林志帆. 地理距离影响高校专利知识溢出吗? ——来自中国高铁开通的经验证据[J].中国工业经济, 2021(9):99-117.

[65] 王节祥,蔡宁,盛亚. 龙头企业跨界创业、双平台架构与产业集群生态升级——基于江苏宜兴"环境医院"模式的案例研究[J].中国工业经济, 2018(2):157-175.

[66] 原毅军,谢荣辉.环境规制的产业结构调整效应研究——基于中国省际面板数据的实证检验[J].中国工业经济, 2014(8):57-69.

[67] 原毅军,耿殿贺.环境政策传导机制与中国环保产业发展——基于政府、排污企业与环保企业的博弈研究[J].中国工业经济, 2010(10):65-74.

[68] 汪秋明,陶金国,付永红,等.环保产业集聚绩效影响因素的实证研究——基于宜兴市环保产业集聚企业调查问卷数据[J].中国工业经济, 2011(8):149-158.

[69] 汤长安,张丽家,殷强.中国战略性新兴产业空间格局演变与优化[J].经济地理, 2018, 38(5):101-107.

[70] 朱小斌,林庆.中小企业集群竞争优势来源的演化差异——基于浙江绍兴纺织业集群的案例研究[J].管理世界, 2008(10):75-86+187.

[71] 龚丽敏,江诗松,魏江.产业集群创新平台的治理模式与战略定位:基于浙江两个产业集群

的比较案例研究[J].南开管理评论，2012，15(2):59-69.

[72] 蒋天颖,孙伟.网络位置、技术学习与集群企业创新绩效——基于对绍兴纺织产业集群的实证考察[J].经济地理，2012，32(7):87-92＋106.

[73] 陆立军,于斌斌.基于修正"钻石模型"的产业集群与专业市场互动的动力机制——以绍兴纺织产业集群与中国轻纺城市场为例[J].科学学与科学技术管理，2010，31(8):66-72.

[74] 金杨华,施荣荣,吴波,等.产业集群赋能平台从何而来:功能开发与信任构建共演的视角[J].管理世界，2023，39(5):127-145.

[75] 魏江.数字产业组织之体系逻辑重构[J].中国软科学，2023(9):22-29.

[76] Srinivasan A，Venkatraman N. Entrepreneurship in digital platforms：A network-centric view[J]. Strategic Entrepreneurship Journal，2018，12(1):54-71.

15　区域创新体系

朱桂龙　肖丁丁

15.1　引　言

在经济全球化与知识经济背景下,区域创新体系直接关系到一个地区乃至国家竞争优势的增强,如美国硅谷、日本东京湾区、中国中关村和粤港澳大湾区等典型例证。众多学者开始着眼于从区域层次开展创新体系的研究,正如波特所强调的区位在竞争优势上的重要作用,国与国之间竞争的一个重要方面就在于区域之间的竞争。区域竞争力来源于区域创新能力,且需要区域创新体系的支撑和引领。然而,中国情境下区域创新体系有了新特点,即突破了地理区域的边界限制,与虚拟产业组织紧密耦合,在传统区域创新体系基础上,衍生出了产学研合作创新、协同创新中心、创新型城市以及科技创新中心等新型区域创新体系。因此,本章基于中国情境,分析中国特色的区域创新体系,探讨中国区域创新体系的构建过程和演化规律,为实施创新驱动发展战略提供理论支撑。

第15.2节比较发达国家和发展中国家区域创新体系的演进规律。第15.3节介绍中国情境下产学研合作创新的理论与实践,与发达国家产学研合作的情境和定位不同,我国产学研合作创新与产业集群、技术联盟等结合紧密。第15.4节介绍中国情境下协同创新的机制与政策,包括协同创新的现实情境、重要机制与协同效果。第15.5节介绍了科技创新中心的资源禀赋与产业结构,以粤港澳大湾区为例,阐述科技创新中心的形成机制、构成要素与演化规律。第15.6节通过典型案例描述中国情境下区域创新体系的演化过程。第15.7节从本章中基于中国情境的区域创新体系研究,得出一些具有普遍意义的结论以及未来研究方向。

15.2 区域创新体系:演化规律的中外比较

20 世纪 50 年代以来,区域创新体系发展成为一个广泛使用的分析框架,为创新政策制定提供了理论基础。区域创新体系形成的理论基础来源于新古典学派的政府干预理论、新熊彼特学派的技术创新理论和国家创新系统理论[1]。从经济发展实践来看,区域来源于人类活动对于一定空间的需求和不同区位之间的差异认知,区域创新体系的形成则建立在区域的形成和创新体系中区域作为较优的组织层次并同时具备组织者角色的基础之上。

伴随区域经济学的发展,其研究重心逐渐转向区域经济发展和区域政策问题,技术创新在区域经济发展中起到越来越重要的作用[2]。根据 OECD 的观点,一个国家创新体系的绩效取决于创新行为主体如何相互联系起来形成一个知识流动和使用的集合体,这些行为主体主要是企业、大学和研究机构,其知识流动包括四种方式:企业间的技术合作或非正式合作、企业与研究机构之间的合作、知识和技术的扩散、人员流动。基于此,区域创新理论应运而生,这也是区域经济理论与国家创新系统相互结合的成果。

从国外研究来看,学者们致力于解释技术创新在一定地理区间内对区域经济发展的影响,并探讨经济布局、产业结构以及创新网络的协同作用。Cooke[3]首先将区域创新系统定义为在一定的地理空间中,一系列以创新为导向的互相关联的企业、科研机构、高校、中介服务机构以及政府所形成的区域性组织体系。在此基础上,Lundvall[4]将区域创新系统定义为公共部门、公司组织、公司间关系、财政部门等要素的组合。不同于先前的主体集合视角,美国学者 Nelson[2] 从制度环境视角将区域创新系统定义为一系列引导创新活动的区域制度、法规与实践组成的体系。Asheim 和 Coenen[5]阐述了区域创新系统中的两类创新要素:集群企业和制度结构的互动,揭示了区域创新系统的内在机制与形成过程。Granovetter[6]从创新网络的视角诠释区域创新系统,认为区域创新系统由嵌入在不同关系中的创新网络构成。Cantner 等[7]进一步将区域创新网络定义为有形实体和规则等无形实体、实体间联系与实体本身的特性的集合体。国外研究从地理空间上由主体层面向制度环境,再到复杂系统网络层面逐步完善,强调各主体处于特定地理空间的区域创新网络之中,致力于协同创新。

国内学者结合中国情境下区域经济发展特征以及国家创新道路建设,试图从多角度对区域创新系统的概念进行本土化,阐明区域创新系统的主体功能及其本质,并基于中国创新道路探索区域创新系统模式。冯之浚[8]从主体构成上将区域创新系统定义为由某一区域内的地方政府、企业、科研机构、中介服务机构组成的创新体系;胡志坚和苏靖[9]进一步诠释了区域创新系统不同主体的功能:企业、高校和科研机构是技术开发的主要承担者,中介机构是广泛介入者,异质性主体在政策、制度和创新环境的影响下协同互动而形成创新网络。柳卸林[10]认为区域创新系统是一个与相应地区特色资源有关系且能够促进创新的制度组织网络,知识与技术流动、更新和转化是区域创新系统形成的实质。根据不同区域所处的创新环境、创新要素和创新单元集成的差异,刘曙光等[11]阐述了区域创新系统研发的三种模式:独立、模仿和合作开发,不同区域应结合自身创新环境采取针对性的创新模式,美国硅谷、日本与欧盟分别对应这三种模式。多主体在创新系统中的演化中,需要基于政府与市场相互补充,包含政府主导的自上而下模式和市场主导的自下而上模式[12]。

基于中国现实情境,国内学者对区域创新体系的演化过程、影响效果、动力机制及其作用路径等方面进行了深入探讨。

(1)区域创新体系的演化过程包括时空演化和功能演化

时空演化研究关注随时间推移区域内部空间布局和结构的变化,张玉臣等[13]认为不同地区创新生态系统发展水平与耦合度存在空间不均衡性,表现出明显的阶段性特征。功能演化过程通常包括发展和集聚、协同和创新、引领和带动等阶段,并在不同阶段呈现出不同的表现特点。樊霞和朱桂龙[14]分析了广东省区域创新网络的结构层次,以及网络节点间的联结关系对创新绩效的影响;王萧萧等[15]发现协同创新中心组建呈现运动化趋势,并且东、中、西部地区结构差异大;苏屹和曹铮[16]分析了京津冀协同创新网络结构,发现北京占据协同创新网络的核心位置,并且网络节点在网络中地位、控制能力和自主性方面呈现不同梯度。

(2)区域创新体系的影响效果

区域创新体系的影响效果主要体现在产业结构升级、全要素生产率和经济高质量发展等方面。胡德龙和巢文鸣[17]发现区域创新的质量和数量均能促进全要素生产率,并且数字经济正向调节两者的关系。王海花等[18]分析了长三角的区域创新体系,发现区域创新生态系统适宜度对创新绩效具有显著的正向影响,合作网络位置和知识网络密度分别发挥了中介和调节作用。袁野等[19]以中国西部科学城为例,证实了区域科技创新中心通过加速资源要素流动、产业集聚和技术扩散等途径推动经济高质量发展。

(3)区域创新体系的动力机制

创新主体涉及企业、高等院校、政府以及中介机构等,柳卸林等[20]对创新效率进行了细分,发现政府研发补贴正向影响区域技术创新效率,而对区域商业创新效率产生负向影响;陈亮和冉茂盛[21]发现企业家精神对区域创新效率具有正向激励作用,企业家能力和愿景对区域创新效率的正向影响依然成立,而企业家态度则呈现出相反的影响效果。创新环境包括新型基础设施建设、产业集聚和市场化程度等因素,朱桂龙等[22]定性比较了区域创新影响因素的协同联动效应,发现要素推动型、产业主导型、环境支持型、综合发展型组态是促进高区域创新水平的重要形式。Yang 等[23]考察了不同类型创新政策对区域创新效率的影响,发现公共研发资助对创新追赶地区的创新能力具有负向影响,而研发税收抵免则相反,知识产权保护在不同的发展阶段发挥差异作用。人才、资本和知识等创新资源是影响区域创新的重要因素,傅利平等[24]认为创新资源的空间集聚在减少资源的空间迁移成本和交易成本的同时,也将为区域协同创新发展带来知识溢出效应。许治等[25]证实了北京、上海的技术扩散对全国各区域经济增长的积极影响,说明中心城市创新资源辐射作用的有效性。Jiao 等[26]发现企业、高校和科研院所的研发投入是区域创新系统的重要驱动力,而研发投资的有效性取决于当地知识生产者和知识使用者之间的相互作用。Liu 等[27]发现知识重组的复杂性和外部嵌入度对区域经济发展均有促进作用,并且该影响在不同地区和时期存在显著的异质性。

对于构建全国统一大市场而言,区域协同创新作为推进区域协同发展的重要方式,能够有效整合区域创新资源、激发创新活力,提升创新体系整体效能,是推动区域经济高质量发展的重要支撑和保障。对比发达国家或地区创新体系的演化过程发现,中国情境下区域创新体系体现了政府引导与市场机制相结合的鲜明特点,使其逐渐突破了地理区域的边界限制,与虚拟产业组织紧密耦合,衍生出了产学研合作创新、协同创新中心、创新型城市以及国家自主创新示范区等新型区域创新体系,从而达到提升协同创新效率,实现创新资源优化配置的效果。为清晰地展示我国区域创新体系的组织演化规律,本章基于虚拟边界和地理边界对其进行细分,如图 15.1 所示。

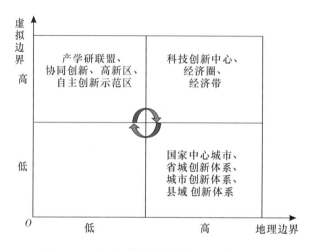

图 15.1　中国区域创新体系的组织演化规律

15.3　产学研合作创新

推进产学研合作是各国政府增强企业创新能力的共同行动,是国家创新体系建设的关键环节和突破口,更是后发国家实现技术重点突破、产业跨越式发展的重要成功经验。从我国改革开放初期的"星期六工程师",到 1992 年原国家经贸委、原国家教委和中国科学院等部门共同组织实施"产学研联合开发工程",再到现阶段建设以企业为主体、市场为导向的产学研合作技术创新体系,积极推动协同创新等,与经济和科技发展相伴随,我国产学研合作取得了长足发展,为国家重大工程实施和企业技术创新能力的提升提供了有力支撑[28]。

从合作历程来看,我国科技教育主管部门和地方政府也在不断探索实践产学研合作创新发展新路。如浙江大学湖州模式、西北农林科技大学推广体系模式、武汉光谷模式、广东省部产学研合作模式、钢铁可循环流程技术创新战略联盟等强调产学研用相结合的产业技术创新战略联盟和模式等等。其中,就规模、广度、深度和影响力来看,广东省部产学研合作模式无疑是当前我国产学研模式探索中的翘楚。实施期间,全国 200 多所高校、300 多家科研院所与广东近万家企业、产业集群和产业转移园开展了全面合作,共同组建了 35 个产学研技术创新联盟、104 个创新平台和 200 个产学研结合示范基地,区域创新能力、研发人员总数、发明专利授权量等指标均位于全国前列。广东省部产学研合作实践为建立和完善开放式区域创新体系,探索建立产学研合作创新道路指明了方向,积累了宝贵经验,国内外学者们也围绕产学研合作动因、知识管理、知识产权、合作模式、合作机制以及政策工具等开展了丰富的理论研究。

产学研合作创新中作为技术需求方的企业以及作为技术供给方的学研机构,在文化、社会职能以及组织特征方面的显著差异被识别出来。以此差异为基本假设,合作各方在参与产学研合作创新的动因和目标上的本质区别也被当前的研究认同。对于产学研主体的合作动因,从交易成本视角来看,企业参与产学研合作的动因是减少技术创新过程中的不确定性以及由此产生的超额费用。从路径依赖视角来看,企业参与产学研合作的动因是通过组织间的合作及资源交换获得企业赖以生存的生产要素和资源。从学研角度讲,产学研合作的影响主要体现在促进高校研究成果向企业的转移,合作动因主要体现在筹措科研经费、获取市场信息、提高科研效率、获得专利、增加科研成果、开发新产品、成立衍生公司以及增加学生的实践和就业机会等方面[29]。

关于产学研合作动因差异的影响因素,企业规模与开放度、吸收能力、企业研发能力等影响较大[30]。笔者团队发现企业规模和政府支持是企业与高校进行研发合作的重要驱动因素,针对我国现实国情,高校与科研院所长期担当共性技术的供给主体,造成企业对其依赖性较强,并且由于企业自身技术能力的限制,这种依赖性逐渐拓展到技术供给链的下游,企业吸收能力便成为影响产学研合作关系的重要因素[31]。从学研视角看,高校和科研院所作为产学研合作中的技术供给方,其社会职能属性与机构人员属性是影响其参与产学研合作的重要影响因素[32]。此外,技术属性特征、社会文化等也是影响产学研合作甚至是影响共性技术供给的重要因素[30],企业对高校技术的过度依赖削弱了其研发能力,并进一步导致企业对关键技术的争夺,以及相关利益冲突下的信任危机。

大学和企业之间的合作基础是知识的互补关系,产学研各方通过知识交互实现知识的增值是产学研合作的本质。通过科学成果交流、非正式交流、劳动力流动、合约式科研、校友和专业组织交流等渠道,在知识能力系统耦合的基础上,合作各方的知识交流与互动可以实现知识能力系统的拓展。从知识属性看,对于编码化程度高的显性知识,出版物、专利和会议演讲是合适的交流渠道,不易编码的隐性知识则更多地依靠联合研发、非正式接触和人员流动等直接交流方式;从行业特性看,出版物、会议、非正式接触和咨询对各行各业都显得重要,而专利仅在医药业受到重视,生物制药行业对基础研究的依赖度较高,在电子和电气行业中学生是最重要的知识传递载体。有效解决知识产权和利益分配问题,对于优化技术能力供给结构、构建产学研合作长效机制意义重大。

合作模式作为产学研合作关系在合作过程中的反映,其实质是合作关系构建过程中合作结构与利益分配方式的制度安排。产学研合作关系作为一种跨组织的现象,其根本动机在于获取互补性优势资源,如何设计一种合理的跨组织模式来确保资源禀赋的有效流动,是实现合作持续性与稳定性的基础。笔者团队提出了产学研合作创新网络组织模式,该模式具有产学研组织和网络组织的优点,联合各方发挥各自的优势,旨在组建一个优化的完整创新链。面对共性技术供给链出现缺位的问题,产学研合作通过技术联盟、校企共建研发机构以及技术中介等途径完善技术供给机制[29]。长期来看,我国产学研合作模式已从松散的技术转让、技术咨询、委托开发等逐步过渡到较高级和紧密的一体化组织形式,如战略联盟、虚拟网络组织、学习型组织等,产学研合作趋向长效性。

产学研合作创新的技术供给结构以及创新的外部性特征,决定了产学研合作创新具有"公共—私人"的混合投入结构,这也使得仅靠市场机制远不能将社会资源配置自动调节到最优水平,需发挥政府政策的干预作用来解决"市场失灵"。笔者团队长期跟踪供给侧与需求侧政策工具对产学研合作的影响,发现研发补贴、政府采购、税收减免等对产学研知识产出、创新效率、吸收能力、学术绩效、社会资本以及创新持续性都有重要影响[33],同时政策工具之间会产生替代效应或替补效应,折射出学术界对科学技术与经济发展的关系、政府与市场的关系两条主线认识的调整、完善和深化,基于演化范式的技术创新政策理论更是强调了技术、产业结构和技术创新政策的协同演进。

总之,企业、大学和科研院所在自身属性、社会职能等方面存在的显著差异对其参与产学研合作创新的动因和目标产生差异化影响。特定的产业—企业技术能力结构定义了企业和产业在创新过程中必须解决的问题性质,进而决定了产学研合作创新的技术供给导向。产学研合作创新中的模式选择、动力机制、运作机制以及政策体系设计的差异性,正是来源于这些要素与产业—企业技术能力结构进行动态适应的协同演化过程。因此,通过产学研合作创新建立共性技术的供给机制,加强企业应用型共性技术能力建设,是未来提升我国企业自主创新能力的关键和突破口。

15.4　协同创新

协同创新已是当今世界科技创新活动的新趋势,从独立创新、开放式创新到协同创新的创新范式的更替优化过程,是人们对科技与经济发展关系进一步理解的反映[34]。美国硅谷之所以能诞生苹果、惠普、英特尔等一大批世界著名的高科技企业,很大程度上得益于硅谷所在地政府、企业、大学、科研机构以及其他中介机构的合作创新生态系统,即深层次的科技力量整合创新资源、共享创新人才集聚的创新模式[34]。

协同创新从本质上超越了产学研、集群创新等创新模式,成为整合创新资源、提高创新效率的更有效的途径[34]。协同创新是系统科学思想在创新系统的顶层设计活动中的必然体现,是对美国学者切萨布鲁夫的"开放式创新"和 Etzkowitz 的"三螺旋"理论的进一步提升[35]。从微观层面来看,协同创新聚焦于科研团队的协同合作;从中观层面来看,定位于企业、大学和科研院所实现的"1+1+1>3"协同增值;从宏观层面来看,重点在于推进教育、科技与经济之间的有机融合,协同实质上是国家创新系统和经济系统的协同和集成。相对于传统意义上的产学研合作,协同创新更多地强调政府的介入、金融的参与、中介的完善,为协同创新的顺利开展提供良好的环境和支持[34]。

基于协同学理论基础,陈劲[34]提出了包含战略协同、知识协同和组织协同三个层面的协同创新理论框架,借此来阐明企业、大学和科研机构是如何利用知识和资源在组织间的快速互动与集成,来加快提高国家和区域创新系统的效率的。协同创新首先涉及产业界和学术界在价值观和文化上的协同,以技术创新、科学创新、制度创新为手段,以科技成果商品化和产业化为导向,其功能主要表现为培养高层次的研究型人才,满足社会经济发展需求,完善国家创新法律体系等。在协同创新过程中,大学应从战略上关注如何将知识和科研服务于企业,积极开展科技成果转化,为企业培养所需的科技和管理人才;企业则应更关注如何准确地提出知识需求,为大学参与创新提供市场分析以及资金和物力上的支持。

协同创新的激励机制包括创新知识价值的创造、交易成本的实现、创新风险的分担以及实现利益的分配四个维度[34]。知识创造过程中,信息能够在知识链内部无障碍地流动,并通过积极的知识管理逐步增值,完成从学术研究领域到应用实践领域的跨越;价值创造过程中有完善的知识保障和激励机制。协同创新体系涉及的风险主体多种多样，所有在创新活动过程中参与的组织以及利益相关者都是风险分摊主体，其主要的风险受方与产学研合作创新体系类似，就是参与创新过程的学术界和产业界的代表，政府在风险分摊过程中所扮演的特殊角色，使之成为协同创新系统风险管理过程中被重点关注的对象。协同创新面临技术、财务、市场等风险，应当采取适当的策略进行规避，也应该根据风险补偿机制对承担较大风险的组织和个体进行与风险水平相适应的利益补偿。

　　笔者团队基于"前因后果"逻辑思路对协同创新的原因、过程和结果间关系进行分析，构建协同创新理论分析框架[36]（见图 15.2）。①协同动因包括外在因素和活动主体内在动机，其中，外在影响因素包括政策因素和地理空间接近性等；内在动机包括资源获取、成本与风险分担及绩效提升等。②协同模式反映创新主体在创新实践过程中形成的行为特点，协同创新组织模式的分类标准包括合作紧密程度、主导力量、组织方式等，从而形成了技术直接转让、技术委托开发、创建研发实体、共建产学研联盟等合作模式。③协同机制是各主体在实践协同创新过程中形成的动力、规则及程序的总和，包括动力机制、信任机制、共享机制及风险分散机制等，协同创新系统中主体的功能与作用都是双向的，任何强调其中一方而忽视另一方的合作模式和机制均会给系统带来破坏，极大削弱整体协同效能。④协

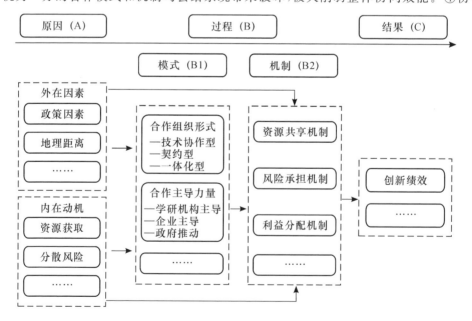

图 15.2　协同创新理论分析框架

同效应是创新系统内的活动主体通过协同合作整合内外部资源,使得系统整体功效大于各主体单独行动的效果总和。知识基础观认为,协同创新通过促进知识积累和组织学习,提升组织动态应对能力;资源基础观认为,协同创新有助于创新主体整合内外部资源,进而促进创新绩效提升。

综上,我国政府之所以提出协同创新,实质上是出于对过去科技发展"要素驱动型"的矫正,是国家发展战略转型在科教领域内的体现。通过"2011计划"建立协同创新中心,实现面向科学前沿、文化传承创新、行业产业和区域发展四个方面的协同引领。通过国家意志的引导和机制安排,促进企业、大学、研究机构发挥各自的能力优势,互补性资源实现各方的优势互补,开展产业技术创新和科技成果产业化活动。协同创新是当今世界科技创新的新范式,它既能够有效促进科技成果的商业化,也能促进大学的改革与发展,激发中国大学走研究型、创业型并存的发展路径,这无疑会显著提高中国高等教育的质量和水平。

15.5 科技创新中心

科技创新中心本质上是多主体、多要素组成的区域创新系统,其建设的本质要求是建立和完善区域创新系统,以美国硅谷、日本筑波、以色列特拉维夫等为代表。区域创新系统思想最早见于Freeman[37]的国家创新系统理论,区域创新网络、创新生态理论和三螺旋理论等都是在国家和区域创新系统理论的基础上发展演化而来的,是对区域创新系统理论的深化和扩展,这些理论构成了研究科技创新中心成长路径、发展模式和形成机制的理论基础。

目前,国际上关于科技创新中心的概念尚缺乏统一的界定和描述,与之类似的提法包括技术成长中心、国际研发中心和国际产业研发中心等[38]。从内涵看,全球科技创新中心主要关注技术创新和创新氛围;技术成长中心、国际研发中心、国际产业研发中心则较多地关注技术发展和产业创新;世界科学中心、世界科技中心则更加侧重新思想、新理念,比较关注科学研究层面[39]。在借鉴相关概念的基础上,可将科技创新中心定义为科技创新资源密集、科技创新活动集中、科技创新实力雄厚、科技成果辐射范围广大,从而在全球价值链中发挥价值增值功能并占据领导和支配地位的城市或地区[39]。

科技创新中心是全球创新网络中技术、信息、人才、资本联系与流动的重要枢纽,具有高新引领、高端集聚、全球支配、文化包容等典型特征,高新引领是指科技创新中心发展的是知识密集、技术密集的产业,引领全球科学和技术发展的潮流,有强大的战略引领性;高端集聚是指科技创新中心汇聚了众多高端、高质量创新要素而成为创新能量巨大的"场源";全球支配是指科技创新中心主导着全球新技术和新产业的发展方向,并全方位整合利用全球创新资源,支配全球研发创新资源的空间配置格局,辐射和影响着全球市场;文化包容是指具有包容失败、崇尚冒险、包容异质思维、激励草根精神的创新创业文化。

从构成要素来看,科技创新中心本质是多要素组成的区域创新系统,它是多个因子共同作用、多层面相互叠加形成的结果[39]。全球科技创新中心包括三个构成要素,核心要素是创新创业人才,主体要素是科技引擎企业、世界一流大学和风险投资者,创新环境要素有宽容的文化氛围、高效的制度体系、奋发有为的政府、优质的配套服务和优良的生活环境[39]。芮明杰认为具有全球影响力的科技创新中心的构成要素有:①一批顶尖的科技创新主体,包括企业、科研院所、大学、其他社会组织等;②有效的创新平台;③良好的知识信息管理体系;④比较完备且高效的创新服务体系;⑤符合国际规范的制度机制、知识产权保护制度,良好的创新文化氛围等。

从世界范围来看,科技创新中心主要有六种代表性模式,包括大学和政府驱动的科技创新中心(波士顿)、政府驱动科技创新发展的科技创新中心(新加坡)、高度内生型的全球科技创新中心(东京)、内生与外源结合的科技创新中心(特拉维夫)、低碳科技创新引领城市变革的科技创新中心(哥本哈根)、用新技术武装传统产业的科技创新中心(慕尼黑)[39]。基于政府行为维度将全国科技创新中心建设模式分为政府强力主导型、市场主导政府拉动型(需求侧)、市场主导政府服务型(供给侧)。其形成过程的影响因素包括科技革命、制度创新、经济长周期波动、区位因素、资源禀赋、产业基础、制度环境、创新要素聚集、政府规划和政策等。

随着知识更新速度的加快,小范围和单层次的创新活动越来越难以满足技术创新和产业变革的需要,区域创新系统的发展越来越依赖协同。美国的创新模式就经历了"线性模式"(企业)向"平面模式"(创新集聚),再到"立体网络模式"(跨时空模式等)的跨越,从而在各类创新主体间实现高效交流与互动。区域创新能力提升的关键是实现创新资源跨区域多维层次的有效协同。科技创新中心的协同创新机制是指在科技创新中心内外因素的作用下,在不同的创新主体、创新要素及其相互作用的各个环节之间建立的内在"有机组织","有机组织"内部之间的互动联结以及与外部环境的耦合,驱使协同系统形成和发展内在机理和控制方式。以粤港澳大湾区科技创新中心为例,从创新主体协同、创新要素协同、创新空间协同和创新方式协同四个方面,实现了区域创新系统的协同机制,具体如图15.3所示。

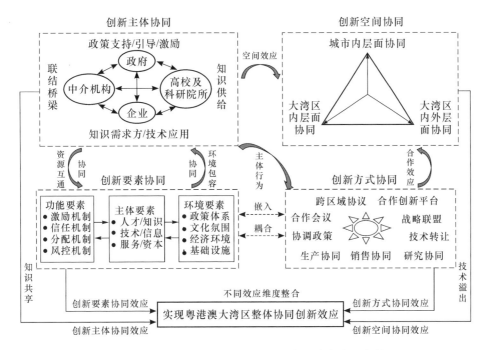

图 15.3　科技创新中心形成机理:以粤港澳大湾区为例

从科技创新中心形成的参与主体看,其关键是形成以大学、企业、研究机构/科创平台为核心主体,政府、金融机构、中介组织、创新平台、非营利性组织等多元主体协同互动的区域网络创新模式,并通过知识创造主体和技术创新主体间的深入合作和资源整合,产生系统叠加的非线性效应。一个健康的创新生态系统并非为了在原有网络形态上实现潜在产出的最优化,而是主张通过各主体间学习、互动实现优势互补、资源共享,构建知识网络,最终形成具有自适应、自调节和自组织功能的复合体[40]。

从要素资源的系统创新机制来看,各类创新要素资源往往由于受到不同主体彼此之间体制机制的制约,依靠各方优势互补、资源共享与一致的创新需求,通过各创新主体间的组织与协同互动,使得创新要素资源跨区域形成彼此耦合、互补依存的态势。从知识基础观视角看,协同创新的核心是知识的增值,协同创新中大学、科研机构和企业之间的合作基础则是知识的互补关系，基于知识的互补性，协同创新各方通过知识交互实现知识的增值是协同创新的本质。

从区域空间的协同机制来看，区域创新主体间的驱动是区域内部和跨区域创新资源协同的内在原动力。区域内协同创新研究以创新学者为主，突出地理边界内产学研等创新主体的知识流动与战略联盟，达到有效利用区域创新资源、统筹协同创新水平的目的[41]。区域间协同关系以经济地理学者为主，主要包括基于地理临近性的区域间知识、文化等资源溢出协同和基于社会临近性的区域间创新合作、协同等方面的研究[41]。科技创新中心的形成是诸多内外部因素综合作用的结果，粤港澳大湾区具有"一个国家、两种制度、三个关税区、四个核心城市"的特点，其形成路径与模式必然有跨区域、跨制度和跨文化等特殊性。

15.6 中国区域创新实践

(1)金发科技：产学研合作优化企业技术能力结构

金发科技股份有限公司（以下简称金发科技）是一家专业从事高性能改性塑料研发、生产、销售的科技型上市公司，1993年成立以来与国内外顶尖大学和产业链上的知名企业建立了不同类型的合作关系和模式，企业自身技术能力结构也发生了从专有技术提升到共性技术提升的协同演进过程。笔者团队长期关注金发科技的发展历程，探讨其整合区域内的创新资源，开启持续性产学研合作过程，关注其产学研合作战略与企业技术能力提升的互动机制[28]。在此基础上，笔者团队总结了金发科技产学研合作创新的导向变化，并归纳了不同发展阶段中产学研合作与技术能力提升的螺旋式动态演化过程，如图15.4所示。

根据金发科技的技术发展战略和重大标志性事件，该公司在不同发展阶段的产学研合作方式与重心不同，有序改善了其技术能力水平与结构。

在1993—1998年的模仿者阶段，金发科技专注于专有技术的提升和完善。为了能在新的技术或市场领域中尽快提升自身的行业地位，企业寄希望于通过产学研合作来吸收同质性资源，这个过程最重要的是解决了金发科技的生产能力问题，有利于拓展企业自身内部知识的深度。但该机制只能部分解决企业资源约束问题，对产业技术发展轨迹的影响效果不大。由于合作仍停留在较低水平的问题解决型合作，合作时间短且技术层次低，虽有利于企业技术能力的积淀，却无法提

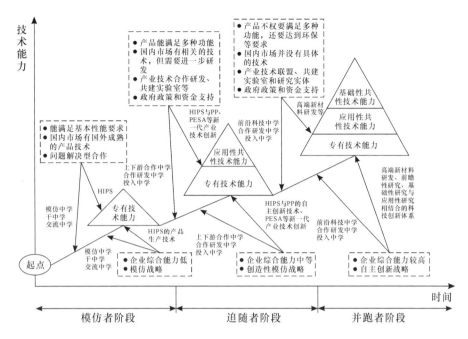

图 15.4 金发科技技术能力结构演化过程

升企业共性技术能力,金发科技在这一时期的有效专利数量、研发强度对行业的影响较小,研发人员占比程度有提高但仍显不足。

在 1999—2007 年的追随者阶段,金发科技逐步尝试应用性共性技术的探索和运用。面对日益扩大的生产规模和多样化的产品需求,已有的知识已不足以满足其发展需要,金发科技并没有选择太靠近基础研究的技术,而是选取了与自身现有产品技术紧密相关、牵涉面比较广、突破有一定难度,但又有现实可行性的共性技术。合作过程中,得益于辅助型产学研合作,企业的技术知识深度得以加深,研发强度、研发人员和有效专利数量大大提高;得益于互补型产学研合作,企业的技术知识广度得以拓宽,不同领域的研发人员数量、新产品数量、新产品销售收入、利润率增长等都有很大程度的提升,企业本身的核心竞争力和组织学习能力也进一步提升。

在 2008 年至今的并跑者阶段,金发科技进一步涉猎和挖掘基础性共性技术。随着企业应用性共性技术能力的不断提升和完善,产学研合作成为企业技术创新的辅助工具,金发科技主要通过与国内外顶尖高校及科研院所合作,如院士工作站等来研发基础性共性技术。由于互补型产学研合作主要进行的是对高新技术理论创新和应用的探索和深度挖掘,因此短期内对企业销售、利润率等的推动作用不显著。但从长期来看,以内部一体化、共建基地等为主的产学研合作方式,为企业积累深度基础知识和科学原理提供有利途径,为企业提升基础性共性技术能力,增加有效专利数量和新产品数量,以及增强研发强度提供了很好的支撑,更有益于企业避免陷入"能力陷阱",突破资源有限性的束缚,提升自身适应环境变化的自主创新能力。

纵观金发科技三十年的发展历程,其技术能力的动态演化经历了从专有技术能力到专有技术能力与应用性共性技术能力两者并存,以及最后专有技术能力、应用性共性技术能力和基础性共性技术能力三者共存的过程,合作方式亦相应经历从生产问题解决型的辅助型合作模式(技术转让、委托开发)到互补辅助型模式(联合攻关、共建科研基地),再到互补型模式(内部一体化、共建研发实体)的演化,不同时期之间能力和合作模式的跃进和提升,都会带来企业技术进步、效益提升、创新过程绩效提高,进而为下一阶段的能力提升提供技术支撑和资源基础。这一系列的演化轨迹并不是时间序列上的简单排列,而是呈现出螺旋式上升的发展路径,体现出企业技术能力结构与产学研合作模式伴随企业绩效提升的协同演化过程。

(2)粤港澳大湾区科技创新中心:从全球网络到本地蜂鸣

粤港澳大湾区科技创新中心(以下简称粤港澳大湾区)是区域创新体系的典型案例。基于粤港澳大湾区"一国两制三种税制"的独有制度环境、创新资源禀赋特点以及产业基础条件,现有学者围绕其构建过程和主要模式开展了丰富研究。笔者团队长期跟踪粤港澳大湾区的创新资源流动趋势与配置模式,从产业发展需求牵引和科技资源供给推动双向互动视角,系统分析大湾区科技产业发展与前沿科技创新联结机理、前沿科技发展的产学研协同创新机理、全球创新网络与区域创新网络的耦合机理[42],以及产业共同体和创新共同体自组织演化机理,研究构建粤港澳大湾区国际科技创新中心的体系结构、功能、发展模式与运作机制[43],并从区域创新体制机制改革、促进科技成果转化以及强化知识产权保护和运用三个方面,探讨多种创新与产业政策及其工具创新与组合[44],以推动大湾区国际科技创新中心形成。通过系统研究发现,大湾区科技创新中心在世界经济发展形势和产业变革趋势以及内部政府政策引导、企业竞争压力等因素影响下开展技术创新,系统整体创新水平得到提高,实现创新协同系统的整体演化,创新系统与发展系统的协调发展使得创新协同系统形成新的有序结构。

在粤港澳大湾区协同创新驱动机制的形成过程中,先经历了触发机制的从无到有,再经历扩散机制的扩散效应,使大湾区内创新主体内部及不同创新主体间的协同作用关系得到加强,在系统跃迁机制的作用下,经历了锁定、更新和循环三个阶段,进入协同创新的良性循环阶段,形成了从全球网络到本地蜂鸣的协同创新动力有序机制,如图 15.5 所示。

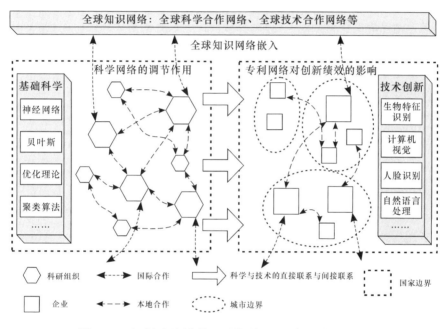

图 15.5　全球知识网络嵌入下的"本地(国家、城市)蜂鸣"

①锁定阶段。基于演化经济学观点,系统在受到某种特定因素的影响后,就会沿着一条固定的轨迹或路径演化下去,当协同创新系统出现"涌现",即出现新的创新成果,会给系统带来较长一段时间的增长,保证了系统的阶段性平衡。对于粤港澳大湾区来说,创新系统的涌现机制使得大湾区内的创新主体保持了技术领先优势,长时间的领先导致技术锁定效应。粤港澳大湾区应该充分利用技术锁定的正向作用,保持区域内创新主体的高水平创造活力和技术优势,全面带动产业链的升级和技术创新。

②更新阶段。当创新成果转化或者说科技与经济的融合停留在某一层次,无法实现向更高层级模式发展,便会产生内卷化效应。粤港澳大湾区协同创新体系

在某一发展阶段达到一种确定的形式后,若仅依赖内部和本地化知识,原有系统内的政策、技术、投入等的固化将影响到整个协同创新系统的效率。因此,为实现其知识更新和技术发展,在知识的本地网络内加强联系的同时,构建开放和兼容的超越本地甚至是国别的跨国知识网络。采取"引进来""走出去"等方式搭建国际和国内创新资源集聚和转移网络,借助国际孵化器、中外合作孵化器、海外创新主体等"知识守门人"对接全球创新链,通过构建"全球通道"突破自我中心网络,不断吸收来自全球异质性的、高价值的"知识血液"。粤港澳大湾区"知识守门人"从全球通道获取高价值知识并完成转译过程后,以粤港澳大湾区协同创新体系整体利益和合作共赢为导向,通过面向"本地蜂鸣"的知识扩散行为与内部创新行为主体进行知识互动和技术合作,实现粤港澳大湾区内的知识共享和能力协同,使大湾区内部的知识分布变得更加均衡合理和高端化。

③循环阶段。良好的协同创新系统的演化是一个循环过程,系统经过演进机制作用达到新的更高的有序稳定状态。但是粤港澳大湾区协同创新系统的开放性和远离平衡态等特性决定了系统必然会持续受到外界科技环境和市场环境、内部政策环境及世界上其他大湾区的挑战等因素影响。从外部环境来看,技术变革日新月异,新的产业发展更是如火如荼,新能源、新材料、智能化等为创新发展提供了多样选择;从内部环境来看,产学研合作发展、企业技术研发及技术创新的产业化均存在不确定因素,外界的变动导致系统出现微涨落继而实现巨涨落,协同创新系统形成新的演进过程。粤港澳大湾区协同创新系统不仅应注重发展,还应注重发展过程中跨区域、跨主体等多方面因素的协调,构建以市场为导向,以企业为主体的创新体系,加强高新技术研发从而破除"低端锁定"。

15.7 结 论

改革开放以来,我国区域经济发展取得了长足进步,区域创新体系日臻完善且特点鲜明。在后发情境下,推动了京津冀协同发展、长江经济带发展、粤港澳大湾区建设、长三角一体化发展、黄河流域生态保护和高质量发展、海南自由贸易港等区域重大战略,不断探索出产学研合作创新、协同创新、科技创新中心等典型模式,为丰富区域创新体系发展提供了宝贵的理论支撑与实践经验。与此同时,我国产学研合作长效机制、合作质量和效率以及企业技术能力提升等方面仍面临诸多困境,企业、大学和科研院所由于自身属性、社会职能等方面的不同而导致的合作动因和目标差异依然存在,区域发展不平衡的程度仍在不断加剧。面对上述问题,探讨新形势下区域创新体系面临的重大问题和挑战,深入剖析制约区域协同创新的深层次原因和制度约束,对于实现经济高质量发展和高水平科技自立自强尤为重要。

未来,需要立足产业—企业技术能力结构的现实情境,积极应对数字化时代的挑战与机遇,深入探讨区域创新体系的协同机制与优化路径。进入数字化时代,区域创新体系的组织边界趋于模糊,数字平台打破了创新活动时间和空间上的限制,提升了创新活动绿色化、精细化、智能化和科学化水平,未来可以探讨在数字技术支撑下如何跨越组织边界限制,提升创新主体间的科技协同关联度[45];从顶层设计出发,探讨如何通过智慧政府建设,加强跨部门、跨区域、跨层级的数字化协同应用;也可关注全国统一大市场建设中,数字基础设施建设对区域创新的影响与机制,不断提升区域数字创新的能力和水平。随着虚拟产业组织的不断发展,区域创新体系的建设同样需要无形要素的支持。未来可以关注如何形成支持虚拟产业组织发展的开放协作的营商环境,以解决数字经济背景下区域创新体系机制滞后的问题;探究如何打造适宜数字经济时代区域创新发展的企业文化,从而为创新型城市建设提供核心竞争力。虚拟产业组织是现阶段区域创新体系的鲜明特点,未来可关注区域创新过程中的创新模式、机制与影响效果,从而全面理解区域创新体系呈现出的时代新特征。

参考文献

[1] 詹·法格博格,戴维·C.莫利,理查德·R.纳尔逊.牛津创新手册[M].柳卸林,郑刚,蔺雷,等译.上海:东方出版中心,2021.

[2] Nelson R R. National innovation systems: A comparative analysis[M]. Oxford: Oxford University Press, 1993.

[3] Cooke P. Regional innovation systems: Competitive regulation in the new Europe[J]. Geoforum, 1992, 23(3):365-382.

[4] Lundvall B A. National innovation system: Towards a theory of innovation and interactive learning[M]. London: Pinter, 1992.

[5] Asheim B T, Coenen L. Knowledge bases and regional innovation systems: Comparing Nordic clusters[J]. Research Policy, 2005, 34(8):1173-1190.

[6] Granovetter M. The impact of social structure on economic outcomes[J]. Journal of Economic Perspectives, 2005, 19(1):33-50.

[7] Cantner U, Meder A, Wal A L J T. Innovator networks and regional knowledge base[J]. Technovation, 2010, 30(9-10):496-507.

[8] 冯之浚.国家创新系统的理论与政策[M].北京:经济科学出版社,1999.

[9] 胡志坚,苏靖.关于区域创新系统研究[N].科技日报,1999-10-16.

[10] 柳卸林.区域创新体系成立的条件和建设的关键因素[J].中国科技论坛,2003(1):18-22.

[11] 刘曙光,徐树建.区域创新系统研究的国际进展综述[J].中国科技论坛,2002(5):33-37.

[12] 李振国,张思光.区域创新系统:秩序及其变迁[J].管理评论,2011,23(12):63-67.

[13] 张玉臣,朱铭祺,廖凯诚.粤港澳大湾区创新生态系统内部耦合时空演化及空间收敛分析[J].科技进步与对策,2021,38(24):38-47.

[14] 樊霞,朱桂龙.区域创新网络的结点联结及其创新效率评价——以广东省为例[J].工业技术经济,2008,27(12):54-58.

[15] 王萧萧,朱桂龙,许治.协同创新中心组建特征及结构分析[J].科技进步与对策,2018,35(1):1-8.

[16] 苏屹,曹铮.京津冀区域协同创新网络演化及影响因素研究[J].科研管理,2023,44(3):43-55.

[17] 胡德龙,巢文鸣.区域创新、数字经济与企业全要素生产率[J].现代经济探讨,2023(9):62-72.

[18] 王海花,周洁,郭建杰,等.区域创新生态系统适宜度、双元网络与创新绩效——一个有调节的中介[J].管理评论,2023,35(3):83-91.

[19] 袁野,祖纯,尹西明,等.区域科技创新中心支撑高质量发展的理论逻辑和实现路径研究:以中国西部(重庆)科学城为例[J/OL].科学学与科学技术管理:1-27[2024-04-03].

[20] 柳卸林,朱浪梅,杨博旭.政府研发激励有利于提升区域创新效率?[J].科研管理,2021,42(7):50-59.

[21] 陈亮,冉茂盛.企业家精神如何影响区域创新效率?——基于企业家精神的多维视角研究[J].软科学,2021,35(3):89-95.

[22] 朱桂龙,赛夫,秦梓韬.中国各省创新水平关键影响因素及发展路径识别——基于模糊集定性比较分析[J].科学学与科学技术管理,2021,42(9):52-70.

[23] Yang B X, Liu X L, Gao Y C, et al. A research on the effectiveness of innovation policy for regional innovation under Chinese long-range plan[J]. Science and Public Policy, 2023, 50(3):491-508.

[24] 傅利平,张恩泽,黄旭.创新资源集聚、区域协同创新与京津冀高质量发展[J].科学学与科学技术管理,2024,45(2):35-50.

[25] 许治,焦秀焕,朱桂龙. 国家中心城市技术扩散与区域经济增长——以北京、上海为例[J]. 科研管理,2013,34(4):16-23.

[26] Jiao H,Zhou J,Gao T,et al. The more interactions the better? The moderating effect of the interaction between local producers and users of knowledge on the relationship between R&D investment and regional innovation systems[J]. Technological Forecasting & Social Change,2016,110(9):13-20.

[27] Liu X,Ji X,Ge S. Does the complexity and embeddedness of knowledge recombination contribute to economic development?:Observations from prefecture cities in China[J]. Research Policy,2024,53(2):104930.

[28] Zhu G L,Wen M R,Fan X,et al. A case study on the mechanism of university-industry collaboration to improve enterprise technological capabilities from the perspective of capability structure[J]. Innovation and Development Policy,2020,2(2):99-125.

[29] 朱桂龙.产学研与企业自主创新能力提升[J].科学学研究,2012,30(12):1763-1764.

[30] 刁丽琳,朱桂龙,许治.国外产学研合作研究述评、展望与启示[J].外国经济与管理,2011,33(2):48-57.

[31] 朱桂龙,张艺,陈凯华.产学研合作国际研究的演化[J].科学学研究,2015,33(11):1669-1686.

[32] 肖丁丁,朱桂龙,戴勇.R&D 投入与产学研绩效关系的实证研究[J].管理学报,2011,8(5):706-712.

[33] 肖丁丁,朱桂龙.产学研合作创新效率及其影响因素的实证研究[J],科研管理,2013,34(1):11-18.

[34] 陈劲.协同创新[M].杭州:浙江大学出版社,2012.

[35] Etzkowitz H,Leydesdorff L. The triple helix-university-industry-government relations:A laboratory for knowledge based economic development[J]. Easst Review,14(1):14-19.

[36] 张艺,许治,朱桂龙.协同创新的内涵、层次与框架[J].科技进步与对策,2018,35(18):20-28.

[37] Freeman C. Technology and economic performance:Lessons from Japan[M]. London:Frances Pinter,1987.

[38] 黄鲁成,李阳.国际 R&D 中心与北京的现状分析[J].科学学与科学技术管理,2004(7):12-16.

[39] 杜德斌,何舜辉.全球科技创新中心的内涵、功能与组织结构[J].中国科技论坛,2016(2):10-15.

[40] 朱桂龙,彭有福.产学研合作创新网络组织模式及其运作机制研究[J].软科学,2003(4):49-52.

[41] 朱桂龙,钟自然.从要素驱动到创新驱动——广东专业镇发展及其政策取向[J].科学学研究,2014,32(1):29-33.

[42] 朱桂龙,杨小婉,江志鹏.层面—目标—工具三维框架下我国协同创新政策变迁研究[J].科技进步与对策,2018,35(13):110-117.

[43] 樊霞,陈娅,贾建林.区域创新政策协同——基于长三角与珠三角的比较研究[J].软科学,2019,33(3):70-74+105.

[44] 朱桂龙,程强.我国产学研成果转化政策主体合作网络演化研究[J].科学学与科学技术管理,2014,35(7):40-48.

[45] 解学梅.协同创新效应运行机理研究:一个都市圈视角[J].科学学研究,2013,31(12):1907-1920.

16　中国国家创新体系的建设与治理

陈凯华　张宇杰　郭　锐

16.1　引　言

国家创新体系(national innovation system)是指能促进新知识和新技术的产生、应用和扩散,各类创新要素和主体关联互动、动态演化的开放系统。在对科技创新规律和国家创新行为特征的认识和理解的基础上,英国学者 Freeman 最早提出了国家创新体系的概念,丹麦学者 Lundvall 和美国学者 Nelson 等分别从不同视角促进了国家创新体系理论框架的形成与发展。Freeman 和 Nelson 主要从制度设计的宏观视角分别对日本和美国国家创新体系进行分析。Freeman[1] 指出国家创新体系是提高国家竞争力的源泉,是制度、组织、技术创新综合作用的结果,Nelson 和 Rosenberg[2] 认为对制度结构的适应是影响国家创新绩效的重要因素。Lundvall[3] 则着重从微观角度对国家创新体系的构成进行分析,强调构成要素间的网络形成和互动反馈。随着研究的不断深入,国家创新体系已涵盖国家创新过程中所有重要的经济、社会、政治、组织、制度以及其他影响创新的开发、扩散和使用的因素[4]。国家创新体系的概念一经提出便受到国内外学者与政策界的广泛关注,目前已发展成为世界主要科技强国与国际组织制定创新发展战略和创新管理研究的重要理论基础[5]。国内学者如方新[6]、陈劲[7]、石定寰和柳卸林[8-9]、王春法[10]、冯之浚[11] 等在中国情境下对国家创新体系研究做出了贡献[6-11]。

中国政府始终高度重视国家创新体系理论与方法在国家创新能力建设中的作用,2006 年《国家中长期科学和技术发展规划纲要(2006—2020 年)》(以下简称《规划纲要》)首次明确提出国家创新体系的概念和目标,将其引入和应用到国家科技创新管理和规划中并逐渐取得显著成效。然而,随着全球科技竞争格局加速重构与演变,科技创新呈现全新的发展趋势,社会环境等方面的重大变革性挑战不断加剧,促使学者倡议对已有的创新发展模式进行变革。美国等科技强国均开始反思本国创新体系建设中存在的问题①,并通过战略调整以期面向未来竞争打造科技创新发展新优势。中国亟须结合新形势新需求,系统把握新时期国家创新体系发展面临的多重转型背景与核心问题,加强对国家创新体系未来发展环境变化的研判,面向未来发展动态调整国家创新体系的建设与治理思路。

本章在回顾中国国家创新体系发展历程的基础上,着眼未来国际发展新环境,提出中国国家创新体系建设新思路。具体地,本章第16.2节梳理中国国家创新体系建设实践的发展脉络与国家创新体系理论在中国的引入与演进;第16.3节分别基于国家科技竞争力、国家创新力以及国家创新发展的评价指标评估中国国家创新体系建设的现状和水平;第16.4节分析中国国家创新体系建设的现状,在此基础上综合当前多重转型背景下中国国家创新体系面临的新形势新要求;第16.5和第16.6节提出面向新时期的国家创新体系建设与治理要点;第16.7节总结本章内容。

16.2　中国国家创新体系的发展历程:实践与理论

中国学者积极引入国家创新体系理论方法,并在中国科技创新情境下进行了多方面拓展[12]。1985年以前,中国国家创新体系开始形成与发展,但是呈现高度集中与计划形式。1985年3月《关于科学技术体制改革的决定》发布后,我国不断深化科技体制改革,开始探索建设适应我国体制与社会背景的、不断推动我国科技与经济发展的国家创新体系。自此,国家创新体系理论研究在中国得到了长足的发展。本节对中国国家创新体系的发展历程进行回顾,将之总结为五个阶段(见图16.1):一是引入期,国家创新体系概念开始进入我国政策界和学术界的视野;二是探索期,在知识经济时代与科技体制改革的背景下,提出知识经济时代的国家创新体系建设概念;三是发展期,随着自主创新战略的实施,国家创新体系建设开始全面布局,建设自主创新的国家创新体系成为研究热点;四是完善期,随着

---

① 例如,2021年美国信息技术与创新基金会发布的《更新国家创新体系,确保国家安全与繁荣》(*Time for a New National Innovation System for Security and Prosperity*)报告明确指出,新的国家创新体系需要兼顾国家安全与经济发展的中心原则,将保障领先的创新和生产地位作为最终目标。

科技体制改革的全面深入,创新型国家创新体系建设更加强调创新主体建设与创新能力提升等议题;五是新时期,创新体系的整体效能提升成为我国新发展阶段国家创新体系建设的战略目标和焦点议题。

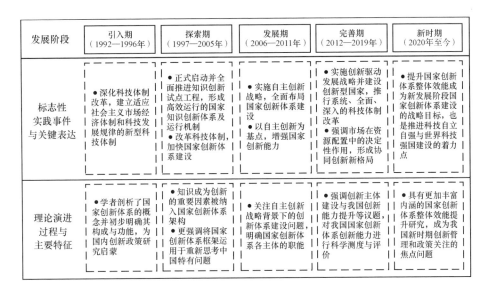

发展阶段	引入期 (1992—1996年)	探索期 (1997—2005年)	发展期 (2006—2011年)	完善期 (2012—2019年)	新时期 (2020年至今)
标志性实践事件与关键表达	●深化科技体制改革,建立适应社会主义市场经济体制和科技发展规律的新型科技体制	●正式启动并全面推进知识创新试点工程,形成高效运行的国家知识创新体系及运行机制 ●改革科技体制,加快国家创新体系建设	●实施自主创新战略,全面布局国家创新体系建设 ●以自主创新为基点,增强国家创新能力	●实施创新驱动发展战略并建设创新型国家,推行系统、全面、深入的科技体制改革 ●强调市场在资源配置中的决定性作用,形成协同创新新格局	●提升国家创新体系整体效能成为新发展阶段国家创新体系建设的战略目标,也是推进科技自立自强与世界科技强国建设的着力点
理论演进过程与主要特征	●学者剖析了国家创新体系的概念并初步明确其构成与功能,为国内创新政策研究启蒙	●知识成为创新的重要因素被纳入国家创新体系架构 ●更强调将国家创新体系框架运用于重新思考中国特有问题	●关注自主创新战略背景下的创新体系建设问题,明确国家创新体系各主体的职能	●强调创新主体建设与我国创新能力提升等议题,对我国国家创新体系创新能力进行科学测度与评价	●具有更加丰富内涵的国家创新体系整体效能提升研究,成为我国新时期创新管理和政策关注的焦点问题

图 16.1　中国国家创新体系的发展历程

资料来源:作者参考冯泽等[12]进一步整理。

(1)引入期:1992—1996 年,国家创新体系概念进入视野

1992—1996 年,中国科技体制改革逐渐建立与市场经济体制相适应的科技体制机制。1993 年八届全国人大二次会议通过《中华人民共和国科学技术进步法》(以下简称《科学技术进步法》),首次以法律的形式明确了科研机构和科技人员的权利与义务,强调要保障科技发展,发挥科技促进经济、社会发展的作用。1996 年发布的《中共中央、国务院关于加速科学技术进步的决定》正式确立了"科教兴国"战略,再次提出要"深化科技体制改革,建立适应社会主义市场经济体制和科技自身发展规律的新型科技体制"。随着我国科技体制改革如火如荼地进行,1995 年国家科学技术委员会和加拿大国际发展研究中心专家组研究报告指出,中国应关注"国家创新体系"这一分析模式,作为辨认未来科技系统改革的需要、确定科技系统与国家整个经济和社会活动关系的手段[13]。自此,国家创新体系正式进入中国政策界的视野。

同期,国家创新体系的概念也开始进入学界视野,给国内创新政策研究带来启蒙。1993年《中国的国家创新体系：变革与前景》一文较早梳理了当时中国国家创新体系存在的不足,例如过分庞大的由政府资助和管理的研究开发机构体系不利于企业研究开发力量的加强,以及优秀科技人才更多集中在科研机构和高校,难以流动和转化等[14]。结合当时的科技体制与发展历史背景,学者进一步将国家创新体系定义为由教育、财政与金融、研究与开发、有效的政府规制四个子系统及其相互之间的互动组成的理论框架[7],并初步明确了国家创新体系的构成与功能。其中,政府与企业的职能尤为重要,政府制定的推动技术创新的政策与措施构成国家创新体系的重要脉络,而企业则是创新的主体和核心[15]。

(2)探索期:1997—2005年,知识经济时代的国家创新体系建设

1997—2005年,中国正式启动并全面推进知识创新试点工程,为知识经济时代的国家创新体系建设积累了经验。1998年6月中共中央、国务院做出建设国家创新体系的决定,由中国科学院开展知识创新工程试点,形成高效运行的国家知识创新体系及运行机制。1999年颁布的《中共中央、国务院关于加强技术创新、发展高科技、实现产业化的决定》,提出要"推进国家创新体系建设"。2003年党的十六届三中全会通过的《中共中央关于完善社会主义市场经济体制若干问题的决定》进一步明确指出要改革科技体制,加快国家创新体系建设。

随着知识经济的概念和理论在中国开始引起政策界与学术界的重视,建设知识经济时代具有中国特色的国家创新体系逐渐成为政策界与学术界共同的焦点,以"国家创新体系"为主题的理论研究呈现爆发式增长。方新[6]从知识经济的视角分析国家创新体系,提出了国家创新体系在知识经济时代的三个主要功能:知识的生产、知识的传递、知识的应用与扩散。石定寰和柳卸林[8]指出国家创新体系概念的发展还需落到具体实践中,鉴于该时期建设国家创新体系是我国进入知识经济时代面临的一项重要任务,且我国科技体制改革不断深化,科技与经济更好结合、出现跨越式的发展,该时期的国家创新体系理论侧重科技经济一体化发展的思路,并更强调将国家创新体系框架运用于重新思考中国特有问题。

(3)发展期:2006—2011年,自主创新战略背景下的国家创新体系建设

2006—2011年,中国开始实施自主创新战略,致力于以自主创新为基点增强国家创新能力,全面布局国家创新体系建设。2006年发布的《规划纲要》首次在政策文件中明确给出国家创新体系的定义,并将全面推进中国特色国家创新体系建设作为一项重要的任务。《规划纲要》明确提出国家创新体系具有五个子体系:

以企业为主体、产学研结合的技术创新体系;科学研究与高等教育有机结合的知识创新体系;军民结合、寓军于民的国防科技创新体系;各具特色和优势的区域创新体系;以及社会化、网络化的科技中介服务体系。

在这一阶段,我国学者开始关注自主创新战略背景下的国家创新体系建设问题,进一步明确各主体职能。例如,雷家骕[16]指出中国缺少自主创新的根本原因在于其国家创新体系主要以模仿创新为导向,呼吁建设自主创新导向的国家创新体系,更加重视企业的核心地位。学者指出国家创新体系由企业、政府、科研机构等多主体间的互动与交流所构成,其基本模式是产学研合作,企业作为产学研合作的核心,在国家创新体系中的核心地位不言而喻。此外,学者进一步认识到除政府的宏观调控外,创新系统各主体的差异化定位与交互协同也是国家创新体系建设的关键要素,明确了科技社团[10]、科技中介组织[17]等其他主体的定位与功能。

(4)完善期:2012—2019 年,创新型国家创新体系建设

2012—2019 年,中国大力实施创新驱动发展战略并探索从多面着手加快建设创新型国家。2012 年党的十八大提出实施"创新驱动发展战略",我国开始推行系统、全面、深入的科技体制改革。2015 年《中共中央、国务院关于深化体制机制改革加快实施创新驱动发展战略的若干意见》指出要加快实施创新驱动发展战略,统筹推进科技体制改革,强调市场在资源配置中的决定作用,形成"人才、资本、技术、知识自由流动,企业、科研院所、高等学校协同创新"的新格局。2016 年颁布的《国家创新驱动发展战略纲要》和《"十三五"国家科技创新规划》进一步落实战略并形成系统谋划,从创新主体、创新基地、创新空间、创新网络、创新治理、创新生态六个方面提出了建设国家创新体系的要求,并形成了创新驱动发展的基本格局。

在此阶段,国家创新体系理论演进更加强调创新主体建设与创新能力提升等议题,并意识到提升我国创新能力不仅是创新驱动发展的主要目标,也是创新驱动发展的根本途径。在针对国家创新体系创新能力提升的研究中,一类典型研究涉及对我国国家创新体系创新能力进行科学测度与评价,构建国家创新能力指标体系,采用建模计量法、综合指标法和 DEA 效率评价法等主流方法,对我国国家创新体系创新发展水平和能力进行跟踪与监测[18-23]。此外,随着经济与科技发展步入全球化阶段,国家创新体系正呈现出国际化趋势,更加强调建设开放的、融入全球化进程的国家创新体系[24]。开放式创新与国际科技合作逐渐成为各国创新战略的新特点,如何融入全球化的创新体系成为各国共同探寻的目标。

（5）新时期：2020 年至今，新发展阶段的国家创新体系建设

自 2012 年提升国家创新体系整体效能的要求被正式提出，经过十年发展，"提升国家创新体系整体效能"已成为新发展阶段中国国家创新体系建设的战略目标，也是推进科技自立自强与世界科技强国建设的着力点。党的二十大报告更是对完善科技创新体系、提升国家创新体系整体效能做出战略部署，并指出健全新型举国体制，强化国家战略科技力量，优化配置创新资源，优化国家科研机构、高水平研究型大学、科技领军企业定位和布局等提升国家创新体系整体效能的明确路径。

在此背景下，具有更加丰富内涵的国家创新体系整体效能研究成为我国新时期创新管理和创新政策关注的焦点问题。陈凯华和张超[25]、陈凯华和蔺洁[26]指出，提升国家创新体系整体效能是今后我国科技创新事业较长一段时间的工作重点，迫切需要适应新时期、新趋势、新形势，深化科技创新体制机制改革，建立高水平国家创新治理体系，聚力提升国家创新体系整体效能。国家创新体系整体效能提升的本质，在于通过健全国家创新体系以更好地满足经济、社会、国防发展与国际竞争中对科技创新的需求，涉及创新主体建设、功能定位与协作互动以及创新资源的流通与共享等问题的系统改进，体现了国家创新体系的运行效率、系统能力等多方面综合绩效。

16.3　中国国家创新体系建设的现状与水平

中国国家创新体系建设近年来取得显著进展，其现状与水平正日益引起我国创新管理领域学界与政策界的广泛关注。根据笔者前期主编或联合编写的多项针对国家创新体系的监测评估报告成果，本节旨在分别从科技竞争力、创新力以及创新发展三个维度综合评估中国国家创新体系建设的现状与水平，与世界其他典型国家的排名演进情况进行对比。上述三个维度从创新链全视角共同构成国家创新体系效能绩效分析与综合评价框架，揭示了我国科学技术、创新活动与创新驱动发展的全方位表现。整体来看，我国国家创新体系建设稳中有进，国家创新体系发展水平不断提升，国家科技竞争力和国家创新力稳步提升，创新驱动发展方面也呈现出积极变化，但仍面临整体效率偏低的短板，与世界先进水平存在一定差距。

（1）基于科技竞争力的中国国家创新体系发展现状与水平

笔者主编的《国家科技竞争力报告（2023）》[27]从"投入—过程—产出"的视角,提出国家科技竞争力的"潜力—效力—实力"三维测度框架,实现了兼顾规模和效率差异性的国家科技竞争力测度多维度全过程分析,构建了一套基于科技竞争力的国家创新体系评价指标体系。该指标体系中的科技竞争潜力和实力反映了国家创新体系的"能力"表现,而科技竞争效力则反映了国家创新体系的"效率"表现。通过重点分析2011—2022年包括我国在内的11个典型国家的科技竞争力演进趋势,揭示我国科技竞争力现状。指标测算与比较分析结果表明:总体来看,我国科技竞争力近年来增速逐步放缓,转向稳步增长阶段,不过与科技领先国家相比仍有较大提升空间。如图16.2所示,我国科技竞争力在2011年至2022年的12年间增长迅速,科技竞争力从第2梯次末尾跻身第2梯次前列。同时,我国科技竞争力发展水平已从高速增长阶段迈向稳步增长阶段。然而,我国科技竞争效力水平大幅低于主要科技强国,如图16.3所示。我国科技竞争效力指数增长率于2015年达到最高值（22.31%）,随后开始下降,于2020年及之后增长率变为负值。这是制约我国科技竞争力水平整体提升的主要因素,也是阻碍我国国家创新体系发展的短板所在。

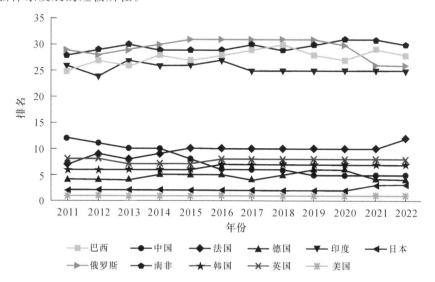

图16.2　中国与典型国家科技竞争力指数排名演进（2011—2022年）

资料来源:《国家科技竞争力报告（2023）》[27]、陈凯华等[28]。

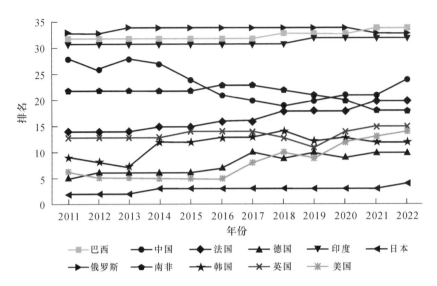

图 16.3　中国与典型国家科技竞争效力指数排名演进(2011—2022 年)

资料来源:《国家科技竞争力报告(2023)》[27]、陈凯华等[28]。

(2)基于创新力的中国国家创新体系发展现状与水平

　　笔者主编的《国家创新力测度与国际比较》[29]报告,从"科学—技术—产业"创新价值链横向和"实力—效力"创新价值链纵向构建了"三横二纵"的国家创新力测度框架,实现了考虑科学、技术和创新活动差异性及规模和效率差异性的国家创新系统的全视角分析,形成一套基于创新力的国家创新体系评价指标体系。"创新实力"反映了国家创新体系的"能力","创新效力"则反映了国家创新体系的"效率"。通过重点分析 2006—2020 年包括我国在内的 11 个典型国家的创新力演化趋势,揭示我国国家创新力的竞争优劣势。指标测算与比较分析结果表明:总体来看,我国创新实力优势明显,创新效力排名波动提升,趋向于中游,但仍显著滞后于创新实力排名,制约着我国创新力排名提升。如图 16.4 所示,与 10 个典型国家相比,我国创新力排名稳步上升,但仍有较大提升空间。从 2006 年的第 29 名快速提升至 2020 年的第 14 名,排名依次超过了南非、韩国和法国,但仍然弱于美国、日本、德国和英国等国。由于较弱的科学创造效力,我国的创新效力排名(2020 年为第 27 名)仍然远远落后于创新实力排名(2020 年为第 2 名),这是制约我国创新力排名提升的关键短板,我国国家创新体系效率亟须提升。

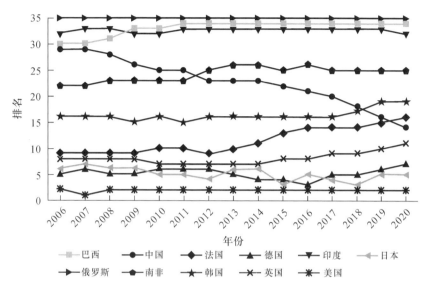

图 16.4　中国与典型国家创新力指数排名演进(2006—2020 年)

资料来源:《国家创新力测度与国际比较》[29]、陈凯华等[28]。

(3)基于创新发展的中国国家创新体系发展现状与水平

笔者联合撰写的《2019 国家创新发展报告》[30] 和《2021 国家创新发展报告》[31] 系列图书从科学技术发展指数、产业创新发展指数、社会创新发展指数、环境创新发展指数四个维度测算我国创新发展指数,该指数反映的是创新驱动经济、社会、环境发展和科学技术自身发展的结果,以及创新驱动经济、社会和环境发展的动力强弱。通过重点分析 2012—2021 年包括我国在内的 11 个典型国家的创新发展指数的演进趋势,可以揭示创新驱动发展视角下我国国家创新体系发展对科技、产业、社会、环境的综合影响。指标测算与比较分析结果表明,2012—2021 年,中国创新发展指数排名稳中有升,如图 16.5 所示,由 2012 年的第 39 位稳步上升至 2021 年的第 37 位,在 2015 年排名超过了南非,但依旧低于世界平均水平,且在 40 个国家中创新发展指数排名依然落后。2012—2021 年中国创新发展指数值从 20.19 上升至 27.79,与 40 个国家的平均值 36.26 仍然有一定差距,但中国创新发展指数值年均增长率(3.61%)位列 40 个国家之首,可见中国未来创新发展水平提升潜力巨大。

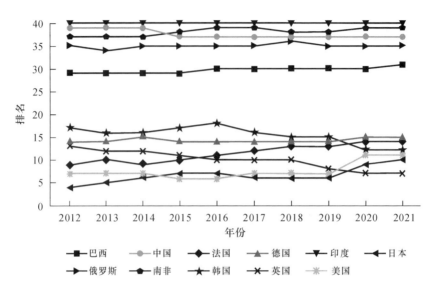

图 16.5　中国与典型国家创新发展指数排名演进（2012—2021 年）

资料来源：《2019 国家创新发展报告》[30] 和《2021 国家创新发展报告》[31]。

16.4　中国国家创新体系面临的多重转型背景

当前我国处于国际科技竞争格局日趋复杂、新一轮科技革命和产业变革加速演进、经济社会发展进入新阶段三个转型交汇的新时期[32]，在这一多重转型背景下，我国创新体系建设面临一系列新的要求。本节重点剖析三个方面：一是亟须建设面向高水平科技自立自强的国家创新体系，二是数字化和绿色化双转型加速国家创新体系治理变革，三是加快构建适应高质量发展的国家创新体系，进而促进其整体效能提升。

（1）国际科技竞争格局转型：建设面向高水平科技自立自强的国家创新体系

当前国际科技竞争格局正处于快速转型和动荡变化中，世界主要经济体普遍强化了面向未来的国家战略科技力量部署，着力于打造科技创新发展新优势。在此背景下，"实现高水平科技自立自强"的战略目标被提出，新时期国家创新体系需要适应科技自立自强这一战略要求。从内部环境来看，我国高水平科技自立自强需要强化科技支撑，产业转型升级、环境保护、国家安全等发展目标都需要从创新中寻求解决方案。从外部环境来看，大国竞争日益体现为国家创新能力的竞争,中美摩擦更是暴露了中国基础研究薄弱、关键核心技术存在短板等问题,需要尽快破解"卡脖子"难题。科技自立自强要求在重大关键科技领域发挥引领和支撑作用,推动科技实力从量到质转变,建设适应科技自立自强的国家创新体系成为我国应对新时期国内外挑战的迫切要求和必然选择。

(2)经济社会环境转型:数字化和绿色化双转型加速国家创新体系治理变革

我国新时期国家创新体系建设还面临着数字化和绿色化双转型背景。一方面,加快推进数字化转型是"十四五"时期的重要战略任务。数字化转型不仅催生数据这一新的创新发展要素,而且有助于创新主体联结与创新要素配置突破时间、空间和组织的限制,从根本上改变了知识的生产、扩散、应用过程并重塑了国家创新体系效能的生成机制[32]。另一方面,碳达峰和碳中和也是"十四五"时期我国国家创新体系建设必须着手推进的一项重点工作。我国亟须加快构建适应绿色低碳循环发展的国家创新体系,并在经济结构、能源结构、产业结构的转型升级中持续发力。此外,我国《"十四五"国家信息化规划》提出要"推动数字化绿色化协同发展",进一步强调了数字化和绿色化协同的重要性。国家创新体系治理模式需要做出系统性变革,以加快推动数字化和绿色化双转型耦合式发展。

(3)国家发展阶段转型:加快适应高质量发展的国家创新体系整体效能提升

随着我国进入适应高质量发展的新时期,提升整体效能成为国家创新体系高质量转型的核心要求。从外部环境来看,新一轮科技革命加剧了国际科技竞争,复杂国际科技竞争环境下亟须建立需求导向的国家创新体系。从内部环境来看,资本、劳动等传统要素在生产率中发挥的作用下降,创新驱动发展成为中国高质量发展的唯一途径。2021年12月,我国新修订的《科学技术进步法》明确提出"增强创新体系整体效能"。然而,我国国家创新体系建设和发展过程中出现的一系列科技创新治理难题,长期制约国家创新体系效能提升,如创新能力尚不适应高质量发展要求、科技投入产出效率较低、科技人才结构有待优化、供应链存在"卡脖子"环节等问题[33]。这都要求我们亟须从系统视角出发,为创新体系整体效能提升制定更有效的政策举措,以加快适应高质量发展的国家创新体系建设。

16.5 新时期中国国家创新体系的建设

(1)健全适应双循环新发展格局的国家创新体系,提升高质量发展的突破与保障能力

构建以国内大循环为主体、国内国际双循环相互促进的新发展格局,是贯彻新发展理念的重大举措。加快构建融入双循环新发展格局的国家创新体系,应坚持开展如下两方面举措:一是以国内大循环建设为核心,聚焦关键核心技术突破,优化国家战略科技力量的系统性布局,加快建设自主可控高效的产业创新生态,提升国家创新体系在重点领域的突破能力。二是面向国内国际双循环相互促进的新格局,实施更为开放包容、互惠共享的科技战略,健全开放信任、互利共赢的国际科技合作模式,推动国家创新体系深度融入国际大循环。通过加强科技成果的产出与推广应用、积极引入外部知识资源,推动科技创新成果更好地融入国际大循环。

(2)优化有主有次、协同互补的国家战略科技力量布局,协同推进国家战略科技力量建设

我国国家战略科技力量存在创新主体功能重复、协同不足、系统性不强等短板,难以形成有效合力,国家战略科技力量亟须统筹,以明确各主体功能定位[34-35]。建议从如下方面进行优化,推进有主有次、协同互补的国家战略科技力量体系建设:一是从创新型国家和世界科技强国建设需求出发,加快推进国家实验室组建工作,依托实施面向重大需求和问题的重大科技项目,整合和优化优质科技资源,开展重大科技攻关,攻克事关国家核心竞争力和经济社会高质量发展的核心技术。二是重组国家重点实验室体系,面向国家重大需求和新兴交叉前沿领域,探索建立新的国家重点实验室体制机制[36],使国家重点实验室成为国家重大科技任务的提出者和承担者。三是加快企业主导的产学研创新联合体建设,持续加强面向前沿技术引领的系统发展能力。

(3)加快建设自主可控、安全高效的产业创新生态,推动产业链创新链多链条深度融合

随着国际产业链布局呈现出全球化、网络化、复杂化的特点,大国科技竞争博弈对产业链的创新能力和自主可控能力提出更高的要求。建议从如下方面加快构建自主可控高效的产业创新生态系统：一是进一步强化企业创新主体地位。加强科技领军企业培育，发挥科技领军企业产业链"链长"的引领带动作用，做好"链主"企业的培育和引导，鼓励其深度参与国家战略科技任务。二是营造良好的产业创新生态，推动产业链创新链深度融合，建立适应核心技术突破的产业创新体系。发挥我国工业门类齐全、消费市场体量大和组织动员能力强的制度优势，构建与技术发展相适应的产业创新生态，以及制定技术生态位战略，保障产业创新生态系统的健康运行。

(4)强化教育科技人才一体化的人才自主培养模式，打造科技人才国际竞争比较优势

强化培养和激发并重的人才自主培养模式可以在如下方面持续发力：一是优化支持，多措并举加强对青年科研人员的支持，实施青年科技人才专项计划，健全与国际接轨的高水平科研人才收入制度，改善本土科研人才激励机制[29,37]，优化海外科研人才引进管理政策和制度体系，加速推动海外科研人才回流[28,32]。二是以产学研深度融合为主线，推进教育、科技、人才"三位一体"政策部署[38-39]。三是改善环境，建立"多层次选拔、长期强支持、多维分类评价"的全流程人才培养体系，健全符合成长规律的人才评价制度，探索"重大科技创新平台＋重大科技项目"相结合的高水平人才培养模式。四是扩大平台，推进科技基础设施与科研平台建设，进一步优化推广青年科技人才创新发展共同体建设[40-41]。

(5)持续健全开放信任、互利共赢的国际科技合作模式，营造全球开放合作创新生态

全球化背景下任何国家都无法孤立地进行科技创新，积极参与国际科技合作既是全球化深入发展与新一轮科技革命和产业变革的必然要求，也是应对全球性挑战和提升国际竞争力的关键举措。应充分发挥我国创新基础设施优势，在气候变化、生命健康、环境保护、数字安全等全人类面临的共同挑战领域积极展开国际科技合作。同时，拓展科技合作对象和途径，推动更开放、包容、务实的科技交流与合作，充分发挥"一带一路"在构建科技创新共同体中的作用，提升科技创新的国际化水平，增强我国科技"软实力"和国际影响力。此外，进一步扩大科技创新资源开放合作，将重大科技基础设施、联合实验室、研究中心、科技园区等作为合作平台，支持更多科学家在国际科学组织、国际科技期刊任职，推动形成更大范围、更宽领域、更深层次的科技开放合作格局，有效融入全球科技创新网络。

16.6 新时期中国国家创新体系的治理

(1)坚持需求导向,构建新型国家科技治理体系,提升国家关键科技问题解决能力

从国家重大战略需求和关键科技问题出发,坚持需求导向,构建新型国家科技治理体系是破解"卡脖子"难题、优化科技资源配置以及提升国家创新体系整体效能的必然要求[26,42-43],需在以下方面发力:一是建立面向需求和问题的重大科技项目选题机制。从"四个面向"出发凝练科学技术问题,着眼于国家未来发展战略需求,坚持"应用需求明确、技术突破明显"的原则,加强自上而下重大科技项目的统筹布局。二是强化技术预见对技术领域前瞻布局的支撑。考虑当前国家战略需求和未来发展愿景,通过技术预见研究有效识别科技创新战略重点领域和优先发展技术清单,筛选当前和未来符合国家发展重大需求的研究领域,为关键核心技术攻关提供战略指导。三是推动健全新型举国体制,提升国家创新体系体系化能力和重点突破能力。发挥我国资源动员能力强的体制优势和市场规模大、发展机会多的市场优势,以服务国家重大战略需求为目标,克服科技资源配置低效、分散的弊端,加强重要领域关键核心技术攻关,强化关键环节、关键领域、关键产品保障能力。

(2)形成有利于基础研究的制度体系,不断提升国家创新体系中创新资源配置使用能力

加强基础研究是实现国家高水平科技自立自强的迫切要求,是建设世界科技强国的必由之路。必须深化基础研究体制机制改革,从基础研究人才培养、经费投入、项目组织、环境保障四个方面加快构建有利于基础研究的制度体系,系统性优化创新资源配置,为推动基础研究高质量发展提供保障。一是建立以人才质量为导向的基础研究人才培养制度。将科学教育纳入跨机构、跨部门的重大战略规划,建立符合基础研究活动需求的研究生教育培养制度。二是建立多元导向的基础研究经费投入制度。建立中期财政科技预算规划机制,保障中央财政科技支出中基础研究经费稳定增长。引导地方政府加大基础研究经费投入,强化财政科技支出的科技创新导向,建立社会力量参与基础研究的畅通渠道。三是以提升基础研究组织效率为目标建立健全基础研究项目组织制度,建立重大科学问题和关键技术科学问题常态化凝练机制以及自上而下和自下而上相结合的选题机制。四是建立动力导向的基础研究环境保障制度,完善基础研究项目和人才评价机制,建立宽容失败的基础研究环境,以激发基础研究人才研究动力。

(3)加快国家创新体系治理模式系统变革,加速推进数字化与绿色化双转型耦合发展

数字化转型是经济社会向数字化、网络化与智能化演进的必然趋势,不仅重塑了商业模式,也深刻影响社会生活和治理方式。绿色化转型作为应对气候变化的积极举措,也必将改变传统的生产方式和资源利用模式,推动经济社会向绿色、低碳与循环发展。数字化转型与绿色化转型能够从功能目标与动力机制、主体定位与范围构成、制度环境与治理方式等方面给国家创新体系带来异质性影响,这两大转型方向彼此交织,在技术层面、制度层面乃至理念层面都存在交集和耦合点,如果能够实现良好协同,则可产生协同增效的效果。在推进双转型过程中必须树立系统思维,加强顶层设计,从功能活动、主体结构、制度环境等多个维度系统性推进国家创新体系治理变革,从转型约束向转型激励方向转变,形成政策主导与市场协调的跨行业协同管理与耦合发展机制。

(4)形成支持技术攻关的全面创新基础制度,系统推进前沿技术与关键核心技术突破

科技创新与体制机制创新是我国科技体制改革工作的"双轮驱动",深化科技体制改革是最大限度激发科技第一生产力,有效推动前沿新兴技术快速攻关,提升国家创新体系攻关能力和系统集成能力的关键因素,亟须建立支持技术攻关的全面创新基础制度。在科技攻关项目立项和组织管理方式上,应持续实行"揭榜挂帅""赛马"制度,打破资历和门槛的限制。在重大项目的组织实施上,将"自上而下"的宏观决策部署与"自下而上"的自由探索相结合,有效衔接基础研究、应用研究和试验开发,加强我国在前瞻性基础研究、前沿引领技术、战略性高技术领域的创新能力,形成攻克关键核心技术的强大合力。在科技创新成果保护制度上,大力加强知识产权法治保障,更好地支撑关键核心技术攻关。

(5)构建多层级驱动的整体性创新政策体系,不断提升国家创新体系整体效能的系统治理能力

随着全球科技竞争加剧和国内经济结构转型升级,国家创新体系中创新活动发展愈发呈现出复杂性、系统性和整体性的特点,单一的、分散的创新政策已难以满足国家创新体系的发展需求。同时,我国创新政策实践涉及的相关部门以及政策颁布数量不断增多,创新政策体系也愈发复杂,难以有效协同支撑创新活动,因此迫切需要构建多层级驱动、多维度覆盖、多方位优化的整体性创新政策体系。亟须从国家创新体系整体效能的结构、功能、演化、效率、能力等层面的失灵问题出发,聚焦我国国家创新体系的关键子体系,综合宏观要素引导与统筹、中观经费配置与管理、微观人才培育与激励,持续完善"宏观—中观—微观"多层级驱动、"产学研金介"多维度覆盖、"制度—体系—工具"多方位优化的整体性创新政策设计[44-45]。

16.7 结 论

国家创新体系是提高国家竞争力的源泉,国家创新综合实力在很大程度上取决于创新体系的创新能力和运行效能,建设世界科技强国,主要战略任务之一即建设与科技强国相适应的国家创新体系。在"两个一百年"奋斗目标驱动下,中国学者还需对国家创新体系理论与建设实践进行更加深入的研究。本章在梳理国家创新体系的理论演进与我国实践的基础上,结合国家科技竞争力、国家创新力以及国家创新指数等多维评价指标,分析中国国家创新体系建设面临的问题,并综合新形势新要求,提出面向新时期的国家创新体系建设要点与治理思路。

中国自 1993 年开始初步引入国家创新体系的内涵与功能,在 1997 年探索构建面向知识经济时代的国家创新体系,后续在此基础上不断深化国家创新体系建设,取得了一系列科技创新成就,包括科技竞争潜力水平进步显著、国家创新力水平稳步提升等。然而,中国在创新体系能力提升上仍然存在较大改进空间,主要体现在科技竞争效率和能力有待提高、创新效力不足等方面。随着中国经济社会发展加速以及国际科技竞争日益激烈,中国国家创新体系面临更加复杂的发展要求,不仅更加迫切地需要加快构建适应经济高质量发展新阶段的国家创新体系,而且亟须进一步加强需求导向,加快提升面向高水平科技自立自强的国家创新体系的整体效能。

针对上述新形势新需求,本章提出新时期中国国家创新体系的建设需要重点关注的五个方面。一是健全适应双循环新发展格局的国家创新体系,提升高质量发展的突破与保障能力;二是优化有主有次、协同互补的国家战略科技力量布局,协同推进国家战略科技力量建设;三是加快建设自主可控、安全高效的产业创新生态,推动产业链创新链多链条深度融合;四是强化教育科技人才一体化的人才自主培养模式,打造科技人才国际竞争比较优势;五是健全开放信任、互利共赢的国际科技合作模式,营造全球开放合作创新生态。同时,为有效推进我国国家创新体系建设,迫切需要进一步优化国家创新治理体系,具体措施包括构建需求导向的新型国家科技治理体系,提升经济社会发展中重大关键科技问题的解决能力;加快构建有利于基础研究的制度体系,不断提升创新资源在国家创新体系内的配置使用能力;加快国家创新体系治理模式的系统变革,加快推动数字化和绿色化双转型耦合式发展;加快形成支持全面创新的基础制度体系,形成系统集成和攻关能力;以及探索构建多层级驱动的整体性创新政策体系,不断提升国家创新体系整体效能的系统治理能力。

参考文献

[1] Freeman C. Technology policy and economic performance：Lessons from Japan［M］. New York：UNKNO，1994.

[2] Nelson R R，Rosenberg N. Technical innovation and national systems［M］. New York：Oxford University Press，1993.

[3] Lundvall B A. National systems of innovation：Toward a theory of innovation and interactive learning［J］. Pinter Publishers，1992.

[4] Fagerberg J，Mowery D C. The Oxford handbook of innovation［M］. Oxford：Oxford University Press，2006.

[5] Sharif N. Emergence and development of the national innovation systems concept［J］. Research Policy，2006，35(5)：745-766.

[6] 方新.知识经济中的国家创新系统［J］.中国科技论坛,1997(4):1-2.

[7] 陈劲.国家创新系统:对实施科技发展道路的新探索［J］.自然辩证法通讯,1994(6):22-29.

[8] 石定寰,柳卸林.建设我国国家创新体系的构想［J］.中国科技论坛,1998(5):7-11.

[9] 石定寰,柳卸林.国家创新体系建设的政策意义［J］.中国科技论坛,1999(3):6-11.

[10] 王春法.关于科技社团在国家创新体系中地位和作用的几点思考［J］.科学学研究,2012,30(10):1445-1448.

[11] 冯之浚.完善和发展中国国家创新系统［J］.中国软科学,1999(1):55-58.

[12] 冯泽,陈凯华,陈光.国家创新体系研究在中国:演化与未来展望［J］.科学学研究,2021,39(9):1683-1696.

[13] IDRC，The State Science and Technology Commission(The People's Republic of China). A decade of reform：Science and technology policy in China[M]. Canada：IDRC，1997.

[14] 汤世国.中国的国家创新体系：变革与前景[J].中国软科学,1993(1)：33-35.

[15] 邓寿鹏.改善创新宏观条件 建立国家创新体系[J].中国软科学,1995(8)：88-93.

[16] 雷家骕.建立自主创新导向的国家创新体系[J].中国科技产业,2007(3)：128-130.

[17] 马松尧.科技中介在国家创新系统中的功能及其体系构建[J].中国软科学,2004(1)：109-113＋120.

[18] Guan J，Chen K. Modeling the relative efficiency of national innovation systems[J]. Research Policy，2012，41(1)：102-115.

[19] 蔡跃洲.国家创新体系视角下的国家创新能力测度述评——理论方法、数据基础及中国实践[J].求是学刊,2012,39(1)：42-50.

[20] 陈凯华.创新过程绩效测度——模型构建、实证研究与政策选择[M].北京：中国科学技术出版社,2013.

[21] 陈凯华,官建成.中国区域创新系统功能有效性的偏最小二乘诊断[J].数量经济技术经济研究,2010,27(8)：18-32＋60.

[22] 陈凯华,寇明婷,官建成.中国区域创新系统的功能状态检验——基于省域 2007—2011 年的面板数据[J].中国软科学,2013(4)：79-98.

[23] 王智慧,刘莉.国家创新能力评价指标比较分析[J].科研管理,2015,36(S1)：162-168.

[24] 刘云,谭龙,李正风,等.国家创新体系国际化的理论模型及测度实证研究[J].科学学研究,2015,33(9)：1324-1339.

[25] 陈凯华,张超.关于提升国家创新体系整体效能的系统性思考[J].今日科苑,2023(4)：1.

[26] 陈凯华,蔺洁.构建高效能科技治理体系的目标导向和重点任务[J].国家治理,2021(Z5)：54-57.

[27] 陈凯华.国家科技竞争力报告(2023)[M].北京：科学出版社,2023.

[28] 陈凯华,赵彬彬,张超.全球科研人员百年跨国流动规律、格局与势差效应——基于 Scopus 科学文献数据的实证研究[J].管理世界,2024,40(2)：1-27.

[29] 陈凯华.国家创新力测度与国际比较[M].北京：科学出版社,2022.

[30] 穆荣平,陈凯华.2019 国家创新发展报告[M].北京：科学出版社,2020.

[31] 穆荣平,陈凯华.2021 国家创新发展报告[M].北京：科学出版社,2023.

[32] 陈凯华,赵彬彬,康瑾,等.数字赋能国家创新体系：演化过程、影响路径与政策方向[J].科学学与科学技术管理,2023,44(2)：19-32.

[33] 蔡昉,吕薇,洪永淼,等.庆祝中国共产党成立一百周年笔谈——学习习近平总书记"七一"重要讲话精神[J].数量经济技术经济研究,2021,38(11)：3-20.

[34] 陈凯华,温馨,张超.国家科技竞争力测度、演进与国际比较[J].中国科学院院刊,2024,39

(1):163-175.

[35] 陈凯华,薛泽华,张超.国际发展环境变化与我国科技战略选择:历史回顾与未来展望[J].中国科学院院刊,2023,38(6):863-874.

[36] Chen K,Zhang C,Feng Z,et al. Technology transfer systems and modes of national research institutes:Evidence from the Chinese Academy of Sciences[J]. Research Policy,2022,51(3):104471.

[37] 代涛,宋洁,张博,等.新时代创新人才成长路径及所需环境[J].中国科学院院刊,2023,38(5):773-777.

[38] 陈凯华,张超,薛晓宇.国家创新力测度与国际比较:2006—2020年[J].中国科学院院刊,2022,37(5):685-697.

[39] 吴伟,陈凯华,李佳伲.以教育、科技、人才一体化发展提升高校基础研究能力[J].中国高等教育,2023(22):33-36.

[40] 陈凯华,盛夏,李博强,等.加强青年科研队伍建设,加速实现科技自立自强——兼论中国科学院青年创新促进会发展经验与展望[J].中国科学院院刊,2021,36(5):589-596.

[41] 陈凯华,杨一帆,陈光,等.全球科研人员流动规律与不同层次人才的差异化研究——基于Scopus百年论文数据的研究[J].科学学与科学技术管理,2023,44(4):3-20.

[42] 蔺洁,陈凯华.加快形成需求导向和问题导向的国家科技治理体系[N].光明日报(理论版),2020-09-17.

[43] 赵彬彬,陈凯华.需求导向科技创新治理与国家创新体系效能[J].科研管理,2023,44(4):1-10.

[44] 陈凯华.建设世界科技强国亟须提升科技软实力[N].科技日报,2019-03-25.

[45] 冯泽,陈凯华,冯卓.国家创新体系效能的系统性分析:生成机制与影响因素[J].科研管理,2023,44(3):1-9.

17   全球价值链中的开放式创新

李纪珍　杜　健

17.1　引　言

在全球价值链中实施开放式创新日益成为跨国企业的重要战略,这一现象受到学者们的关注,也越来越受到跨国企业母国和东道国政策制定者的重视。开放式创新具有情境依赖性,既受到行业属性、市场因素和知识产权等外部环境的影响,也依赖组织吸收能力和研发能力等自身特征。基于全球价值链视角,发达国家和发展中国家的跨国企业开放式创新动力机制和实现路径有着显著不同,同一跨国企业在不同发展阶段所采用的开放式创新模式也表现出明显差异。凭借创新资源上的先发优势,发达国家在全球价值链分工中处于主导地位,占据价值链"双高端",跨国企业的海外研发活动也高度集中于这些技术先进的工业化国家。

近年来,随着创新驱动发展国家战略的深入实施,我国逐年提高研发投入在国民经济总产值中的比重,强化企业科技创新主体地位,多措并举吸引外商投资设立研发中心,同时鼓励本土企业"走出去"开展开放式创新,推动全球价值链向高端"攀升",加快传统产业转型升级。在"引进来"和"走出去"相结合的国家开放发展政策推动下,中国企业积极参与全球价值链分工,并实施开放式创新战略,科技创新取得长足进步,正在成为推动全球创新的新势力。当今中国已经是全球价值链大国,拥有全球近七分之一的价值链市场份额,是促进全球价值链可持续发展的重要力量[1]。这种开放式创新驱动下的企业能力成长与全球价值链地位提升路径极具中国特色,为其他后发国家更好地融入全球价值链提供了可供参考的实践经验。

本章主要讨论了中国企业如何嵌入全球价值链,并依托全球价值链实施开放式创新战略,形成全球化的研发体系与先进的创新管理能力。第 17.2 节介绍了全球价值链和开放式创新这两大理论的相关概念与内涵。第 17.3 节剖析了国家开放创新体系框架下我国在全球价值链中的开放式创新。第 17.4 节通过实际案例描述了三家不同行业的中国跨国企业通过开放式创新策略,成功形成了核心竞争能力,拓展了它们在全球产业中的分工,并提高了其在全球价值链中的地位。第 17.5 节是结论与展望。

17.2　全球价值链与开放式创新

(1)概念界定

①全球价值链

根据联合国工业发展组织的定义,全球价值链(global value chain)是指为实现商品或服务价值而联结生产、销售、回收处理等过程的全球性跨企业网络组织,涉及从原料采购和运输、半成品和成品的生产和分销,直至最终消费和回收处理的整个过程,包括所有跨国别的参与者以及生产销售等活动的组织与其价值、利润分配。在这个链条中,不同位置的各国企业进行着设计、产品开发、生产制造、营销、交货、消费、售后服务、循环利用等各种增值活动。

全球价值链是一个具体的经济关系,也是国际经济贸易实际发展中的一个动态过程。作为经济全球化的产物,它使得各国企业能够在全球范围内开展合作和竞争,推动了全球经济的增长和发展[2]。然而,全球价值链的发展和运行也受到多种因素的影响,包括科技革命、全球经济新旧动能转换、收入分配差距等;当前也面临着诸多挑战,如贸易保护主义、技术壁垒、环境和社会责任等问题[3]。

全球价值链的驱动模式主要有两种:生产者驱动和购买者驱动。生产者驱动的价值链一般由拥有核心技术优势的先进企业来组织商品或服务的生产、销售、外包和海外投资等产业前后向联系,这种模式通常出现在汽车、航空、电脑、半导体和装备制造等技术资本密集型产业中。购买者驱动的价值链则是由拥有强大品牌优势和销售渠道的企业通过全球采购和代工贴牌等生产组织起来的全球价值链,这种驱动模式通常出现在传统的产业部门[4],如鞋业、服装、自行车和玩具等劳动密集型的传统产业。

微笑曲线理论认为价值最丰厚的区域集中在价值链的两端——研发和市场。没有研发能力就只能做代理或代工,赚一点辛苦钱;没有市场能力,再好的产品,产品周期过了也就只能当作废品处理。从全球价值链来看,一般而言,发达国家占据高附加值的曲线两端,而发展中国家处于价值链底部。如图 17.1 所示,在国际分工体系中,发达国家占据技术、品牌等方面的优势,垄断了价值链的高端环节,而发展中国家往往只能依靠自身廉价的劳动力和资源、土地等优势,处于装配加工等低端环节[5-6]。

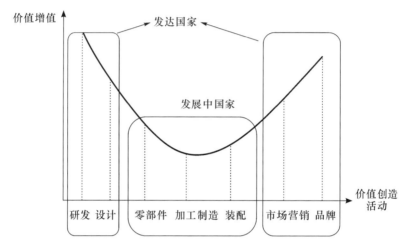

图 17.1　全球价值链中的微笑曲线

对于我国而言,依靠改革开放 40 多年来充足的劳动力和低廉的成本,制造业迅猛发展,出口量不断增长,我国成为全球制造业中心;但也面临着"大而不强"的问题,即位于全球价值链的下游,所从事的主要是全球价值链中低附加值的加工装配环节[7]。随着我国经济的不断发展,中国现如今走向了一个质量更高的发展阶段,处于从经济大国向经济强国迈进的过程当中。中国正在向价值链的设计和研发、品牌和市场营销两端延伸,在全球产业链、供应链和价值链中的地位更加稳固[8]。特别是我国的产业正在转型升级,开始在 5G 等高端产品市场与一些发达国家产生竞争,中国与发达国家的关系正从互补合作向竞争合作转变[9]。伴随着新一代技术革命与贸易保护主义的抬头,全球价值链正在加速重构,这为我国的未来发展提供了新的机遇。

②开放式创新

美国学者 Chesbrough[10] 提出的开放式创新,是指将企业传统封闭式的创新模式开放,引入外部的创新能力。在 20 世纪的绝大多数时间内,企业基于"成功的创新需要控制"的理念,认为创新活动应该严格地控制在企业内部。所以,企业通过建立自己的实验室或研发中心,在企业内部进行研发,再通过生产、销售、售后服务和金融支持,来获得产品在市场上的垄断地位。这种创新模式就是"封闭式创新"。相对地,开放式创新是指企业在研发新产品或新技术时,不仅依赖内部的研究能力,还积极寻求并利用外部的创新资源。这种模式打破了传统封闭式创新的局限,将创新活动从企业内部扩展到企业外部,形成了一种更加开放、包容和协同的创新生态。两种创新模式的基本区别如表 17.1 所示。

表 17.1　封闭式创新与开放式创新的区别

基本原则	封闭式创新	开放式创新
公司精神(理念)	公司内部能创造出行业中最佳的创意与产品	最佳的创意可能来自企业外部
创新空间范围	重视企业内部资源	整合企业外部资源
核心能力	产品和服务设计的垂直一体化	外部资源的搜寻、识别、获取与利用,以及内外部资源的整合能力
研发功能和运作	设计、开发和商业化内部的发明,从研发中获利	整合内外创新资源使公司的资产绩效最大化,重视内部研发
员工的职责	完成自上而下的任务	创新的主体来源多元化
创新成功的测度	增加的利润、销售收入、缩短进入市场的时间	研发的投资回报率,突破性的创新产品
对知识产权的测度	拥有和严格控制知识产权	购买别人的知识产权或出售自身知识产权来获利

在知识经济时代,企业仅仅依靠内部的资源进行高成本的创新活动,已经难以适应快速发展的市场需求以及日益激烈的企业竞争。在这种背景下,"开放式创新"正在逐渐成为企业创新的主导模式。该观念指出,企业应把外部创意和外部市场化渠道的作用上升到和封闭式创新模式下的内部创意以及内部市场化渠道同样重要的地位,均衡协调内部和外部的资源进行创新,不仅仅把创新的目标寄托在传统的产品经营上,还积极寻找外部的合资、技术特许、委外研究、技术合伙、战略联盟或者风险投资等合适的商业模式来尽快地把创新思想变为现实产品与利润。

开放式创新具有多元模式。根据资源流动方向的不同,开放式创新可划分为内向型开放式创新、外向型开放式创新以及两者结合而成的耦合模式[11]。内向型开放式创新指的是企业将外部有价值的创意、知识、技术整合到企业中来丰富企业的知识基础,并进一步进行创新和商业化的过程。内向型开放式创新表明,知识创造的场所并不必然等同于创新的场所,企业若引进外部技术,会比企业内部自行研发更为快速。外部知识技术的来源对于企业研发而言是重要的,可以协助企业大量创新,这是对开放式创新最通常的理解,也是最常见的模式。相比之下,外向型开放式创新是指企业将内部有价值的创意、知识、技术和其他资源输出到组织外部,由其他组织进行商业化的过程。通过外向型开放式创新,企业便可以不再局限于其直接的目标市场,反而可以通过许可费、合资、衍生等形式参与其他细分市场。这些不同的收入流都为创新创造了更多的总体收益。开放式创新的精神,不仅在于进行知识或资源的交易与交流,更在于创造双赢的机会。开放式创新也不限于高科技产业[12],传统产业同样适用[13]。开放式创新的耦合过程是通过联盟、合作和合资,与互补伙伴共同创造的,从而获得创新的更多收益。建立耦合过程的企业结合了外部向内的过程和内部向外的过程,这样能系统联结企业研发和商业化创新(内外部同时起作用)。

企业开展开放式创新不仅仅是为了获取与交易资源,最终目标是以更快的速度、更低的成本,获得更多的收益与更强的竞争力。这种创新模式旨在打破传统的封闭式创新壁垒,以更开放的态度和方式整合全社会的智力、资源,实现互利共赢。可以用一个"筛子"来形容在开放式创新模式下,创意从产生到最终成为进入市场的产品的过程。在开放式创新中,企业更加关注外部的市场和技术动态,通过筛选出与市场需求和技术趋势相匹配的创新资源,从而提高创新的有效性和市场接受度[14]。

(2)全球价值链中开放式创新的重要性

21世纪以来,全球科技创新进入空前密集的活跃期,新一轮科技革命和产业变革正在重构全球创新版图,重塑全球经济结构。与此同时,全球价值链也正在经历一场与科技革命紧密相关的格局重塑大战。全球价值链中的开放式创新,即与全球价值链中的伙伴进行合作创新,作为经济全球化和创新网络化背景下的重要趋势,成为各国(特别是发展中国家)把握时代机遇的重要途径[15-16]。全球价值链中的开放式创新的好处主要表现为以下四个方面。

一是有助于企业创新资源的全球拓展。全球价值链中的开放式创新促使企业突破传统的组织界限，主动与全球范围内的各类外部合作伙伴——包括但不限于供应商、客户、研究机构等——开展深入的知识交流与资源融合。通过这种跨组织边界的合作，企业不仅能够有效地吸纳和整合更为广泛的创新资源，还能够针对自身在特定技术或知识领域的短板进行补充与强化。这不仅促进了企业内部创新能力的提升，也增强了企业在全球价值链中的竞争力。同时，全球价值链中的开放式创新也有助于构建一个更为健康和可持续的创新生态系统，通过促进知识与技术的流动，加速创新资源的优化配置，进而推动整个产业的持续发展与繁荣。

二是有助于企业创新效率的有效提升。全球价值链中的开放式创新使得企业可以在全球范围内分散其创新活动，从而有效地利用各地区的专业知识和创新资源优势。这种分散化的创新策略不仅加速了创新成果的产生，而且通过整合全球的创新资源，企业能够迅速将外部创新成果转化为其产品或服务的组成部分，从而有效地缩短了产品从研发到市场推出的周期。此外，全球价值链中的开放式创新还促进了企业与全球价值链中其他环节的合作伙伴之间的紧密合作。这种合作机制使得企业能够更为准确地把握市场需求和技术发展趋势，从而快速适应市场的变化，更好地满足客户的需求。这一过程不仅避免了无效和盲目的创新投资，而且提高了企业对市场动态的敏感度和响应速度。

三是有助于企业创新风险的合理分散。全球价值链中的开放式创新使得企业能够通过与全球范围的多个合作伙伴共同分担研发投入和市场风险，实现创新风险的有效分散。这种风险共担机制不仅减轻了单一企业面临的财务和市场压力，而且增强了企业在面对创新挑战时的应变能力和稳定性。开放式创新鼓励企业在研发活动中寻求外部合作，通过与不同领域的合作伙伴共享知识、技术和市场资源，企业能够更全面地评估和预测潜在的市场风险。此外，合作伙伴的多元化也为企业提供了多种应对策略，从而在遇到市场波动或技术变革时，能够迅速调整创新策略，减少可能的损失。这种基于合作的风险分散机制被视为一种有效的创新管理策略。它不仅有助于企业降低创新过程中的不确定性和潜在风险，还能够促进企业在全球价值链中的协同发展，提高整体的创新效率和竞争力。

四是有助于产业链的可持续发展。产业链的可持续发展是指在整个产业链条中，从原材料的采集、产品的制造、分销到最终消费和废弃物处理的全过程中，实现经济、社会和环境三个方面的协调发展。一方面，全球价值链中的开放式创新能够促进最佳实践的全球共享，这种知识和经验的共享有助于整个产业链的技术水平提升。另一方面,在全球范围内,企业通过合作研发的新技术能够被迅速验证和优化,并在合作伙伴的共同推广下快速进入市场。这种快速的技术迭代和应用不仅提升了企业的竞争力,也为整个产业链带来了新的增长动力。此外,全球价值链中的开放式创新能够推动整个产业链向更加环保、社会友好和治理良好的方向发展。在开放式创新的推动下,全球价值链中的企业通过合作创新,能够开发出更加环保的生产流程、提高资源利用效率、减少对环境的影响,从而能够更加有效地应对环境、社会和治理方面的挑战。

总之,全球价值链中开放式创新的重要性在于促进不同环节企业之间的合作与共享,加快创新速度、提高效率,拓展市场、降低风险,以及提升竞争力与可持续发展能力。我国应积极通过面向全球价值链的开放式创新不断融入全球创新网络、深化科技开放合作,从而主动布局和积极利用国际创新资源;同时以开放的思维、方式和环境,打破自我限制、路径依赖和空间限制,凝聚创新合力,助力我国在全球价值链中位置的不断升级[17-18]。

17.3 国家开放创新体系

全球价值链中的开放式创新与国家创新体系的开放密不可分。针对此,有"开放式创新之父"之称的美国学者亨利·切萨布鲁夫多年来一直跟踪中国多个行业的开放式创新[19],并与中国学者共同提出中国特色开放式创新的学术概念[20]。国际知名创新学者、牛津大学的傅晓岚教授长期关注中国企业的国际化发展[21],将中国特色的发展中国家向发达国家的海外投资称为"创新跳板"[22],她还携手国内外创新领域的顶级学者,出版了专门介绍中国创新发展现状及经验的《中国创新之路》《牛津中国创新手册》等多部学术专著。陈劲教授团队对中国企业技术创新国际化以及创新驱动下的全球价值链升级等开放式创新领域做了大量系统研究[23]。李纪珍教授团队将开放式创新与国家创新体系两大理论结合,提出并研究了国家开放创新体系理论[24-26],更进一步关注到了我国跨国企业全球价值链攀升中的开放式创新行为。

从理论角度,国家开放创新体系融合了国家创新体系和开放式创新两大理论和概念,是国家创新体系理论在全球化时代的演化。在国家开放创新体系框架下,创新子系统之间打破组织边界进行信息交流和协同创新,国家地理边界内的创新主体与边界外的其他创新主体互动联结和开放合作,通过充分整合和系统集成全球创新要素,深度参与全球价值链,进而提升国家创新体系的整体效能。对于后发国家而言,构建国家开放创新体系通常从开放国内市场起步,通过企业承接产品代工和半成品加工嵌入全球价值链,吸引并引进境外先进技术和资源资金,同时强化产学研用的融合创新,吸收、消化并革新外来技术,以避免后发企业陷入"落后—追赶—落后"的"创新陷阱"[27]。而技术创新能力的突破有力地支撑了我国企业在国际市场的拓展。与国外用户、供应商、行业领先者的直接接触强化了企业对国际市场的把握,为国际市场的拓展开辟了通道。在"引进来"和"走出去"的国际化进程中,后发企业主动依靠外部的技术、人才、资金和市场资源,发挥国际化的"跳板作用"[28],推动技术突破与创新追赶,提升其在全球价值链中的分工地位。

中国企业嵌入全球价值链是与改革开放同步进行的,并随着改革开放的深化而发生路径演化,其中龙头企业逆向对发达经济体的海外投资并开展开放式创新是最鲜明的特征,这既有别于传统的发达国家跨国企业海外投资路径,也有别于新兴经济体国家的跨国投资方式。我国企业从最初的外资引入和"以市场换技术"[29]嵌入全球价值链,到"既要引进来,又要走出去"[30],积极兼并收购国外先进技术知识和资源,向国外直接投资为中国创造了直接获得相关技术、知识及技能的机会;多措并举吸引外商对华研发投入,融入全球价值链;同时随着"海归"创业潮的兴起,在海外受到良好教育和训练的"海归"人员带回的技术、理念、资本甚至制度规范,加快天生国际化企业的形成,实现全球价值链的高端直接嵌入,带动本土创新能力的提高。

17.4　中国企业创新实践

本节结合吉利汽车、三峡集团和大疆创新三家企业的实际案例,描述了中国企业在全球价值链中的开放式创新的典型实践。

(1)吉利汽车:从外部整合到协同创新

随着经济全球化加速发展和价值链分工更加深化,创新资源在国际范围内的自由流动和转移的趋势更加明显。在全球价值链中推进开放式创新,积极融入全球创新网络,对于中国企业实现在全球价值链中的地位攀升至关重要。

浙江吉利控股集团(以下简称吉利)是在全球价值链中推进开放式创新的典

范。作为一家中国民营汽车企业,吉利虽然起步较晚,但表现出了强劲的竞争力。截至 2023 年,吉利连续 12 年跻身《财富》世界 500 强榜单。这一成就离不开其外部整合与协同创新的策略,以及为与全球价值链中的合作伙伴实现共赢而付出的努力。

一方面是吉利在全球价值链中的外部整合。2007 年,吉利提出要进行战略转型,从"低价战略"向"技术先进,品质可靠,服务满意,全面领先"的战略转型。然而,当时的吉利并没有外资企业的技术输入,而是停留在通过模仿进行创新的阶段。单纯依靠关起门来自己搞,中国的自主品牌要花几十年甚至上百年才能达到这个目标,于是海外并购就成了当时吉利发展的重要选择。

吉利在 2010 年收购了美国福特汽车旗下的沃尔沃汽车的全部股权,这一举动为其带来了先进的技术资源,包括沃尔沃轿车商标、可持续发展的产品平台、研发中心等。具体来说,沃尔沃拥有 10 个可持续发展的产品平台和升级策略,这些平台包含了先进的车辆设计和工程技术,为吉利提供了丰富的产品线和技术基础。沃尔沃拥有雄厚的研发实力,包括具有 83 年历史和 3800 人的研发中心。这些研发资源为吉利提供了强大的技术支持,使其能够不断推出具有竞争力的新产品。通过收购沃尔沃,吉利获得了涵盖整车、平台、电动技术和安全技术的一万多项专利专有知识产权,这些知识产权为吉利在全球市场的竞争中提供了法律保护和竞争优势。基于"站在巨人肩膀上"的产业发展规律,吉利通过收购世界先进的战略性资产提升了其在全球市场上的竞争力。

另一方面是吉利在全球价值链中的协同创新。吉利与沃尔沃于 2013 年开始共同成立了中欧联合研发中心(CEVT),以实现创新资源的协同。为了进一步加强战略合作,深化协同效应,吉利和沃尔沃在 2017 年建立了宁波时空方程汽车技术有限公司(GVAT),借此推动双方共用技术和平台的建设,以便进行联合研发和联合采购。联合采购是联合研发背景下的必然选择,吉利以 GVAT 为载体,用每年 200 多万辆车的体量占据谈判优势,把零部件采购单价做到最优。GVAT充分挖掘沃尔沃和吉利基于现有技术和平台的合作机会,促成各品牌车型在同一平台上的联合研发,不仅提升了各品牌的整体技术实力,也避免了大集团内的重复投资。今后吉利也会通过 GVAT 孵化面向下一代的核心技术及平台,并授权各品牌使用。2021 年,吉利和沃尔沃宣布合并重组,双方将围绕新四化(电动化、智能化、联网化和共享化)前瞻技术,在动力总成、三电技术、高度自动驾驶等业务领域进行合并及协作,不断推动技术创新。

吉利除了继续加深与沃尔沃的合作，还推动与全球其他公司的合作。2019年，吉利和戴姆勒共同收购了欧洲飞行汽车公司 Volocopter 的股份。同年，吉利的曹操专车和戴姆勒共同在华组建合资公司——蔚星科技的高端出行品牌"耀出行"。2020年，吉利控股与梅赛德斯-奔驰正式成立 Smart 品牌全球合资公司，在全球运营和推动品牌的转型升级。Smart 是全球合资公司，意味着吉利会把研发、制造、供应链和市场等领域的能力和优势注入合资公司，从而推动 Smart 汽车在全球市场的发展。这进一步助力了其在全球价值链中地位的攀升，并推动了技术创新的不断发展。如今，吉利整合了全球网络资源，成为一家集汽车整车、动力总成和关键零部件设计、研发、生产、销售和服务于一体的全球创新型科技企业集团，实现了中国自主品牌在全球市场中的华丽转身[31]。

（2）三峡集团：集成式创新与整合式创新

中国长江三峡集团有限公司（以下简称三峡集团）源起于 1993 年经国务院批准的长江三峡工程开发总公司，经过 31 年的发展，三峡集团已成为全球最大的水电开发运营企业和中国最大的清洁能源集团，是国资委确定的首批创建世界一流示范企业之一，也是市场化创新程度最高的中央企业之一，牵头的"长江三峡枢纽工程"（以下简称三峡工程）荣获 2019 年度国家科技进步奖特等奖。

三峡集团一开始就以开放的集成式创新战略嵌入全球价值链[32]。三峡工程是具有防洪、发电、航运等巨大综合效益的特大型工程，其中发电是产生直接经济效益的主要途径。三峡电站设计装机容量为 1820 万千瓦，由 26 台（左岸 14 台，右岸 12 台）单机 70 万千瓦的发电机组成，装机容量几乎是当时世界之最巴西伊泰普水电站的 2 倍，建成后将成为世界第一大水电站。三峡集团主要负责三峡工程的建设与运营，其中的重要任务就是引进国外先进的巨型水轮机装备技术。通过公开但有约束条件的国际招标，三峡集团与当时技术最先进的两大国际联合体签订左岸 14 台机组的制造承包合同。通过技术购买许可和转让的方式，三峡集团增强了水电装备整机制造技术能力以及工程化管理能力，带动了本土最有优势的装备制造企业——哈尔滨电机有限责任公司和东方电机有限公司作为技术受让方，极大提升了我国大型水电装备制造整体水平，成功实现国内首台自主研制并拥有自主知识产权的巨型国产化机组的投产[33]。通过引进先进巨型水轮机制造技术，三峡集团与国内外水电技术领先的企业、大学、科研机构建立战略合作伙伴关系，构建开放式水电工程创新生态。经过持续的联合研发、协同创新，三峡集团完全掌握自主知识产权的世界最大单机容量 100 万千瓦全空冷混流式水电机组的设计和巨型转轮"零配重"等关键核心技术研发,并在白鹤滩水电站顺利投产运行,成为世界水力发电技术开发的引领者。这是从"中国制造"到"中国创造"的转变,使我国水电装备制造技术跨入世界领先行列,我国成为名副其实的水电原创技术"策源地"。此外,三峡集团还充分发挥三峡工程建设和运营管理中的开放式创新能力,携手长江设计集团、中国水电八局、中国机械进出口(集团)有限公司组成联合体,牵头打造中国水电全产业链"编队出海"平台,成功整合水电工程咨询、投资、设计、施工、装备、建设、运营管理全产业链业务的相关企业,为海外客户提供水电建设的一揽子"三峡标准"和"三峡方案"[34]。

三峡集团在水电产业中的开放式创新模式也被成功复制到大型风电机组的技术创新之中,并通过全球化资本运作方式,锻造了全球化价值链中的集成式创新能力。2012 年,三峡集团以 27 亿欧元收购葡萄牙电力公司(EDP)21.35% 的股份,成为 EDP 的第一大股东(2017 年 10 月,三峡集团增持 EDP 股权至 23.27%)。三峡集团通过股权投资,整合 EDP 在全球网络、资源、技术和管理方面的优势,设立环球新能源平台和中欧清洁能源技术中心,共同开发欧洲、美国和非洲等清洁能源市场,联合开展新能源技术研发。

EDP 使三峡集团突破市场壁垒,先后成功进入巴西、波兰、英国等国可再生能源市场,是进军欧美等国家和地区新能源业务的关键支点和跳板,增强了三峡集团的国际化经营和清洁能源领域的科技创新能力。2014 年 12 月,三峡集团与复星国际和易方达基金合作,在开曼共同设立我国首支境外清洁能源投资基金——ACE Investment Fund,专门从事海外清洁能源项目的投资并购,充分发挥产业和金融两类机构的优势。2016 年,三峡集团收购位于德国北海湾海域的梅尔海上风电项目 80% 的股权,通过全面学习、消化、吸收国外标准(如勘测设计标准、运维标准、施工标准、管理信息系统等),形成了完整的海上风电技术标准规范体系。重要的是,该次并购活动为三峡集团提供了一个与世界先进的海上风电技术和装备提供商及一流产业开发商合作交流的机会平台。

通过对国内外优质新能源技术创新资源的并购重组,三峡集团完成了自身的技术储备、人员储备,提高了对海上风电产业的理解和认识,有利于对新业务实施系统性管控。三峡集团开始在我国电力负荷中心——东部沿海地区和中部地区布局海上风电场业务,以福建、广东、江苏等沿海地区为重点,在我国 1.7 万公里海岸线实施集中连片规模化开发。以福建三峡海上风电国际产业园为载体,在福清兴化湾建设全球首个国际化大功率海上风电试验场,打造百万千瓦海上风电规模化开发平台,降低海上风力发电成本,实现在规模、管理、技术、标准、人才和品牌六个方面的引领地位,成为全球最大海上风电开发基地和示范区。

凭借在水电开发中积累的发电共性技术和基于供应链管理的开放式系统集成创新能力,三峡集团通过不同品牌风机同台竞技的形式,遴选出最具发展潜力的国内外风机制造厂商,进驻福建三峡海上风电国际产业园,采用国际先进技术转让、联合研发等方式,与设备制造商和施工企业等产业链合作伙伴协同创新、合作共赢、共享发展红利,积极推动海上风电重大装备国产化,带动国内风机制造业的技术迭代升级,实现我国海上风电的创新追赶和创新引领。2023 年 7 月,全球首台 16 兆瓦超大容量海上风电机组在三峡集团福建海上风电场成功并网发电,该机组年均生产"绿电"超过 6600 万千瓦时,是目前全球范围内已投产的单机容量最大、叶轮直径最大、单位兆瓦重量最轻的海上风电机组,标志着我国海上风电大容量机组研发制造及运营能力达到国际领先水平。

总体来说,三峡集团通过实施开放式创新,成功地实现了水电和风电领域技术创新从关键装备国产化突破到核心技术自主创新,再到原创技术策源的三级跳[35-36],使我国大水电、海上风电等相关技术跨入世界领先行列,我国成为全球清洁能源价值链的主导力量。

(3)大疆创新:天生国际化企业的全方位开放式创新

消费级无人机被视为我国在技术、产品、市场拓展等领域全面领先发达国家的首个消费电子领域。成立于 2006 年的深圳市大疆创新科技有限公司(以下简称大疆)是全球消费级无人机的领导者,在无人机全球价值链中处于核心主导地位,是探究中国情境下技术领先的天生国际化企业开放式创新的典型案例企业。在全球无人机价值链中,大疆除了拥有核心飞控系统的自主创新外,还全方位利用全球的资金、技术、市场和人才等创新资源,实现企业创新能力的持续进步以及在全球价值链中的不断拓展和成长。其在全球化的开放式创新中主要采取以下措施。

一是全球化资金利用。在发展早期,大疆就获得了来自新加坡、中国台湾和中国香港等地的投资,这些资金保障了创始团队能够专注于高稳定性能的直升机飞行控制系统这一无人机产业链核心技术的开发。2010 年,大疆接受了香港科技大学 200 万美元的投资,这为大疆进入多旋翼飞行器市场提供了新产品研发的资金跳板。此后,消费级航拍无人机业务快速发展,大疆也受到美国创投巨头们的关注。红杉资本在 2013 年向大疆独家投资约 3000 万美元,2015 年硅谷顶级风险投资公司 Accel Partners 向大疆提供 7500 万美元融资,此外,大疆将和 Accel Partners 共同成立一个专注无人机创新生态领域的投资基金。这些国际顶级创投资金为大疆无人机生态链链主地位的创建提供资金保障的同时,还提供了隐性知识的跳板,促进大疆的投资能力形成,使其有能力孵化新的独角兽,开辟第二增长曲线。

二是全球化技术整合。大疆的发展历程可以分为:整机诞生阶段(2006—2012 年,从航模到消费电子整机);深耕航拍阶段(2013—2015 年上半年,在航拍领域把消费级产品做到工业级水准);全面拓展阶段(2015 年下半年至今,多领域进军工业级)。在这三个阶段,大疆适时地利用外部先进技术,完成企业创新发展跃迁。早期的大疆背靠深圳发达的电子产业链,又适逢智能手机市场成熟带来的核心零部件成本下降,能够立刻将技术以较低的试错成本和生产成本转化为产品。大疆正是利用其他成熟产业的先进技术产品,通过最小完备单元,打通了无人机的重点技术环节和生产链条,升级至深耕航拍的第二阶段。此后,已经在航拍无人机市场崭露头角的大疆,通过海外投资收购和设立研发中心等方式前瞻式地布局机器视觉、无人机自动驾驶等新技术领域。在 2015 年,大疆投资高品质相机厂商哈苏,与哈苏建立战略合作伙伴关系;投资无人机租赁平台 Dronebase 并在美国硅谷开设研发中心。从 2016 年开始发展无人机系统集成商渠道,大疆与第三方合作机构一起打造针对不同行业需求的一体化解决方案,进一步开放生态。2016 年 8 月,大疆与美国最大的农业数据分析供应商之一 Precision Hawk 合作推出了精准农业套装。2016 年 11 月,大疆与以色列公司 Datumate 合作推出完全自动化的测绘整体解决方案。2017 年 1 月,大疆还宣布与 Bentley Systems 合作开发三维实景软硬件。通过对外来技术的吸收,大疆成功地开辟农用无人机和无人巡检等多领域新应用。

三是全球化市场开发。大疆 80% 的销售额来自海外,客户遍布全球 100 多个国家。海外市场是大疆持续主导全球无人机价值链的重要基础。其一,大疆是全美注册数量最多的品牌,其中最受欢迎的三款无人机型号分别为 Phantom 精灵 4、Phantom 精灵 3 和 Mavic(御系列)。大疆无人机在美国陆军、美国空军、美国国家海洋和大气管理局等领域都得到了广泛应用。产品在美国市场的迅速拓展为大疆提供了"国际名牌"的无形跳板,这为其后来"回归"开拓庞大的国内民用无人机市场提供了强大的品牌效应。其二,深耕美国和欧洲的民用无人机市场也能帮助大疆更多地利用当地的技术和人才等创新资源,在当地进行专利布局,形成领先技术壁垒,并深度参与东道国无人机飞行标准及国际无人机飞行控制标准的制定。

四是全球化人才吸纳。用户和代理商驱动的创新是大疆开放式创新的重要环节,表现出较为明显的国际化跳板作用。一是大疆重视代理商的反馈,而且常常依据这些反馈或创意,进行技术升级和创新转型。2010 年,收到新西兰的一位代理商关于当地"云台悬挂多旋翼飞行器"的可观销售信息后,大疆创始人汪滔便开始折腾多旋翼飞行器,从小众直升机飞控市场向小飞机多旋翼无人机产业领域转型。二是大胆吸收用户的建议,开辟国际市场,形成国际品牌。2011 年,汪滔大胆吸收了一名来自美国的创业人员奎恩的邮件反馈信息,还与后者建立商业合作。随后奎恩帮助大疆在得克萨斯州成立了大疆北美分公司,并利用自己的美国演艺圈人脉,积极向好莱坞推销产品。2013 年,在奎恩的运作下,大疆开始通过做演示、送样品等方式进入好莱坞,并深入了解了好莱坞客户在影视航拍方面的特殊需求。2014 年,大疆在好莱坞设立了办事处,专门负责好莱坞的客户支持;随后又在加州设立了一个办事处,加强客户支持;还参加了美国独立电影节,进一步拓展在专业航拍领域的影响力。大疆的产品渐渐在好莱坞明星圈、硅谷科技圈、极限运动圈中受到追捧,在美剧中频频亮相,带动了无人机潮流。另外,大疆还建立了 SDK 开发者平台,在产品输出的过程中更多利用全球智力和创意,培育创新生态。大疆在 2014 年 11 月上线了 SDK 软件开发套件平台,并且从当年开始举办大疆开发者大赛。2015 年 4 月上线手机移动端开发者平台,推出了相配合的硬件产品;2016 年又推出了 Onboard SDK;逐步开放了更多机型的 SDK,走开放路线,打造无人机 App 商店,让大疆无人机能够更加适应一些特定行业客户的需求。开发者可以用手机 SDK 开发出手机和平板 App;通过 Onboard SDK 则可以实现硬件开发。这一重大举措使得大疆能够利用公司外开发者的创意和能力,在自身无暇顾及的方面,利用他们的力量来输出更好的产品和服务。

通过全面而灵活的开放式创新策略,大疆充分整合利用全球创新要素资源,完全自主地实现了技术迭代和持续创新,长期保持全球无人机产业价值链的高端地位。

17.5 结 论

在全球经济一体化和科技进步的大背景下,全球价值链正经历着深刻的变革。其中,开放式创新作为一种新型的创新模式,正逐渐成为全球价值链发展的重要驱动力。全球价值链作为联结世界各地企业和供应商的重要网络,为开放式创新提供了广阔的平台。在全球价值链中推进开放式创新,积极融入全球创新网络,对于中国企业实现在全球价值链中的地位攀升至关重要。中国企业在全球价值链中进行开放式创新的路径是一个复杂且多维度的过程,它涉及企业内部的创新机制、外部合作关系的建立,以及在全球范围内的资源整合等多个方面。特别是在全球化的背景下,中国企业通过积极整合全球的创新资源,包括参与国际创新网络,加入跨国公司的研发合作,以及在全球范围内寻找优秀的创新人才和合作伙伴,来提升自身的创新能力。

展望未来,全球价值链中的开放式创新将呈现出以下发展趋势。一是深化合作与协同。随着技术的不断进步和市场的不断变化,企业需要更加深入地与外部合作伙伴进行合作和协同。未来,开放式创新将更加注重合作关系的建立和维护,以及协同创新的实现。二是强化知识产权保护。知识产权保护是开放式创新的重要保障。各国政府需要进一步加强知识产权保护和执法力度,为企业提供更加安全的创新环境。同时,企业也将更加注重自身知识产权的保护和管理。三是推动数字化转型。数字化技术为开放式创新提供了更加便捷和高效的手段,从而帮助企业通过数字化技术实现创新资源的共享和优化配置。四是拓展创新领域和范围。开放式创新将不断拓展新的创新领域和范围,除了传统的技术研发和产品创新外,企业还将更加注重商业模式创新、服务创新等方面的探索和实践。因此,企业需要不断调整和优化自身的创新策略,积极拓展合作网络,以适应全球经济格局的变化,从而实现持续创新与价值链位置的持续攀升。

参考文献

[1] 荆林波,袁平红.全球价值链变化新趋势及中国对策[J].管理世界,2019,35(11):72-79.
[2] 张辉.全球价值链理论与我国产业发展研究[J].中国工业经济,2004(5):38-46.
[3] 施竞澄.全球价值链及其对国际经济贸易的影响浅析[J].中国商论,2019(4):80-81.

［4］蒙丹.全球价值链驱动机制演变趋势及启示［J］.发展研究,2011(2):9-12.

［5］冯晓莉,耿思莹,李刚.改革开放以来制造业转型升级路径研究——基于微笑曲线理论视角［J］.企业经济,2018(12):48-55.

［6］郝凤霞,张璘.低端锁定对全球价值链中本土产业升级的影响［J］.科研管理,2016,37(S1):131-141.

［7］胡大立,刘丹平.中国代工企业全球价值链"低端锁定"成因及其突破策略［J］.科技进步与对策,2014,31(23):77-81.

［8］史沛然."韧性供应链"战略与中国在全球价值链中的角色再定位［J］.太平洋学报,2022,30(9):62-75.

［9］郑琼洁,王高凤.人工智能驱动制造业价值链攀升:何以可能,何以可为［J］.江海学刊,2021(4):132-138.

［10］Chesbrough H W. Open innovation: The new imperative for creating and profiting from technology［M］. Boston: Harvard Business Press, 2003.

［11］凌学忠,杨若鑫,李纪珍.国家开放创新体系:文献综述［J］.创新与创业管理,2016(1):1-16.

［12］Bianchi M, A. Cavaliere A, Chiaroni D, et al. Organisational modes for open innovation in the bio-pharmaceutical industry: An exploratory analysis［J］. Technovation,2011, 31 (1):22-33.

［13］Spithoven A, Clarysse B, Knockaert M, et al. Building absorptive capacity to organise inbound open innovation in traditional industries［J］. Technovation,2011, 31 (1):10-21.

［14］陈劲,陈钰芬.开放创新体系与企业技术创新资源配置［J］.科研管理,2006(3):1-8.

［15］龚海臻.融入全球价值链的开放创新是大势所趋［J］.经济导刊,2019(1):44-49.

［16］Du J, Zhu S, Li W H. Innovation through internationalization: A systematic review and research agenda［J］. Asia Pacific Journal of Management, 2023, 40(3):1217-1251.

［17］高良谋,马文甲.开放式创新:内涵、框架与中国情境［J］.管理世界,2014(6):157-169.

［18］马述忠,吴国杰.全球价值链发展新趋势与中国创新驱动发展新策略——基于默会知识学习的视角［J］.新视野,2016(2):85-91.

［19］Yang J L, Chesbrough H, Hurmelinna-Laukkanen P. How to appropriate value from general-purpose technology by applying open innovation［J］. California Management Review,2022, 64(3):24-48.

［20］Chesbrough H, Heaton S, Mei L. Open innovation with Chinese characteristics: A dynamic capabilities perspective［J］. R&D Management, 2021,51 (3):247-259.

［21］Fu X L, Li Y W, Li J Z, et al. When do latecomer firms undertake international open innovation: Evidence from China［J］. Global Strategy Journal, 2021,12(1):31-56.

[22] Wu X，Du J，Xu Y，et al. Unpacking the impact of OFDI speed and rhythm on innovation performance：Evidence from Chinese firms[J]. Management and Organization Review. 2022,18(5):958-981.

[23] 陈劲.创新全球化——企业技术创新国际化范式[M]. 北京:经济科学出版社,2003.

[24] 李纪珍.构建自主可控的国家开放创新体系[J].中国科技论坛,2018(9):5-7.

[25] 胡潇婷,高雨辰,金占明,等.海外并购对企业探索式和利用式创新绩效的影响研究:基于中国的实证分析[J].科学学与科学技术管理,2020,41(9):35-54.

[26] 李纪珍,张雪梅,凌学忠.国家开放创新体系的专利测度:中美比较视角[J].创新与创业管理,2017(2):30-69.

[27] 张米尔,田丹.从引进到集成:技术能力成长路径转变研究——"天花板"效应与中国企业的应对策略[J].公共管理学报,2008(1):84-90+125.

[28] 吴先明,高厚宾,邵福泽.当后发企业接近技术创新的前沿:国际化的"跳板作用"[J].管理评论,2018,30(6):40-54.

[29] 夏梁,赵凌云."以市场换技术"方针的历史演变[J].当代中国史研究,2012,19(2):27-36+124-125.

[30] 陈扬勇.江泽民"走出去"战略的形成及其重要意义[J].党的文献,2009(1):63-69.

[31] 吴晓波,杜健,李思涵.非线性成长:吉利之路[M].北京:中信出版社,2021.

[32] 金和平.构建开放式创新体系 更好服务国家战略——三峡特色的开放式创新实践[J].施工企业管理,2023(9):31-33.

[33] 王海军,王仁智.产学研合作视角下我国企业关键核心技术突破路径研究——以三峡集团为例[J].科学与管理,2024,44(1):1-9.

[34] 闫永,郭大鹏,刘青山.三峡闯滩 穿越"历史三峡"的企业战略转型发展模式[J].国资报告,2023(2):34-36.

[35] 孙长平,尹西明,陈昂,等.打造原创技术策源地的实践与探索——以三峡集团科学技术研究院为例[J].长江技术经济,2023,7(2):9-17.

[36] 向欣,陈劲,郭彬.从引进集成到自主研发:三峡集团的自主创新成功之旅[J].清华管理评论,2021(11):100-110.

18 整合式创新

陈　劲

18.1　引　言

　　梳理现有创新理论的演变过程,可将全球经典的创新理论基本分为三类。第一类,从局部创新环节切入形成新的创新范式,立足局部思维,不足是缺少系统性解决创新的能力。如美国学者提出的用户创新、颠覆式创新,日本学者提出的知识创新,韩国学者提出的模仿创新。第二类,重视整合横向的知识、资源和人员等要素,如美国学者提出的开放式创新,不足是缺少战略引领性,可能导致企业面临诸如开放过度、核心能力不足等风险。第三类,倚重国家文化或社会因素解决社会重大挑战,如欧洲学者提出的责任式创新、社会创新,印度学者提出的朴素式创新等,对以气候、变革性技术治理、社会可持续性发展等为代表的全球重大科技创新议题进行讨论与治理,不足是对技术本身的突破性挖掘不充分。然而,现有创新理论侧重于从具体的创新行为、创新方法或创新环节、创新主体等角度理解创新过程,简单地引进或移植西方情境下的创新理论,无法有效解释中国创新活动的典型特征,更无法指导中国情境下的创新实践。因此,基于对中国本土创新实践的归纳提炼,建构本土情境下的创新理论范式具有理论与实践意义。

　　笔者基于对创新理论的不断思考和发展,以及长期观察中国企业的创新实践,特别是结合对我国航天科技和高速列车科技创新的系统思考,在创新战略导向、开放式创新、自主创新、协同创新、全面创新等研究成果的基础上,嵌入中国本土自主创新的实践经验和情境特征,提出"整合式创新"(holistic innovation,HI)范式及其对应的理论框架[1]。整合式创新理论源起于中国情境与传统文化中的整合思维、系统思维等范式基础,是对中国特色创新理论建构的一种探索,提供了一种解析国家、产业、企业层面创新活动与实践的新视角。

　　本章主要阐述整合式创新的概念框架和实践应用。第18.2节主要阐述整合式创新的理论框架,解析整合式创新中各基础概念的内涵;第18.3节解构整合式创新的实现路径;第18.4节分析整合式创新的"三角思维"及其对二元逻辑的超越;第18.5节以中国高铁产业、乡村振兴建设、世界一流企业建设为例,阐述整合式创新的实践应用;第18.6节总结了整合式创新的关键特征,并对其未来应用进行了展望。

18.2　整合式创新的理论框架

　　整合式创新是在自主创新、开放创新、协同创新的基础上,将"战略引领"置于统领位置,强调升维思考和全局观的自主创新与开放创新协同发展范式。具体而言:在企业内部,通过全面创新实现企业内部全要素、全员和全时空创新,最大限度地发挥企业内部创新资源的效能;企业借助全面创新所取得的成果,持续进行自主创新实践探索,同时关注企业外部创新资源优势,通过开放式创新实现创新知识在企业内外部的充分流动,促进价值捕获和价值创造;跨组织边界的创新资源流动,需要企业内部的开放合作与跨企业边界的双边合作共同推动,使得来自不同组织的创新资源充分协同,从而使企业获得竞争优势和核心竞争力[2];战略导向位于整合式创新的统领位置,形成升维思考和全局观,全面、开放、协同创新形成的自主创新成果必须服务于战略,符合国家、产业和企业多层次的战略目标,使得创新实践不仅强调创新成果本身,而且着眼长远、服务社会。

　　作为一种基于中国本土情境提出的创新范式,整合式创新与传统创新理论的最大区别在于:传统创新理论中源于原子论的思维方式强调研究过程中的"分"和"析",将事物分解、切片到最小单位并作为切入点;而整合式创新倡导战略引领,嵌入"关照整体、系统思考"的思维方式,强调局部与整体、个体与集体、战略与文化、过去与未来等多个维度的整体思考与兼顾,形成万物一体、天人合一、三才之道的整合观,即强调从系统观和全局观出发思考技术创新体系建设和创新过程管理,重视对国内外环境、行业竞争趋势、技术发展趋势的战略研判,以战略创新引领技术要素和非技术要素的融合发展。

　　整合式创新范式的基本因素包括战略导向、开放、协同、全面。四者相互联系、缺一不可且有机统一于整合式创新理论中[3]。整合式创新的理论框架如图18.1所示。

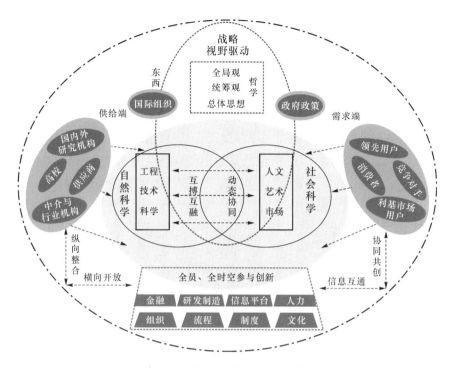

图 18.1 整合式创新的理论框架

（1）整合式创新中的"战略导向"

与一般企业的战略导向不同，创新系统中的战略导向具有更多的非对称性、不确定性和结构多样性，因此创新活动中的很多现象很难用均衡、路径依赖、可逆性、线性等传统理论来解释，需要更多地融入非二元、复杂性系统观点。此外，西方战略管理理论重点强调的是借助有价值的、稀缺的、不可模仿的、不可替代的资源来建立竞争优势[4]。然而，对于资源优势和竞争能力并不突出的发展中国家而言，这种竞争战略和思维逻辑并不适用。在有限的创新能力和基础资源的约束下，善于联合外部资源、创造性地进行资源整合，才可能获得内外部资源的充分协同，赢得竞争优势。

整合式创新强调的战略导向，是指在战略管理过程中，重点构建有价值的、稀缺的、不可模仿的、不可替代的资源[4]，并将其进行创造性整合，从而形成竞争优势，包含进攻型（prospector）战略导向、防御型（defender）战略导向、实践型（practitioner）战略导向。其中，进攻型战略导向的定位是行业领先，在目标设置与战略定位过程中就充分瞄准竞争对手；防御型战略导向的定位是稳定发展，一般具有稳定的技术、市场和资源,关注内部优化和核心能力的塑造;实践型战略导向的定位较为模糊,注重在实践过程中不断吸收外部知识,总结并整理企业内部知识,进而使战略导向愈发清晰。这与创新活动本身具有的探索性、实践性、不确定性等相匹配[5]。

(2)整合式创新中的"开放"

随着技术创新工作的复杂化和学科交叉化,加之技术创新的不确定性逐渐增强、成本提升,创新风险和难度都在急剧增加。单独依靠某个企业内部资源(资产、组织管理、结构、工艺、流程、人员、信息、知识等)已无法承担复杂或重大技术创新的资源需求。Chesbrough[6]提出的"开放式创新"强调通过从外部获取技术和资源来弥补内部资源不足,共同承担创新风险。通常情况下,开放式创新以企业为主体,研究企业的开放行为(点的开放,single open)或组织与组织之间的交互(线的开放,bilateral open)。本质上,开放式创新强调一种跨越组织边界的知识流动,并以组织内部的开放合作与跨组织边界的双边合作为主要载体。随着开放进程的不断深入、开放广度和深度的不断加强,开放式创新的复杂度和网络化程度也在不断增大,如表现为价值网络和价值星系[7]的出现。这使得知识流动和交易过程的"多边"趋势成为必然。Vanhaverbeke 等[8]由此总结提出了组织内部、组织间双边和异质组织群多边三种类型的开放式创新知识流动与交易关系。

基于上述开放式创新的分类,整合式创新中的"开放"概念包含:以创新主体为焦点的"点的开放",即企业内部部门间或体系内部主体间的开放;以主体两两联结为基础的"线的开放",即分属于不同系统的两个主体之间的开放,形成点对点的双向关系;多主体相关的"面的开放"(multilateral open),即分属于不同系统的多个主体之间的全方位开放,形成网络化的联结关系。开放式创新是指组织内部、组织双边或组织多边通过创新知识的流动和交易的方式,进行知识共享与合作,形成创新成果[9]。

(3)整合式创新中的"协同"

生物技术、能源技术、信息技术等高科技前沿技术的快速发展和迭代,要求众多技术创新环节实现并行化、资源聚集化和主体协同化[10],致使特定技术创新所嵌入的系统的复杂性显著增大,协同成为管理组织系统复杂性的核心[11]。系统中的各个子系统、要素之间的相互协调、合作、联合和集体行为,通过大量非线性作用而在整体层面涌现协同效应,使得整个系统在特定时空中能够实现特定功能并构成自组织[12]。协同创新是指在创新过程中通过协同主体、协同场景、协同手段等方式,对不同资源、不同主体、不同利益目标进行协调匹配、有效联结并最终形成创新成果。协同创新强调构建协同关系和合作模式,如围绕特定科研目标与成果转化[13-14]的产学研协同创新,聚焦重大科技创新工程与国家创新能力建设的国家创新系统的高效协同等[15]。本质上,这些协同创新议题都强调系统性思考,主张协同主体、协同场景、协同手段之间的协调匹配,即应对有不同目标的科技创新活动,基于不同的组织、产业等场景,采取相适应的手段将创新主体有效联结在一起,实现资源合理配置、价值公平分配[16]。

整合式创新中的"协同"因素可由协同主体(synergetic agent)、协同场景(synergetic context)和协同手段(synergetic approach)三个维度予以解构。协同主体是指参与创新体系中的、具有创新活动能力的能动性主体;协同场景是指创新活动中的外部环境,包括行业环境、市场环境、竞争环境、政策环境等;协同手段是建立协同关系的特定方式,主要包括技术转让、企业联盟、风险共担、成果共享等。

(4)整合式创新中的"全面"

许庆瑞[17]院士于 2002 年正式提出的全面创新突破了长期占主导的欧美创新范式,其内涵是"三全一协同",即全要素创新、全员创新、全时空创新,各创新要素在全员参与和全时空域范围内全面协同。具体而言,在全时(历史、当下、未来)、全空间(国内、国际全地域)以及全员创新主体积极参与的框架下,各创新要素(战略、组织、制度、文化、技术、市场、管理等)突破时空限制和组织边界进行全方位协同匹配,最终促进创新绩效的提高。整合式创新本质上是对全面创新的一种继承和发展。全面创新主要是通过全要素的整合、全员的参与以及全时空的推进来整体性地提高企业的竞争能力,促进创新成果的实现。从全要素、全员、全时空来看,全面创新的诸多理论成果和方法论与整合式创新不谋而合,但整合式创新强调从更高维度看待问题和分析问题,将战略提升到引领整个创新发展的高度。换句话说,在全面创新中,战略被认为是创新发展过程中的一个重要因素,与其他创新要素具有平等关系;而在整合式创新中,战略具有引领性地位。因此,全面创新包含在整合式创新中。

整合式创新中的"全面"概念包含全要素、全员以及全时空三个方面。全要素,是指创新各个环节中资源的获取、整合、利用、实现都能够充分利用各种要素,各类渠道,为创新活动提供充分的资源基础;全员,是指全面调动创新活动中所涉及的全部利益相关者,确保目标相容、行动协调、利益一致、成果共享、分配合理;全时空,是指创新活动在时间维度和空间维度上都能够实现饱和,即随时随地都在创新。整合式创新中的全面创新包括全要素调动、全员参与和全时空贯彻,本质上是战略、开放和协同的综合体。延伸至产业及国家等层次,以重大科技创新工程为载体的创新活动依赖宏观层面更大系统中的创新要素整合、创新主体参与及创新时空配合,从而真正实现"以科技创新为核心的全面创新"[18]的发展目标。

18.3 整合式创新的实现路径

从整合式创新理论出发,结合企业创新实践探索,可通过如图 18.2 所示的路径加快实现创新发展。战略引领、创新筑基和制度赋能三大路径是从技术要素向非技术要素升级、从战术层面向战略层面进阶和升华的过程,也是由单一技术创新向技术创新、制度创新、文化创新、战略创新演进的整合突破[19]。基于整合式创新的战略引领、创新筑基、制度赋能,能够提升企业技术创新生态系统的整体效能,能够加快实现从知识管理到价值创造的提升和转变,可有效培育世界一流制造业企业,助推世界科技创新强国建设,也是中国实现高附加值制造的重要创新路径。

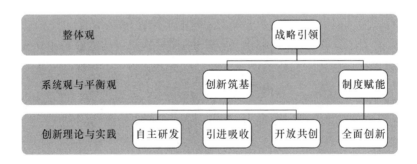

图 18.2 整合式创新的实现路径

(1)战略引领

战略引领主要体现为超前布局前沿颠覆性技术研发、精准定位企业未来技术方向,加强短期战略和中长期战略的平衡,在此基础上实现组织战略、制度文化和技术创新的动态匹配[3,20]。战略视野是区别一般管理者和卓越领导者的关键,更是企业和国家在复杂多变、模糊不定的发展环境中识别和抓住重大战略机遇,实现指数型增长的关键。战略引领的重点在于分析影响社会、政治、经济、环境、客户、政策的长期因素,识别影响企业发展的大趋势,明确自身的愿景和战略定位。管理层需在此基础上建设基于共同愿景的协同平台,针对未来趋势共同谋划,形成企业发展路线图,并结合自身的资源禀赋制定中短期战略。通过创新战略的动态调整与优化,以创新战略引领和加速颠覆性技术突破和核心能力建设。

(2)创新筑基

创新对企业技术突破和国家高质量发展具有基础性、关键性和引领性作用。建设具有全球竞争力的一流企业、适应和引领经济高质量发展,根本上要靠创新。企业可以通过自主研发、引进吸收、开放共创三种途径加快技术创新。具体选择哪一种途径,需要企业结合自身资源禀赋、技术路线和所在行业的竞争环境综合做出选择,并根据不同发展阶段的需求和竞争环境的变化及时调整。与技术引进和模仿式创新相比,自主研发的投入周期更长,面临的不确定性更高,但相应的潜在回报也更高,对于企业颠覆性技术突破和掌握核心技术具有长远的战略意义,在开发新产品乃至开辟新市场方面具有不可替代的价值。在自主投入的基础上积极寻求引进吸收的整合,也是一种可行的技术突破模式,是实现"弯道超车"、加速技术突破的有效途径。开放共创是在自主研发的基础上,借鉴开放式创新理念,将供应商、用户乃至竞争对手作为企业技术创新的外部来源,实现内外协同、多元共创和价值共享,是降低技术创新风险、提高新技术和新产品研发效率的有效途径,能够有效发挥多元异质性主体的比较优势,通过"将蛋糕做大"实现联合技术突破和市场共赢。

(3)制度赋能

制度赋能是指企业通过组织更新、打造包容创新的内部制度、借助政府所提供的宏观和中观产业来赋能组织内外的创新个体,进而实现内外高效协同和上下有机整合,形成开放、协同、全面的创新范式[3]。互联网和数字技术带来的商业模式变革,共享经济、零工经济等新经济模式的深入发展,对科层制企业的组织更新速度和效率提出了重大挑战,也为企业管理变革带来了压力和机遇[21-22]。通过组织和制度更新,培育和鼓励创新、包容失败的文化,能够有效激发组织内外的个体和团队持续开展创造性活动并保持创新合作的积极性。

18.4 整合式创新的"三角思维"及其对二元逻辑的超越

组织二元性(ambidexterity)是管理学理论中的一种重要的研究理论。Duncan[23]率先将"二元性"应用于组织运营管理过程中,认为企业在管理过程中面对诸多选择困境和两难局面,如组织发展过程中的灵活性与稳定性[24]、组织间关系的强关联与弱关联[25]、技术创新的渐进选择与颠覆选择[26]、知识流动的开放选择与封闭选择[27]、企业发展目标的经济价值和社会价值[28]等。二元逻辑给组织管理提供的启示是,需要在动态环境中不断调整竞争手段、组织间关系、利益诉求等以适应和平衡复杂的社会情境[29]。二元性的解决方式往往意味着组织需要在特定时间、特定空间、特定制度场域、特定技术状态下追求两种截然不同方式的综合平衡,从而打破能力约束和创新陷阱,达成组织在差异化情境下、多样化主体间、资源与结构固定下的多目标和多条件的兼容性和动态平衡。

在二元逻辑的组织管理思维下,整合式创新提出了"三角思维"方式,突破了二元逻辑在选择上的平衡与取舍,而将企业组织管理尤其是创新管理决策设定为三个维度的决策考量,如图 18.3 所示。

图 18.3　整合式创新的三角思维方式

具体内涵如下。

①企业的长度是企业能够得以延续和存续的时间,组织必须具备可持续性的目标和动力才能做到基业长青,因此企业对其内在能力(包括企业内外部资源、资源调动能力、学习能力、动态能力等)充分关注。然而,极度地探索长度维度会带来短期利益最大化而忽视长期利益、企业活动的负外部效应。

②利益相关者的宽度是对其他主体福利的外向关怀,对社会责任、利益相关者之间的目标平衡、处理外部性问题等的重视。无论是个体、组织还是国家,如果过度关注长度而忽视宽度,就会带来个体或组织的孤立。随着全球化进程的不断加快,每个个体和组织都牵涉在共同发展进程之中,处于相互联系的社会网络之中,关注利益相关者即关注自身发展。

③战略的高度是具有引领性和社会意义的目标,意义引领是战略高度最重要的特点。意义是符号、历史与情境、复杂现象和模糊思维的统称,意义引领下的战略强调对战略意义的探寻、运用和表达,需要在特定语境之下、特定历史情境之中,通过解决复杂现象来形成相对明晰的逻辑思维和相对模糊的创新思维。

在传统的战略研究中,关于意义的探讨往往与企业社会责任相联系,将企业符合制度、惯例、文化、道德和通俗意义的行为看作企业在应对制度压力下的反应,具有被动性。从战略的高度谈及意义,则强调一种主动积极的创新视角和战略管理视角,将被动性结果转变为企业获得竞争优势的重要前置条件。在更高层次的整合思维下,不再是单纯考虑二元逻辑之间的选择和平衡,而是在二元悖论的解决过程中,以目标为导向,跳出二元维度的决策空间,以战略来决定二元性之间的平衡,并通过引入战略实施与实现来寻求二元措施处理的优先度和辅助度。在三角思维下,诸多组织边界之内的运营管理、技术管理、创新管理问题都得以抽象。三角思维方式在组织中的应用示例如图 18.4 所示[30]。

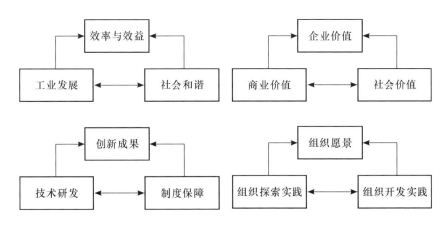

图 18.4 整合式创新三角思维方式的应用示例

18.5 整合式创新的实践应用

整合式创新以中国哲学和文化中的整体思维优势以及中国革命实践的矛盾辩证系统为要义,符合时代发展趋势,在整合国内"集中力量办大事"的制度优势和开放共赢的全球资源优势、健全社会主义市场经济条件下的新型举国体制、加快突破关键核心技术"卡脖子"问题、培育世界一流企业等方面,都具有重要的理论与实践价值。本节以中国高铁产业、乡村振兴建设、世界一流企业建设为例,阐述整合式创新的实践应用。

(1)中国高铁产业发展中的整合式创新

中国特色的科技创新范式探索是基于"大战略"、重大工程建设和颠覆式技术创新发展背景所做出的必然选择。应对复杂多变的政治、经济、科技环境,国家提出诸多重大国家发展战略,如"一带一路"倡议、建设科技创新强国、粤港澳大湾区发展等,凸显了国家意志。这些"大战略"一方面具有目标的交叉性、整体性和长远性,另一方面实现了诸多利益相关者利益目标和集体行动的协调与平衡。实现"大战略"目标,需要配合"重大创新"理论。而整合式创新正是重视战略目标、解决复杂问题、关注局部与整体利益平衡的创新理论。

近年来,我国高铁形成了世界上最丰富的产品谱系,综合技术指标达到世界先进水平,创造多项世界纪录。中国高铁创新之所以能够获得成功,是因为在高铁的研发和试制生产过程中,加强了基于工业文化的制造业自主创新体系,发展了基于精益思想的工艺创新体系、系统仿真模拟的工程设计能力和支撑工程科技创新的"学科建设"等独特的自主创新系统,同时整合了包括中国科学院、清华大学、北京大学等在内的近 30 家国内一流科研院所与高校,与近 50 家骨干企业组成"产学研用"密切结合的创新联合体,形成了强大的协同创新势能,从而实现了高水平的自主技术和引进技术的系统整合。作为"大国重器,产业引擎"的中国中车,将创新作为发展的第一动力,在世界高铁行业中实现了由跟跑、并跑到领跑的重大跨越,成为整合式创新的践行者。

中国中车以整合式创新范式为基础,构建的以中车研究院和国家高速列车技术创新中心为主体的"一体四翼"的科技创新体系,正是基于国家重大科技创新工程的实践探索。在以强国使命、国家意志和人民需求为导向的战略引领下,一方面通过中车研究院实现全产品链、全技术链创新能力的提升和全生命周期保障能力的提升,另一方面通过国家高速列车技术创新中心搭建开放、协同、一体化、全球布局的科技创新生态体系。在与金融、信息、人才、组织、流程、制度、文化等外部环境的互动中完成从技术方向引领能力、产业经济带动能力、重大战略支撑能力到社会进步推动能力等各项能力的涌现升级[31]。

(2)中国乡村振兴实践中的整合式创新

乡村建设是一个包含多个要素和多维绩效的动态过程。根据整合式创新的实现路径,笔者将乡村建设实践分为"战略引领—创新筑基—制度赋能"三个方面,包括科技创新、教育普及、宏观政策、金融普惠、公众参与五个维度[32]。其中,战略引领主要是指国际、国家、地方政府或组织对于乡村建设,尤其是乡村建设所提出的战略目标和做出的各种战略性部署;创新筑基主要是指借助新要素组合、新技术突破、新市场开发、新商业模式探索或人的创造力激发来发挥整合式创新的效益,实现乡村振兴目标;制度赋能主要是指通过国家、产业或企业各个层次制度、战略和策略的制定,形成整合式创新中对于开放、协同、全面的要求,从而激发创新活力、实现乡村建设目标。

整合式创新中的乡村建设,力求突破技术、教育、金融等要素的简单投入和单维创新,通过制度创新、社会创业及跨边界协同等过程创新,促进技术资本、人力资本、金融资本在普通群体中自由流动,以此放大技术、教育、金融等投入要素的生态价值,实现基于大数据等新兴技术的乡村建设、精准扶贫,推动"造血式"开发和"赋能式"发展转型,进而实现农村人口福利增长、能力提升等多维度绩效,推动动态和社群的可持续发展。概言之,基于整合式创新的乡村建设实现路径,主要是通过整合要素创新和过程创新,实现赋能农村人口和社群、提高农村人口收入和福利、提升内生发展能力的多维乡村建设绩效。乡村建设与社群发展,既是乡村建设要素创新与过程创新的结果,也反过来为乡村建设注入新的内生动力,达到相互促进、动态提升的效果。

结合整合式创新中乡村振兴的实现路径,笔者提出并完善了整合式创新在中国乡村振兴事业中的实践框架,如图 18.5 所示[30]。

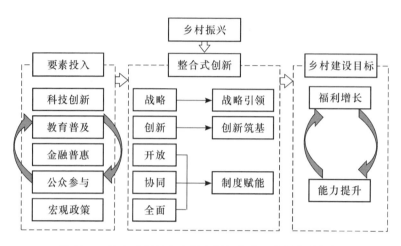

图 18.5　整合式创新在中国乡村振兴事业中的实践框架

(3)建设世界一流企业中的整合式创新

中国的核电产业从无到有,从核电技术输入国发展壮大成为核电技术输出国,最重要的是充分发挥了中国传统文化和中国哲学智慧中的整体观、系统观和统筹思想,将国家经济发展战略需求、民族产业培育与全球先进技术相结合,实现了中国核电产业的高起点和高水准建设。

中国广核集团有限公司(以下简称中广核)是国家特大型企业集团,也是全球第三大核电企业。历经 40 多年的创新探索,中广核研发出一大批对核电产业发展具有重要影响的成果,其中被誉为"国家名片"的"华龙一号"是具备完全自主知识产权、当前核电市场接受度最高的世界第三代核电站主流机型之一。中广核还打造了以核电为主、相关多元化整合并进的全产业链、全球化发展模式。中广核的创新探索之路带有鲜明的新型举国体制特色——面向世界前沿、面向国家经济社会发展主战场和国家重大战略需求,将国家责任、产业发展趋势与企业使命愿景统一于社会主义市场经济条件下的企业创新发展全过程中。中广核的创新之路也是整合式创新理论和思想的最佳实践,即"使命与战略引领,科技创新筑基,管理创新赋能"三位一体,实现动态提升,整体突破,并朝着世界一流不断迈进(见图 18.6)。

①使命与战略引领持续突破。中广核自成立之初就确立了"发展清洁能源,造福人类社会"的组织使命,不但将大亚湾核电站建设的国家战略内化为组织自身的使命,而且将核能这一清洁能源对全球可持续发展的重要意义与企业定位相

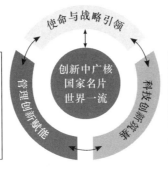

图 18.6　中广核整合式创新模式

统一。

②科技创新筑牢核心竞争力根基。中广核技术核心能力的打造得益于强有力的体系支撑,集中体现为三级研发体系和全面创新激励体系。中广核先后建立和完善了国家级、集团级和公司级三级研发体系和全球创新联盟,为集团和各子公司的科技创新提供了内外的协同体系,并在此基础上建成由国家重点实验室、国家工程技术研究中心和国家能源研发中心组成的重大基础设施,为实现从技术引进、消化、吸收、再创新迈向自主创新和全球整合式创新提供了物质载体。在三级研发中心体系的基础上,中广核以"物质与精神并重、激励与约束并举、考核与分配关联、业绩与公平并重"为原则,构建全面创新激励体系,激励集团全员全时空全要素参与创新。

③管理创新赋能,加速技术价值释放。中广核的创新突破是在科技创新的基础上充分发挥管理赋能,具体体现在体制机制变革、管理核心能力强化和并购整合三个方面[33]。

18.6　结　论

作为战略引领下的全新创新理论,整合式创新的关键特征包括四个方面。

第一,整合式创新是战略引领、开放创新、自主创新、协同创新、全面创新的综合体。在整合式创新的思维逻辑(见图 18.7)中：开放创新、协同创新和全面创新是重要的创造性活动(如创新思维和创意设计)；自主创新作为一种重要的研究性活动，为整合式创新思维提供补充和工具方法；"战略"位于引领位置，创新成果需要在战略引领下服务于企业、产业、国家。

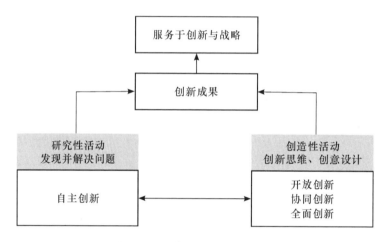

图 18.7　整合式创新的思维逻辑

第二，整合式创新在战略引领的哲学全局视野下，将自然科学的聚合思维与社会科学的发散思维进行有机整合，体现了东方文化的价值。具体而言，整合式创新基于系统科学的系统观和全局洞察，通过顶层的目标确定和战略设计，超越知识管理，突破传统企业的组织边界，同时着眼于与企业创新发展密切相关的外部资源供给端(如高校、研究机构、供应商、技术与金融服务机构等)、创新政策与制度支持端(政府、国内外公共组织和行业协会等)及创新成果的需求端(消费者、领先用户、竞争对手和利基市场用户等)，借助东方文化孕育的综合集成、全域谋划和多总部协同等智慧，助力企业调动创新所需的技术要素(研发、制造、人力和资本等)和非技术要素(组织、流程、制度和文化等)，构建和强化企业的核心技术与研发能力，打造开放式创新生态系统环境下企业动态、可持续的核心竞争力。

第三，整合式创新是一种总体创新、大创新的创新范式，其核心思想在于从整体观、系统观思考创新。整合式创新强调战略驱动、顶层设计、中长期发展导向等在创新过程中的重要意义，突破了传统创新理念中源于原子论的静态、线性和独立的思维方式，提出三角思维方式，力图超越二元逻辑，强调东方文化与中国情境的背景,应用中国哲学中的"中道""阴阳整合"思想和在中国特色社会主义建设中积累的丰富整体观思想,通过战略引领和战略设计,有机整合各项创新要素,为企业和国家实现重大领域、重大技术的突破和创新提供支撑,是量子理论时代具有量子管理学思想的创新观。

第四,整合式创新理论认为,在新型国家和企业创新生态系统建设过程中,既要避免过度开放而导致的核心能力缺失,又要防止因为过度强调自主而丧失对全球创新资源和机遇的最大化利用。这一思想和中国哲学中的"中道""允执厥中"思想一脉相承,更与中国现代国家治理的制度逻辑和新发展理念相吻合,是兼具中国特色和世界意义的创新管理新理论、新范式[34]。

展望未来,对于国家而言,整合式创新蕴含中国特色的和平观、举国体制下的战略执行优势和系统驱动的中国式创新经验与智慧,同时顺应中国的创新战略需求,即不能再仅依靠工业化、信息化、城镇化和农业现代化的"四化"实现社会经济的创新发展,而是需要放眼全球、着眼全局,同时兼顾消除贫困、保护环境、促进健康、建设国防和推进国际事务等方面,通过各方面的有机整合,实现富民强军,推动全球和平发展。在重大科技创新领域,如航天系统、高铁技术、量子通信、人工智能和工业互联网等领域,不仅仅需要单纯的技术创新,更需要从国家中长期发展战略入手,实现科技战略、教育战略、产业战略与金融、人才、外交战略的有机整合,通过战略引领各要素的横向整合和纵向提升,为建设科技创新强国提供源源不竭的动力,为全球的经济与社会可持续发展做出重大的引领性贡献。基本技术的积累和应用决定了当前的基本生存能力,关键核心技术的掌握和优势的发挥决定了当前的核心竞争力,而对行业先导技术的判断、研发和开拓应用能力将决定未来的竞争力。

展望未来,对于企业而言,应从大处着眼、立足高远,通过前瞻性的战略设计引领自身及所处生态系统的发展演变方向,在战略执行中行动迅速,打通横向资源整合和纵向能力整合的脉络,依托协同创新思维,实现总体思想下的技术集成和产品创新,达成竞争与合作双赢局面[35-36]。根据整合式创新理论,创新不只是研发部门的责任,而需要被纳入企业整体发展战略中,以战略创新引领技术创新和管理创新,实现全价值链的动态整合,真正落实"人人都是创新者"的理念。在整合式创新过程中,企业不但要注重通过全员、全要素、全时空创新强化技术要素,而且要注重对非技术要素的发掘和利用,打造属于自己的独特"双核"——技术核心能力和管理核心能力,从而在新竞争环境下超越中国企业引进、消化吸收、再创新的传统追赶模式,加快实现颠覆性技术突破。通过整合式创新实现对当下关键核心技术的掌握和面向未来的前沿技术的把握,是中国企业超越追赶、实现创新、引领发展的关键所在。对于那些有志持续实现跨越式发展的企业,更为重要的是在非连续性技术创新和战略前沿技术创新方面保持领先,由此才能充分掌握和制定新的发展规则,在全球竞争中赢得领先优势[30]。

参考文献

[1] 陈劲,吴欣桐.面向 2035 年的中国科技创新范式探索:整合式创新[J].中国科技论坛,2020(10):1-3.

[2] Slater S F,Olson E M,Hult G T M. The moderating influence of strategic orientation on the strategy formation capability-performance relationship[J]. Strategic Management Journal, 2006(12):1221-1231.

[3] 陈劲,尹西明,梅亮.整合式创新:基于东方智慧的新兴创新范式[J].技术经济,2017,36(12):1-10＋29.

[4] Barney J. Firm resources and sustained competitive advantage[J].Journal of Management, 1991(1):3-10.

[5] 吴欣桐,梅亮,陈劲.建构"整合式创新":来自中国高铁的启示[J].科学学与科学技术管理, 2020,41(1):66-82.

[6] Chesbrough H W. Open innovation:The new imperative for creating and profiting from technology[M]. Boston:Harvard Business School Press,2003.

[7] Normann R,Ramirez R. From value chain to value constellation:Designing interactive strategy[J]. Harvard Business Review,1993,71(4):65-77.

[8] Vanhaverbeke W,Cloodt M. Open innovation in value networks.//Chesbrough H. Open innovation:Researching a new paradigm[M]. London:Oxford University Press,2006.

[9] Fichter K. Innovation communities:The role of networks of promotors in open innovation [J].R&D Management,2009,39(4):357-371.

[10] 陈劲.协同创新[M].杭州:浙江大学出版社,2012.

[11] 陈春花,朱丽,刘超,等.协同管理国内外文献比较研究:基于科学计量学的可视化知识图谱[J].科技进步与对策,2018,35(21):73-79.

[12] Haken H,Mikhailov A. Interdisciplinary approaches to nonlinear complex systems[M]. New York:Springer Science &Business Media,2012.

[13] Etzkowitz H,Leydesdorff L. The dynamics of innovation:From national systems and

'Mode 2'to a triple helix of university-industry-government relations[J]. Research Policy, 2000,29(2):109-123.

[14] Etzkowitz H. The triple helix：University-Industry-Government innovation in action[M]. London：Routledge,2008.

[15] Lundvall B Å. National systems of innovation：Toward a theory of innovation and interactive learning[M]. London：Anthem Press,2010.

[16] 洪银兴,安同良. 产学研协同创新研究[M].北京:人民出版社,2015.

[17] 许庆瑞.全面创新管理[M].北京:科学出版社,2007.

[18] 中共中央文献研究室.习近平关于科技创新论述摘编（二）[M].北京:中央文献出版社,2016.

[19] 尹西明,陈劲,海本禄.新竞争环境下企业如何加快颠覆性技术突破？——基于整合式创新的理论视角[J].天津社会科学,2019(5):112-118.

[20] O'Reilly C A, Tushman M L. Ambidexterity as a dynamic capability：Resolving the innovator's dilemma[J]. Research in Organizational Behavior,2008,28:185-206.

[21] 陈春花.如何面对不确定性[J].企业管理,2016(11):6-11.

[22] 陈春花,刘祯.水样组织:一个新的组织概念[J].外国经济与管理,2017,39(7):3-14.

[23] Duncan R B. The ambidextrous organization：Designing dual structures for innovation[J]. The Management of Organization,1976,1(1):167-188.

[24] Ring P S, van de Ven A H. Developmental processes of cooperative inter-organizational relationships[J]. The Academy of Management Review,1994,19(1):90-118.

[25] Lewis M W. Exploring paradox：Toward a more comprehensive guide[J]. The Academy of Management Review,2000,25(4):760-777.

[26] Christensen C M,McDonald R, Altman E, et al. Disruptive innovation：An intellectual history and directions for future research[J]. Journal of Management Studies,2018,55(7):1043-1078.

[27] West J,Salter A,Vanhaverbeke W,et al. Open innovation：The next decade[J]. Research Policy,2014,43(5):805-811.

[28] Jo H,Harjoto M. Corporate governance and firm value：The impact of corporate social responsibility[J]. Journal of Business Ethics,2011,103(3):351-383.

[29] 周俊,薛求知.双元型组织构建研究前沿探析[J].外国经济与管理,2009,31(1):50-57.

[30] 陈劲.整合式创新:新时代创新范式探索[M].北京:科学出版社,2021.

[31] 陈劲,魏巍.中国中车:整合式创新践行者[J].企业管理,2022(1):66-70.

[32] 陈劲,尹西明,赵闯,等.乡村创新系统的兴起[J].科学与管理,2018,38(1):1-8.

[33] 陈劲,尹西明.中广核:整合式创新铸就中国制造"国家名片"[J].企业管理,2019(5):67-69.

[34] 陈劲. 创新管理新思考:从开放到整合[J]. 北京石油管理干部学院学报,2022,29(4):75.

[35] Chen M J, Miller D. West meets east: Toward an ambicultural approach to management [J]. Academy of Management Perspectives,2010,24(4):17-24.

[36] Chen M J. Becoming ambicultural: A personal quest-and aspiration for organizations[J]. Academy of Management Review,2013,39(2):119-137.

19 制造业创新发展绩效评价与政策取向

郭京京　冯　泽　柯忻怡

19.1　引　言

　　制造业创新发展是制造强国建设的重要内容,是加快发展现代产业体系、巩固壮大实体经济根基的必然选择。在创新政策向创新发展政策范式转型的背景下,迫切需要加强对制造业创新发展的理论探讨,从创新发展内涵出发对我国制造业创新发展绩效进行整体监测评价,分析制造业创新发展特征及发展态势,有效支撑面向未来的制造业创新发展政策实践与政策优化。

　　当前,新一轮科技革命与产业变革方兴未艾,创新驱动数字赋能绿色发展已成为世界制造业发展潮流,制造业呈现工业化信息化绿色化"三化融合"、新产业新业态新模式"三新并举"的发展趋势。分析和总结世界主要国家在数字绿色双转型背景下的政策实践经验,梳理我国制造业创新发展现状与问题,对进一步明确面向未来的制造业创新发展政策具有重要参考价值。因此,本章从制造业创新发展理论内涵出发,结合中国制造业创新发展绩效评价,总结世界主要国家制造业数字赋能、绿色低碳转型发展政策实践,分析中国制造业数字赋能绿色低碳转型发展现状与问题,提出中国制造业创新驱动数字赋能绿色发展政策取向。

　　在本章中,第19.2节梳理了从"创新政策"到"创新发展政策"的理论演进,论述了制造业创新发展的理论内涵。第19.3节构建了"制造业创新发展绩效评估框架",并基于该评价体系对中国制造业创新发展绩效进行了整体评估。第19.4节结合数字绿色双转型背景,对世界主要国家与中国的政策现状进行了梳理分析,提出了加快推进中国制造业数字赋能绿色发展的政策取向。第19.5节得出主要结论,并提出未来可行的研究方向。

19.2   制造业创新发展理论内涵

(1)创新政策到创新发展政策:范式转变

创新政策到创新发展政策的范式转变一方面体现在从关注创新促进经济效率与效益向更加关注创新对发展的作用拓展,另一方面体现在从关注创新的经济价值创造向更加关注创新的科学价值、技术价值、经济价值、社会价值等多元价值创造拓展[1]。

自20世纪70年代起,工业化国家经历了结构性经济危机,催生了国际经济秩序的重大变革。在此背景下,以信息技术和生物技术为代表的新技术革命展示了技术创新在促进经济增长方面的关键作用。随着新技术的涌现,创新逐渐被公认为经济繁荣的关键驱动力,得到了全球范围内的广泛重视,各国政府纷纷制定多元化创新政策以应对经济挑战。特别是进入20世纪90年代,随着知识经济的崛起和对科技—经济关系认识的深化,创新政策范式得到了显著推进[2]。Rothwell[3]视创新政策为科技政策与产业政策的有机结合,目标是促进产业技术创新速度提升。经济合作与发展组织(OECD)则认为创新政策的核心目标应是整合科技政策与国家的经济、社会政策,构建一个相互融合的框架[4]。在此基础上,"科学、技术和创新政策"(science,technology and innovation policy)逐渐成为世界范围内理解创新政策的共识框架,其被定义为"政府能够实施或已经实施的推进科学技术知识的生产、扩散和应用的公共政策"[5]。这些讨论均表明,创新政策范式重视科技进步本身,并融合了技术扩散和技术商业化的特征,强调了科技创新与产业及经济发展间的紧密联系。

21世纪以来,气候变化、资源短缺、贫困和污染成为创新政策的新挑战,各国政府认识到需要将社会和环境挑战、创新目标更好地结合起来[6]。这一转变促使创新的重点从追求速度向注重战略方向性转变[7-8],并与国家在环境、社会等领域的宏观发展愿景紧密联合,推动了创新与发展形成强耦合关系[9]。在此背景下,2009年中国科学院创新发展研究中心提出创新发展的定义:创新发展是创新驱动的发展,既体现了创新促进经济、社会发展的结果,也体现了科技创新能力自身的演进[10]。2012年我国实施创新驱动发展战略,进一步将创新与发展的关系紧密结合起来。同时,随着对创新发展本质内涵认识的深化,创新政策也从科技和经济领域逐渐拓展至社会发展领域,不再局限于解决市场和系统失灵问题,而是更加侧重于引导创新方向、推动系统性变革与转型[11-12]。由上可知,创新发展的内涵持续深化,创新目标与发展目标的融合性不断提高,推动着理论层面与实践层面的创新政策向创新发展政策转变。

(2)制造业创新发展内涵

制造业是实体经济的基础,是现代化经济体系建设的重要内容。制造业竞争力的源泉是基于知识的技术能力[13-14],通过创新实现技术能力提升本质上是制造业提升竞争力的关键。可见,制造业创新能力建设是我国发展现代经济体系、提升综合国力、建设世界强国的必由之路。在创新政策范式向创新发展政策范式转型的背景下,制造业创新能力建设的要求也不再拘泥于提升制造业本身的科技创新水平,而需要向增强制造业创新对经济、环境发展的作用拓展。从“创新发展”的内涵进行延伸,制造业创新发展可被理解为制造业在一定发展环境和条件下,自身科学技术的发展以及对经济和环境发展的带动,体现了制造业创新能力建设在促进经济和环境发展方面的重要作用[15]。

制造业创新发展是我国经济高质量发展的重要保障,分析我国制造业创新发展特征,从而科学预测优势行业与薄弱领域,对于优化制造业产业结构、促进产业转型升级、实现制造业创新发展具有重要意义。为此,需要构建准确有效的评价体系对我国制造业创新发展现状进行全面刻画,以识别存在的问题并形成面向制造业创新发展绩效提升的政策优化路径。基于对创新发展内涵的理解,制造业创新发展绩效应从制造业创新能力和制造业创新发展两个方面进行评估,其中,制造业创新能力是基础,制造业创新发展是过程。具体而言,制造业创新发展绩效评价包括两个维度,一是制造业创新评价,二是制造业创新对多元发展目标影响的评价。由此,制造业创新发展绩效评价包含两个方面的问题,即如何衡量制造业创新能力?以及如何评价制造业创新对不同发展目标的影响?

针对第一个问题,本章采用创新价值链(innovation value chain,IVC)理论视角对创新能力进行结构化分析。创新价值链理论是分析创新活动的有效视角[16],该理论将创新理解为知识来源、知识转化和知识利用的递归过程[17]。其中,知识来源主要是指开展创新活动的必要知识的不同来源方式,包括企业内部资源投入与外部资源补充[18];知识转化是指对知识进行转化的创新活动,涵盖从创新输入到创新输出的过程;知识利用则涉及企业如何应用这些创新活动。基于这一思路,制造业创新能力可以进一步细化为以下方面,包括影响知识来源的创新投入、影响知识转化的创新条件,以及影响知识利用的创新产出与创新影响。

针对第二个问题,则需要从发展的视角对制造业创新进行衡量。制造业是实体经济的重要组成部分,其以科技创新为前提和基础,形成促进经济发展与社会进步的关键动力。然而,现有对制造业创新的评价大多仅考虑了创新活动本身,忽视了制造业创新对经济社会发展的支撑带动作用。从创新发展视角出发,制造业创新的科学价值、技术价值、经济价值、社会价值创造亟须进一步被关注,有必要从科技发展、经济发展、环境发展等多个维度刻画制造业创新发展目标,全面反映制造业创新发展绩效。

19.3 制造业创新发展绩效评价

(1)制造业创新发展绩效评估框架

现有研究围绕创新绩效评价进行了大量探索,从不同维度对创新绩效进行刻画,包括使用新产品销售收入单一指标测度创新产出[19]、综合创新产出绩效和创新过程绩效测度创新绩效[20-21]、结合问卷调查和技术就绪水平度量表测度创新成熟度[22]等。与此同时,国际诸多权威机构与组织相继构建具有国际影响力的评价指标体系对不同国家或者全球范围的创新绩效进行综合评价,促进了这一领域的研究进展。例如:OECD 出版的《OECD 科学、技术和工业记分牌》侧重经费和人力资源投入,对 OECD 国家科技创新绩效进行了评价。世界知识产权组织、康奈尔大学、欧洲工商管理学院共同创建的全球创新指数(GII)年度排名聚焦国家制度环境、人力资本与研究、基础设施、市场成熟度、商业成熟度、知识与技术产出和创意产出能力等 7 个方面,为国家创新绩效测度提供了详细的量化工具(见图19.1)。欧盟创新政策研究中心制定的《欧洲创新记分牌》(EIS)与《全球创新记分牌》(GIS)均基于典型的投入产出框架,从创新驱动力、创新投入、创新活动与创新效果 4 个方面,提供了一套完整的国家创新绩效评估框架。中国科学技术发展战略研究院从创新资源、知识创造、企业创新、创新绩效、创新环境等方面构建了国家创新指数指标体系(见图 19.2)。

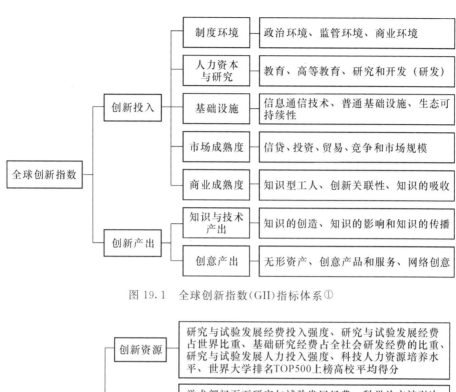

图 19.1 全球创新指数(GII)指标体系①

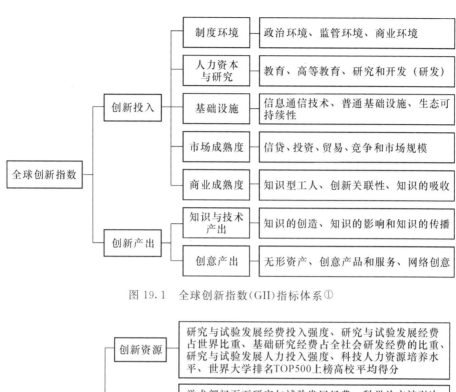

图 19.2 国家创新指数指标体系②

① 来源:https://www.wipo.int/global_innovation_index/en/.
② 来源:https://www.casted.org.cn/channel/newsinfo/8684.

　　就制造业层面而言,目前已有众多学者关注到制造业创新绩效评价的重要性,并大多沿用传统创新绩效评估的思路与方法在制造业中进行应用。其中,部分研究直接采用产出指标衡量制造业创新绩效,如专利申请量[23]、新产品销售额[24-25]等。部分研究从投入—产出的效率视角,综合多个指标衡量制造业创新绩效,如张杰等[26]利用企业研发与技术更新投入作为投入指标,以企业销售额为产出指标综合衡量制造业企业创新活动;李春涛与宋敏[27]以研发参与(R&D decision)和研发投资密集度两个指标衡量研发投入,以新产品销售额(new product sales)、是否有新产品发明(NPD)和是否开发出新的生产工艺(new process)三类指标衡量产出。此外,部分国际组织与机构开始在制造业相关领域开展创新绩效评价,如欧盟发布的《欧盟产业研发投入记分牌》主要从研发投入角度对全球企业展开调查;德勤针对中国开展制造业创新调查,将制造业创新分解为产品和服务创新、技术创新、商业模式创新等多个维度,构建综合指标体系评价制造业创新绩效(见图 19.3)。

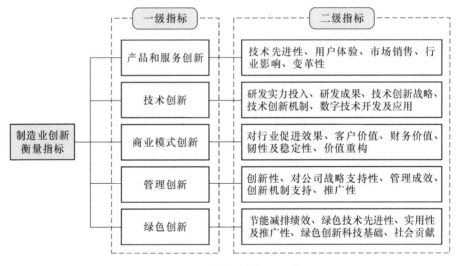

图 19.3　制造业创新调查①

---

　　①　来源:https://www2.deloitte.com/cn/zh/pages/energy-and-resources/articles/2021-china-manufacturing-innovation-survey-report.html.

　　由上可知,现有研究对制造业创新绩效的评价大多仍集中在创新的科学价值或技术价值创造维度,虽有部分研究开始关注制造业绿色创新,但尚未全面反映创新的经济价值与社会价值,亟须构建更为完善的制造业创新发展绩效评价体系,为制定制造业创新发展政策提供有力支撑。为弥补现有制造业创新绩效评价体系与创新发展内涵契合度不足的问题,本章构建了综合创新目标与发展目标的制造业创新发展绩效评估框架(见图 19.4),从制造业创新能力指数和制造业创新发展指数两个方面,对制造业创新发展绩效进行测度。其中,制造业创新能力指数反映了制造业不同行业在创新投入、创新条件、创新产出、创新影响四个方面的特点。考虑到不同行业具有不同规模及发展水平,将制造业创新能力进一步分为总量性与相对性两类指标,旨在从实力与效力两个维度充分反映不同行业创新规模与创新效率的差异。制造业创新发展指数则由科技发展指数、经济发展指数和环境发展指数构成,反映制造业不同行业的科技发展水平及其对经济、环境发展的带动作用(具体指标选择与指标体系构成见附录)。

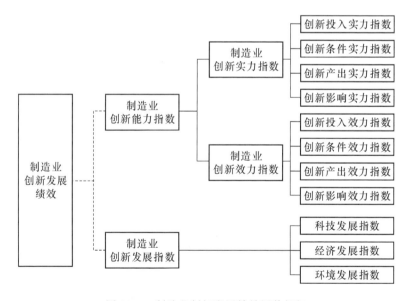

图 19.4　制造业创新发展绩效评估框架

(2)中国制造业创新发展绩效演进态势

　　近年来,中国不断完善制造业相关创新政策,积极引导制造业创新发展,提高制造业国际竞争力。制造业重点产业链高质量发展行动启动,一批高端化、智能化的新兴支柱产业快速崛起,传统制造业迈入转型升级阶段。2013—2021 年中国制造业创新能力指数与制造业创新发展指数如图 19.5 和图 19.6 所示,可以看到,中国制造业创新能力指数总体表现相对较好,但不同行业间差距明显。知识和技术密集型产业在创新能力方面表现显著优于传统制造业,说明中国制造业创新投入、创新产出以及创新扩散带来的正向效应大多集中在高技术含量、高附加值、强竞争力的行业中。此外,值得关注的是,中国制造业创新发展指数表现较好的行业同样集中在知识与技术密集型产业,传统制造业仍面临低技术含量、低附加值、高能耗、高排放的困境,在创新能力指数与创新发展指数上的表现均远低于知识与技术密集型产业。

■2021年　□2013年
2021年指数值

排名	行业	2021年指数值
1	计算机、通信和其他电子设备制造业	50.47
2	电气机械和器材制造业	33.71
3	汽车制造业	23.66
4	专用设备制造业	21.14
5	医药制造业	20.62
6	仪器仪表制造业	18.18
7	通用设备制造业	18.01
8	铁路、船舶、航空航天和其他运输设备制造业	17.76
9	化学原料和化学制品制造业	16.31
10	黑色金属冶炼和压延加工业	12.79
11	酒、饮料和精制茶制造业	12.36
12	其他制造业	12.34
13	非金属矿物制品业	12.04
14	金属制品业	11.57
15	金属制品、机械和设备修理业	10.63
16	橡胶和塑料制品业	10.56
17	文教、工美、体育和娱乐用品制造业	10.26
18	家具制造业	10.09
19	有色金属冶炼和压延加工业	9.76
20	食品制造业	9.34
21	石油、煤炭和其他燃料加工业	7.98
22	印刷和记录媒介复制业	7.85
23	纺织业	7.14
24	化学纤维制造业	3.83
25	造纸和纸制品业	6.68
26	皮革、毛皮、羽毛及其制品和制鞋业	5.96
27	纺织服装、服饰业	5.90
28	废弃资源综合利用业	5.83
29	木材加工和木、竹、藤、棕、草制品业	5.50
30	农副食品加工业	5.31

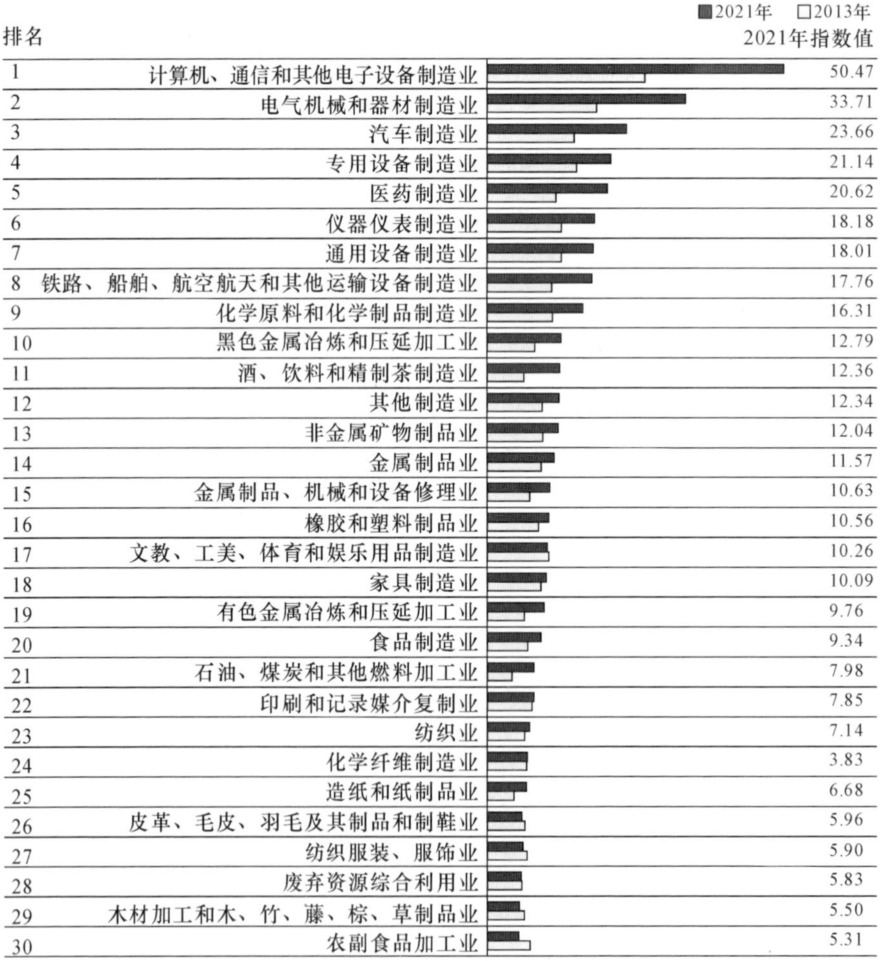

图 19.5　中国制造业创新能力指数值及行业排名

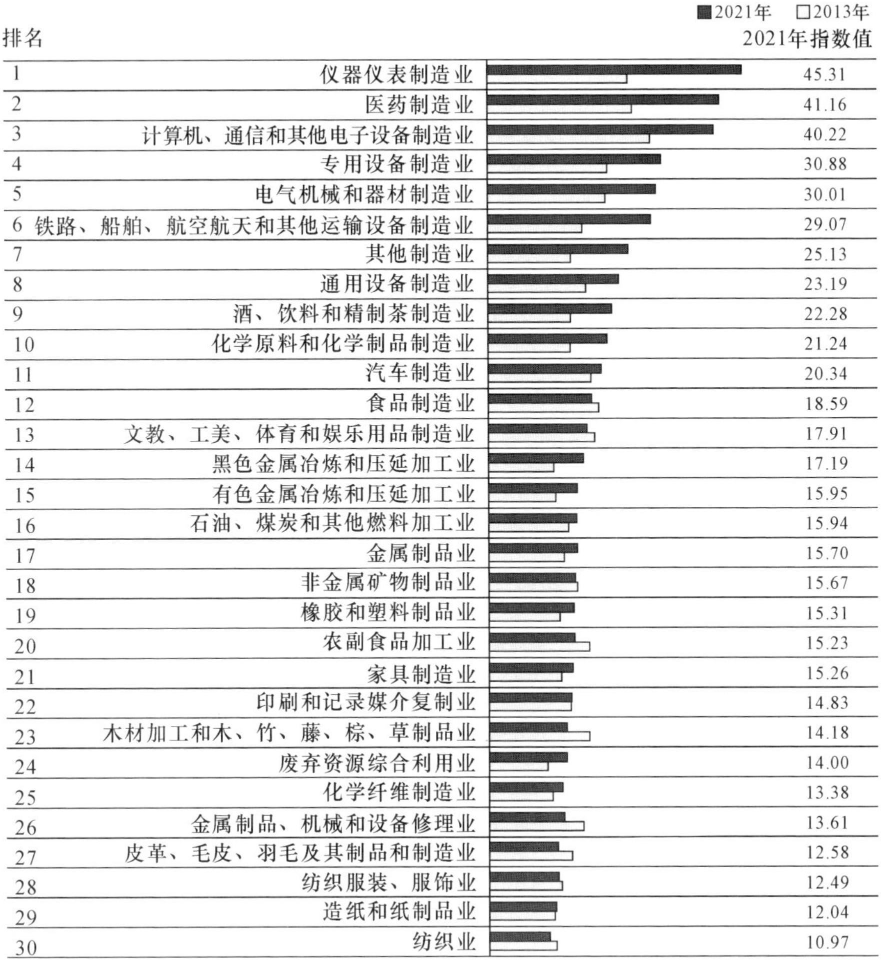

排名		■2021年 □2013年 2021年指数值
1	仪器仪表制造业	45.31
2	医药制造业	41.16
3	计算机、通信和其他电子设备制造业	40.22
4	专用设备制造业	30.88
5	电气机械和器材制造业	30.01
6	铁路、船舶、航空航天和其他运输设备制造业	29.07
7	其他制造业	25.13
8	通用设备制造业	23.19
9	酒、饮料和精制茶制造业	22.28
10	化学原料和化学制品制造业	21.24
11	汽车制造业	20.34
12	食品制造业	18.59
13	文教、工美、体育和娱乐用品制造业	17.91
14	黑色金属冶炼和压延加工业	17.19
15	有色金属冶炼和压延加工业	15.95
16	石油、煤炭和其他燃料加工业	15.94
17	金属制品业	15.70
18	非金属矿物制品业	15.67
19	橡胶和塑料制品业	15.31
20	农副食品加工业	15.23
21	家具制造业	15.26
22	印刷和记录媒介复制业	14.83
23	木材加工和木、竹、藤、棕、草制品业	14.18
24	废弃资源综合利用业	14.00
25	化学纤维制造业	13.38
26	金属制品、机械和设备修理业	13.61
27	皮革、毛皮、羽毛及其制品和制鞋业	12.58
28	纺织服装、服饰业	12.49
29	造纸和纸制品业	12.04
30	纺织业	10.97

图 19.6 中国制造业创新发展指数值及行业排名

　　从动态视角看(图 19.7、图 19.8 分别展示了 2013—2021 年我国制造业创新能力指数与制造业创新发展指数的年均增速),除了"酒、饮料和精制茶制造业"等具有特殊性质的产业外,我国制造业创新能力指数和创新发展指数增速较快产业仍然主要集中于计算机、通信和其他电子设备制造业以及仪器仪表制造业等知识与技术密集型产业。与之相比,多类传统产业创新能力指数和创新发展指数出现下降趋势,可持续转型迫在眉睫。值得关注的是,无论是创新能力指数还是创新发展指数,增速较高的行业往往指数值也居于前列,反之亦然。这意味着 2013—2021 年,我国制造业创新发展已基本形成两极格局,领先行业与落后行业之间的差距不断扩大,产业发展不平衡问题进一步凸显。

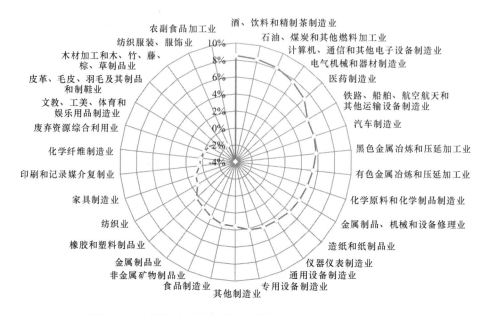

图 19.7 中国制造业创新能力指数年均增速(2013—2021 年)

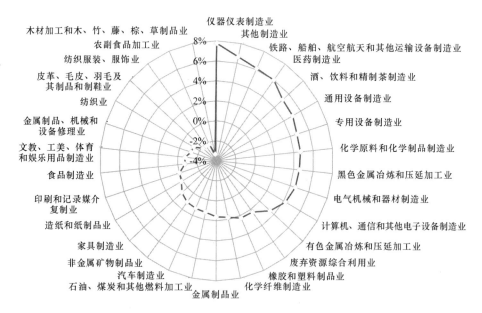

图 19.8 中国制造业创新发展指数年均增速(2013—2021 年)

　　从创新发展整体格局上看,我国制造业不同行业可被划分为四类,分别为:创新发展领先型(强能力—强发展)、创新能力先进型(强能力—弱发展)、创新发展先进型(弱能力—强发展)、创新发展追赶型(弱能力—弱发展)。如图 19.9、图 19.10 分别展示了 2013 年和 2021 年我国四类制造业行业创新发展格局。2013年,我国四类制造业区分度明显,创新发展领先型产业整体优势显著,创新能力先进型与创新发展先进型产业重此轻彼的情况较为突出,创新“能力”与“发展”两个维度的平衡有所欠缺。2021 年,创新发展领先型产业相较于创新发展追赶型产业的领先优势进一步扩大,弱能力—弱发展的追赶型产业固化,推动创新发展追赶型产业转型升级将是我国制造业主动适应新一轮科技革命和产业变革的重要战略取向。

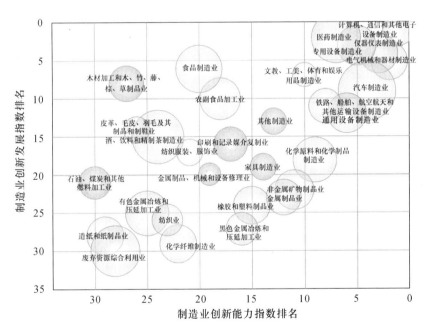

图 19.9　2013 年中国制造业创新能力指数和创新发展指数排名
注:气泡大小表征单位从业人员利润多少。

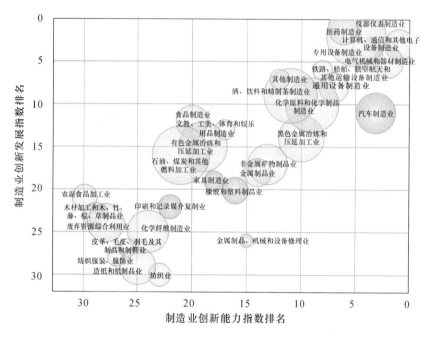

图 19.10　2021 年中国制造业创新能力指数和创新发展指数排名
注:气泡大小表征单位从业人员利润多少。

19.4　数字绿色双转型情境下制造业创新发展政策取向

(1)世界主要国家制造业数字赋能绿色低碳转型发展政策实践

世界主要国家纷纷调整制造业发展战略,支持数字赋能绿色低碳技术研发,推进制造业数字赋能绿色低碳转型发展(见表 19.1)。美国成立专门机构如白宫科技政策办公室①下设的国家人工智能计划办公室①和能源部(DOE)成立的人工智能与技术办公室[28],在清洁煤电、可再生能源和核能等领域展开深入研究,应用人工智能技术促进制造业绿色转型。2022 年美国能源部与清洁能源智能制造创新研究所加强合作,旨在提升制造业生产率、能源效率和竞争力[29]。美国能源部发布"工业脱碳路线图",确定了美国制造业减少排放的四个关键途径,以期降低工业企业的碳排放量[30]。欧盟通过实施"能源系统数字化行动计划",强调能

①　美国人工智能计划办公室官网网址:https://www.state.gov/artificial-intelligence/。

源系统全面数字化改革的重要性,促进制造业数字化绿色化转型[31],并基于 2020
年发布的"欧洲工业战略"[32]加速可再生能源和电网投资,支持产业绿色和数字
转型。英国政府发布"向净零能源系统过渡:2021 年智能系统与灵活性计划"以
及"能源数字化战略",旨在建立一个基于数据和数字化的智能灵活能源系统[33]。
同年英国商业、能源和产业战略部等部门颁布"能源系统数字化以实现净零:2021
年战略与行动计划"[34],进一步提出通过优化能源系统中的低碳技术以降低能源
系统脱碳成本。

表 19.1　世界主要国家制造业数字赋能绿色低碳转型发展政策

国家	政策名称	发布时间	数字绿色双转型主要内容
美国	2020 年国家人工智能倡议法案	2021 年 1 月	强化和协调各联邦机构之间的人工智能研发活动,确保美国在全球人工智能技术领域的领先地位。根据这项法案,美国设立国家人工智能计划办公室,从属于白宫科技政策办公室,承担监督和实施美国国家人工智能战略等职责
美国	国家人工智能研发战略计划	2023 年 5 月	加强公私伙伴关系,加速人工智能发展,与学术界、工业界、国际合作伙伴和其他非联邦实体合作,促进对人工智能研发的持续投资,并提升先进成果转化的能力;同时,建立有原则和可协调的人工智能研究国际合作方法,优先开展人工智能研发方面的国际合作,以应对环境可持续性、医疗保健和制造业等全球挑战
美国	工业脱碳路线图	2022 年 9 月	聚焦石油精炼、化工、钢铁等五个高排放工业行业,结合各领域的生产方式和温室气体排放现状,提出针对性净零排放方案;指出提高能效、扩大低碳电力的使用范围、推广低碳(或无碳)燃油和发展碳捕获与储存技术(CCS)是实现美国工业脱碳的关键;可采取的措施包括加强早期脱碳技术的研发投入、进行小规模的技术实验以推广、进行脱碳技术的生命周期与技术经济分析等
欧盟	能源系统数字化行动计划	2022 年 10 月	通过对能源系统的深度数字化改造,减少欧盟对俄罗斯化石燃料的依赖,提高资源的有效利用,促进可再生能源融入能源系统,并确保消费者和能源公司受益。在制造业方面,减少信息和通信技术行业的能源消耗,包括数据中心和计算机的能耗,提高电信服务能耗透明度以及区块链的能源效率

续表

国家	政策名称	发布时间	数字绿色双转型主要内容
欧盟	欧洲工业战略	2020 年 3 月	通过制定一系列行动计划以期推动欧洲产业发展，设立了三大目标：保持欧洲工业的全球竞争力和公平竞争环境，实现 2050 年欧洲气候中立承诺，以及塑造欧洲数字未来；新中小企业战略旨在综合运用各种政策举措，释放欧洲 2500 万中小企业的商业活力，推动中小企业实现绿色和数字双重转型，包括能力建设和转型支持，减轻监管负担和改善市场准入，改善融资渠道三大行动支柱
英国	向净零能源系统过渡：2021 年智能系统与灵活性计划	2021 年 7 月	利用高度灵活性和智能技术，提出一个能源系统愿景，分析和政策配套措施，为能源安全和向净零过渡奠定基础，智能技术和灵活性对于将低碳电力、热力和运输整合到能源系统中至关重要
英国	能源系统数字化以实现净零：2021 年战略与行动计划	2021 年 7 月	数字化将优化能源系统中的低碳资产（包括太阳能光伏、电动汽车和热泵），刺激创新和竞争，促进新的消费者服务，降低能源系统的脱碳成本

(2)中国制造业数字赋能绿色低碳转型发展现状与问题

中国制造业数字赋能绿色低碳转型发展政策体系不断完善，绿色低碳领域重大技术与装备取得一定突破。一方面，中国不断完善融合制造业数字转型与绿色转型的政策框架。2021 年，工业和信息化部发布《"十四五"信息化和工业化深度融合发展规划》，提出实施"互联网＋"绿色制造行动[35]。同年颁布的《"十四五"智能制造发展规划》明确提出构建虚实融合、知识驱动、动态优化、安全高效、绿色低碳的智能制造系统，推动制造业实现数字化转型、网络化协同、智能化变革[36]。中央网络安全和信息化委员会发布《"十四五"国家信息化规划》，强调加速数字化推动制造业智慧绿色增长，以数字化引领绿色化，以绿色化带动数字化[37]。另一方面，绿色低碳技术不断突破，自主创新能力加速提升。中国已完成 10 兆瓦级海上风电机组吊装，自主研发建造的全球首座十万吨级深水半潜式生产储油平台"深海一号"投运，自主研发了"华龙一号"和"国和一号"百万千瓦级三代核电等[38]。数字技术与传统制造业深度融合进程加速，数字技术助力制造业加强生产监测、优化生产流程，减少非必要资源消耗带来的碳排放。

与此同时，中国制造业数字赋能绿色低碳转型发展仍存在政策制定实施有待完善、绿色低碳关键技术突破亟待推进等问题。首先,财税和金融支持政策制定有待强化。数据显示,中国 2030 年实现"碳达峰"每年资金需求为 3.1 万亿—3.6 万亿元,而目前每年资金缺口超过 2.5 万亿元[39]。其次,绿色低碳发展政策实施亟须进一步完善,具体体现在扩大全国碳市场覆盖范围、引入更多金融工具以及强化企业环境信息的披露监管等方面,尤其是在《环境信息依法披露制度改革方案》《企业环境信息依法披露管理办法》等制度出台后[40-41],仍存在部分控排企业碳排放数据弄虚作假问题[42]。最后,绿色低碳关键技术水平亟待提升。部分行业(如钢铁行业)的节能降碳技术水平不足,新能源开发和储能技术仍存在短板,中国在部分绿色低碳发展关键技术领域仍须追赶国际先进水平[43]。

(3)中国制造业创新驱动数字赋能绿色发展政策取向

一是强化数字赋能绿色创新能力。实施制造业领域绿色低碳科技创新基地建设专项,推动制造业领域绿色低碳创新平台建设。组织实施制造业科技计划"数字赋能绿色低碳专项",推进新能源开发、二氧化碳捕集与利用、先进储能技术等颠覆性技术研发。通过数字赋能绿色发展示范项目推广绿色低碳技术的应用,在钢铁、化工、有色金属等关键行业,推动生产过程的深度脱碳和工业流程再造。

二是强化数字赋能绿色设计能力。鼓励绿色设计示范企业率先实现数字化转型,支持制造企业、绿色设计企业与工业设计研究机构联合开展研究,采用数字化工具和方法开发高效、高质、低碳的绿色产品。完善国家绿色产品认证机制,优化绿色设计标准,建立一套完整的绿色产品(服务)认证及标识系统,提高绿色产品(服务)的质量与效益。建立数字化绿色设计公共服务平台,利用大数据、云计算、人工智能等现代技术,促进绿色设计有效需求与有效供应对接。

三是强化数字赋能绿色生产能力。强化工业互联网平台作用,支持企业构建数字低碳综合管理系统,加强绿色用能的动态监测、精准控制及优化管理,整合低碳信息数据和工业大数据资源,促进生产流程的再造和跨行业、跨区域、跨领域的协同。推动基础制造工艺绿色化改造,以绿色制造标准为导向,加速清洁铸造、锻压焊接、表面处理等工艺的应用和推广,采用清洁能源、先进节能技术、高效末端治理设备以及关键工艺装备的智能控制系统,实现生产过程的洁净化、废物资源化和能源低碳化,推动传统制造工艺的数字绿色双转型。

四是强化数字赋能绿色服务能力。支持建立绿色科技企业培育服务体系,建设绿色科技企业孵化器、加速器和产业园等,为中小型绿色科技企业提供全方位服务,培育一批绿色低碳科技企业和专精特新"小巨人"企业。建立绿色低碳技术公共服务平台和专业服务机构,重点为钢铁、建材、石化和有色金属等传统行业提供绿色诊断、绿色方案设计等服务。积极在绿色服务国际标准和贸易规则制定中发挥作用,培育具有国际竞争力的数字化绿色产业集群。

五是培育数字赋能绿色科技领军企业。支持绿色科技领军企业牵头建立国家产业创新中心、国家制造业创新中心、国家工程研究中心以及国家企业技术中心,鼓励绿色科技领军企业与高校和科研机构合作,形成以绿色制造为核心的战略科技联合体,促进产业链创新链深度融合。支持绿色科技领军企业在全球范围内构建研发和生产网络,促进绿色低碳产业国际合作,提升绿色低碳产业集群的国际竞争力。

19.5 结 论

当前,全球产业布局和贸易格局加速调整,中国制造业从规模增长向能力提升优化转型,中国正逐步从制造"大国"迈向制造"强国"。与此同时,制造业数字化、智能化转型方兴未艾,全球可持续发展转型格局也发生重大变化,数字赋能绿色低碳转型成为中国制造业创新发展的必然方向。为此,本章采用"理论思考—现状评估—政策实践"的逻辑链条,分析了制造业创新发展的内涵,对制造业创新发展绩效进行评估,同时分析了数字赋能绿色低碳转型背景下我国制造业创新发展的现状以及政策实践。

从创新政策到创新发展政策的范式转变是应对重大社会和环境挑战的必然趋势,随着创新与发展耦合关系日益增强,制造业创新目标也须有所调整。制造业是中国经济命脉所系,亟须通过融合创新目标与发展目标,以制造业创新发展引领中国经济社会高质量发展方向。因此,本章在创新政策向创新发展政策范式迭代的背景下探讨了制造业创新发展的理论内涵,指出其不仅反映了制造业创新能力,同时反映了制造业创新能力对经济和环境发展的带动作用。基于这一理解,本章进一步通过绩效评价的方式对中国制造业创新发展现状进行了全面分析,结果表明知识与技术密集型产业创新发展表现突出,而传统产业创新发展滞后,产业创新发展不平衡导致两极固化问题凸显,中国制造业亟须把握数字赋能绿色低碳转型趋势,提升部分知识与技术密集型产业的领先优势,探索传统产业创新发展和转型升级的破局之路。

本章对制造业创新发展理论与实践进行了一定探索,未来可进一步从以下方面深化研究。一是制造业创新发展体系研究。创新活动的体系化特征日益明显,亟须系统构建开放合作的制造业创新发展体系,推动制造业高质量发展。在制造业创新发展体系方向,未来研究可以深入探索制造业创新发展体系的结构、功能、演化路径与动力机制等,为建设制造业创新发展体系提供理论支撑。二是制造业创新发展数字绿色双转型机制研究。数字化与绿色化协同发展将是我国制造业创新发展较长时期内的重心,在理论层面厘清数字化与绿色化的融合机制,以及其如何形成合力支撑制造业创新发展,对优化制造业创新政策具有重要意义。在相关政策研究方面,未来仍需从发达国家制造业创新发展方向和发展中国家赶超路径选择入手,探索适合中国情景的制造业创新发展政策工具与实施路径。

参考文献

[1] 穆荣平.创新政策篇:创新发展政策[M]//陈劲,吴贵生.中国创新学派:30 年回顾与未来展望.北京:清华大学出版社,2018:227-235.

[2] 方新.论科技政策与科技指标[J].科技管理研究,2001(1):6-9.

[3] Rothwell R. Public innovation policy:To have or to have not?[J]. R&D Management,1986,16(1):25-36.

[4] OECD. Innovation policy[R]. Paris:OECD Publishing,1982.

[5] Fagerberg J. Innovation policy:Rationales, lessons and challenges[J]. Journal of Economic Surveys,2017,31(2):497-512.

[6] Schot J, Steinmueller W E. Three frames for innovation policy:R&D, systems of innovation and transformative change[J]. Research Policy, 2018,47(9):1554-1567.

[7] Mazzucato M. Mission-oriented innovation policies:Challenges and opportunities[J]. Industrial and Corporate Change, 2018,27(5):803-815.

[8] 张学文,陈劲.使命驱动型创新:源起、依据、政策逻辑与基本标准[J].科学学与科学技术管理,2019,40(10):3-13.

[9] 池康伟.政策问题遴选的理论和方法研究——以创新发展政策为例[D].北京:中国科学院科技战略咨询研究院,2021.

[10] 中国科学院创新发展研究中心. 2009 中国创新发展报告[M]. 北京:科学出版社,2009.

[11] Schot J. Transforming innovation policy, keynote address at edges, horizons and transformations:The future of innovation policy[R]. London:The Royal Society of Art,2014.

［12］梁正.从科技政策到科技与创新政策——创新驱动发展战略下的政策范式转型与思考
［J］.科学学研究,2017,35(2):170-176.

［13］路风.走向自主创新［M］.桂林:广西师范大学出版社,2006.

［14］黄群慧,贺俊.中国制造业的核心能力、功能定位与发展战略——兼评《中国制造2025》
［J］.中国工业经济,2015(6):5-17.

［15］穆荣平,郭京京.2019中国制造业创新发展报告［M］.北京:科学出版社,2020.

［16］Chen X, Liu Z, Zhu Q. Reprint of "Performance evaluation of China's high-tech innovation
process: Analysis based on the innovation value chain"［J］. Technovation, 2020,
94:102094.

［17］Roper S, Du J, Love J H. Modelling the innovation value chain［J］. Research Policy,
2008, 37(6-7):961-977.

［18］Pittaway L, Robertson M, Munir K, et al. Networking and innovation: A systematic
review of the evidence［J］. International Journal of Management Reviews, 2004, 5(3-4):
137-168.

［19］Coombs R, Narandren P, Richards A. A literature-based innovation output indicator［J］.
Research Policy, 1996, 25(3):403-413.

［20］陈劲,陈钰芬.企业技术创新绩效评价指标体系研究［J］.科学学与科学技术管理,2006
(3):86-91.

［21］高建,汪剑飞,魏平.企业技术创新绩效指标:现状、问题和新概念模型［J］.科研管理,
2004(S1):14-22.

［22］Klessova S, Engell S, Thomas C. Assessment of the advancement of market-upstream
innovations and of the performance of research and innovation projects［J］. Technovation,
2022, 116:102495.

［23］Sun Y, Du D. Determinants of industrial innovation in China: Evidence from its recent
economic census［J］. Technovation, 2010, 30(9-10):540-550.

［24］Kostopoulos K, Papalexandris A, Papachroni M, et al. Absorptive capacity, innovation,
and financial performance［J］. Journal of Business Research, 2011, 64(12):1335-1343.

［25］Yam R C M, Lo W, Tang E P Y, et al. Analysis of sources of innovation, technological
innovation capabilities, and performance: An empirical study of Hong Kong manufacturing
industries［J］. Research Policy, 2011, 40(3):391-402.

［26］张杰,刘志彪,郑江淮.中国制造业企业创新活动的关键影响因素研究——基于江苏省制
造业企业问卷的分析［J］.管理世界,2007(6):64-74.

［27］李春涛,宋敏.中国制造业企业的创新活动:所有制和CEO激励的作用［J］.经济研究,
2010,45(5):55-67.

[28] United States Department of Energy. Digital climate solutions inventory[EB/OL]. (2022-09-15)[2024-03-19]. https://www. energy. gov/sites/default/files/2022-09/Digital_Climate_Solutions_Inventory. pdf.

[29] Office of Energy Efficiency & Renewable Energy. Department of energy awards $2.8 Million for 10 projects that will develop emerging technologies for smart manufacturing [EB/OL]. (2022-09-15)[2024-03-19]. https://www. energy. gov/eere/articles/department-energy-awards-28-million-10-projects-will-develop-emerging-technologies.

[30] United States Department of Energy. Industrial decarbonization roadmap[EB/OL]. (2024-03-21)[2024-05-19]. https://www. energy. gov/sites/default/files/2022-09/Industrial%20Decarbonization%20Roadmap. pdf.

[31] European Commission. Action plan on the digitalisation of the energy sector-roadmap launched[EB/OL]. (2022-09-15)[2024-03-19]. https://commission. europa. eu/news/action-plan-digitalisation-energy-sector-roadmap-launched-2021-07-27_en.

[32] European Commission. European industrial strategy[EB/OL]. (2022-09-15)[2024-03-19]. https://single-market-economy. ec. europa. eu/industry/strategy_en.

[33] GOV. UK. Smart technologies and data to future-proof UK energy[EB/OL]. (2022-09-15)[2024-03-19]. https://www. gov. uk/government/news/smart-technologies-and-data-to-future-proof-uk-energy.

[34] Department for Business, Energy & Industrial Strategy, Innovate UK, Ofgem. Digitalising our energy system for net zero strategy and action plan 2021[EB/OL]. (2022-09-15)[2024-03-19]. https://assets. publishing. service. gov. uk/government/uploads/system/uploads/attachment_data/file/1004011/energy-digitalisation-strategy. pdf.

[35] 中华人民共和国工业和信息化部. 工业和信息化部关于印发"十四五"信息化和工业化深度融合发展规划的通知[EB/OL]. (2021-11-30)[2024-03-19]. https://wap. miit. gov. cn/zwgk/zcwj/wjfb/tz/art/2021/art_117ccbb3dd4f4a27b21d988fbaa8b625. html.

[36] 中华人民共和国工业和信息化部. 八部门关于印发《"十四五"智能制造发展规划》的通知[EB/OL]. (2021-12-28)[2024-03-19]. https://wap. miit. gov. cn/zwgk/zcwj/wjfb/tz/art/2021/art_1c779648523c40f3a0e2ea044ff8f24b. html.

[37] 中共中央网络安全和信息化委员会办公室. "十四五"国家信息化规划[EB/OL]. (2021-12-27)[2024-03-19]. http://www. cac. gov. cn/2021-12/27/c_1642205314518676. htm.

[38] 国家能源局 科学技术部.《"十四五"能源领域科技创新规划》[EB/OL]. (2022-04-03)[2024-03-19]. http://www. gov. cn/zhengce/zhengceku/2022-04/03/content_5683361. htm.

[39] 刘满平. 我国实现"碳中和"目标的意义、基础、挑战与政策着力点[J]. 价格理论与实践, 2021(2):8-13.

[40] 中华人民共和国生态环境部. 关于印发《环境信息依法披露制度改革方案》的通知[EB/OL]. (2021-05-25)[2024-03-19]. https://www.mee.gov.cn/xxgk2018/xxgk/xxgk03/202105/t20210525_834444.html.

[41] 中华人民共和国生态环境部. 企业环境信息依法披露管理办法[EB/OL]. (2021-12-11)[2024-03-19]. https://www.mee.gov.cn/xxgk2018/xxgk/xxgk02/202112/t20211221_964837.html? mc_cid=45e6a7ad33&mc_eid=627c47469b.

[42] 中华人民共和国生态环境部. 生态环境部公开中碳能投等机构碳排放报告数据弄虚作假等典型问题案例(2022 年第一批突出环境问题)[EB/OL]. (2022-03-14)[2024-03-19]. https://www.mee.gov.cn/ywgz/ydqhbh/wsqtkz/202203/t20220314_971398.shtml.

[43] 中国科学院创新发展研究中心, 中国先进能源技术预见研究组. 中国先进能源 2035 技术预见[M]. 北京:科学出版社,2020.

附录

附表 1　制造业创新能力评价指标体系

一级指标		二级指标		三级指标	
指标名称	权重*	指标名称	权重*	指标名称	权重*
创新实力指数	0.5	创新投入实力指数	0.2	R&D(研究与开发)人员全时当量	0.4
				R&D 经费内部支出	0.4
				消化吸收经费	0.2
		创新条件实力指数	0.2	企业办研发机构仪器和设备原价	0.2
				企业办研发机构数	0.3
				发明专利拥有量	0.3
				企业办研发机构人员数	0.2
		创新产出实力指数	0.3	发明专利申请量	0.6
				实用新型和外观设计专利申请量	0.4
		创新影响实力指数	0.3	专利所有权转让及许可收入	0.4
				利润总额	0.15
				新产品出口	0.2
				新产品销售收入	0.25

续表

一级指标		二级指标		三级指标	
指标名称	权重*	指标名称	权重*	指标名称	权重*
创新效力指数	0.5	创新投入效力指数	0.2	R&D 人员全时当量占从业人员比例	0.4
				R&D 经费内部支出占主营业务收入比例	0.3
				有 R&D 活动的企业占全部企业比例	0.15
				消化吸收经费与技术引进经费比例	0.15
		创新条件效力指数	0.2	单位企业办研发机构数对应的企业办研发机构仪器和设备原价	0.2
				单位企业办研发机构人员数对应的企业办研发机构仪器和设备原价	0.3
				企均有效发明专利数	0.2
				设立研发机构的企业占全部企业的比例	0.3
		创新产出效力指数	0.3	每万名 R&D 人员全时当量发明专利申请数	0.3
				每亿元 R&D 经费发明专利申请量	0.3
				每万名 R&D 人员全时当量实用新型和外观设计专利申请量	0.2
				每亿元 R&D 经费实用新型和外观设计专利申请量	0.2
		创新影响效力指数	0.3	单位能耗对应的利润总额	0.2
				单位从业人员利润	0.15
				新产品出口与新产品销售收入比例	0.1
				新产品开发支出与新产品销售收入比例	0.2
				新产品销售收入占主营业务收入比例	0.15
				每万名 R&D 人员全时当量专利所有权转让及许可收入	0.2

资料来源：《中国工业统计年鉴》《中国统计年鉴》《工业企业科技活动统计年鉴》《企业研发活动情况统计资料》《企业研发活动情况统计年鉴》。

注：* 指标权重依据专家赋权确定。

附表 2　制造业创新发展评价指标体系

一级指标		二级指标	
指标名称	权重*	指标名称	权重*
科技发展指数	0.4	企业办研发机构人员数中博士占比	0.3
		单位主营业务收入发明专利申请数	0.3
		单位主营业务收入实用新型和外观设计专利申请数	0.1
		企业办研发机构人员数对应的有效发明专利数	0.3
经济发展指数	0.3	利润总额与主营业务收入比例	0.3
		单位从业人员主营业务收入	0.3
		在实现产品创新企业中有国际市场新产品的企业占比	0.2
		新产品(仅国际市场新的产品)销售收入占主营业务收入的比重	0.2
环境发展指数	0.3	单位能耗对应的利润总额	0.4
		单位氨氮排放量对应的利润总额	0.3
		单位二氧化硫排放量对应的利润总额	0.3

资料来源:《中国环境统计年鉴》《全国企业创新调查年鉴》《工业企业科技活动统计年鉴》《企业研发活动统计资料》《企业研发活动情况统计年鉴》。

注:* 指标权重依据专家赋权确定。

第四部分

中国技术创新的新范式

20　平台经济中的创新生态

戎　珂

20.1　引　言

　　随着移动互联网、物联网、大数据、区块链、云计算以及人工智能等技术的加速应用,平台经济作为一种新兴经济业态,已经渗透到生产、交易和消费的各个环节,成为推动经济快速增长的新动能。从信息门户、网络游戏到电子商务、在线支付,再到社交平台、电商直播等领域,越来越多的平台企业走进了人们的生产生活,提高了全社会资源配置效率,不断推动着技术和产业的创新升级。公开数据显示,2022 年我国数字平台总价值达 2.02 万亿美元,占全球总量的 22.5%,列第二位。此外,据测算,以微信、抖音、快手、京东、淘宝、美团、饿了么等为代表的平台,2021 年为中国净创造就业岗位约 2.4 亿个,约占中国适龄劳动人口的 27%。平台经济作为一种新型经济形态,在促进创新、推动增长、增加就业等多个方面持续发挥引领作用,赋能经济社会加速向数字化转型。然而,在美元加息、通胀高企和逆全球化氛围等因素的影响下,平台经济的发展开始遇冷,步入挑战与机遇并存的关键时期。在这样的背景下,构建以平台为主导的创新生态系统成为平台企业竞争的关键战略。根据 Statista 数据,2020 年全球前十大市值公司中有七家——微软、苹果、亚马逊、谷歌、脸书、阿里巴巴、腾讯——已经建立起了庞大的数字创新生态系统,在各自行业中占据龙头地位。

　　本章立足于中国平台经济发展的新趋势,结合中国企业的实践对平台经济中的创新生态展开分析,内容安排如下:首先,第 20.2 节回顾平台和创新生态的内涵及主要研究,明确平台创新生态构建的重要价值,提出平台生态化研究趋势;其次,第 20.3 节分析平台模式演进的生态化趋势,探讨平台创新生态的基本结构及主要生态参与者的作用机制;再次,第 20.4 节基于平台生命周期和 STEP 模型分析平台创新生态战略的实施路径；最后，第 20.5 节基于平台经济发展的实践，为我国平台企业创新生态构建提出建议。

20.2 平台经济与创新生态

平台经济的实践起源于 20 世纪 90 年代中期的美国硅谷，以 1995 年在线个人物品拍卖的易贝（eBay）公司的创立为标志。2007 年 1 月苹果手机 iPhone 问世，开启了智能手机和移动互联网普及的新时代，全球平台经济随之兴盛。在经济学领域，对平台的研究已经非常深入。诺贝尔经济学奖获得者 Tirole 和 Rochet[1-2]自 20 世纪 80 年代就开始通过双边市场（two-sided market）对平台经济展开系统性的研究。Gawer 和 Cusumano 在其 2002 年出版的论著中以英特尔、微软和思科等公司为例，提出了平台领导力[3]这一概念，分析了企业如何利用平台模式塑造行业格局、构建生态系统、推动技术创新，从而在竞争中保持领先。Moore 等提出战略思维要彻底从竞争转向围绕利基展开合作[4]。此后，伴随着产业创新管理[5-6]和平台经济学[7]文献对平台相关基本假设的不断完善，平台领域的研究日趋成熟。学者们围绕着平台的概念、结构、类型、边界、平台内的各种经济现象——网络效应[7-8]、价格结构[1,9]、黏性与锁定[10-11]、搜寻与匹配[12-13]、分层[14]、信息披露[15]、战略管理和治理视角下的平台商业模式及其演化[16-18]、平台战略[19]、平台创新[5,20-21]、平台之间的竞争与合作[22-23]、平台监管与治理[24-26]等方面进行了细致而深入的研究。

创新生态系统（innovation ecosystem）理论则起源于对传统创新模式理论的挑战。早期，创新被视为由单个企业或研究机构内部进行的一系列活动。直到 20 世纪 90 年代初，管理学家 James Moore[27]提出了"商业生态系统"（business ecosystem）的概念，强调企业在一个复杂的网络中相互依存、共同创造和交换价值。他指出，由相互作用的组织和个人所共同支撑形成的经济共同体（即商业生态系统），创造着有价值的商品和服务，并最终将其提供给客户。这一复杂经济共同体的成员包括客户、供应商、主要生产者、投资商、贸易合作伙伴、竞争者、政府、社会服务机构及其他利益相关者。商业生态理念启发了学者和业界对创新活动的思考，越来越多的人意识到创新不是一个孤立的活动，创新活动需要与其他组织、政府、学术界和社会等利益相关者进行紧密合作。由此，创新生态系统的概念初步形成。Henry Chesbrough 关于开放创新（open innovation）[28]的系列研究为创新生态系统理论的发展提供了新的思路。他指出,传统模式下,企业通常将创新过程局限于企业内部,但在开放创新模式下,企业应该整合内部和外部的创新资源以加速创新速度、降低风险,从而增强竞争优势。此外,他还强调了商业模式的重要性,提出可以通过重新设计商业模式来实现创新[29]。

此后,Iansiti 和 Levien 提出"生态位"(ecological niche)[30]的概念来阐述创新生态系统,指出创新生态系统由占据不同但彼此相关的生态位的企业所构成,某个生态位的变动会引发其他生态位相应的变化。此外,Iansiti 和 Levien 还对创新生态系统的结构、健康度评价和演化提出了新的见解[31]。Adner 和 Kapoor[32]则更专注创新生态系统本身,认为企业创新活动依赖外部环境,需要生态系统成员的支撑。创新生态系统是一种协同机制,企业通过这种协同机制与其他相关方交互,为客户提供解决方案并创造价值[33]。在这之后,学者们对创新生态系统的研究兴趣与日俱增,围绕创新生态系统的结构、动态化、战略与商业模式、区域创新生态、国际化、治理模式等主题进行了深入研究[34]。创新生态系统理论已广泛应用于战略管理、系统科学、产业经济和运筹学等领域的研究之中,成为创新领域的基础性理论之一。创新生态系统领域的研究重点在于理解相互依存的参与者之间如何进行互动,如果生态系统内的协调不够充分,创新就有可能失败[32,35]。

实践层面,随着数字技术的蓬勃发展和广泛赋能,基于数字技术所构建的平台成为发展最快和辐射最广的创新载体。技术创新方面,数字平台企业持续增加研发投入,在自动驾驶、基础软件、区块链、云计算等领域孵化出诸多具有世界先进水平的创新成果。平台企业是中国科技创新的重要主体和推动力量。数据显示,2019—2022 年,腾讯、阿里巴巴、京东、百度、美团和滴滴六家代表性平台的研发投入从 1165.88 亿元增加至 1866.53 亿元,年均增速约 17%。其中,2021 年,六大平台研发投入 1624.77 亿元,约占全国 R&D 投入的 5%,平台研发投入占营收比超出规模以上工业企业 3.5—3.9 倍。应用创新方面,平台通过商业模式创新拓展了消费增长点,以直播为代表的内容创新进一步释放了消费潜力。此外,平台在推动数字化转型和创新生态构建方面也做出了巨大贡献。平台企业依托工业互联网平台赋能农业、制造业和服务业的数字化和智能化升级的同时,也助力了产业创新生态的建设。以海尔卡奥斯(COSMOPlat)工业互联网平台为例,为实现高精度的用户全流程参与产品创新服务和高效率的智慧生产服务,COSMOPlat 创建了开放设计(创新)平台,面向研发技术需求交互、产品设计实现和模块商协同开发交互的不同阶段需求搭建了三个核心套件,即开放创新平台

（HOPE）、HID 迭代研发平台和协同开发平台，形成了一个开放共享构建的全生态。

将创新生态系统理论应用于平台经济中，诞生了平台生态的研究。De Reuver、Sørensen 和 Basole[36]指出，未来平台的研究应对数字时代背景下平台的生态系统结构进行更加清晰的描述。将平台与创新生态系统结合已成为创新生态系统领域的一个主流研究方向。学者们围绕平台创新生态探讨了诸多问题，如如何将平台与生态系统联系起来、如何成为行业平台的领导者、平台生态的创新机制与绩效等[5,37-38]。总结来看，平台创新生态领域的研究主要以技术性元素（如核心硬件平台和相关软件）[39]和组织性元素[31]（如平台所有者和互补者）为分析单元，对这些构成平台生态的成员的创新活动进行研究。例如，Evans 等[40]通过来自个人电脑、视频游戏、手机和操作系统等行业的广泛案例，研究了软件平台如何促进生态系统内不同参与者（开发者、用户和互补者）之间的互动和创新，揭示了平台创新生态的巨大价值。Gawer 和 Cusumano[5]对产业平台如何影响创新进行了细致分析，指出产业平台通过利用外部参与者的创新能力促进了潜在的、数量庞大的互补创新的产生，构成了产业平台创新生态系统的核心技术基础。平台扮演着引导技术创新轨迹和激励互补者创新的重要角色。基于此，平台创新生态可以理解为：以平台企业为核心企业，联结在平台中的企业、客户、政府、社会机构等各类具有不同利益诉求的互补者相互作用、彼此竞合、协同创新，共同创造、传递和分享价值的复杂生态系统。平台生态根植于创新生态又有别于创新生态[41]。一方面，其依托平台而构建，是数字经济时代的新型产业组织。另一方面，随着平台创新生态内所联结的利益互补者种类的不断增加，平台创新生态在基于网络效应产生强大的经济社会影响力的同时，也面临着更为复杂的生态治理问题。

20.3 平台创新生态化

随着数字技术的快速发展和互联网的普及，平台经济成为全球经济发展的一股重要力量。一大批平台企业在经历过激烈的市场竞争后锐意创新、蓬勃壮大，成为促进科技金融创新、提高全社会资源配置效率和实现中国式现代化的重要推动力量。据测算，2016—2021 年，我国规模以上互联网企业研发投入从 317 亿元增长至 754.2 亿元，年均复合增长率接近 20%。2020 年研发投入强度更是高达

6.1%,远超全国平均水平。对平台创新生态的研究逐渐成为平台和创新领域研究的重要趋势。本节将通过回顾平台模式的演化过程,揭示构建创新生态对平台企业的重要价值,并对平台创新生态进行解构,分析平台所有者及互补者在平台创新生态中所扮演的角色及其对平台创新的影响机制。

(1)平台模式的演化:从双边平台到产业平台再到平台生态

伴随着数字技术的发展和商业模式的不断创新,平台模式也在不断向生态化的方向演化。从最初的双边平台[1]到后来的产业平台[5],再到如今的平台生态[42],这一演化过程不仅体现了商业模式的不断创新,也彰显了平台生态的重要价值。

双边平台是平台模式的早期形态之一。这类平台主要通过联结两个不同的用户群体来实现交易,例如在线市场、共享经济平台等。双边平台模式的核心在于提供一个便捷的交易环境,促成买卖双方的交易,并通过手续费等方式获取利润。典型的例子包括淘宝网、爱彼迎、滴滴打车等,它们通过技术平台将需求方和供给方有效地连接起来,形成了一个双向的市场。在双边市场中,平台可以将不同类型的用户进行匹配和撮合,并最终达到市场的均衡[41]。随着市场参与主体的不断增加,平台需要协调更多类型的市场参与者,例如在短视频平台中,不仅有视频制作者和视频观看者,还有广告商、音乐人、特效师等主体的参与,双边平台逐渐向多边平台延展。

数字技术的不断发展和商业竞争的加剧让企业开始意识到单纯联结交易双方已经不能满足市场需求,产业平台开始兴起。产业平台不仅提供交易的中介服务,还会深度介入特定的产业链中,为用户提供更多的增值服务,例如供应链管理、金融服务、数据分析等。这种模式下的平台更加聚焦于某个特定的行业或领域,通过整合资源和服务,形成了更加复杂和高效的商业生态系统。中国在2018年左右开始在产业平台发力,代表性企业包括以华为、海尔为代表的传统制造业企业,以中国移动、中国联通为代表的运营商企业,也包括以阿里巴巴、腾讯为代表的传统互联网企业。比较有名的产业平台包括海尔的卡奥斯工业互联网平台、华为的FusionPlant工业互联网平台、腾讯的腾讯云平台等。

随着数字化技术的进一步普及和互联网的发展,单一产业的平台已经不能满足人们日益增长的多样化需求,平台生态概念应运而生。平台生态不仅仅是一个单一的商业实体,而是由多个相互关联、相互依赖的平台组成的生态系统[38]。这些平台之间通过开放的接口和数据共享实现互联互通,为用户提供更加丰富和个性化的服务。例如,智能家居生态系统将智能音箱、智能灯具、智能家电等设备联结在一起,形成一个统一的智能家居体验;又如移动支付生态系统将支付平台、商家、消费者、银行等各方联结起来,实现了便捷的移动支付服务。当前,许多平台型企业已经开始建立数字生态,包括谷歌、苹果、百度、阿里巴巴、腾讯等互联网企业纷纷基于原有平台扩张自己的生态版图,涉足的业务逐渐多元、完整,囊括了购物、社交、娱乐、资讯、高科技等多元化业务。这种平台生态模式下,不同的平台之间相辅相成,共同构建了一个更加完整和强大的商业生态系统。平台生态的重要价值在于其能够实现规模效应、网络效应和创新效应的叠加,进而实现持续增长和价值创造。通过平台生态,企业能够更好地整合资源、提升服务质量、降低成本,从而增强市场竞争力。同时,平台生态也为用户提供了更加丰富和个性化的选择,提升了用户体验和满意度。另外,平台生态还促进了创新的发展,通过不同平台之间的合作和竞争,不断推动产业链的升级和转型,推动整个经济的发展。

平台模式从双边平台到产业平台再到平台生态的演化,是技术和商业模式不断创新和发展的产物。平台生态作为最新形态,强调了多平台间的互联互通和共生共赢的关系,体现了规模经济、网络效应和创新效应的集成,对于企业和用户都具有重要的价值和意义。伴随着技术的进一步发展和商业环境的变化,平台生态模式将继续发挥重要作用,推动经济的持续繁荣和社会的进步。接下来,我们将平台生态模式和创新生态系统相关理论相结合,进一步对平台创新生态进行解构,并对核心企业和互补者的作用和互动展开讨论。

(2)平台创新生态结构

从结构上解构平台创新生态系统的基本构成,可以将其划分为两个主要的分析单元,即平台企业和互补者(complementors)[32]。其中,平台企业作为核心企业提供着基础设施、规则和服务,为其他企业和个人提供了参与生态系统的接口。联结在平台上的其他企业、用户、政府、产业联盟、合作伙伴等各类具有不同利益诉求的互补者则通过提供各种产品、服务或技术来补充平台企业的功能,增强平台生态系统的创新能力、完整性和吸引力。互补者与平台企业之间存在着协同关系,相互依赖、相互促进。例如,在滴滴的创新生态系统中,汽车制造商、加油站、汽车维修店等都是互补者,它们为滴滴的司机和乘客提供了相关的服务和支持,促进了整个生态系统的发展。总之,平台企业和互补者之间相互作用、彼此竞合,共同创造并分享整个平台生态构建、发展和演化过程中的价值[41]。下面,我们将对平台企业和互补者的构成、作用和协同创新进行进一步的解构和分析。

平台企业作为平台创新生态系统的核心,提供了联结各方的基础设施和服务,为整个创新生态系统提供了运转基础。平台自身的创新行为,平台和互补者之间、互补者自身的创新活动都可以依托平台所提供的各种类型的资源和环境开展。对于平台企业来说,其主要的创新活动可以分为需求驱动的业务创新、数据驱动的产品和服务创新以及商业模式创新。其中,需求驱动的业务创新指平台企业为了更好地满足平台用户的多样化需求,促进双边或多边市场的运行效率而进行的业务活动创新,从而抓住更多的市场机会。围绕淘宝网所逐渐孵化出的支付宝、天猫、闲鱼、阿里云等就是典型的需求驱动的业务创新。数据驱动的创新指平台企业通过对海量的用户数据的收集和分析,洞察市场趋势、用户需求,从而指导产品和服务的创新和优化。仍然以淘宝为例,其通过分析用户的搜索、浏览和购买行为所构建的用户的个性化偏好模型就是典型的数据驱动的创新。根据用户的兴趣爱好、购买历史等信息,淘宝能够向每个用户推荐最相关的商品,以更加个性化、差异化的方式服务更大规模的用户,满足用户的分层消费需求并建立平台的差异优势。当然,创新不仅仅是在产品或服务上的创新,商业模式上的创新对平台来说尤为重要,其涉及商业结构、价值创造、利润模式等方面的重新构思和设计。平台企业的商业模式创新指的是,通过重新设计或改进现有的商业模式,以满足不断变化的市场需求和用户需求,从而获得竞争优势和持续增长。平台企业往往通过创新的商业模式打破传统产业的壁垒,促进产业升级和创新发展。举例来说,淘宝逐渐引入的线上到线下(online to offline,O2O)模式,将线上平台与线下实体店结合起来,为用户提供更丰富的购物体验就是一种商业模式创新。用户可以在淘宝上购买商品后选择到实体店自提或体验商品,实现线上线下的无缝联结。这种模式创新拓展了淘宝的服务范围和渠道,增强了用户黏性和消费体验。

平台创新生态具有开放性、动态性、嵌入性等特点[42-43],从互补者的角度来说,其加入平台创新生态的目的各不相同,所发挥的作用也不尽相同。因而,有必要对互补者做进一步的解构。从互补者类型出发,可以将平台生态中的利益互补者划分为市场互补者和社区互补者两大类(见图 20.1)。具体而言,第一类为市场互补者。在一个市场中,存在着与某一产品或服务相关联的其他产品或服务提供者,这些产品或服务提供者可能并非直接替代或竞争关系,而是相辅相成、互相支持,共同满足用户需求或增加用户体验的企业或个体。在平台企业所构建的产业平台或双边平台上,市场互补者可以是链接在产业平台上的供应链上下游合作伙伴,也可以是链接在双边平台上的不同用户群体。这些基于市场场域而存在的互补者相互竞合,协同创新,提升了用户体验。多数情况下,互补者之间的合作能够创造更多的价值,吸引更多的用户,同时也可以使其共同面对市场竞争和挑战。第二类是社区互补者,包括政府、产业联盟、高校等。这些互补者通常不直接参与创新活动,而是通过提供政策、制度、文化、人才等方面的支持来促进创新活动的开展。在社区互补者之间的合作中,通常会产生协同效应,使得整个生态系统更加健康和有活力。这种合作有助于提高用户的满意度,促进创新和发展,同时也有利于吸引更多的参与者加入平台创新生态。与此同时,两种类型的互补者之间持续地相互作用。市场互补者在创造经济价值的过程中,也为社区互补者提供了价值反馈,从而得到社区互补者更大的支撑[41]。

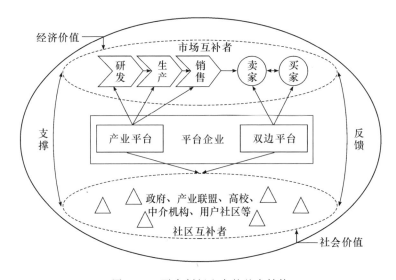

图 20.1 平台创新生态的基本结构

就互补企业在创新生态中所发挥的作用,可以大致归纳为赋能、增值和激活作用。首先,互补企业可以通过提供各种产品和服务,丰富平台的功能和体验,提高用户满意度,为平台创新生态的持续运转提供基础保障。互补者还可以通过自身的专业化服务,赋能平台上的其他参与者,共同打造更加专业和优质的平台生态。其次,互补企业的加入扩展了平台的生态系统,增加了平台的吸引力和竞争力,从而吸引更多的用户和供应商,增加平台创新生态的生态价值。最后,互补企业的创新和相互竞争能够激发整个生态系统的创新活力,从而推动技术和服务不断地创新升级。

　　平台企业和互补企业之间的互动合作是平台创新生态系统发展的关键。平台企业和互补企业之间的协同创新可以划分为四个过程:第一,合作与整合。平台企业和互补企业之间通过整合资源,共同开发新的产品和服务,实现创新资源共享和优势互补,共同推动创新生态系统的发展。第二,竞争与创新。平台企业和互补企业之间也存在竞争关系,这种竞争关系能够激励双方不断创新,从而推动整个创新生态系统向更高水平发展。互补企业推出与平台企业竞争的产品或服务,可以促使平台企业加强自身的创新能力和服务水平。基于此,平台企业可以鼓励第三方开发互补性创新网络,从而强化生态成员之间的相互依赖性,进一步刺激竞争与合作并激发创新[44]。第三,反馈与优化。平台企业和互补企业之间通过反馈机制进行信息交流和学习,共同优化产品和服务。平台企业可以根据互补企业和用户的反馈进行调整和改进,提升生态系统的整体效益和用户体验。互补企业也可以依托平台积累的海量用户评价数据和先进的算法服务,改进或设计新的产品和服务以满足用户需求。第四,生态共赢。平台企业和互补企业通过合作与竞争、反馈与优化等过程最终实现生态共赢,共同分享创新生态系统的价值和成果,实现各自利益的最大化。在整个过程中,用户作为平台创新生态系统的最终受益者,通过平台获得了各种服务和产品,满足了自己的需求,同时也通过评价和反馈机制为平台创新生态系统的持续发展提供不竭的动力。

20.4　平台创新生态战略

　　数字经济时代,越来越多的企业从关注产品战略过渡到注重平台战略,并最终升级到对生态战略的全面部署[34]。互联网、大数据、人工智能等新技术的广泛应用,正在颠覆传统产业和商业模式。在这样的背景下,创新生态战略已逐渐成为平台企业在数字经济时代取得竞争优势和持续发展的关键。一方面,平台创新生态能够吸引更多的企业、创新者和投资者参与到生态系统中来,汇聚资源和创新力量。通过建立开放的平台生态系统与外部合作伙伴共享技术、数据、用户和市场,加快创新和产品迭代的速度。另一方面,在充满不确定性的逆全球化时代,平台企业实施创新生态战略能够提升平台企业自身和整个产业链的韧性,从而更好地应对外部冲击。基于此,平台企业在规划未来战略的时候,须建立创新生态战略观,在明确自身生态定位的同时,充分发挥引领、协调和促进作用,强化对创新生态的培育,促进各创新生态主体之间的互动协同[45-46]。

平台创新生态以平台为中心,因此平台的创新生态战略至关重要。接下来,我们将结合平台生命周期分析不同生命周期阶段平台的创新生态战略,并基于STEP模型[47]探讨企业如何从平台战略转型到创新生态战略。

(1)平台生命周期与平台创新生态战略

平台依据生命周期的不同阶段可以划分为平台构建期、平台成长期和平台成熟期。在不同的生命周期阶段,平台往往会采取不同的战略[41],如图 20.2 所示。在平台构建期,平台企业主要通过价格策略,如价格补贴等方式增强对用户的吸引力,迅速扩大用户规模,并进一步通过直接网络效应和交叉网络效应拓展各方用户。这一阶段,平台也会通过创新提供新服务和新功能,以提高核心竞争力。为了实现交易规模的扩大,在这一阶段平台可能会牺牲短期利润。进入平台成长期后,做好定位和差异化是平台得以生存、发展的重要战略。面对激烈的市场竞争,平台可以选择在某一细分领域深耕。例如,在淘宝、京东几乎包揽电子交易市场时,唯品会正是采用了这种利基策略,以"大品牌,低折扣"为卖点吸引对品牌有一定追求但预算有限的用户。这一阶段,平台为了实施差异化战略以更好地生存下来,在创新方面会投入极大的精力,但创新活动还是以平台自身为主,与互补者之间的互动也主要是为了更好地服务于平台本身的创新活动。在平台积累了足够多的用户,进入成熟期后,会不断进行"多边延伸"以扩展市场边数,深挖用户价值,联结新的市场。这一阶段,双边平台会逐渐发展为多边平台。伴随着多边市场的形成和发展,平台生态也逐渐成形。此时,平台往往需要将创新生态培育作为重大战略,充分挖掘生态内的各种创新资源,并引导生态中的其他参与者协同

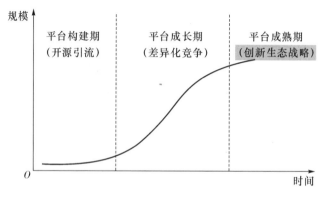

图 20.2 平台生命周期及相应战略

创新,从而推出更多针对现有用户和潜在新用户的新产品和服务,以确保自身的竞争优势和地位。这一阶段,平台和互补者以及互补者之间的互动更加频繁,创新合作也会更加深入。

(2)从平台战略到创新生态战略的 STEP 模型①

针对平台企业如何从平台战略升级为生态战略,我们提出了 STEP 模型,即企业从用户结构(structure)、交易层级(transaction tier)、商业赋能(enablement)和模式绩效(performance)四个方面,实现从平台战略到生态战略的转型[47]。

①调整用户结构。在平台模式下,用户数量很大程度上决定着企业的成败。当转型到数字生态模式时,企业用户结构的种类进一步拓展,不仅包括直接使用平台服务的用户,还包括与平台相关的各种合作伙伴、开发者、供应商等。因此在原有平台的网络效应基础上,平台生态模式下产生了从平台内拓展到平台外的互补效应。以淘宝为例,电商平台内部具有网络效应,包括卖家的同侧网络效应以及卖家和买家之间的交叉网络效应。同时,伴随着淘宝创新生态的发展壮大,平台和平台之外参与主体的互补效应得到了发挥,支付、配送、店铺管理等各种创新服务既支持了电商业务的运作,也为更加多样化的产品和服务提供了创新的土壤。因而,对于平台企业来说,要实现生态转型,首先需要突破当前的用户结构,将多元主体纳入交易体系中来。其次,企业还应关注如何与平台外的参与主体产生互补效应,利用互补效应推动扩张,帮助平台企业打破原有平台的边界,实现用户结构多元化。

②拓展交易层级。企业实施创新生态战略需要拓展原有的交易层级,着眼于整条价值链。平台模式下的交易往往聚焦于供应链的某一环节,通常为分销环节,以电商平台和团购平台为代表,此时交易层级为一级。而平台实施创新生态战略,则需要进一步打通供应链上下游,将更多环节纳入平台的业务体系内。具体来说,平台企业可以结合已有的用户数据、用户信任等资源优势,在原有业务的上下游环节发掘新的商业机会,再决定如何引入新的交易关系,实现交易层级的拓展。以美团为例,其生态交易层次逐步拓展。发展初期,美团的团购业务聚焦供应链的零售环节,对接大量线下商家和用户。启动生态战略后,在消费者端,美团顺应消费需求开发了"团购＋订电影票""团购＋订酒店"等组合业务,进而分化

---

①　本节部分内容已在《哈佛商业评论》2018 年第 10 期发表。详情为:戎珂、王勇、康正瑶:《从平台战略到生态战略的 STEP 模型》,《哈佛商业评论》2018 年第 10 期。

出猫眼电影、美团旅行等第二级业务。在卖家端,美团利用团购业务积累起大量线下实体店面资源,向供应链下游拓展出外卖业务,解决了商品配送的问题。同时,美团向供应链上游开发出"快驴进货",为餐饮店铺对接食材供应商;推出"商企通",为店铺提供库存管理、财务分析等店铺管理服务,从而将供应链上的原料供应等环节也纳入整个创新生态系统中。当然,平台企业在开拓新业务时须考虑其与现有业务的联系,基于互补效应拓展新的业务联系,从而保障创新生态的持续健康发展。

③优化商业赋能。创新生态战略具有强大的商业赋能能力,这是吸引各类主体参与平台创新生态系统的关键因素。商业赋能指的是,企业基于先进的技术和充足的数据,通过提供需求分析、交易匹配、管理工具、金融支持等服务,将外部的主体吸引纳入生态系统中,从而建立起新的交易层级。相较于双边平台,平台生态系统的参与主体更多样、用户结构更复杂。平台企业能够获得更多种类和更大量级的用户数据,从而提升企业需求分析的覆盖面和精准度,提高交易效率,也使得企业能够高效匹配多种多样的交易关系,这是生态赋能范围超出平台边界的重要原因之一。以美团为例,其不仅需要将用户匹配给各类线下的生活服务商,如餐厅、电影院、美容院等,还需要把各类店家匹配给各自上游的供应商等。"快驴进货"就可以根据餐饮店铺长期的运营情况来推荐上游的原材料供应商。此外,在管理工具方面,平台提供的工具较为单一,一般只涉及与平台业务高度相关的若干方面,而生态系统的智能管理工具能够帮助生态参与者在财务、人力、库存等多方面进行高效精确的分析和管控,从而节约大量的管理成本。总之,相较于平台,生态系统具有更加丰富的嵌入资源,包括用户数据、商业信用、社交信任等,这些资源赋予平台创新生态系统全方位的赋能能力。同时,生态赋能还可以不断反哺价值网络,吸引更多数量和种类的主体加入生态体系之中,以促进生态系统范围的不断拓展。用户数据、商业信用、社交信任等嵌入资源是企业商业赋能能力的基础。平台需培育和运用这些资源优势优化其商业赋能能力。这要求平台企业不能只关注自身的价值获取,还要注重培育嵌入资源的丰富度,如充分挖掘和发挥数据的价值和作用,建立信用保障等基础设施,降低运行的交易成本,从而更好地服务于产业链。

④提升模式绩效。企业的模式绩效可从三个方面评价:交易规模、交易种类和持续成长性。其中,交易规模反映企业的体量,交易种类衡量业务的多元化程度,持续成长性则用来评估企业未来可持续发展的能力。平台企业在进行战略转

型的过程中,需对交易规模、交易种类和可持续成长三方面进行综合布局,打造一个可持续、有潜力的生态系统。交易规模是企业进行生态化转型的根基。因而,强大的核心业务带来的稳定的交易规模是维系平台创新生态存续的基础。当然,企业在追求规模的同时还需注重丰富交易种类,在急剧变化的商业环境下不断创新和突破。最后,企业需考虑创新生态的持续成长,发挥好引领带动作用。

20.5　结　论

随着数字技术的发展和商业模式创新,平台经济的模式不断演进,从双边平台发展到产业平台再到平台生态。这一过程不仅体现了商业模式的创新,也彰显了平台生态的重要价值。在平台创新生态系统中,平台企业作为核心,提供基础设施和服务,为创新活动提供成长的土壤;生态互补者则在相互竞合中不断激发创新动能,协同创新,为平台用户和其他生态参与者提供产品和服务。平台企业和互补者之间的互动合作是推动创新生态系统发展的核心,通过合作与整合、竞争与创新、反馈与优化、生态共赢等过程,共同创造价值。因而,创新生态战略对于平台企业在数字经济时代取得竞争优势就显得至关重要。基于平台生命周期和生态战略的 STEP 模型,我们分析了平台企业实施创新生态战略的路径。

结合平台企业的实践,我们对平台企业构建创新生态提出以下建议:首先,战略上,平台企业高管需要建立生态战略观。生态战略观的推行与生态核心公司的战略决策者和生态系统架构师密切相关[48]。其次,策略上,平台企业需结合平台生命周期阶段,从拓展用户结构、延伸交易层级、提高商业赋能能力和模式绩效评价反馈等方面入手,充分发挥平台生态的创新优势,推动创新生态系统健康成长。最后,平台企业还需加强全球合作,实现生态共演、互惠互利。双边平台有着较轻的运营资产和迅速迭代的网络效应,往往具有"生而全球化"[49]的特点,在成立初期就能够迅速进入并占据国际市场,例如中国短视频平台抖音的国际版本(TikTok)就在短时间内进入多个国际市场,常年占据 App 下载榜前列。平台的快速拓展早已超越了地理的边界,坚持全球合作,鼓励国外企业和用户参与到平台创新生态,打造面向全球的平台创新生态已成为一种必然。对于政府和相关政策制定者来说,需将搭建合作平台、强化知识产权保护、推动数据合作与共享、支持金融服务创新、提供政策支持和项目资助等多种方式相结合,为平台企业创新生态系统提供更加便利的政策环境和支持。

参考文献

[1] Rochet J C，Tirole J. Platform competition in two-sided markets [J]. Journal of the European Economic Association，2003，1(4):990-1029.

[2] Rochet J C，Tirole J. Two-sided markets：A progress report [J]. The RAND Journal of Economics，2006，37(3):645-667.

[3] Gawer A，Cusumano M A. Platform leadership：How Intel，Microsoft，and Cisco drive industry innovation [M]. Boston：Harvard Business School Press，2002.

[4] Moore J C，Rao H R，Whinston A，et al. Information acquisition policies for resource allocation among multiple agents [J]. Information Systems Research，1997，8(2):151-170.

[5] Gawer A，Cusumano M A. Industry platforms and ecosystem innovation [J]. Journal of Product Innovation Management，2014，31(3):417-433.

[6] Thomas L D，Autio E，Gann D M. Architectural leverage：Putting platforms in context [J]. Academy of Management Perspectives，2014，28(2):198-219.

[7] Parker G G，Alstyne V M W. Two-sided network effects：A theory of information product design [J]. Management Science，2005，51(10):1494-1504.

[8] Hagiu A. Two-sided platforms：Product variety and pricing structures [J]. Journal of Economics & Management Strategy，2009，18(4):1011-1043.

[9] Armstrong M. Competition in two-sided markets [J]. The RAND Journal of Economics，2006，37(3):668-691.

[10] 周军杰. 社会化商务背景下的用户黏性:用户互动的间接影响及调节作用[J]. 管理评论，2015，27(7):127-136.

[11] 叶明. 互联网行业市场支配地位的认定困境及其破解路径[J]. 法商研究，2014，31(01):31-38.

[12] Möhlmann M，Zalmanson L，Henfridsson O，et al. Algorithmic management of work on online labor platforms：When matching meets control [J]. MIS Quarterly，2021，45(4):1999-2022.

[13] Rong K，Sun H，Li D，et al. Matching as service provision of sharing economy platforms：An information processing perspective [J]. Technological Forecasting and Social Change，2021，171:120901.

[14] 王勇，吕毅韬，唐天泽，等. 平台市场的最优分层设计[J]. 经济研究，2021，56(7):144-159.

［15］Rong K，Zhou D，Shi X，et al. Social information disclosure of friends in common in an ecommerce platform ecosystem：An online experiment［J］. Production and Operations Management，2022，31（3）：984-1005.

［16］Täuscher K，Laudien S M. Understanding platform business models：A mixed methods study of marketplaces［J］. European Management Journal，2018，36（3）：319-329.

［17］Rong K，Lin Y，Du W，et al. Business ecosystem-oriented business model in the digital era ［J］. Technology Analysis & Strategic Management，2023：1-18.

［18］Zhao Y，Von Delft S，Morgan-Thomas A，et al. The evolution of platform business models：Exploring competitive battles in the world of platforms［J］. Long Range Planning，2020，53（4）：101892.

［19］Teece D J. Business models，business strategy and innovation［J］. Long Range Planning，2010，43（2-3）：172-194.

［20］Gawer A. Platforms，markets and innovation［M］. London：Edward Elgar Publishing，2011.

［21］Trabucchi D，Buganza T. Fostering digital platform innovation：From two to multi-sided platforms［J］. Creativity and Innovation Management，2020，29（2）：345-358.

［22］Zhu F，Iansiti M. Entry into platform-based markets［J］. Strategic Management Journal，2012，33（1）：88-106.

［23］Adner R，Chen J，Zhu F. Platform competition and compatibility decisions：The case of Apple's iPad vs. Amazon's Kindle［R］. Working Paper，2014.

［24］Jacobides M G，Cennamo C，Gawer A. Towards a theory of ecosystems［J］. Strategic Management Journal，2018，39（8）：2255-2276.

［25］肖红军,李平.平台型企业社会责任的生态化治理［J］.管理世界，2019，35（4）：120-144＋196.

［26］范如国.平台技术赋能、公共博弈与复杂适应性治理［J］.中国社会科学，2021（12）：131-152＋202.

［27］Moore J F. Predators and prey：A new ecology of competition［J］. Harvard Business Review，1993，71（3）：75-86.

［28］Chesbrough H W. Open innovation：The new imperative for creating and profiting from technology［M］. Brighton：Harvard Business Press，2003.

［29］Chesbrough H W. Open business models：How to thrive in the new innovation landscape ［M］. Brighton：Harvard Business Press，2006.

［30］Iansiti M，Levien R. Strategy as ecology［J］. Harvard Business Review，2004，82（3）：68-78＋126.

[31] Iansiti M，Levien，R. The keystone advantage：What the new dynamics of business ecosystems mean for strategy，innovation，and sustainability［M］. Brighton：Harvard Business Press，2004.

[32] Adner R，Kapoor R. Value creation in innovation ecosystems：How the structure of technological interdependence affects firm performance in new technology generations［J］. Strategic Management Journal，2010，31(3)：306-333.

[33] Adner R. Match your innovation strategy to your innovation ecosystem［J］. Harvard Business Review，2006，84(4)：98.

[34] 戎珂，柳卸林，魏江，等. 数字经济时代创新生态系统研究［J］. 管理工程学报，2023，37(6)：1-7.

[35] Kapoor R，Lee J M. Coordinating and competing in ecosystems：How organizational forms shape new technology investments［J］. Strategic Management Journal，2013，34(3)：274-296.

[36] De Reuver M，Sørensen C，Basole R C. The digital platform：A research agenda［J］. Journal of Information Technology，2018，33(2)：124-135.

[37] De Vasconcelos G L A，Facin A L F，Salerno M S，et al. Unpacking the innovation ecosystem construct：Evolution，gaps and trends［J］. Technological Forecasting and Social Change，2018，136：30-48.

[38] Parker G，Van Alstyne M，Jiang X. Platform ecosystems［J］. Mis Quarterly，2017，41(1)：255-266.

[39] Tiwana A，Konsynski B，Bush A. Platform evolution：Coevolution of platform architecture，governance，and environmental dynamics（research commentary）［J］. Information Systems Research，2010，21(4)：675-687.

[40] Evans D S，Hagiu A，Schmalensee R. Invisible engines：How software platforms drive innovation and transform industries［M］. Cambridge：The MIT Press，2008.

[41] 戎珂，周迪. 数字经济学［M］. 北京：清华大学出版社，2023.

[42] Ceccagnoli M，Forman C，Huang P，et al. Cocreation of value in a platform ecosystem：The case of enterprise software［J］. MIS Quarterly，2012：263-290.

[43] Rong K，Lin Y，Li B，et al. Business ecosystem research agenda：More dynamic，more embedded，and more internationalized［Z］. Springer，2018：167-182.

[44] Hannah D P，Eisenhardt K M. How firms navigate cooperation and competition in nascent ecosystems［J］. Strategic Management Journal，2018，39(12)：3163-3192.

[45] Rong K，Shi Y. Business ecosystems：Constructs，configurations，and the nurturing process［M］. Berlin：Springer，2014.

［46］柳卸林,王倩.面向核心价值主张的创新生态系统演化[J].科学学研究,2021,39(6):962-964＋969.

［47］戎珂,王勇,康正瑶.从平台战略到生态战略的STEP模型[J].哈佛商业评论,2018(10):109-144.

［48］Daymond J,Knight E,Rumyantseva M,et al. Managing ecosystem emergence and evolution:Strategies for ecosystem architects［J］. Strategic Management Journal,2023,44(4):1-27.

［49］Rennie M W. Global competitivenes:Born global［J］. The McKinsey Quarterly,1993(4):45-52.

21 复杂产品系统中的技术创新

邵云飞　陈燕萍

21.1　引　言

在当前全球化和技术快速演进的背景下,复杂产品系统(complex product systems,CoPS)的技术创新已经成为衡量一个国家或企业在国际舞台上竞争力的关键指标。复杂产品系统覆盖的领域广泛,从航空、高速铁路到智能制造等,每一个领域都代表了技术发展的前沿。这些系统的复杂性不仅体现在技术的多层次、跨学科集成上,还体现在对创新管理和战略制定的高要求上。随着全球市场和技术环境的不断变化,如何在这些高度复杂的领域内实现突破性的技术创新,已经成为企业乃至国家战略层面需要深思熟虑的问题。特别是在中国,伴随着国家对创新驱动发展战略的持续推进,中国企业在复杂产品系统领域面临着独特的机遇和挑战。从一方面来看,中国庞大的市场、快速发展的工业基础以及日益增强的研发能力,为本土企业提供了实现技术创新的肥沃土壤。另一方面,全球技术竞争的加剧、技术标准的不断演进以及跨国合作和竞争的复杂性,也对中国企业提出了更高的要求。因此,本章基于中国情境,分析中国企业在复杂产品系统中的技术创新实现,探讨中国的复杂产品系统如何通过技术创新实现技术追赶。

第21.2节探讨复杂产品系统的技术来源,这包括自主研发、技术引进、技术模仿和合作研发等多元化技术获取途径。第21.3节基于复杂产品系统中技术的复杂性与多样性,探究中国企业在技术之间寻找合理的次序,并选择合适的模式进行协同创新。第21.4节基于中国情境的复杂产品系统中的技术创新现状,构建适用于中国情境的复杂产品系统技术创新生态,分析构建良好创新生态对促进技术创新的动态过程,以及如何通过政策引导、资本支持和产学研合作等手段加强这一生态系统。第21.5节探讨了中国企业在复杂产品系统的技术创新过程中如何实现技术追赶。第 21.6 节通过具体案例分析，探索中国企业在复杂产品系统中实现技术追赶的过程。第 21.7 节基于本章复杂产品系统中的技术创新研究，得出一些具有普遍意义的结论以及未来研究方向。

21.2　复杂产品系统中的技术来源

　　复杂产品系统是指客户定制多、市场需求小，但同时设备技术含量高、生产规模大、研发投入多的大型系统、产品或设施。由多个元件和次系统集成的复杂产品系统对技术复杂程度的要求远远高于简单产品，同生产简单产品的企业相比，生产复杂产品系统的企业对技术能力的要求更加复杂[1]。复杂产品系统包括大型电信系统、大型计算机、航空航天系统、智能大厦、电力网络控制系统、大型船只、高速列车、半导体生产线、信息系统等与现代尖端科技休戚相关，而且关系到国计民生的大型产品和产品系统[2]。在复杂产品系统中，技术来源多样，包括但不限于内部研发、技术引进、行业合作、学术研究以及开源技术等。内部研发侧重于企业自主开发的核心技术和产品创新。技术引进则涉及从外部企业或国际市场获取先进的技术和知识。行业合作与学术研究则强调与其他企业、研究机构合作开发项目，共享资源与成果。开源技术来源于公共领域的技术分享，为企业提供了另一种低成本的技术获取方式。这些技术来源方式共同构成了复杂产品系统中技术创新的基础，企业通过灵活运用这些来源，可以有效地促进技术创新，提高产品竞争力。

(1)技术引进

　　在复杂产品系统中，技术引进涉及从外部引入先进技术或解决方案，以填补自身技术缺口或加速技术发展。鉴于复杂产品系统的特点，如系统复杂性高、跨学科性强、技术集成要求严格，技术引进成为快速获得关键技术、缩短研发周期、降低研发成本的有效途径。通过技术引进，企业可以迅速提升产品性能，满足市场需求，增强竞争力。然而，这也要求企业具备良好的技术吸收和整合能力，以确保引进的技术能够与现有系统无缝集成，发挥最大效能。

(2)自主研发

　　在复杂产品系统中，自主研发指企业依靠内部资源和能力进行技术开发的过程，旨在创造独特的产品或给出解决方案。自主研发对于复杂产品系统尤为关键,因为这些系统的设计和制造通常要求高度的定制化和技术创新,以满足特定的性能要求和复杂的系统集成需求。以自主研发使企业能够紧密控制技术开发进程,保护知识产权,同时建立和维护技术领先优势。然而,鉴于复杂产品系统的复杂性,自主研发也面临挑战,如高昂的研发成本、长周期和技术不确定性。因此,企业需投入显著的资源进行研究和开发,同时也可能需要与外部研究机构和合作伙伴合作,共同克服技术难题。

(3)技术模仿

在复杂产品系统中,技术模仿是指分析并应用市场上已存在的技术解决方案或产品特性,以加速自身产品开发和技术升级的过程。考虑到复杂产品系统的特点,如系统设计的高度复杂性、跨领域技术的集成需求,及对高度定制化的追求,技术模仿需要企业不仅仅复制技术,还必须对其进行适应性改进或进一步创新,以满足特定系统的集成要求和性能标准。这种方式虽然可以在一定程度上减少研发时间和成本,但也要求企业具备强大的技术解读能力、系统集成能力和创新能力,确保模仿后的技术能够无缝融入自身的复杂产品系统中,同时避免侵犯原有技术的知识产权。

(4)合作研发

在复杂产品系统中,合作研发是指企业与其他企业、研究机构或高等教育机构合作,共同开发新技术或改进现有技术的过程。由于复杂产品系统通常涉及跨学科的技术集成,单一企业难以覆盖所有技术领域,合作研发成为获取和整合外部技术资源的重要方式。通过合作研发,参与各方可以共担研发成本和风险,加速技术创新。然而,这也要求良好的合作机制和知识产权管理,确保合作成果的公平分配和利益保护。

21.3 复杂产品系统中的分模块协同创新

上一节分析了复杂产品系统中的技术来源,包括技术引进、自主研发、技术模仿、合作研发,本节在此基础上,将复杂产品系统中的技术按照主导技术和辅助技术进行区分,以模块化和层级化为背景,提出了随着技术的发展,复杂产品系统中的技术模块协同创新模式的演化模型(见图 21.1)。

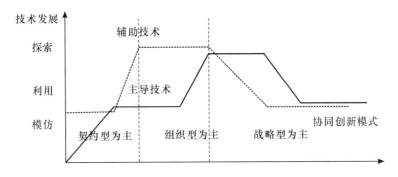

图 21.1　复杂产品系统中技术模块协同创新模式的演化模型

　　笔者认为在技术模块化的背景下,主导技术与辅助技术的协同发展为复杂产品系统中的技术创新提供了新的机遇。随着经济全球化的不断加剧,企业所面临的市场环境变化多端,竞争观念也发生了深刻的转变。在这种情况下,合作与竞争并存已成为普遍趋势。在合作创新的基础上,一种新的技术创新方式涌现出来,即"协同创新"。协同创新通过企业内部各要素之间及外部各个创新主体之间的合作和竞争实现了"1+1+1>3"的非线性效应,即协同效应[3]。傅家骥[4]强调协同创新的各方应在协作过程中共同投入,共同分担风险,并最终共享成果。Miles[5]认为协同创新是"通过共享创意、知识、技术专长和机会,实现跨企业边界的创新"。陈劲等[6]将协同创新定义为企业、政府、知识生产机构(大学、研究机构)、中介机构和用户等为实现重大科技创新而开展的大跨度整合的创新组织模式。综上所述,协同创新至少具备了两大要素:一是资源的共享,包括投入资源的共享和产出资源的共享;二是协同创新是对企业组织模式的重新整合,包括了内部整合和外部整合,本节着重论述协同创新的外部整合过程中的组织模式重组。

　　根据已有研究对协同创新模式的划分,本节将复杂系统中技术创新的协同创新模式分为契约型协同、组织型协同和战略型协同,各自内涵如下。

　　①契约型协同包含了委托代理和非股权合作的形式,可以分为外包式契约、联合式契约等。契约型协同通过委托契约与外部单位或个体建立关系,由契约规定双方的责权利,根据契约完成创新任务,实现创新价值和分配创新利益。

　　②组织型协同是指建立研发联合体、共建实验室、合资建立公司等。组织型协同从短期契约进化成了长期的企业实体,双方存在按投资比例分享研究成果和收益的关系,避免了契约型协同存在的机会主义行为、交易成本和知识产权纠纷

等问题,并能有效控制知识溢出。但是组织型协同的投资成本和管理成本较高,退出机制复杂。

③战略型协同包含了战略联盟以及近几年出现的创新网络,关键在于通过资源互补,协调研发和生产力量,形成统一的战略目标和行动准则,降低组织型协同的管理成本,也有效避免契约型协同的机会主义行为,提高协同效率,促进技术的快速发展。

以下介绍复杂产品系统技术发展与协同模式演化的理论模型。

(1)主导技术模仿和利用阶段

在复杂产品系统中,技术创新的路径和策略显得尤为关键,这一点从现代日本和韩国的成功追赶经历中可以得到明显的证明。这两个国家的经验表明,技术落后的企业在引进先进技术的同时,必须培养和保持一定程度的自主创新能力,这样才能真正掌握和吸收外来技术,进而实现技术能力的质的飞跃[7]。在复杂产品系统领域,技术的复杂性和系统性要求企业不仅要引进技术,还必须拥有整合和创新这些技术的能力。这种能力的培养和提升,很大程度上依赖于技术溢出效应和协同创新机制。然而,从技术溢出的角度考虑,我们通常看到的是单向的知识流动,即从技术先进企业向技术落后企业的单向转移。在这种情况下,后发企业由于技术能力有限,很难与技术溢出的企业形成有效的竞争关系,进而影响两者之间紧密协同关系的形成。这一阶段协同企业之间的关系松散,协同双方通过偶然的、一次性的、以技术合作为主的契约明确资源共享机制、利益分配机制、沟通协调机制等,但资源配比不清晰,人员联系不紧密,协同创新活动尚处于试探与摸索阶段。

(2)辅助技术利用和探索阶段

在复杂产品系统的技术创新过程中,辅助技术的开发和应用起着至关重要的作用,这一过程往往与主导技术的引入和发展紧密相连。与主导技术相比,辅助技术的特点在于进入门槛相对较低,且在技术创新的早期阶段就能够直接进入利用和探索阶段。这主要是因为国际先进企业对主导技术的控制较为严格,而辅助技术则为后发企业提供了一个技术改进和创新的空间,使得这些企业能够借此获得技术优势,从而跻身于国际合作的行列。例如,韩国现代汽车公司通过长期积累的汽车部件开发和生产经验,在辅助技术领域取得了显著进展,最终实现了对α型发动机的自主研发。这不仅标志着韩国在技术上摆脱了对日本三菱公司的依赖,也为其进入世界汽车工业的领先行列铺平了道路。这一案例清楚地展示了辅助技术在推动主导技术自主研发和技术创新过程中的关键作用。对于后发企业而言,有效利用和探索辅助技术不仅是实现技术跃升的重要途径,也是推动整体技术创新和提升竞争力的关键策略。在复杂产品系统领域,这种技术创新模式往往通过契约型和组织型的协同创新体现,包括参与国际外包项目、共同研发合作以及共担建设项目等多种形式。这些协同创新模式不仅有助于后发企业积累和提升辅助技术的开发能力,也为其转向主导技术的深入探索和自主创新提供了坚实的基础。

(3)新主导技术探索阶段

在复杂产品系统中,技术创新不仅仅是关于辅助技术的开发和应用,更关键的是如何通过自主的产品开发来实现技术的经济价值[8]。虽然辅助技术的发展对于提升企业的技术水平和竞争力至关重要,但它不能完全替代自主产品开发的核心地位。这是因为,技术的经济价值最终需要通过市场上的产品来实现。在复杂产品系统领域,产品的复杂性和系统性要求企业不仅要掌握单一的技术或组件,更要具备将不同技术整合到一个完整产品中的能力,从而创造出真正具有市场竞争力的产品。组织化的研发活动,如共同出资建立合资公司、实验室或共同承担建设项目等,能够避免合作过程中的机会主义行为,激励合作伙伴投入更多的努力,并合理地获取协同效应的收益[9]。在复杂产品系统领域,后发企业的技术创新策略应该是一个多维度发展的过程,不仅包括辅助技术的开发和应用,更重要的是通过自主产品开发来实现技术创新的经济价值。此外,通过建立有效的竞争合作体系和组织化的研发行为,可以有效地促进技术创新,实现企业的长期发展和市场竞争力的提升。

(4)新主导技术利用阶段

在复杂产品系统中,技术创新不仅关乎技术本身的发展,也涉及如何在一个高度互联和多元化的环境中建立有效的合作网络。对于后发企业而言,面对国际先进企业对现有主导技术的严格控制,寻找新的技术增长点成为突破现状、实现技术和市场跃迁的重要策略。这一过程中,新主导技术的识别和获取是关键步骤,它为后发企业提供了建立并领导新的协同创新网络的机会。在复杂产品系统领域,由于产品和技术的复杂性,建立产学研协同创新网络或研企合资公司成为新主导技术利用阶段的有效途径。这样的合作模式有助于整合来自不同领域的知识和资源,促进技术的快速发展和应用。特别是在新技术研发的初期阶段,企业、高校和研究机构之间的紧密合作可以加速技术从实验室到市场的转化过程,增强技术创新的商业潜力。在这个过程中,企业扮演着至关重要的角色。由于企业最直接地面临市场需求和竞争压力,它们在将技术创新与市场需求相结合方面具有独特优势。这决定了在新主导技术的协同创新过程中,企业往往位于网络中心,指导和推动整个创新网络的发展。通过这样的协同创新模式,后发企业不仅可以加速自身技术能力的提升,也能够在新兴的技术领域中占据有利的市场位置。

(5)新辅助技术利用阶段

在复杂产品系统领域,技术创新的特点包括高度的系统性和集成性。这要求后发企业不仅需要在新主导技术上取得突破,同时也必须更新和改变辅助技术的开发模式。随着新主导技术的出现,后发企业面临着从先发企业制定的辅助技术规范中脱离出来的挑战,需要根据自身的技术特点和市场需求,制定新的辅助技术规范和标准。在这一过程中,纵向一体化和战略联盟成为后发企业控制关键辅助技术、实现技术跃迁的两种重要策略[10]。纵向一体化通过整合上下游产业链,可以有效降低采购成本和市场不确定性,加强对辅助技术的控制。然而,在技术迅速发展和市场需求不断变化的环境下,资源互补型的战略联盟则提供了更加灵活和有效的合作模式。通过战略联盟,后发企业可以与合作伙伴共享资源和知识,共同研发和创新,保持产品性能与快速变化的技术发展同步,避免被市场淘汰。因此,在复杂产品系统领域实现技术跃迁和持续创新,后发企业不仅需要通过战略联盟等合作模式加强对关键辅助技术的控制和创新,还需要不断地整合和升级自身的技术能力,以适应快速变化的市场需求和技术发展趋势。总之,主导技术和辅助技术发展的各个阶段所采用的协同创新模式也并不是单一的,在各个阶段都是以某种形式为主,但呈现逐步向下一种形式发展的特点。

21.4 复杂产品系统中的技术创新生态构建

在复杂产品系统领域,一些学者基于单一要素的分析认为后发国家面临追赶困境:技术层面,复杂产品系统的技术演进缓慢,缺少明显的技术跃进机会,限制了后发国家利用技术突破实现追赶的空间[11];市场层面,已有的标准、市场格局及服务模式往往由少数在位企业控制,这些企业的地位不易被动摇,使得新进入者难以打破既有的市场垄断[12]。然而,中国在高铁和核电等领域的追赶成功展示了一个不同的视角:创新生态系统。这一视角强调技术、市场、用户、互补企业及政府等多个要素的综合作用,表明即便某一要素存在短板,通过其他要素的有效利用也能实现对复杂产品系统的成功追赶。因此,对于后发国家而言,选择追赶路径时应采取基于创新生态系统整体的全面思考方式,利用系统内各要素之间的相互补充和协同克服单一要素的限制,开拓追赶甚至超越的可能性。

复杂产品通常由众多不同的子系统构成,并具备知识密集、大量投入、长周期和高风险等特征[13-14]。这类产品的创新往往由特大型集团牵头,带动多个大中型企业或研究机构,而这些机构又进一步推动众多小企业或研究所参与,形成一个持续创新的生态系统。尽管如此,该领域的创新研究仍远远落后于其复杂产品创新的实践活动,体现出该行业特有的挑战性。创新生态系统的互补性特征意味着,通过合作,核心企业能够与不同的合作伙伴共同进行产品创新的研发和应用[15]。如 Teece[16] 所述,对于核心企业而言,既要实现关键技术的突破,也需要整合不同的互补资源或能力,以促进整体创新。Adner 和 Kapoor 基于创新生态系统的一般框架,突出了制造商、用户和互补者之间互动的重要性[17]。与主要聚焦于政策和制度等外部因素的创新系统不同,创新生态系统更加全面地考虑了创新过程中的政策、市场需求以及核心企业与其他企业及其环境之间的相互作用。

在复杂产品系统中的技术创新生态构建过程中,首先,需要明确技术创新生态系统的共同愿景和目标[18]。这通常围绕着某个重大的工程或技术挑战,如技术国产化、提升能源效率或满足特定的市场需求。共同愿景有助于统一各方面力量,为创新生态系统的建构提供方向和动力。构建技术创新生态系统需要识别和整合来自不同领域的关键参与者,包括但不限于领先用户、供应商、研发机构、高等教育机构、政府和政策制定者等。这些参与者各自承担不同的角色,如创新的主导者、协同者、支持者等。其次,为了有效地整合和利用各方资源,需要建立协同合作的机制[18]。这可能包括建立联合研发团队、共享研究设施、共同申请研发项目资金、技术转移和知识共享等。政府的引导和支持在此过程中也非常关键,包括提供财政资助、税收优惠、市场准入优先等政策支持。同时,确保市场需求和政策支持双向促进创新生态系统的构建[19]。市场需求确定技术创新的方向,加快技术创新的速度,而政策支持提供了创新所需的资源和环境。例如,政府可以通过制定有利于创新的政策、提供研发资金和税收优惠等方式,促进创新生态系统的发展。采用问题导向的科技研发模式,将实际工程和市场中遇到的问题转化为研发课题。通过产学研合作,聚焦关键技术难题,推动技术创新和应用。为了适应快速变化的技术和市场环境,构建一个开放和灵活的合作平台是关键。这个平台应该能够容纳新的参与者、新的技术和新的市场需求,以促进创新生态系统的持续成长和演进。

21.5 复杂产品系统中的技术追赶

柳卸林等[20]认为,技术追赶不能把自主创新与开放创新对立起来。在汽车、高铁、商用飞机等复杂产品系统的技术创新中,隐性知识和技术积累很重要,大量的诀窍类知识如果完全通过自主学习需要花很长时间才能掌握。在复杂产品系统中,技术追赶是指后发企业或国家通过学习、吸收、再创新等手段,快速掌握并应用先进技术,以缩小或消除与领先企业或国家在技术领域的差距。这一过程通常涉及对先进技术体系的深入理解、技术能力的持续提升,以及对与先进技术相关的生产工艺和管理方法的改进。通过技术追赶,后发企业不仅能提升自身的技术水平和市场竞争力,还能促进本地区或本国产业的技术进步和经济发展。复杂产品系统追赶本质上是技术追赶理论的一个重要前沿[21-22],其关注的基本问题是一致的,即在领先企业或产业已具备相当优势的前提下,怎样的追赶方式是可行的和有效的。

目前复杂产品系统追赶相对较成功的案例主要集中在高速列车[23-24]、干线客机[25]、北斗卫星[26]和盾构机[27]等少数产业,通常受到政府高度调控以及政策支持。近年来,受到组织情境网络化、生态化和全球化等影响,后发者技术追赶的情境和条件发生了巨大变化。例如在技术合作与追赶起点、可整合的全球资源和能力提升的速度等方面与传统追赶相比均有显著改善,表现出起点更高、范围更广、速度更快的追赶效果[28],我们把这种技术追赶的新现象、新特征称为"新型追赶"。新型追赶聚焦那些已经具备一定能力基础的后发企业,关注其如何通过重构内外部资源和协调创新伙伴关系以实现快速高效赶超,强调多主体、跨边界和跨层次的协同演化机制[29]。考虑到复杂产品系统涵盖众多技术领域和产业环节,其学习与创新过程具有协同性、开放性与集成性的特点[30],因而有效构建与创新参与者的互动关系成为实现复杂产品系统追赶的关键。

在中国复杂产品系统的技术追赶过程中,企业已经开始采纳一种创新的追赶策略,即"自主可控、开放协同、共生共演"。这种策略首先依靠市场的牵引力,快速地集中全球的创新资源,以满足复杂产品建设的需求,通过成功交付高质量的产品并获得国际市场的认可,企业能够快速聚集所需资源。其次,企业通过搭建支撑平台,促进研发设计与工程总承包的能力整合,确保对总体设计集成和关键核心技术的自主控制。最后,通过战略合作和价值导向的方法,企业突破了关键的核心子系统技术,推动了整体产业水平的提升,并形成了具有国际竞争力的产业生态系统。这种策略不仅加速了技术追赶的步伐,也促进了企业及其所在产业的快速发展和国际化。

21.6 中国企业案例分析

在本节中,通过东方电气、中国核电和中集海工三家企业的实际案例,描述我国在复杂产品系统中的分模块协同创新、技术创新生态构建与技术追赶的过程。

(1)东方电气:协同创新演化

中国东方电气集团有限公司(以下简称东气)在创新过程中经历了从模仿制造到利用式技术发展,再到通过多种途径进行核心技术探索的过程,其产品从最初的火电,到核电,再到风电和光电,品种不断拓展,技术水平不断提高,市场占有率也不断扩大。东气在其技术创新和发展历程中,经历了不同的阶段,每个阶段都采取了与其发展阶段相匹配的创新策略,体现了复杂产品系统中技术创新的动态过程。

在初始模仿和利用阶段(1970—1997年),东气主要通过契约型协同方式引进主导技术,进行内部模仿和利用。这种策略帮助东气迅速掌握了基础的发电设备制造技术,并通过模仿学习,积累了初步的技术能力和经验。尽管这一时期的技术创新主要基于对现有技术的模仿和应用,但它为东气的技术积累和后续发展奠定了重要基础。在辅助技术探索阶段(1998—2000年),随着技术能力的提升和市场需求的变化,东气开始通过与国际公司的外包合作,探索和积累辅助技术。这一阶段的协同创新依然采用契约型方式,但技术领域的研发重心由主导技术转向辅助技术。通过这种国际合作,东气不仅积累了重要的技术进步要素,也逐步提高了其产品的技术水平和市场竞争力。在新主导技术探索与组织型协同转变阶段(2001—2008年),面对新型绿色能源产业的兴起,东气开始探索风电和光电等新主导技术,并逐步从契约型协同向组织型协同转变。这一转变意味着东气开始更加积极地与外部技术伙伴建立长期、深入的合作关系,通过技术引进和共同研发,加速技术学习和创新能力的提升。这一阶段的战略转变为东气进入新能源领域提供了强大的技术支持,增强了其市场竞争力。在战略型协同和新技术利用阶段(2009年至今),在技术成熟和市场地位稳固的基础上,东气进一步构建了以自身为核心的战略型协同创新网络,与国内外的高校、科研机构建立了广泛的合作关系,推动了产学研用的深度融合。这一阶段,东气不仅加强了新主导技术的研发和应用,也通过战略合作促进了产业链的整体升级和生态系统的构建。这体现了东气如何利用战略型协同创新,进一步巩固和扩大其在新能源领域的技术优势和市场影响力。

东气的技术创新历程展现了一个企业如何通过在不同阶段的策略调整和协同创新模式的转变,实现从技术模仿到自主创新,再到产业生态构建的过程。这一过程不仅反映了东气对外部环境变化的敏感性和适应性,也展示了在复杂产品系统中企业通过技术创新实现技术追赶和产业升级的策略。

(2)中国核电:构建技术创新生态

中国核能电力股份有限公司(以下简称中国核电)在复杂产品系统中的技术创新过程可以分为几个不同的阶段,每个阶段都体现了对应时期的技术发展特点和中国核电的创新策略。首先,在初始阶段,中国核电进行技术引进与模仿。中国核电的技术发展起步于20世纪五六十年代,这一时期主要依靠引进苏联等国家的技术和设备以及模仿和学习来掌握核电技术。这一阶段,国内核电技术完全依赖于对国外成熟技术的转移和复制,核心技术和关键设备大多需要进口。技术创新主要体现在对引进技术的消化、吸收和再创新上,中国核电旨在通过模仿学习来缩小与国际先进水平的差距。20世纪90年代在技术积累与自主创新阶段,中国核电开始注重自主创新,推动国内核电技术的自主发展。这一阶段,中国开始设计和建造自己的核电站,如秦山二期项目就采用了自主研发的技术。随着技术积累的深入,国内核电能力逐渐增强,开始形成具有自主知识产权的核电技术体系,如"华龙一号"等三代核电技术。这一阶段的技术创新体现在从依赖引进到自主研发的转变,中国核电通过自主创新提升了核心竞争力。在国际合作与开放创新阶段,随着技术能力的不断提升和国际影响力的增强,中国核电开始积极参与国际合作,通过开放创新进一步加速技术发展。这一阶段,中国核电不仅引进国外先进技术进行消化吸收，还与多国开展技术合作，共同研发新技术、新产品。同时，中国核电企业也开始走出国门，参与国际市场的竞争和合作，如中国广核集团有限公司、中国核工业集团有限公司等企业在海外市场的项目建设和技术输出。最后，在跨界融合与创新生态系统构建阶段，在新能源领域快速发展的背景下，中国核电开始探索跨界融合的创新路径，如将核技术与可再生能源技术结合，发展小型模块化反应堆、核能供热等新应用领域。同时，积极构建创新生态系统，通过产学研用紧密结合，形成开放、协同的创新网络，推动核电技术的持续创新和产业升级。

　　总之，中国核电在复杂产品系统中的技术创新过程体现了从技术引进与模仿、技术积累与自主创新，到国际合作与开放创新，再到跨界融合与创新生态系统构建的发展脉络。这一过程不仅展现了中国核电技术实力的逐步增强，也反映了中国核电行业在全球核电领域地位的提升和对国际核电技术发展趋势的贡献。

（3）中集海工：实现技术追赶

　　中集海洋工程有限公司（以下简称中集海工）的技术创新过程在复杂产品系统领域展现了明显的阶段性特征，这些特征反映了企业如何通过不同阶段的战略选择，实现从技术追赶到技术领先的转变。

　　在追赶起步阶段，中集海工利用全球创新资源。中集海工通过并购新加坡控股的烟台来福士船业公司，迅速融入全球创新网络，获取了进入高端海工装备市场的关键技术和知识，这一战略体现了在复杂产品系统中企业的全球知识整合能力。并购不仅即时提升了中集海工的技术能力，也加速了其在深水钻井平台等关键产品上的市场扩展。这一过程充分利用了全球创新资源，体现了企业对外部发展情境的适应和利用，快速集聚了所需的技术资源和经验，为后续的技术发展和市场扩张奠定了基础。在技术追赶的加速阶段，中集海工通过与国际技术伙伴的战略合作和技术交流，加速了技术学习和内部技术能力的提升。这一阶段，中集海工不仅强化了内部资源的有效整合，还重视人才培养和团队建设，通过引进国际专家和内部培训，形成了强大的技术团队。这种策略的实施，加快了其从技术模仿到自主创新的转变，体现了复杂产品系统中企业技术能力快速积累和创新能力迅速提升的特点。进入超越追赶阶段，中集海工通过开放式创新、战略合作以及跨界融合，实现了与外部发展情境的深度互动和主动互联。这不仅体现为技术创新和产品升级，更表现在通过这些策略推动整个产业链的升级和生态构建。中集海工不仅巩固了技术领先地位,也通过与产业链上下游的深度合作,推动了产业生态的共生发展,实现了企业的角色转变,即从单一产品供应商转变为提供综合解决方案的服务商,同时加大对新兴技术的研发投入,推动新产品开发和市场应用。

中集海工的技术创新过程展现了在复杂产品系统领域内,企业如何通过并购、战略合作、内部整合以及开放式创新等多维策略,实现技术能力的快速提升、市场地位的稳固和产业生态的构建。这一过程不仅依赖于企业自身的动态适应能力和战略选择,也体现了企业与外部环境互动、利用和塑造发展情境的能力,最终实现了从追赶到超越的技术和市场跃迁。

21.7 结 论

复杂产品系统追赶难度高且周期长,对后发经济体企业构成重大挑战。要想让中国的战略性新兴产业在国际上拥有更多的话语权,除了突破核心技术外,更应该掌握完成企业"快速追赶"的方法。目前我国复杂产品领域系统成功追赶的案例主要集中在高速列车、干线客机、北斗卫星和盾构机等受到政府高度调控的产业,背靠制度型市场并举国合力实现高效赶超。中国的成功经验在于政府的积极角色、产学研的紧密合作、跨学科的技术整合能力,以及开放创新和国际合作的战略视野。这些因素共同构建了一个支持技术创新的强大生态系统,为复杂产品系统领域的发展提供了坚实基础。然而与发达国家比较,我国对复杂产品系统创新方面仍重视不够,在航空航天系统、大型计算机、大型电信系统等最典型的复杂产品系统方面的创新与研发投入严重不足[31]。复杂产品系统必须在创新网络中完成,复杂产品系统创新网络的强弱决定创新能力基础的优劣,以及系统集成商所获得外部支持的多少[32]。发展中国家复杂产品系统创新通常是从引进国外先进技术开始的,接着就面临技术消化吸收的路径选择[33]。复杂产品系统的技术复杂性对系统集成商的组织学习能力和知识吸收能力提出了更高的要求,技术知识的扩散与产品生产流程同步进行[34]。复杂产品系统自主创新能力的动态演化本质上是企业惯例不断修正的过程,因此,学习是复杂产品系统企业自主创新能力演化的重要手段[35]。中国在复杂产品系统技术创新的未来发展方面,需要在保持已有成就的基础上,进一步加强系统性战略规划和资源整合,推动科技创新与产业发展深度融合,以适应全球技术革命和产业变革的新趋势,实现从"中国制造"向"中国创造"的跨越。通过持续的努力和创新,中国有望在复杂产品系统领域取得更加突出的国际地位和影响力。

为进一步推动中国复杂产品系统中的技术创新,深化的策略应聚焦于构建一个全面、协同和持续创新的生态系统。首先,政府应发挥引导和激励作用,通过提供研发资金、税收优惠和政策支持,激发企业的创新动力,同时,建立健全科研成果转化机制,加速将科研成果应用于产业实践。其次,推动产学研深度融合,鼓励高校、研究机构与企业之间的合作项目,通过共享资源、联合研发和人才交流,提高研发效率和技术转化速度。此外,加强跨学科交流与合作,鼓励不同领域的专家团队共同攻关,以跨学科的视角解决复杂产品系统开发过程中遇到的复杂问题。在国际合作方面,中国应积极参与全球创新网络,与国际先进的研发机构和企业建立合作关系,引进先进技术和管理经验,同时,加强对外技术输出和国际标准制定的参与,提升中国在国际技术竞争中的话语权。再次,知识产权保护机制的完善是推动技术创新的关键环节,需要通过法律手段加强对创新成果的保护,营造公平竞争的市场环境,鼓励更多的投资流向科技创新领域。最后,企业作为技术创新的主体,应加大研发投入,尤其是在核心技术和关键组件的自主研发上下功夫,建立起自主可控的技术体系。同时,企业还需加强市场需求分析,确保技术创新与市场需求紧密对接,提高技术商业化的成功率。通过这些综合措施的实施,可以有效促进中国复杂产品系统中的技术创新,为中国的科技进步和产业升级提供强有力的支撑,进而推动国家经济的高质量发展。

参考文献

[1] 陈劲,黄建樟,童亮.复杂产品系统的技术开发模式[J].研究与发展管理,2004(5):65-70.

[2] Rush H H. Hotspots in complex product systems: Emerging issues in innovation management [J]. Technovation, 1998,18(8-9):589-590.

[3] 陈劲.协同创新与国家科研能力建设[J].科学学研究,2011,29(12):1762-1763.

[4] 傅家骥.技术创新学[M].北京:清华大学出版社,1998.

[5] Miles R E, Miles G, Snow C C. Collaborative entrepreneurship [M]. Stanford: Stanford University Press,2005.

[6] 陈劲,阳银娟.协同创新的理论基础与内涵[J].科学学研究,2012,30(2):161-164.

[7] Marvin B, Lieberman,et al. First-mover (dis)advantages: Retrospective and link with the

resource-based view [J]. Strategic Management Journal,1998(12):1111-1125.

[8] Mowery D C, Rosenberg N. Paths of innovation：Technological change in 20th century America[J]. Review of Industrial Organization，2000，16(3):319-321.

[9] Pastor M，Sandonís J. Research joint ventures vs. cross licensing agreements：An agency approach [J]. International Journal of Industrial Organization，2002，20(2):215-249.

[10] Brusoni S, Prencipe A, Pavitt K,et al. Knowledge specialization, organizational coupling, and the boundaries of the firm：Why do firms know more than they make? [J]. Administrative Science Quarterly，2001,46(4):597-621.

[11] Tae-Young P. How a latecomer succeeded in a complex product system industry：Three case studies in the Korean telecommunication systems [J]. Industrial & Corporate Change，2013,22 (2):363-396.

[12] Frishammar J，Ericsson K，Patel P C，et al. The dark side of knowledge transfer：Exploring knowledge leakage in joint R&D projects[J]. Technovation：The International Journal of Technological Innovation，Entrepreneurship and Technology Management，2015，41/42:75-88.

[13] Versaevel B P A. Innovation and industrial organization [J]. Research Policy，1998，26 (6):689-710.

[14] Kiamehr M，Hobday M，Hamedi M. Latecomer firm strategies in complex product systems(CoPS)：The case of Iran's thermal electricity generation systems [J]. Research Policy，2015，44(6):1240-1251.

[15] Adner R. Ecosystem as structure：An actionable construct for strategy[J]. Journal of Management，2016，43(1):39-58.

[16] Teece D J. Profiting from innovation in the digital economy：Enabling technologies，standards，and licensing models in the wireless world [J]. Research Policy，2018，47(8):1367-1387.

[17] Adner R，Kapoor R. Innovation ecosystems and the pace of substitution：Re-examining technology S-curves [J]. Strategic Management Journal，2016，37(4):625-648.

[18] 徐晓丹,柳卸林,黄斌,等. 用户驱动的重大工程创新生态系统的建构[J].科研管理,2023,44(7):32-40.

[19] 柳卸林,葛爽.中国复杂产品系统的追赶路径研究——基于创新生态系统的视角[J].科学学研究，2023，41(2):221-229.

[20] 柳卸林,常馨之,董彩婷.构建创新生态系统,实现核心技术突破性创新——以 IMEC 在集成电路领域创新实践为例[J].科学学与科学技术管理，2021，42(9):3-18.

[21] Ranjbar M S，Park T Y，Kiamehr M. What happened to complex product systems

literature over the last two decades：Progresses so far and path ahead［J］. Technology Analysis ＆ Strategic Management，2018，30(8)：948-966.

［22］ Roger M，Mike H，Thierry L D，et al. Innovation in complex systems industries：The case of flight simulation［J］. Industrial ＆ Corporate Change，1995，4(2)：363-400.

［23］ 路风.冲破迷雾——揭开中国高铁技术进步之源［J］.管理世界，2019，35(9)：164-194＋200.

［24］ 谭劲松,宋娟,陈晓红.产业创新生态系统的形成与演进："架构者"变迁及其战略行为演变［J］.管理世界，2021,37(9)：167-191.

［25］ 曾德麟,欧阳桃花.复杂产品后发技术追赶的主供模式案例研究［J］.科研管理，2021，42(11)：25-33.

［26］ 赵耀升,宋立丰,毛基业,等."北斗"闪耀——初探中国卫星导航产业发展之道［J］.管理世界，2021，37(12)：217-237.

［27］ 欧阳桃花,曾德麟.拨云见日——揭示中国盾构机技术赶超的艰辛与辉煌［J］.管理世界，2021，37(8)：194-207.

［28］ 黄江明,赵宁.资源与决策逻辑:北汽集团汽车技术追赶的路径演化研究［J］.管理世界，2014(9)：120-130.

［29］ Guo Y，Zheng G. How do firms upgrade capabilities for systemic catch-up in the open innovation context? A multiple-case study of three leading home appliance companies in China［J］. Technological Forecasting and Social Change，2019，144：36-48.

［30］ 贺俊,吕铁,黄阳华,等.技术赶超的激励结构与能力积累:中国高铁经验及其政策启示［J］.管理世界，2018，34(10)：191-207.

［31］ 陈劲,桂彬旺,陈钰芬.基于模块化开发的复杂产品系统创新案例研究［J］.科研管理，2006(6)：1-8.

［32］ 刘延松,张宏涛.复杂产品系统创新能力的构成与管理策略［J］.科学学与科学技术管理，2009，30(10)：90-94.

［33］ 刘兵,邹树梁,李玉琼,等.复杂产品系统创新过程中产品开发与技术能力协同研究——以核电工程为例［J］.科研管理，2011，32(11)：59-62＋70.

［34］ Hobday M，Rush H. Technology management in complex product systems(CoPS)- ten questions answered［J］. International Journal of Technology Management，1999，17(6)：618-638.

［35］ 姚洁盛,庄永耀.我国复杂产品系统自主创新能力动态演化机制研究［J］.科技进步与对策，2012，29(17)：20-24.

22 非黑即白？赶超过程中的双元创新

彭新敏

22.1 引　言

中国企业产生与成长于充满冲突与悖论的赶超经济体中,通常要面对多重且矛盾性的挑战[1],如利用与探索、效率与柔性、低成本制造与快速顾客响应、全球一体化与本地适应性、稳定性与适应性、短期利润与长期增长、市场渗透与市场创造等。面对这些挑战,企业既可以做出"二者选一"的决定,也可以进行"双向获益"的选择。与习惯于在某个阶段选择矛盾的某一极的西方企业相比,中国企业因为面临多种资源限制与制度空缺,在技术创新、技术赶超、国际化等方面呈现出明显的双元特征(ambidexterity)[2]。中国企业不是被迫在两个选项中做出一个"非黑即白"的权衡取舍,而是以某种合适的方式组合两种不同力量或战略的优势,同时实现两个彼此相异甚至相互矛盾的目标。作为后发国家,在创新中追求双元性的中国企业不仅维持了发展的稳定性,而且获得了更多的增长机会,这有助于克服后来者劣势以及在不发达的国家基础上赶超行业领先企业[3]。

本章立足于中国大型新兴经济体的赶超情境,分析源自中国企业的双元创新战略实践及其潜在的理论逻辑,内容安排如下:第 22.2 节回顾双元创新的内涵,分析双元创新对中国企业赶超的特殊价值;第 22.3 节阐释两种典型的双元创新实现模式,即结构双元与次序双元;第 22.4 节论述不同双元创新实现模式的选择与演进;第 22.5 节以三家中国本土企业为案例,解释后发企业赶超过程中的双元创新实践;第 22.6 节基于中国超越追赶的独特情境,提出具有普适性的结论以及未来的研究方向。

22.2 双元创新及其对中国企业赶超的独特价值

作为动荡环境中组织生存与成功的关键要素,双元性指组织在同一时间内既从事探索又进行利用的行为[4]。探索(exploration)指那些可以用变化、冒险、试验、尝试、应变、发现、创新等术语来描写的企业行为,利用(exploitation)指那些可以用提炼、筛选、生产、效率、选择、实施、执行等术语来描写的企业行为[4]。探索与利用对于企业来说是两种不可或缺的组织行为,企业既要通过探索来开拓新的技术和业务领域以保证未来的收益,又必须通过利用来挖掘现有的技术和业务领域以确保当前的利润[5-6]。从创新视角来看,利用性创新(exploitative innovation)是为现有的客户或市场利用现有知识、拓展现有产品和服务,它们发展现有技术,改进现有分销渠道的效率,它建立在现有的组织和知识基础之上。探索性创新(exploratory innovation)是为新出现的客户或市场追求新的知识、发展新产品和服务,它们提供新的设计,创造新的市场,发展新的分销渠道,它需要应用新的知识,并且背离现有技能[7-8]。对企业生存和发展来说,它们既需要利用性创新来获得短期收益,又需要探索性创新来建立长期适应能力,双元创新(ambidextrous innovation)则指组织在同一时间内既从事利用性创新又进行探索性创新的战略行为。

双元性在中国企业赶超过程中一直扮演着重要的角色,相关研究在不同程度上都强调了双元创新的重要性[9]。例如,吴晓波和方刚[10]认为,追赶过程中的技术范式转变期是后发企业赶超领先者的难得的"机会窗口",企业需要在对现有知识和能力进行开发与对新知识和新技能进行探索之间取得双元平衡。江诗松等[11]发现后发企业要在创新能力上实现追赶,需要强调开放性的学习并在资源摘取和能力构建之间保持动态的协调与平衡。

对于中国的后发企业来说,它们在追赶过程中面临着独特的技术、市场、制度与文化情境,这在一定程度上有利于中国后发企业从事双元创新。第一,在技术上,中国地域辽阔,各地发展水平、消费者偏好等存在较大差异,而技术发展有其自身的生命周期与动态性,因此在中国同一产业内往往同时存在多代技术范式或多种技术轨道,这为中国企业提供了多重技术选择空间[12]。第二,在市场上,中国有着规模巨大、增长迅速、连续多层的超大规模国内市场,这又为中国企业开展多层面的技术学习提供了必要的需求支撑[13-14]。第三,在制度上,中国经历了计划经济向市场经济转轨,在转型过程中由于财产权的有限、良好宏观规制市场的缺乏,许多企业必须依赖关系来获得资源或市场,在这样的条件下,中国企业较为重视在商业交易中的个人与组织间关系[15],目标不仅是获得短期回报,而且还有长期增长。第四,在文化上,中国传统的"阴阳"思想或均衡思维认为,矛盾对立双方在同一空间和时间下既有正面效应,也有反面效应,两者完全可以是相生的双方,因此重点在于如何将相生的双方整合,以此达到协同效应[16]。上述这些因素都非常有助于培育中国后发企业的双元性,因此,双元创新提供了一种独特的观察视角,可以帮助我们深入理解中国后发企业的赶超行为和策略。

不过,探索和利用两种组织行为往往有自我增强的惯性趋向[4],双元创新很不容易实现,企业可能会由于过分追求新知识、新技术而陷入探索的"失败陷阱",或由于过分关注和依赖现有技术而陷入利用的"成功陷阱"[17]。因此,不是所有试图构建双元创新战略的企业都能成功,选择恰当的双元实现模式成为关键所在。

22.3 双元创新实现的两种典型模式:结构双元与次序双元

基于对探索和利用关系是竞争还是互补的不同理论假定[18],双元创新存在两种不同实现逻辑的争论:是基于空间分隔的逻辑还是基于时间分离的逻辑? 并由此形成了两种典型的双元模式——结构双元和次序双元,如图 22.1 所示。

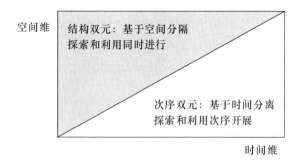

图 22.1　两种典型的双元创新实现模式

第一种模式是从空间维设置的结构双元(structural ambidexterity),企业通过高度差异化又松散耦合的不同子部门分别开展探索和利用,在整体上可达到双元平衡[19]。第二种模式是从时间维考虑的次序双元(sequential ambidexterity),

指组织在一段时期内交替进行探索和利用，从而在长期内达到双元[20]。

（1）结构双元

支持结构双元的研究认为，企业通过高度差异化又松散耦合的不同子单元分别开展探索和利用，且这种探索和利用既可以在组织内部，也可以跨越组织边界[21]。Rothaermel 和 Alexandre[22] 认为企业在进行技术搜索时需要考虑两种平衡（见图 22.2）：一种是内部和外部技术搜寻的平衡；另一种是探索和利用的平衡。其中，组织边界分为组织内部和组织外部两个类别，组织内部的技术搜寻可采用企业独立新建部门或事业部等方式，组织外部的技术搜寻可采用战略联盟、并购等方式。技术边界是针对企业自身而言，区分其所搜寻的技术是已有的技术还是新颖的技术。如果搜寻的技术对企业来说是新颖的，则为探索；如果搜寻的技术是在企业已有技术范围内的，则为利用。

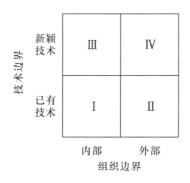

图 22.2　结构双元分析框架

在图 22.2 中，象限 Ⅰ 可称为"内部利用"，指企业在组织内部挖掘现有技术知识；象限 Ⅱ 可称为"外部利用"，指企业在外部开发现有技术知识；象限 Ⅲ 可称为"内部探索"，指企业在内部获得新技术知识；象限 Ⅳ 可称为"外部探索"，指企业在外部获得新技术知识。Simsek 等[23] 进一步根据企业双元的实现是否跨越了组织边界，把双元分为跨越组织的"分隔型双元"（partitional ambidexterity）和组织内的"自洽型双元"（harmonic ambidexterity）两种类型，在此基础上，彭新敏等[1] 提出了基于并购跨越组织边界开展探索和利用的"过渡型双元"（transitional ambidexterity），进一步丰富了结构双元的类型。

（2）次序双元

次序双元是一种基于时间分离逻辑的双元模式，指组织有节奏地在探索和利用之间转换,最终两者在长期内达到一种间断式平衡[20]。长期来看,企业发展会经历很多不同的阶段,企业也会面对不同的外部环境,应有选择地聚焦于探索性学习或利用性学习,特别是对于缺少资源同时进行探索和利用的企业来说,次序双元可能更加符合该类企业的现实需要[24]。学者们通过对不同行业技术范式转变的研究发现,多数行业技术演进的特点是显著技术变革"探索"所带来的机会窗口会被以微小调整为特征的"利用"分开,因此,最有创新性的企业会利用好这两个不同的时期:在机会窗口打开的时候集中注意力与资源专注探索,接着在后续"微小调整"阶段持续不断地开展利用性活动。Gupta 等[18]认为,当在一个独立的组织单元中寻求达到次序双元时,该组织单元应将关注的重点放在周期性地切换探索与利用。

结构双元和次序双元是实现双元创新的两种基本方式,二者也可以结合起来,弥补彼此的缺陷,从而促进组织实现高度的双元性[25]。混合构型意味着,结构双元和次序双元以一种方法占主导地位、另一种方法为从属的方式进行组合。例如,由结构方式主导的"结构+次序"的混合模式,或者由次序方式主导的"次序+结构"的混合模式。

22.4　双元创新实现模式的选择与演进

在双元创新实践中,企业究竟是选择结构双元还是次序双元?双元实现模式选择与演进面临着外部环境与内部组织的共同影响。

(1)双元创新实现模式选择的前因

双元创新的实现是一个动态适应性过程,模式选择与企业所处具体环境密切相关。Luo 和 Rui[3]认为,新兴经济体跨国企业的双元性受到企业内部和外部市场两个层面因素的影响,内部因素包括所有权结构、国际经验、组织技能、战略意图等,外部因素包括市场类型、制度环境、目标市场开放度等。Raisch 等[26]提出企业关注次序双元或结构双元取决于企业面临的市场性质,以及技术创新生命周期阶段等环境因素。总体来说,次序双元在稳定的、慢速变化的环境中以及对于缺少资源的小企业来说更有价值,结构双元可能更适合条件不断变化的动态市场,以及有着更多资源的大公司。例如,Lubatkin 等[27]指出,规模小的企业由于缺乏独立的管理部门和丰富的资源会采取次序双元。Tushman 和 O'Reilly[19]则认为,面对快速的变化,次序双元可能是无效的,组织需要同时进行探索和利用。臧金娟等[28]从资源角度出发,认为企业领导者的网络扩展能力越强,内部资源柔性越好,网络中心度越高,企业倾向于选择结构双元,反之,选择次序双元对企业更有利。

企业究竟如何结合内外部资源配置探索和利用还取决于不同的产业情境和国家情境。与韩国等新型工业化国家和地区的出口导向型企业不同,中国企业的成长是在转型的"所有制"、多样的"技术体制"、多层次的"市场空间"以及新兴的"全球网络"四位一体的情境下开展的[12],因此,可以从中国的外部技术体制、市场需求以及企业内部能力累积三个维度考察它们对双元模式选择的影响。彭新敏等[1]研究发现,后发企业在不同追赶阶段面临着不同的技术体制、市场空间,自身有着不同的能力累积,会相应地采用不同的双元性学习模式。首先,技术体制的持续变动为后发企业选择双元模式指明了技术方向;其次,市场空间的持续变化为后发企业提供了有效的需求支撑;最后,双元性构建过程不断增强了企业在更广技术领域中的知识吸收能力,从而为企业选择双元模式提供了平台基础。技术体制变化提供的"技术方向"、市场空间变化提供的"需求支撑"以及能力累积提供的"平台基础"共同驱动了后发企业在不同追赶阶段选择最优的双元模式,最终表现为双元模式经历了一个动态的演进过程和后发企业技术能力的持续提升。

(2)双元创新实现模式的演化

随着时间推移和技术的变化,企业需要在不同领域动态调整对探索和利用投入资源的分配比例,现有研究也相应从演化视角探讨了不同双元模式的切换过程与机制。例如,彭新敏等[29]基于中国后发企业的案例研究发现,基于二次创新动态追赶过程,后发企业会相应地由次序双元向结构双元切换。

外部环境变革引发了企业转换双元模式,但企业在内部如何相应调整和转换来适应这一变革?这一切换过程涉及很多改变,包括正式的组织结构、惯例、日常活动、决策程序、奖惩机制、控制机制以及资源分配,更深层次地会涉及建立冲突管理机制、维护有效的人际关系以及探索与利用的转换规则。探索和利用所依赖的组织结构不同,现有研究大多聚焦在如何将组织结构作为一种转换机制,使得企业能够在相对立的活动之间进行切换[17]。Duncan[30]在他的早期论文中提到,企业为了提供启动创新和执行创新所要求的冲突性安排,需要随时间改变组织的结构,通过二重结构的转换实现双元创新。Boumgarden 等[31]进一步认为,适用于利用性创新的组织通常是刚性的、机械的和中心化的,以探索性创新为主的组织往往是有机的、灵活的和去中心化的。除组织结构之外,在人力资源、企业文化方面做出合理的安排也会促进探索和利用之间的转换,如 Birkinshaw 等[32]对宝马公司双元构建的研究发现,宝马在构建双元过程中采取了制定长期的战略定位、强调战略的一致性、让全体成员对已制定的战略有很好的理解和执行、设定共同身份、构建正式网络、实施工作轮换等措施。在一项近期关于中国企业双元的研究中,Sun 等[25]将配置视角应用于组织双元性的研究,提出应该关注组织设计元素的组合,并从环境、组织和个体三个层面出发识别了组织设计的八个核心要素,分别是外部环境、组织策略、组织架构、组织流程、人力资源、奖励机制、管理者行为和员工行为。

22.5　基于赶超过程的中国企业双元创新实践

本节描述了三家有代表性的中国本土制造企业的双元创新实践,其中海天采取的是结构双元[1],慈星采取的是次序双元[33],海伦则是从次序双元转换到结构双元[34]。案例发现,当后发企业在赶超过程中面临不同性质的机会窗口,自身又具备不同的能力累积时,双元创新的实现模式在赶超的各个阶段既是有差异的,阶段之间又是演进的。

(1)海天:不同结构双元的演进

海天塑机集团有限公司(以下简称海天)于 1966 年在宁波创立,20 世纪 70 年代初开始生产注塑机。1994 年,海天销售收入达到 1.38 亿元,成为国内规模最大的注塑机企业,2015 年销售额达到了 70.57 亿元,成为全球产量和销售额均第一的注塑机企业。本节的考察期选择从 1994 年开始,1994—2005 年为海天"从追赶到超越追赶"阶段,技术发展方向是注塑机锁模力不断增大,海天完成了中小型液压注塑机向大型液压注塑机的转换;2005—2015 年为海天"从超越追赶到创新前沿"阶段,高效率、高精密度注射成为行业新兴的发展方向,海天掌握了以全电动为代表的高精密注射技术。海天每个阶段双元创新的主导模式及演化路径如图 22.3 所示:初始追赶阶段基于联盟的"分隔型双元"、超越追赶阶段基于并购的"过渡型双元"和创新前沿阶段组织内主导的"自洽型双元"[1]。

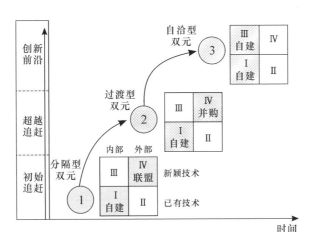

图 22.3　海天从追赶到前沿的双元创新实现模式的演化

①基于联盟的分隔型双元,指企业通过内部自建事业部和外部联盟的跨边界组合来同时实现探索和利用[23]。企业既可以通过内部利用和联盟探索的组合构建双元,体现为图 22.3 中象限Ⅰ和象限Ⅳ的组合,也可以通过联盟利用和内部探索的组合构建双元,体现为图 22.3 中象限Ⅱ和象限Ⅲ的组合。本案例中,海天在初始追赶阶段采用了象限Ⅰ和象限Ⅳ组合的"分隔型双元"模式(见图 22.3 中①):在利用性创新方面,海天新成立了"宁波大榭开发区海天机械有限公司"继续开发和生产原有液压注塑机产品;在探索性创新方面,海天则通过与德国德马格公司新建的合资企业进行大型液压注塑机的开发与生产。

②基于并购的过渡型双元,指企业通过内部自建事业部和外部并购的跨边界组合来同时实现探索和利用。之所以称之为过渡型双元,是因为对处于技术追赶动态过程中的后发企业而言,在新旧技术范式交替的特殊时期,还存在一种过渡型学习(transitional learning)[9]。后发企业在完成对引进技术消化吸收、形成一定技术发展能力的同时,却又不得不在发达国家新的技术进展或新技术范式出现面前再次落后,发生危机[35],过渡型学习则是为了适应重大环境变化而探索战略性转变和系统重构的可能,把分析理解外部环境中与己相关的重大事件和信息作为首要任务,为未来发展进行多维的探索。在本案例超越追赶阶段的初期,海天为了获得国外新兴的全电动技术,即采用了"过渡型双元"模式(见图 22.3 中②):一方面海天通过独立事业部继续保持液压注塑机的开发和生产,另一方面公司内部研发部门开始自主探索新兴的全电动注塑机技术;在经历了第一次内部探索开

发失败之后,又通过跨国收购和引智方式进行跨边界的技术整合,体现为图22.3中②的象限Ⅰ和象限Ⅳ(外部并购)的组合。随着国内外研发团队的不断融合,海天在一年之后终于成功开发出新一代全电动注塑机,同时随着这一新技术开发,企业基于研究的自主产品开发平台得到完善,企业开始进入技术创新的前沿。因此,过渡型双元学习是后发企业实现从一个技术范式转向另一个技术范式的重要准备阶段,是超越追赶阶段双元学习的主导模式。

③组织内部主导的自洽型双元,指企业通过在组织内部自建不同事业部以同时实现探索和利用[23],对应于图22.3中象限Ⅰ和象限Ⅲ的组合。本案例中,海天在创新前沿阶段采用了"自洽型双元"模式(见图22.3中③):在利用性创新方面,海天一方面通过新注册的"无锡天剑"子公司进行中小型通用液压注塑机开发,同时又重组了"海天重工"事业部继续开发和生产大型液压注塑机;在探索性创新方面,海天则通过新成立的"长飞亚"事业部进行全电动注塑机技术及产品开发。

因此,一方面,在技术追赶的每个阶段,海天都通过新建事业部进行组织结构分离,在空间上形成了相对独立的利用事业部和探索事业部,并且将不同的产品开发任务分配到相应的事业部中,这既保持了利用事业部既有的生产与经营惯例,也保证了探索事业部有足够的自由和弹性来发展新的知识和技术,实现了双元创新。另一方面,海天在不同追赶阶段采用了不同的双元模式:在"分隔型双元"模式中,企业通过分离不同的任务单元来完成成熟技术追赶中利用与探索的双重任务;在"过渡型双元"模式中,后发企业通过跨边界的探索和利用的组合进入新兴技术产品市场;当后发企业进入竞争的前沿时,基于内在创新能力的"自洽型双元"成为企业创新的主要模式,由此形成了双元创新模式持续的动态演化。

通过对海天集团1994—2015年技术追赶过程的纵向案例分析发现,后发企业在由初始追赶到超越追赶再到创新前沿转型的过程中,双元创新由"分隔型双元"向"过渡型双元"再向"自洽型双元"演化,进而实现了行业领导地位。

(2)慈星:赶超情境下的次序双元

宁波慈星股份有限公司(以下简称慈星)创始于1988年,主要生产针织横机,属于针织机械设备制造业,最初产品是手摇横机,2003年进入电脑横机领域,2010年慈星电脑横机销量居世界首位,2017年慈星成功研发出行业前沿产品全成型电脑横机。纵向来看,慈星依次经历了成熟技术利用(1988—2002年,手摇横机)、新兴技术探索(2003—2006年,电脑横机)、新技术改进(2007—2014年,高速高效电脑横机）、行业前沿技术探索（2015—2019 年，全成型电脑横机）四个发展阶段。

　　慈星在技术追赶的四个阶段分别采取了不同的主导创新方式（见图22.4)[33]，从第一阶段的利用到第二阶段的探索再到第三阶段的利用最后到第四阶段的探索，呈现出明显的利用与探索的交替循环，在整个追赶周期内形成了一种次序双元，专利申请数量逐年攀升，产品创新程度不断增加，最终与国际领先企业的技术差距从"很大""较大"缩小到"较小"，最后达到"同等层次"。

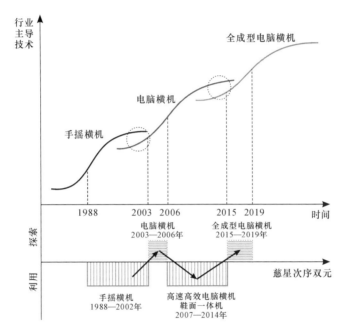

图 22.4　慈星次序双元的演进过程

　　首先，慈星根据技术变革周期有节奏地在利用性创新和探索性创新之间进行转换，在长期内较好地实现了两类创新之间的动态平衡，成功实现了技术追赶。后发企业通过在一段时间内聚焦于一种创新，有利于其迅速适应该类创新要求，使创新成果更快地转化为技术能力。具体来说，后发企业通过探索性创新把握技术范式转变的机会窗口，快速突破技术壁垒，之后通过利用性创新，进一步提高产品性能，占领并扩大市场。案例从后发企业视角丰富了技术轨道与技术追赶的相关研究，即有清晰技术定位企业的投资模式更加贴近于技术 S 形曲线。S 曲线的开始部分反映的是企业对于新技术的早期努力与投资，这些努力与投资要一直持续到主导设计确立起来，这是一个探索的过程；接着，产品生产数量急剧上升，这意味着之前的创新成果被利用,是一个利用的过程;最终,在 S 曲线的最上端,利用的边际效用达到最低,重新进入探索。在 S 曲线上,这种探索和利用的更替呈现出周期性的特点。相对应的,在某一组织单元内部,一系列探索与利用的间断移动则体现了次序双元的本质。

其次,在开展次序双元创新的过程中,探索性创新和利用性创新持续时间有所不同。具体来说,探索性创新持续时间相对较短,利用性创新持续时间相对较长。在慈星案例中,"探索—利用"转换的周期平均为 7.5 年,其中慈星分别在第二与第四阶段进行了探索性创新,攻克了相对于企业来说新颖的电脑横机和全成型电脑横机技术,两个阶段的持续时间均在 4 年左右。慈星在其第一阶段、第三阶段开展了利用性创新,对已有电脑针织横机生产技术进行进一步升级,第一阶段从 1988 年到 2002 年经历了 14 年时间,第三阶段从 2007 年到 2014 年经历了 7 年时间,所经历的时间都相对较长。究其原因,探索性创新主要解决的是突破性技术,企业为开发新产品而进行组织学习。这一过程不会持续很长时间,新产品从试制到投入市场往往只需要 2—4 年时间。相对应的利用性创新主要解决的是渐进性技术,企业在已经开发成功的产品上进行进一步的改进和升级,使产品更加贴合市场需求,这是一个相对漫长的周期,往往会持续 5 年以上。因此次序双元呈现为较长利用过程中穿插短时期探索的发展节奏。

由慈星案例发现,次序双元开展的过程实质是技术变革、内部要素与创新类型三者之间动态匹配的过程,即由图 22.5 中的 Ⅰ 区向 Ⅱ 区,再向 Ⅲ 区,最后向 Ⅳ 区进行演变[33]。

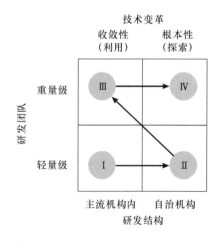

图 22.5　慈星次序双元过程中的研发结构与研发团队配置

在第一阶段的 I 区，慈星处于手摇横机时代，没有正式研发的团队，产品改进主要基于"干中学"，在组织结构上同样也没有设置独立的研发事业部，技术开发在现有企业内完成。在第二阶段的 II 区，国内针织行业开始进入电脑横机时代，为顺应技术范式转变，慈星新成立了独立的宁波裕人智能纺织机械有限公司，聚焦于电脑横机的研发与生产，并成立了轻量级的研发团队。在第三阶段的 III 区，行业技术范式未发生重大改变，慈星在现有组织内成立了研发中心对电脑横机进行升级，技术人员规模急剧扩大，并建立了研发规范，研发团队由轻量级升级到重量级。在第四阶段的 IV 区，慈星收购瑞士斯坦格集团作为独立的研发事业部，专门进行全成型电脑横机研发，公司研发团队融合了海外优秀技术工程师，继续保持在重量级水平。

因此，从企业内部要素看，后发企业实现次序双元的第一个内部因素是设置匹配的研发机构。在收敛性技术变革期间，技术范式相对稳定，后发企业主要开展利用性创新，技术研发可由主流机构或在主流机构内设置研发部来完成；在根本性技术变革期间，技术范式发生革命性变化，后发企业要开展的是探索性创新，要求建立与之前不同的流程、惯例、决策机制等，可通过设置独立研发部门或自治事业部来完成。后发企业实现次序双元的第二个内部因素是研发团队配置的适应。随着追赶的技术由成熟技术转为新兴技术再转向行业前沿技术，研发难度不断增加，企业资源要不断向研发倾斜，研发团队应由轻量级相应转变为重量级，甚至要通过制定新的工作流程提高研发人员的工作效率。

通过慈星 1988—2019 年的纵向案例研究发现，后发企业在技术追赶过程中可根据行业技术变革性质开展不同类型的创新。在技术范式发生转变的根本性变革期以探索为主导，可由独立的自治机构负责；在技术范式趋于稳定的收敛性变革期则以利用为主导，可在主流机构内完成，同时随着追赶技术难度的增加，企业研发团队由轻量级升级为重量级。技术变革性质、创新类型与企业内部要素三者之间的动态匹配，使后发企业有节奏地在探索与利用之间进行转换，形成了次序双元，进而实现了对国际领先企业的技术追赶。

(3)海伦：从次序双元到结构双元

宁波海伦钢琴股份有限公司（以下简称海伦）于 1986 年在宁波创立，以生产销售钢琴零配件起家，20 世纪 90 年代开始生产钢琴核心零部件，随后加入整琴制造的行列。2012 年，海伦实现了从精品钢琴到智能钢琴的业务结构升级，成为全球钢琴制造中的领先企业。海伦钢琴的发展可分为四个阶段：1986—2002 年为"初创阶段"，海伦从钢琴外围零件生产转换到核心部件码克制造；2003—2006 年为"增长阶段"，海伦从部件生产转向整琴制造；2007—2011 年为"转型阶段"，海伦成为国内钢琴行业的领先者；2012 年后进入超越追赶阶段，海伦开始引领钢琴行业朝智能化方向发展。海伦技术追赶过程中的机会窗口、吸收能力、企业战略和追赶结果的演变总结如图 22.6 所示。

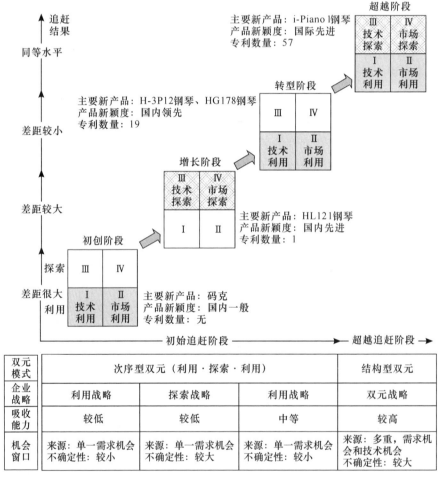

图 22.6　海伦技术追赶过程中双元模式的演变

在初创阶段，面临确定程度较高的需求机会，海伦基于自身吸收能力较低的技术基础，通过引进国外专家指导生产出核心部件（技术利用），为原有的各类钢琴厂提供配套零部件(市场利用)。因此,该阶段,海伦通过聚焦于利用性战略,迅速使学习成果转化为技术能力[15]。

在增长阶段,海伦完成了从核心零部件到整琴的研发(技术探索),从早期的贴牌生产首先进入国外市场,到 2005 年开始构建销售网络开拓国内市场(市场探索),企业主导战略为探索性战略。从部件跨越到整琴,海伦面临的机会不确定性增大,同时企业吸收能力较低,选择探索性战略有助于海伦获得先进的技术知识与创新能力。

在转型阶段,海伦利用行业内成熟的整琴制造技术,引进国外制琴大师共同进行精品钢琴的系列化生产(技术利用),提升品牌影响力以巩固国内的中高端市场(市场利用),企业主导战略为利用性战略。该阶段钢琴需求相对稳定,机会的不确定性较小,前一阶段的技术积累使海伦吸收能力逐渐增强,海伦采取利用性战略有利于对已有技术能力的利用与现有市场的渗透。

在超越阶段,随着从传统钢琴到智能钢琴技术范式转变,需求窗口和技术窗口同时开启,海伦也具有了较高的吸收能力,因此在"传统钢琴"与"智能钢琴"上同时开展经营,形成了结构型双元战略。一方面海伦不断拓展销售渠道(市场利用),调整传统钢琴的结构和质量,增加三角钢琴、立式钢琴的型号(技术利用);另一方面,海伦涉足互联网和艺术教育培训领域(市场探索),成立全新公司进行智能钢琴研发(技术探索)。结构型双元使得后发企业既有在成熟市场竞争的能力,又有在新兴市场开发新产品和服务的能力,获得了持续竞争优势。

纵向来看,海伦在初始追赶阶段经历了利用到探索再到利用战略的转换,采取的是次序型双元模式,在超越追赶阶段,海伦采用的是探索与利用并重的结构型双元模式。因此,从初始追赶到超越追赶,后发企业的双元创新战略实现模式由次序型向结构型演变,与国际领先企业的技术差距从"很大""较大"到"较小",最后达到"同等层次",实现了持续技术与市场追赶。

通过海伦钢琴 1986—2012 年的纵向案例分析,我们发现,在技术追赶过程中,后发企业战略会受到机会窗口性质和企业吸收能力两种因素的共同影响。具体来说,当机会单一且比较确定时,企业通常采用利用战略;当机会单一但不确定性较大时,企业通常采用探索战略;当企业面临多重且不确定性较大的机会窗口,以及企业本身具有较高的吸收能力时,后发企业通常会采取双元结构创新战略。长期来看,后发企业双元创新战略将从初始追赶阶段的次序型双元转换为超越追赶阶段的结构型双元,同时随着企业双元模式的适时转变,后发企业追赶绩效也得到了持续提升。

22.6 结 论

中国企业由低成本竞争者向全球领先企业赶超的过程中会遇到多种矛盾性挑战,如短期盈利与长期发展之间的取舍,根据多重标准在竞争性项目之间分配资源等,但中国领先企业突破了"非黑即白"的一元思维,运用对立统一的矛盾性思维,重视事物的整体性、动态性和复杂性,在实践中创造性地运用双元创新有效应对了这些冲突与挑战:它们既利用成熟技术进行大规模产品生产,也探索新兴技术进行新产品开发;它们既在全球范围内搜索新知识,也将其与中国超大规模本地市场相结合,并逐渐成为所在行业和市场的领导者[36]。在双元创新理论开发上,中国学者运用整体全面和长期过程导向的研究视角,揭示了中国多样化技术体制、多层次市场空间等特殊追赶情境下后发企业双元创新模式的权变性和动态性,从追赶阶段的次序型双元到超越追赶阶段的结构型双元,再到趋近行业前沿时结构型双元本身的演进,这些发现深度挖掘了基于赶超动态过程的双元创新模式演化规律,丰富了创新管理理论体系[37]。

当前,中国企业正在从追赶到超越追赶,甚至走到创新前沿,面临从"追赶者"到"领导者"转型的挑战[38],双元创新组合了探索与利用两种不同的优势,是最具吸引力的战略方案之一,在后发企业的超越过程中发挥着独特的价值,给学者们提供了构建中国自主创新知识体系的研究方向。首先,双元模式转换机制的研究[39]。在超越追赶过程中,后发企业会面临不同的机会窗口,它们如何选择恰当的双元模式来实现赶超?不同双元模式之间又是如何转换的?目前不同模式之间的转换机制仍不清晰,未来可以深入探讨超越追赶情境下双元创新实现模式的转换机制。其次,双元创新决策过程的研究[17]。后发企业在超越追赶过程中会遇到许多难题,管理者需要在竞争性需求之间权衡,需要及时发现超越非此即彼的解决方案,需要提出创造性的解决办法,未来研究需要近距离观察企业如何制定双元决策,谁参与了这些决策,以及这些决策是如何实施的,提出关于双元创新决策过程的深刻洞察。再次,双元创新实现前因的研究[25]。后发企业在超越追赶过程中面临日益多变的市场环境、不断更迭的技术范式,未来的研究可以采用配置视角,通过定性比较方法,从其他企业和行业层面的因素出发,对更多影响双元创新实现的条件进行因果分析。

总之,超越追赶过程的动态性、双元本身的复杂性以及双元创新实现的困难性,三者共同决定了赶超情境下中国企业双元创新的研究是一个既有实践重要性,又有巨大理论机会的研究主题。

参考文献

[1] 彭新敏,郑素丽,吴晓波,等.后发企业如何从追赶到前沿？双元性学习的视角[J].管理世界,2017(2):142-158.

[2] Prange C. Ambidextrous internationalization strategies：The case of Chinese firms entering the world market[J]. Organizational Dynamics, 2012, 41(3):245-253.

[3] Luo Y,Rui H. An ambidexterity perspective toward multinational enterprises from emerging economies[J]. Academy of Management Perspectives, 2009, 23(4):49-70.

[4] March J. Exploration and exploitation in organization learning[J]. Organization Science, 1991, 2(1):71-87.

[5] 朱朝晖,陈劲.探索性学习与挖掘性学习及其平衡研究[J].外国经济与管理,2007(10):54-58+65.

[6] 凌鸿,赵付春,邓少军.双元性理论和概念的批判性回顾与未来研究展望[J].外国经济与管理,2010,32(1):25-33.

[7] Danneels E. The dynamics of product innovation and firm competence [J]. Strategic Management Journal, 2002, 23(12):1095-1121.

[8] Benner M J, Tushman M L. Exploitation, exploration, and process management：The productivity dilemma revisited [J]. Academy of Management Review, 2003, 28 (2): 238-256.

[9] 吴晓波,马如飞,毛茜敏.基于二次创新动态过程的组织学习模式演进——杭氧1996—2008纵向案例研究[J].管理世界,2009(2):152-164.

[10] 吴晓波,方刚.超越追赶:中国创新之路[M].北京:中信出版集团,2023.

[11] 江诗松,龚丽敏,魏江.转型经济中后发企业的创新能力追赶路径:国有企业和民营企业的双城故事[J].管理世界,2011(12):96-115+188.

[12] 吴东,吴晓波.技术追赶的中国情境及其意义[J].自然辩证法研究,2013,29(11):45-50.

[13] 路风,慕玲.本土创新、能力发展和竞争优势——中国激光视盘播放机工业的发展及其对政府作用的政策含义[J].管理世界,2003(12):57-82+155-156.

[14] 谢伟.全球生产网络中的中国轿车工业[J].管理世界,2006(12):67-87+103.

[15] Hoskisson R E, Wright M, Filatotchev I, et al. Emerging multinationals from mid-range

economies：The influence of institutions and factor markets［J］. Journal of Management Studies，2013，50(7)：1295-1321.

［16］李平.中国本土管理研究与中国传统哲学［J］.管理学报，2013，10(9)：1249-1261.

［17］O'Reilly C A，Tushman M L. Organizational ambidexterity：Past，present，and future［J］. Academy of Management Perspectives，2013，27(4)：324-338.

［18］Gupta A K，Smith K G，Shalley C E. The interplay between exploration and exploitation ［J］. Academy of Management Journal，2006，49(4)：693-706.

［19］Tushman M L，O'Reilly Ⅲ C A. Ambidextrous organizations：Management evolutionary and revolutionary change ［J］. California Management Review，1996，38(4)：8-30.

［20］Siggelkow N，Levinthal D A. Temporarily divide to conquer：Centralized，decentralized，and reintegrated organizational approaches to exploration and adaptation［J］. Organization Science，2003，14(6)：650-669.

［21］彭新敏,孙元.联盟成员组织学习平衡模式实证研究综述与展望［J］.外国经济与管理，2011，33(10)：26-32.

［22］Rothaermel F T，Alexandre M T. Ambidexterity in technology sourcing：The moderating role of absorptive capacity ［J］. Organization Science，2009，20(4)：759-780.

［23］Simsek Z，Heavey C，Veiga J F，et al. A typology for aligning organizational ambidexterity's conceptualizations，antecedents，and outcomes［J］. Journal of Management Studies，2009，46(5)：864-894.

［24］Geerts A，Blindenbach-Driessen F，Gemmel P. Achieving a balance between exploration and exploitation in service firms：A longitudinal study［J］. Academy of Management，2010(1)：1-6.

［25］Sun X，Rong N，Sun M，Zhu F. Combining structural and sequential ambidexterity：A configurational approach using fsQCA［J］.Management and Organization Review，2023,19(4)：803-837.

［26］Raisch S，Birkinshaw J，Probst G，et al. Organizational ambidexterity：Balancing exploitation and exploration for sustained performance［J］. Organization Science，2009，20(4)：685-695.

［27］Lubatkin M H，Simsek Z，Ling Y，et al. Ambidexterity and performance in small-to medium-sized firms：The pivotal role of top management team behavioral integration［J］. Journal of Management，2006，32(5)：646-672.

［28］臧金娟,李垣,魏泽龙.双元模式选择对企业绩效的影响——基于跨层视角的分析［J］.科学学与科学技术管理,2012,33(9)：105-112.

［29］彭新敏,吴晓波,吴东.基于二次创新动态过程的企业网络与组织学习平衡模式演化——

海天 1971—2010 年纵向案例研究[J].管理世界，2011(4):138-149＋166＋188.

[30] Duncan R B. The ambidextrous organization: Designing dual structures for innovation[J]. The Management of Organization，1976，1(1):167-188.

[31] Boumgarden P，Nickerson J，Zenger T R. Sailing into the wind: Exploring the relationships among ambidexterity，vacillation，and organizational performance[J]. Strategic Management Journal，2012，33(6):587-610.

[32] Birkinshaw J，Zimmermann A，Raisch S. How do firms adapt to discontinuous change? [J]. California Management Review，2016，58(4):36-58.

[33] 彭新敏，张帆.技术变革、次序双元与后发企业追赶[J].科学学研究，2019，37(11): 2016-2025.

[34] 彭新敏，史慧敏，朱顺林.机会窗口、双元战略与后发企业技术追赶[J].科学学研究，2020，38(12):2220-2227＋2257.

[35] 吴晓波.二次创新的周期与企业组织学习模式[J].管理世界，1995(3):168-172.

[36] 彭新敏，李佳楠，张帆.超越追赶阶段后发企业双元学习演进的驱动机制研究[J].南开管理评论，2022，25(1):116-123＋134＋124-125.

[37] 彭新敏，吴晓波，吴东.中国企业的超越追赶[M].北京:科学出版社，2020.

[38] Hobday M，Rush H，Bessant J. Approaching the innovation frontier in Korea: The transition phase to leadership[J]. Research Policy，2004，33(10):1433-1457.

[39] Chou C，Yang K P，Chiu Y J. Managing sequential ambidexterity in the electronics industry: Roles of temporal switching capability and contingent factors[J]. Industry and Innovation，2018，25(8):752-777.

23　中国战略性新兴产业政策演化与发展趋势

周　源　许冠南

23.1　引　言

随着全球经济形势的深刻变化,中国正迎来战略性新兴产业发展的关键时期。新兴产业不仅是国家经济转型的重要组成部分,更是实现绿色发展、可持续增长的核心动力。中国的战略性新兴产业涵盖了高端制造、新能源、新材料、信息技术、生物医药等领域,是引领经济转型升级的重要力量。近年来,中国政府积极出台了一系列政策,旨在培育和壮大战略性新兴产业,以应对日益复杂的国内外经济环境。这些政策涵盖了多个方面,包括技术创新、市场规范,以及行业支持等,通过引导资金、人才、技术等要素的流动,体现政府在鼓励技术创新、优化市场环境和提升产业竞争力方面发挥的重要作用。然而,尽管政策初衷良好,实施过程中却常面临市场失灵和政府干预不足等诸多挑战。新兴产业的技术路线不确定、创新能力不足、市场需求不明确等问题频繁出现,严重制约了产业的成长和竞争力发展。在这种背景下,深入分析中国战略性新兴产业政策的特点、问题及其发展趋势显得尤为重要。

本章将围绕中国战略性新兴产业政策的解析与发展趋势展开探讨,重点分析政策实施中存在的主要问题,并提出相应的理论回应。通过对政策背景的深入剖析,我们希望为战略性新兴产业的发展提供理论支持和实践指导,以更好地推动中国经济向高质量发展转型。第23.2节将分析政策工具的使用情况;第23.3节将解析政策主题的演化;第23.4节关注中国战略性新兴产业政策解析与发展趋势。

23.2　中国战略性新兴产业政策工具分析

政策是政策系统的一种输出成果,它源于政策主体、客体与环境之间的深入互动与相互影响。在政策的形成过程中,不仅要对政策问题进行明确的界定,设定清晰的政策目标,并从众多方案中挑选出最合适的政策方案,更要深思熟虑地决定采用何种具体的措施,以及通过怎样的机制来有效执行这一政策。这些措施和机制,我们称之为政策工具,是实现政策目标的关键所在。可以说,政策由理念变为现实必须依靠各种政策工具,政策是政府通过对各种政策工具的设计、组织、搭配及运用而形成的[1]。

(1)政策工具的概念

政策工具,又称为治理工具、政策手段、政府工具,是指为实现特定的政策目标而采用的机制、手段、方法与技术[2]。关于政策工具的含义,陈庆云学者在《公共政策分析(第二版)》中总结了以下三种观点[3]。

①因果论。这种观点认为政策工具是系统探讨问题症结与解决方案间因果关系的过程。这种观点对于政策工具的定义过于宽泛,公共政策过程本来就是为寻找问题症结并设计有效的解决方案。

②目的论。这种观点认为政策工具是有目的行为的蓝图,或者说,政策工具是目的导向的,是一套解决问题、实现政策目标的蓝图。这种观点没有突出政策工具的特色,有将政策工具等同于政策方案之嫌。

③机制论。这种观点认为政策工具是将政策目标转换为具体政策行动的机制。政府在不同的场合运用不同组合的工具来实现政策目标。

总而言之,政策工具是指政府、组织或个人用来实现特定目标或解决公共问题的手段、方法或措施。政策方案只有通过适当的政策工具才能得到有效的执行,从而达到政策设计的理想状态。政策工具是连接目标和结果的桥梁,是将政策目标转化为具体行动的路径和机制。

(2)政策工具的分类

目前,由于分类标准不一,政策工具有多种不同的分类方法。

荷兰经济学家科臣最早试图对政策工具加以分类,整理出 64 种一般化的工具,但并未加以系统化地分类;美国政治学家洛维、达尔和林德布洛姆等人倾向于将这些工具归入一个宽泛的分类框架中,如将工具分为规制性工具和非规制性工具两类,Lester 和 Salamon[4] 则在他们研究的基础上增列了开支性工具和非开支性工具两种类型;英国学者 Hood[5] 在《政府工具》中提出了一种更为系统化的分类框架,认为所有政策工具都使用下列四种广泛的"治理资源",即政府拥有的信息、权威、财力和可利用的正式组织来处理公共问题;麦克唐奈和艾莫尔则根据政策目标,将政策工具分为四类,即命令型工具、激励型工具、能力建设型工具和系统变迁型工具,Schneider 和 Ingram[6] 也做了类似的分类,将政策工具分为激励型工具、能力建设型工具、符号与规劝型工具、学习型工具四类;加拿大学者 Howlett 和 Ramesh[7] 在《公共政策研究:政策循环与政策子系统》一书中,根据政府工具的强制性程度来分类,将政府工具分为自愿性工具(非强制性工具)、强制性工具和混合性工具三类。

在国内的相关研究中,根据活动方式,我国学者将技术创新政策措施划分为金融外汇、财政税收、其他经济措施、行政措施、人事措施五类[8];结合活动特点和政策作用领域,有学者将政策工具划分为战略层、综合层和基本层三个层面[9];根据政策干预程度的强弱,政策工具可以被分为强制性、混合性和自愿性三大类[10]。

而具有经典性与操作性的是 Rothwell 和 Zegveld[11] 的分类方法。他们较早地将政策工具引入创新政策分析领域,根据政策工具对技术创新产生影响的层面不同,将技术创新政策工具分为供给型、环境型和需求型三大类,在政策研究中得到广泛的应用[12]。其中,供给型政策工具表现出对科技创新活动的推动力,环境型政策工具对科技创新和新兴产业的发展起间接影响作用,而需求型政策工具更多地表现为对市场需求的拉动力[13]。表 23.1 对供给型、环境型、需求型三类政策工具及其主要措施进行了归纳、划分。

表 23.1　战略性新兴产业政策工具一览

政策工具	措施
供给型政策工具	人才培养
	资金支持
	技术支持
	公共服务
环境型政策工具	目标规划
	金融支持

续表

政策工具	措施
环境型政策工具	法规规范
	产权保护
	税收优惠
需求型政策工具	政府采购
	贸易政策
	用户补贴
	应用示范
	价格指导

①供给型政策工具

供给型政策工具是指通过调节供给侧因素来促进产出和就业增长的一种政策手段。这类工具对政策目标起直接促进作用,旨在改善技术创新相关要素的供给,推动技术创新和新产品开发[14]。供给型政策工具主要通过人才培养、资金支持、技术支持及公共服务等方面实现政策目标。其中,人才培养主要指政府有关职能部门根据产业发展的需求,建立长期的、战略性的人才发展规划,并积极完善各级教育体系及各种培训体系,拓展人才交流渠道,提供不同层次的人力资源;资金支持指政府直接为技术创新行为提供财力上的支援,如提供研发经费和基础设施建设经费等;技术支持主要指政府通过技术辅导与咨询来引导技术创新并加强技术基础设施建设,如出资建立研发实验室、建立学习机制促进技术成果扩散、鼓励企业引进国外先进技术等;公共服务指政府为了保障技术创新的顺利进行,提供相应的信息、交通、通信、咨询等配套服务设施。

②环境型政策工具

环境型政策工具是旨在为技术创新等科技活动提供有利政策环境的一种政策手段,它间接影响并促进科技创新和新产品开发。环境型政策工具主要通过目标规划、金融支持、法规规范、产权保护、税收优惠等方面实现政策目标。其中,目标规划指政府通过制定战略性的发展目标和规划,对科技创新发展进行宏观性、方向性、指导性的统筹布局;金融支持主要指政府通过融资、补助、风险投资、特许、财务分配安排、设备提供和服务、贷款保证、出口信用贷款等政策鼓励创新;法规规范指政府通过制定公平交易法、加强市场监管、反对垄断、制定环境和健康标准等措施规范市场秩序,为创新提供有利的环境;产权保护主要指政府通过颁布专利、著作权、软件著作权等方面的管理条例和细则,加强知识产权保护、提高企业开展技术创新的积极性;税收优惠主要指政府对于满足特定条件的企业和个人给予赋税上的减免,如投资抵减、加速折旧、免税和租税抵扣等。

③需求型政策工具

需求型政策工具是指通过调节需求侧因素来影响经济活动和资源配置的一种政策手段。这类政策工具的主要作用是政府通过多种措施减少市场不确定性,开拓并稳定新技术应用市场,拉动技术创新和新产品开发[15]。需求型政策工具是政府通过政府采购、贸易政策、用户补贴、应用示范、价格指导等措施来实现政策目标的。其中,政府采购指政府通过对特定产品的大宗采购,提供相对稳定的市场预期,降低市场的不确定性,激发创新活力,包括中央或地方政府的采购、公共事业的采购等;贸易政策主要是指政府有关进出口的各项管理措施,如贸易协定、关税、货币调节等;用户补贴主要指政府通过对产品的需求端给予补贴,提升消费者的购买能力和意愿,促进产品推广和市场拓展;应用示范指政府对特定技术和产品,在现实环境中以全规模或接近全规模进行市场检测和展示,从而提升产品的社会接受度,促进技术创新;价格指导指政府通过颁布某类产品的最高、最低限价或建议价格来对产品售价进行干预,引导市场需求。

(3) 中国战略性新兴产业中央政策工具分析

中国战略性新兴产业以重大技术突破和重大发展需求为基础,对经济社会全局和长远发展具有重大引领带动作用,具有知识技术密集、物质资源消耗少、成长潜力大、综合效益好等特征,已逐步成为中国经济发展的新引擎。自 2010 年《国务院关于加快培育和发展战略性新兴产业的决定》发布以来,我国政府出台了一系列培育发展战略性新兴产业的相关政策,对战略性新兴产业的发展起着关键作用。

本节通过国务院及各部委的官方网站、各战略性新兴产业技术协会网站以及国研网战略性新兴产业数据库等途径,采用网络数据采集、全文、关键字检索等方法,收集、梳理自 2010 年 1 月 1 日至 2019 年 7 月 30 日中央部委颁布的战略性新兴产业总体政策及各产业领域相关政策,共计 941 项。按照产业领域划分,我国战略性新兴产业政策主要分布在节能环保、新能源、新一代信息技术、高端装备制造等领域,具体如图 23.1 所示。按照发布年份划分,2010—2019 年各个年度发布的政策数量分布并不均匀,2012 年、2013 年、2016 年、2017 年发布数量比较突出,具体如图 23.2 所示。

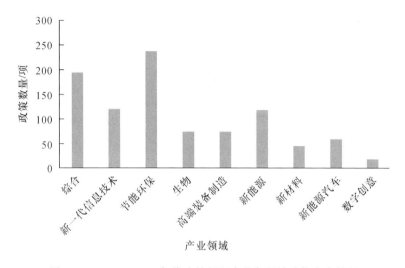

图 23.1 2010—2019 年战略性新兴产业各领域政策发布情况

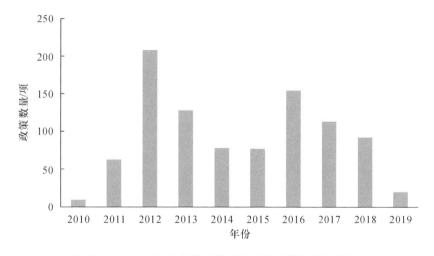

图 23.2 2010—2019 年战略性新兴产业政策数量年度分布

我国战略性新兴产业政策工具组合随着产业发展动态调整,主要着力于改善产业环境、技术支持和扩大内需。如图 23.3 所示,2010—2019 年我国战略性新兴产业政策工具中,环境型政策工具与供给型政策工具所占比例较高,分别为

52％和32％,需求型政策工具所占比例为16％,说明中央政府的政策着力点主要在于改善产业环境和调整产业供给。进一步基于三类政策工具对应的措施进行分析,如图23.4所示,供给型政策工具中,公共服务和技术支持政策工具使用最多,反映了政府对战略性新兴产业技术进步和配套设施服务的关注;环境型政策工具中,目标规划和法规规范政策工具使用广泛,说明政府对战略规划与完善法治环境方面较为重视;需求型政策工具直接作用于市场端,其中应用示范政策工具使用较多。

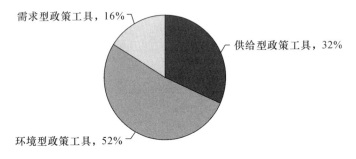

图 23.3 2010—2019 年我国战略性新兴产业三大政策工具分布

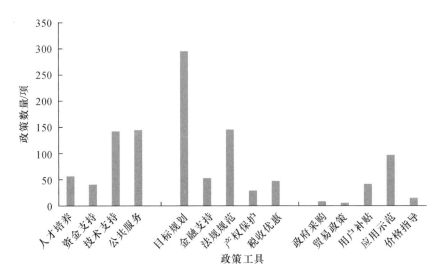

图 23.4 战略性新兴产业主要政策工具细分

从时间维度上看,如图23.5所示,环境型政策工具始终保持较高的占比和数量;需求型政策工具总体占比较少,在2012年的产业发展初期数量相对较多;供给型政策工具越来越受到重视,尤其在2016年数量最多。由此可见,政府所采用的政策工具组合随产业发展而动态调整,通过创新驱动、营造良好产业环境、扩大内需等各种方式来促进科技和经济发展。

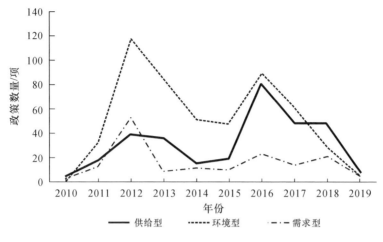

图 23.5　2010—2019 年政策工具使用情况

(4)代表性产业领域政策工具分析

由于不同产业领域的发展目标、发展路径、重点发展技术及市场导向性等各具特点,各产业领域政策的着力点也不尽相同。《"十三五"国家战略性新兴产业发展规划》在原有的新一代信息技术产业、节能环保产业、生物产业、高端装备制造产业、新能源产业、新材料产业、新能源汽车产业的基础上,新增数字创意产业。2010—2019 年我国战略性新兴产业各产业领域政策着力点各有侧重,具体产业政策工具使用情况如表 23.2 所示。

表 23.2　2010—2019 年战略性新兴产业三大类政策工具分布

单位:项

领域	分类		
	供给型政策工具	环境型政策工具	需求型政策工具
新一代信息技术	44	76	14
节能环保	62	123	55
生物	23	47	3
高端装备制造	19	41	14
新能源	33	60	26
新材料	7	34	4

续表

领域	分类		
	供给型政策工具	环境型政策工具	需求型政策工具
新能源汽车	14	19	26
数字创意	3	11	4

①新一代信息技术产业

新一代信息技术产业是现代经济发展的关键推动力量之一,在推动传统产业转型升级、促进社会经济数字化转型方面发挥了重要作用。2010—2019 年,随着全球信息技术产业的迅猛发展,中国政府高度重视该产业的发展,通过一系列政策措施推动新一代信息技术的创新和应用。国务院、国家发展和改革委员会、工业和信息化部等相关部门相继出台了多项产业规划和专项行动方案,旨在加快信息技术产业的布局与完善,提升国家在全球科技竞争中的话语权和竞争力。具体而言,在"十二五"期间,国家先后发布了《物联网"十二五"发展规划》《电子信息制造业"十二五"发展规划》《集成电路产业"十二五"发展规划》《通信业"十二五"发展规划》《电子商务"十二五"发展规划》等多个细分领域的政策规划,这些规划不仅为物联网、电子商务等新兴领域提供了政策支持,还为集成电路、通信业等基础技术的进一步发展奠定了基础。同时,围绕新型显示科技发展、导航位置与服务科技发展、国家宽带网络科技发展、中国云科技发展等,国家发布了一系列专项规划,进一步推动了信息技术产业的多元化发展。

进入"十三五"时期,政策重心逐步转向推动更深层次的信息化与智能化。国务院、国家发展和改革委员会、工业和信息化部等部门牵头制定《"互联网+"人工智能三年行动实施方案》《信息化和工业化融合发展规划(2016—2020 年)》《大数据产业发展规划(2016—2020 年)》《信息通信行业发展规划(2016—2020 年)》《信息基础设施重大工程建设三年行动方案》《促进新一代人工智能产业发展三年行动计划(2018—2020 年)》《新一代人工智能发展规划》《工业互联网发展行动计划(2018—2020 年)》等政策文件,强调通过人工智能、大数据、工业互联网等新技术的应用,推动信息技术与实体经济的深度融合,形成新的经济增长点。

如图 23.6 所示,2010—2019 年新一代信息技术产业相关政策以环境型政策工具为主,其次是供给型政策工具,需求型政策工具较少。具体来看,目标规划、公共服务、技术支持、应用示范是运用最为广泛的政策工具。

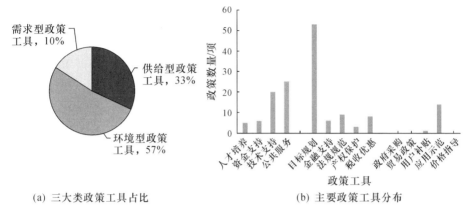

(a) 三大类政策工具占比   (b) 主要政策工具分布

图 23.6 2010—2019 年新一代信息技术产业政策工具分布

②节能环保产业

加快发展节能环保产业是突破资源环境瓶颈制约、实现可持续发展的重要途径。2010—2019 年,节能环保产业在战略性新兴产业中应用了最多的政策工具。2013 年,国务院印发《国务院关于加快发展节能环保产业的意见》,提出营造有利的市场和政策环境,包括健全法规标准、强化目标责任等。这些措施使得节能环保产业相比其他战略性新兴产业更为频繁地采用法规规范类政策工具。此外,2016 年 7 月修订的《中华人民共和国节约能源法》顺应新时代节约能源的要求,为节能环保产业的发展奠定了坚实法律基础。与此同时,《中华人民共和国环境保护法修正案(草案)》《中华人民共和国环境保护税法(征求意见稿)》等法规,以及一系列技术指南、排放标准、准入条件的发布,进一步推动了节能环保产业的健康发展。

如图 23.7 所示,2010—2019 年,节能环保产业相关政策中环境型政策工具的应用数量最多,其次是供给型政策工具和需求型政策工具。具体而言,目标规划、法规规范、技术支持、用户补贴和应用示范等政策工具被广泛应用,推动了节能环保产业的快速发展。

③高端装备制造产业

高端装备制造产业是生产制造高技术、高附加值的先进工业设施设备的关键行业。近十年来,该产业的政策在"十二五"和"十三五"期间呈现出不同的聚焦

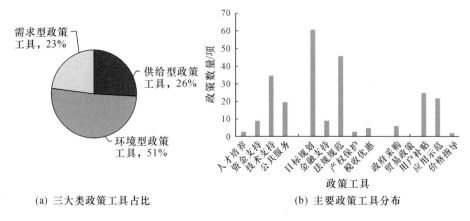

(a) 三大类政策工具占比　　　　(b) 主要政策工具分布

图 23.7　2010—2019 年节能环保产业政策工具分布

点。在《中华人民共和国国民经济和社会发展第十二个五年规划纲要》的指导下，科技部、工业和信息化部等部委制定了海洋工程装备、智能制造、高速列车、服务机器人、智能硬件产业等专项规划，为推动该行业的快速发展奠定了基础。"十三五"期间，政策主要聚焦智能制造、制造业升级改造、"互联网＋先进制造业"等方向。

　　如图 23.8 所示，2010—2019 年高端装备制造产业主要应用环境型政策工具，其次是供给型和需求型政策工具。具体来看，目标规划和应用示范政策工具被广泛采用，推动了高端装备制造产业的持续升级与创新发展。

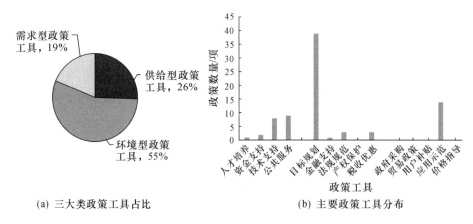

(a) 三大类政策工具占比　　　　(b) 主要政策工具分布

图 23.8　2010—2019 年高端装备制造产业政策工具分布

④新能源汽车产业

过去十年间，新能源汽车产业已逐渐形成种类齐全、配套完善的产业体系。

《"十二五"国家战略性新兴产业发展规划》中明确提出,建立完整的新能源汽车政策框架体系,强化财税、技术、管理、金融政策的引导和支持力度,促进新能源汽车产业快速发展。《"十三五"国家战略性新兴产业发展规划》进一步对新能源汽车产业的发展提出经济规模目标,推动新能源汽车、新能源和节能环保等绿色低碳产业成为支柱产业,到 2020 年,产值规模达到 10 万亿元以上。同时,规划还提出建设具有全球竞争力的动力电池产业链、加速构建规范便捷的基础设施体系。

如图 23.9 所示,2010—2019 年,与其他新兴产业不同,新能源汽车产业主要采用需求型政策工具,其次是环境型和供给型政策工具。具体而言,采用较多的政策工具包括用户补贴、应用示范、公共服务、目标规划、法规规范等。进一步对比不同年度数据可以发现,随着市场环境和产业发展的变化,"十三五"期间用户补贴和应用示范政策工具的使用频率明显下降,而公共服务、目标规划等政策工具的应用则逐步增多,反映了政策重点的动态调整。

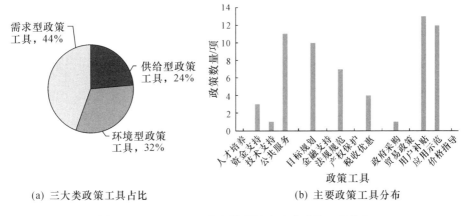

(a) 三大类政策工具占比　　　　(b) 主要政策工具分布

图 23.9　2010—2019 年新能源汽车产业政策工具分布

23.3　中国战略性新兴产业政策主题演化分析

(1)政策主题相关概念与测算

政策主题分析是政策分析的基础和核心。政策是由多个主题构成的复杂体系,这些主题反映了政策的主要内容和目标。通过对政策主题进行量化和定性分析,可以更加精确地评估政策的影响效果,为政策制定者提供更为具体和有针对性的建议。

①政策主题

政策主题是对政策文本蕴含的主要内容的反映,能够揭示公共事务治理领域的治理现状与热点。研析政策主题及其演化态势有助于厘清政策发展脉络,解析政策演化路径,为未来的政策制定提供借鉴与支持。

自然语言处理方法(latent dirichlet allocation,LDA)主题模型能够高效挖掘文本文档中隐藏的语义信息,处理海量的文本文档,实现文本文档的高效聚类,提取共性技术策主题。在进行 LDA 主题建模前,可通过计算困惑度确定主题数量[16-17],具体计算公式如下:

$$Perplexity(D) = \exp\left\{-\frac{\sum_{i=1}^{M}\log p(d_i)}{\sum_{i=1}^{M}N_i}\right\}$$

②政策主题强度

政策主题强度是衡量主题相对重要性的关键指标。通过测量政策主题强度,可以更准确地把握政策的核心内容和重点方向,识别政策中的关键议题和热点问题,从而提高政策分析的客观性和科学性。

借鉴相关研究度量主题强度的方法,政策主题可以通过以下公式进行测量[18-20]:

$$\theta_k^t = \frac{\sum_{d-1}^{M}\theta_k^d}{M}$$

其中,θ_k^t 表示当前 t 时间窗口主题 k 的主题强度,为文本 d 中 k 主题所占的比例。主题强度配合主题关键词列表可以得出政策主题文档中主题强度一系列随时间变化的不同值,据此绘制主题强度变化曲线图,进而能够分析该主题的变化趋势。每年最重要的十大主题的主题强度总计为 100%,主题强度越高说明当年该主题重要性占比越大,即该主题越重要。

③政策主题导向波动指数

政策主题导向波动指数是衡量政策主题导向演化的指标。该指数能够量化政策主题导向的变化程度,通过观察和比较不同时间点的波动指数,可以清晰地识别出政策主题导向的演变轨迹和趋势,识别政策演化中的关键节点和转折点,有助于避免主观臆断,为政策制定者提供更精确客观的决策依据。

政策主题导向波动指数可以基于 Jensen-Shannon 散度(以下简称 JS 散度)

进行测算,由当年和前一年的政策主题强度分布差异情况计算得到[21],具体计算公式如下:

$$JSD(p,q)=\frac{1}{2}D(p||m)+\frac{1}{2}D(q||m),m=\frac{1}{2}(p+q)$$

其中,p、q 为两个概率分布,而 JS 散度用于刻画概率分布 q 拟合概率分布 p 的程度。政策主题导向波动指数取值在 0—100%,指数越小说明相邻两年的政策越相似,指数越大说明相邻两年的政策差异越明显。

(2)战略性新兴产业总体政策主题分析

本节通过国务院及各部委的官方网站等途径,采用关键字检索等方法,收集、整理自 2010 年 1 月至 2020 年 6 月中央部委颁布的战略性新兴产业政策,以及新一代信息技术、节能环保、生物、高端装备、新能源、新材料、新能源汽车、数字创意等各产业领域的相关政策。

①总体政策主题梳理

2010—2020 年战略性新兴产业总体政策主题分布情况如图 23.10 所示。其中,战略性新兴产业政策主题强度最高的为科技研发,主题强度为 17.61%;运输装备次之,主题强度为 12.60%;接下来依次为人才培养(12.05%)、智能制造(11.45%)、节能环保(10.67%)、知识产权(8.05%)、产业金融(7.20%)、科技教育(6.82%)、农业开发(5.53%)①。

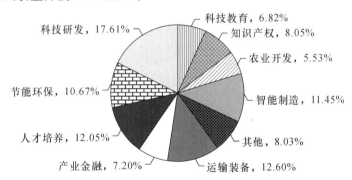

图 23.10 2010—2020 年战略性新兴产业总体政策主题分布情况

注:由于舍入修约,数据有偏差。

---

① 因"其他"类主题指代含义不明晰,没有分析意义,本节不对"其他"类主题进行详细分析和排序。

②总体政策主题的演化分析

下面将分析位列战略性新兴产业总体政策主题强度前五的主题。

1)科技研发

2010—2020 年战略性新兴产业总体政策中科技研发的主题强度变化趋势如图 23.11 所示。其中,科技研发的主题强度从 2010 年的 15.83% 发展到 2020 年的 10.89%,其间主题强度均值为 17.61%,主题强度在 2017 年达到最大值,为 26.25%,在 2020 年处于最小值,为 10.89%。

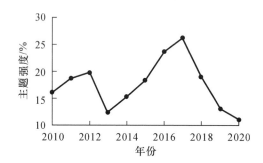

图 23.11　2010—2020 年战略性新兴产业总体政策中科技研发的主题强度变化趋势

2)运输装备

2010—2020 年战略性新兴产业总体政策中运输装备的主题强度变化趋势如图 23.12 所示。其中,运输装备的主题强度从 2010 年的 7.21% 发展到 2020 年的 30.52%,其间主题强度均值为 12.60%,主题强度在 2020 年达到最大值,为 30.52%,在 2012 年处于最小值,为 3.07%。

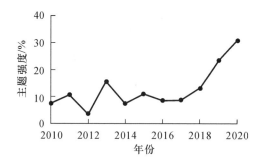

图 23.12　2010—2020 年战略性新兴产业总体政策中运输装备的主题强度变化趋势

3）人才培养

2010—2020 年战略性新兴产业总体政策中人才培养的主题强度变化趋势如图 23.13 所示。其中，人才培养的主题强度从 2010 年的 17.24％发展到 2020 年的 14.95％，其间主题强度均值为 12.05％，主题强度在 2010 年达到最大值，为 17.24％，在 2013 年处于最小值，为 8.03％。

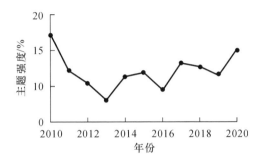

图 23.13　2010—2020 年战略性新兴产业总体政策中人才培养的主题强度变化趋势

4）智能制造

2010—2020 年战略性新兴产业总体政策中智能制造的主题强度变化趋势如图 23.14 所示。其中，智能制造的主题强度从 2010 年的 7.22％发展到 2020 年的 8.80％，其间主题强度均值为 11.45％，主题强度在 2016 年达到最大值，为 16.52％，在 2018 年处于最小值，为 6.84％。

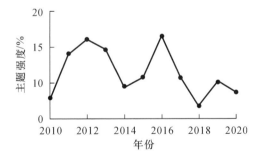

图 23.14　2010—2020 年战略性新兴产业总体政策中智能制造的主题强度变化趋势

5）节能环保

2010—2020 年战略性新兴产业总体政策中节能环保的主题强度变化趋势如图 23.15 所示。其中，节能环保的主题强度从 2010 年的 12.16％发展到 2020 年的 7.27％,其间主题强度均值为 10.67％,主题强度在 2014 年达到最大值,为 15.09％,在 2020 年处于最小值,为 7.27％。

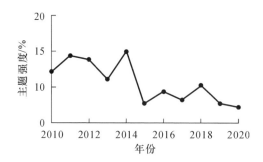

图 23.15 2010—2020 年战略性新兴产业总体政策中节能环保的主题强度变化趋势

③总体政策主题导向的演化分析

2010—2020 年战略性新兴产业总体政策主题导向演化路径如图 23.16 所示。其中,政策主题导向波动指数从 2011 年的 15.61％发展到 2020 年的 14.02％,其间政策主题导向波动指数均值为 12.79％,政策主题导向波动指数在 2013 年达到最大值,为 17.71％,在 2017 年处于最小值,为 8.73％。

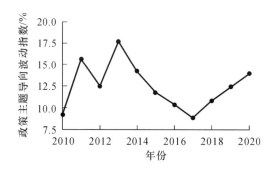

图 23.16 2010—2020 年战略性新兴产业总体政策主题导向演化路径
注:该部分分析时需要两年的数据,故没有 2010 年的数值。

根据 2010—2020 年战略性新兴产业总体政策主题导向演化路径,其演化路径拐点出现在 2013 年(部分领域 2020 年出台政策数量较少,因此拐点判断时不考虑 2020 年,下同)。具体来看,2013 年拐点的各政策主题变化贡献度大小依次为产业金融、科技教育、节能环保、人才培养、科技研发、农业开发、知识产权、智能制造、运输装备。其中,对总体政策主题导向演化路径拐点贡献最大的主题为产业金融,当年主要有《国家发展改革委办公厅关于进一步改进企业债券发行审核工作的通知》《国务院办公厅关于金融支持经济结构调整和转型升级的指导意见》《科学技术部关于印发促进科技和金融结合试点实施方案的通知》《关于开展促进科技和金融结合试点工作情况调查的通知》《中国银监会关于银行业服务实体经济的指导意见》等关键政策。

(3)代表性产业领域政策主题分析

①新一代信息技术产业

1)政策主题梳理

2010—2020 年新一代信息技术产业政策主题分布情况如图 23.17 所示。其中,新一代信息技术产业政策主题强度最高的为科技研发,主题强度为 17.98%;生态环境次之,主题强度为 12.79%;接下来依次为行业应用(12.74%)、节能环保(10.25%)、知识产权(8.12%)、信息化(6.97%)、产业标准(6.93%)、人才培养(5.91%)、交通运输(5.28%)。

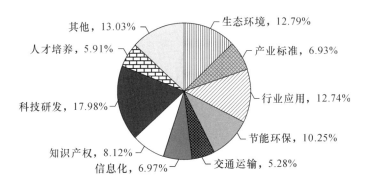

图 23.17 2010—2020 年新一代信息技术产业政策主题分布情况

2)政策主题的演化分析

下面依次分析位列新一代信息技术产业政策主题强度前五的各个主题。

a.科技研发

2010—2020 年新一代信息技术产业政策中科技研发的主题强度变化趋势如图 23.18 所示。其中,科技研发的主题强度从 2010 年的 34.51% 发展到 2020 年的 11.61%,其间主题强度均值为 17.98%,主题强度在 2010 年达到最大值,为 34.51%,在 2019 年处于最小值,为 11.37%。

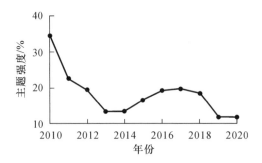

图 23.18　2010—2020 年新一代信息技术产业政策中科技研发的主题强度变化趋势

　　b. 生态环境

　　2010—2020 年新一代信息技术产业政策中生态环境的主题强度变化趋势如图 23.19 所示。其中,生态环境的主题强度从 2010 年的 25.62% 发展到 2020 年的 5.79%,其间主题强度均值为 12.79%,主题强度在 2014 年达到最大值,为 25.82%,在 2015 年处于最小值,为 4.73%。

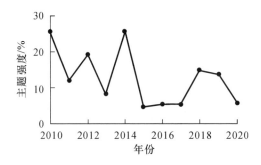

图 23.19　2010—2020 年新一代信息技术产业政策中生态环境的主题强度变化趋势

　　c. 行业应用

　　2010—2020 年新一代信息技术产业政策中行业应用的主题强度变化趋势如图 23.20 所示。其中,行业应用的主题强度从 2010 年的 1.08% 发展到 2020 年的 24.75%,其间主题强度均值为 12.74%,主题强度在 2020 年达到最大值,为 24.75%,在 2010 年处于最小值,为 1.08%。

　　d. 节能环保

　　2010—2020 年新一代信息技术产业政策中节能环保的主题强度变化趋势如图 23.21 所示。其中,节能环保的主题强度从 2010 年的 5.54% 发展到 2020 年的 2.09%,其间主题强度均值为 10.25%,主题强度在 2011 年达到最大值,为

22.50%,在 2020 年处于最小值,为 2.09%。

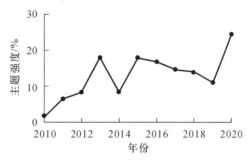

图 23.20 2010—2020 年新一代信息技术产业政策中行业应用的主题强度变化趋势

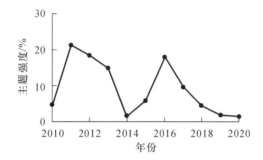

图 23.21 2010—2020 年新一代信息技术产业政策中节能环保的主题强度变化趋势

e. 知识产权

2010—2020 年新一代信息技术产业政策中知识产权的主题强度变化趋势如图 23.22 所示。其中,知识产权的主题强度从 2010 年的 4.30%发展到 2020 年的 13.23%,其间主题强度均值为 8.12%,主题强度在 2019 年达到最大值,为 14.65%,在 2016 年处于最小值,为 3.84%。

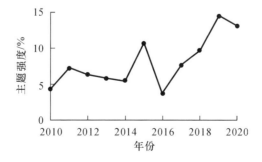

图 23.22 2010—2020 年新一代信息技术产业政策中知识产权的主题强度变化趋势

3）政策主题导向的演化分析

2010—2020 年新一代信息技术产业政策主题导向演化路径如图 23.23 所示。其中，政策主题导向波动指数从 2011 年的 31.01% 发展到 2020 年的 26.13%，其间政策主题导向波动指数均值为 21.36%，政策主题导向波动指数在 2011 年达到最大值，为 31.01%，在 2017 年处于最小值，为 12.17%。

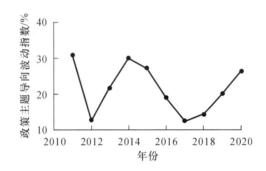

图 23.23　2010—2020 年新一代信息技术产业政策主题导向演化路径

注：该部分分析时需要两年的数据，故没有 2010 年的数值。

根据 2010—2020 年新一代信息技术产业政策主题导向演化路径，其演化路径拐点出现在 2011 年和 2014 年。具体来看，2011 年拐点的各政策主题变化贡献度大小依次为产业标准、知识产权、科技研发、节能环保、信息化、人才培养、生态环境、交通运输、行业应用。2014 年拐点的各政策主题变化贡献度大小依次为科技研发、节能环保、生态环境、产业标准、知识产权、人才培养、交通运输、信息化、行业应用。

2011 年对新一代信息技术产业政策主题导向演化路径拐点贡献最大的主题为产业标准，当年主要有《国家标准化管理委员会关于印发〈2011 年全国标准化工作要点〉的通知》《国家标准化管理委员会关于印发〈标准化事业发展“十二五”规划〉的通知》等关键政策。2014 年对新一代信息技术产业政策主题导向演化路径拐点贡献最大的主题为科技研发，当年主要有《国家发展和改革委员会、工业和信息化部、科学技术部等八部门关于印发促进智慧城市健康发展的指导意见的通知》《科技部关于组织申报企业国家重点实验室的通知》等关键政策。

②节能环保产业

1）政策主题梳理

2010—2020 年节能环保产业政策主题分布情况如图 23.24 所示。其中，节能环保产业政策主题强度最高的为科技研发,主题强度为 16.64%;节能环保次之,主题强度为 12.77%;接下来依次为生态环境(11.53%)、环保装备(10.26%)、交通运输(9.79%)、行业应用(8.50%)、治污技术(6.97%)、农业技术(6.00%)、产学研(5.93%)。

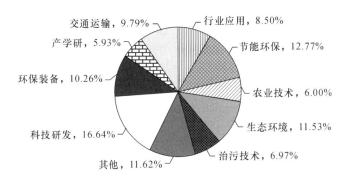

图 23.24 2010—2020 年节能环保产业政策主题分布情况

2)政策主题的演化分析

下面依次分析位列节能环保产业政策主题强度前五的各个主题。

a.科技研发

2010—2020 年节能环保产业政策中科技研发的主题强度变化趋势如图 23.25 所示。其中,科技研发的主题强度从 2010 年的 14.13% 发展到 2020 年的 15.60%,其间主题强度均值为 16.64%,主题强度在 2014 年达到最大值,为 21.98%,在 2019 年处于最小值,为 11.25%。

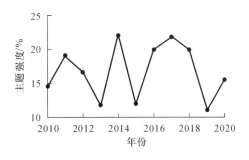

图 23.25 2010—2020 年节能环保产业政策中科技研发的主题强度变化趋势

b.节能环保

2010—2020 年节能环保产业政策中节能环保的主题强度变化趋势如图

23.26 所示。其中,节能环保的主题强度从 2010 年的 9.31% 发展到 2020 年的 4.25%,其间主题强度均值为 12.77%,主题强度在 2018 年达到最大值,为 18.61%,在 2020 年处于最小值,为 4.25%。

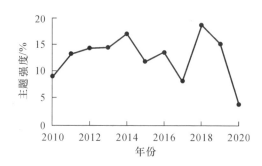

图 23.26　2010—2020 年节能环保产业政策中节能环保的主题强度变化趋势

c.生态环境

2010—2020 年节能环保产业政策中生态环境的主题强度变化趋势如图 23.27 所示。其中,生态环境的主题强度从 2010 年的 23.99% 发展到 2020 年的 17.59%,其间主题强度均值为 11.53%,主题强度在 2010 年达到最大值,为 23.99%,在 2013 年处于最小值,为 4.45%。

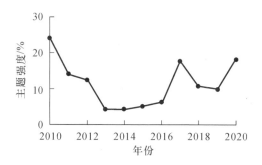

图 23.27　2010—2020 年节能环保产业政策中生态环境的主题强度变化趋势

d.环保装备

2010—2020 年节能环保产业政策中环保装备的主题强度变化趋势如图 23.28 所示。其中,环保装备的主题强度从 2010 年的 3.27% 发展到 2020 年的 7.28%,其间主题强度均值为 10.26%,主题强度在 2016 年达到最大值,为 18.36%,在 2010 年处于最小值,为 3.27%。

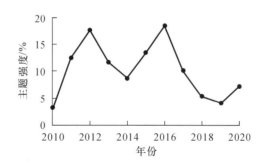

图 23.28 2010—2020 年节能环保产业政策中环保装备的主题强度变化趋势

e. 交通运输

2010—2020 年节能环保产业政策中交通运输的主题强度变化趋势如图 23.29 所示。其中，交通运输的主题强度从 2010 年的 10.21％发展到 2020 年的 19.12％，其间主题强度均值为 9.79％，主题强度在 2018 年达到最大值，为 19.83％，在 2017 年处于最小值，为 1.95％。

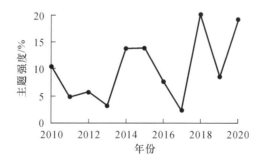

图 23.29 2010—2020 年节能环保产业政策中交通运输的主题强度变化趋势

3）政策主题导向的演化分析

2010—2020 年节能环保产业政策主题导向演化路径如图 23.30 所示。其中，政策主题导向波动指数从 2011 年的 26.38％发展到 2020 年的 44.53％，其间政策主题导向波动指数均值为 26.97％，政策主题导向波动指数在 2020 年达到最大值，为 44.53％，在 2012 年处于最小值，为 13.60％。

根据 2010—2020 年节能环保产业政策主题导向演化路径，其演化路径拐点出现在 2019 年。具体来看，2019 年拐点的各政策主题变化贡献度大小依次为行业应用、交通运输、环保装备、农业技术、生态环境、产学研、治污技术、科技研发、节能环保。

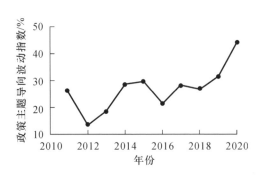

图 23.30　2010—2020 年节能环保产业政策主题导向演化路径

注：该部分分析时需要两年的数据，故没有 2010 年的数值。

2019 年对节能环保产业政策主题导向演化路径拐点贡献最大的主题为行业应用，当年主要有中共中央办公厅、国务院办公厅印发的《国家生态文明试验区（海南）实施方案》，以及《国家发展改革委　科技部关于构建市场导向的绿色技术创新体系的指导意见》等关键政策。

③高端装备制造产业

1）政策主题梳理

2010—2020 年高端装备产业政策主题分布情况如图 23.31 所示。其中，高端装备产业政策主题强度最高的主题为科技研发，主题强度为 17.22%；技术研发次之，主题强度为 14.79%；接下来依次为人才培养（14.14%）、行业金融（9.84%）、生态环境（9.65%）、节能环保（9.40%）、产业标准（7.12%）、产业应用（4.93%）、知识产权（4.45%）。

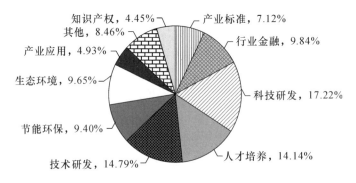

图 23.31　2010—2020 年高端装备制造产业政策主题分布情况

2)政策主题的演化分析

下面依次分析位列高端装备制造产业政策主题强度前五的各个主题。

a.科技研发

2010—2020 年高端装备产业政策中科技研发的主题强度变化趋势如图 23.32 所示。其中,科技研发的主题强度从 2010 年的 25.41% 发展到 2020 年的 5.79%,其间主题强度均值为 17.22%,主题强度在 2010 年达到最大值,为 25.41%,在 2020 年处于最小值,为 5.79%。

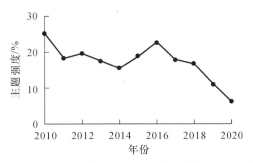

图 23.32　2010—2020 年高端装备制造产业政策中科技研发的主题强度变化趋势

b.技术研发

2010—2020 年高端装备产业政策中技术研发的主题强度变化趋势如图 23.33 所示。其中,技术研发的主题强度从 2010 年的 20.13% 发展到 2020 年的 31.48%,其间主题强度均值为 14.79%,主题强度在 2020 年达到最大值,为 31.48%,在 2018 年处于最小值,为 3.62%。

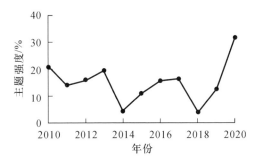

图 23.33　2010—2020 年高端装备制造产业政策中技术研发的主题强度变化趋势

c.人才培养

2010—2020 年高端装备产业政策中人才培养的主题强度变化趋势如图

23.34 所示。其中,人才培养的主题强度从 2010 年的 24.14％发展到 2020 年的 19.48％,其间主题强度均值为 14.14％,主题强度在 2010 年达到最大值,为 24.14％,在 2018 年处于最小值,为 6.26％。

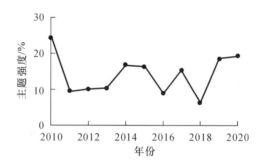

图 23.34　2010—2020 年高端装备制造产业政策中人才培养的主题强度变化趋势

d. 行业金融

2010—2020 年高端装备产业政策中行业金融的主题强度变化趋势如图 23.35 所示。其中,行业金融的主题强度从 2010 年的 8.45％发展到 2020 年的 7.18％,其间主题强度均值为 9.84％,主题强度在 2019 年达到最大值,为 23.27％,在 2012 年处于最小值,为 4.95％。

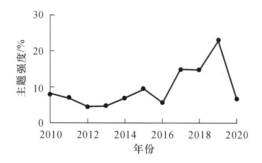

图 23.35　2010—2020 年高端装备制造产业政策中行业金融的主题强度变化趋势

e. 生态环境

2010—2020 年高端装备产业政策中生态环境的主题强度变化趋势如图 23.36 所示。其中,生态环境的主题强度从 2010 年的 6.44％发展到 2020 年的 3.70％,其间主题强度均值为 9.65％,主题强度在 2019 年达到最大值,为 20.84％,在 2018 年处于最小值,为 3.28％。

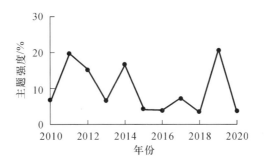

图 23.36　2010—2020 年高端装备制造产业政策中生态环境的主题强度变化趋势

3）政策主题导向的演化分析

2010—2020 年高端装备制造产业政策主题导向演化路径如图 23.37 所示。其中，政策主题导向波动指数从 2011 年的 23.70% 发展到 2020 年的 31.87%，其间政策主题导向波动指数均值为 24.09%，政策主题导向波动指数在 2019 年达到最大值，为 38.45%，在 2012 年处于最小值，为 8.64%。

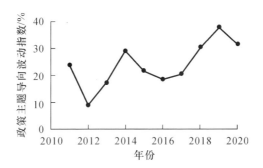

图 23.37　2010—2020 年高端装备制造产业政策主题导向演化路径

注：该部分分析时需要两年的数据，故没有 2010 年的数值。

根据 2010—2020 年高端装备产业政策主题导向演化路径，其演化路径拐点出现在 2019 年。具体来看，2019 年拐点的各政策主题变化贡献度大小依次为产业标准、生态环境、人才培养、节能环保、知识产权、技术研发、行业金融、科技研发、产业应用。

2019 年对高端装备产业政策主题导向演化路径拐点贡献最大的主题为产业标准，当年主要有《十三部门关于印发制造业设计能力提升专项行动计划（2019—2022 年）的通知》等关键政策。

④新能源汽车产业

1)政策主题梳理

2010—2020 年新能源汽车产业政策主题分布情况如图 23.38 所示。其中，新能源汽车产业政策主题强度最高的主题为车辆类型，主题强度为 19.58%；产业标准次之，主题强度为 13.07%；接下来依次为技术研发（10.95%）、产业金融（9.84%）、交通运输（8.24%）、节能环保（8.04%）、汽车动力（7.82%）、汽车贸易（7.02%）、人才培养（5.28%）。

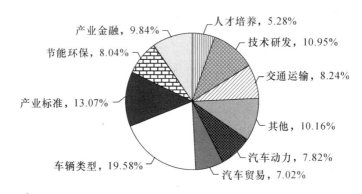

图 23.38　2010—2020 年新能源汽车产业政策主题分布情况

2)政策主题的演化分析

下面依次分析位列新能源汽车产业政策主题强度前五的各个主题。

a.车辆类型

2010—2020 年新能源汽车产业政策中车辆类型的主题强度变化趋势如图 23.39 所示。其中，车辆类型的主题强度从 2010 年的 12.40% 发展到 2020 年的 37.71%，其间主题强度均值为 19.58%，主题强度在 2020 年达到最大值，为 37.71%，在 2014 年处于最小值，为 9.44%。

b.产业标准

2010—2020 年新能源汽车产业政策中产业标准的主题强度变化趋势如图 23.40 所示。其中，产业标准的主题强度从 2010 年的 21.14% 发展到 2020 年的 13.42%，其间主题强度均值为 13.07%，主题强度在 2010 年达到最大值，为 21.14%，在 2012 年处于最小值，为 5.40%。

c.技术研发

2010—2020 年新能源汽车产业政策中技术研发的主题强度变化趋势如图

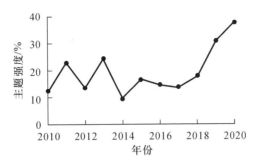

图 23.39　2010—2020 年新能源汽车产业政策中车辆类型的主题强度变化趋势

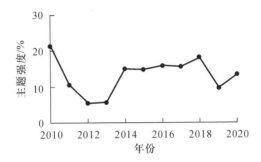

图 23.40　2010—2020 年新能源汽车产业政策中产业标准的主题强度变化趋势

23.41 所示。其中,技术研发的主题强度从 2010 年的 3.11％发展到 2020 年的 7.69％,其间主题强度均值为 10.95％,主题强度在 2012 年达到最大值,为 20.01％,在 2010 年处于最小值,为 3.11％。

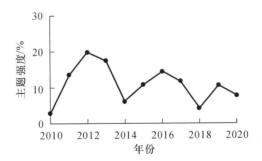

图 23.41　2010—2020 年新能源汽车产业政策中技术研发的主题强度变化趋势

d.产业金融

2010—2020 年新能源汽车产业政策中产业金融的主题强度变化趋势如图

23.42 所示。其中,产业金融的主题强度从 2010 年的 13.65% 发展到 2020 年的 17.88%,其间主题强度均值为 9.84%,主题强度在 2020 年达到最大值,为 17.88%,在 2012 年处于最小值,为 1.28%。

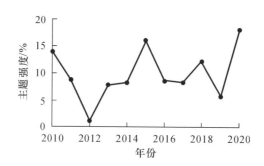

图 23.42　2010—2020 年新能源汽车产业政策中产业金融的主题强度变化趋势

e. 交通运输

2010—2020 年新能源汽车产业政策中交通运输的主题强度变化趋势如图 23.43 所示。其中,交通运输的主题强度从 2010 年的 7.81% 发展到 2020 年的 5.05%,其间主题强度均值为 8.24%,主题强度在 2011 年达到最大值,为 12.55%,在 2015 年处于最小值,为 3.41%。

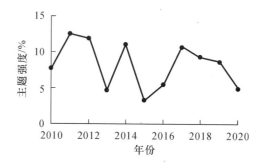

图 23.43　2010—2020 年新能源汽车产业政策中交通运输的主题强度变化趋势

3)政策主题导向的演化分析

2010—2020 年新能源汽车产业政策主题导向演化路径如图 23.44 所示。其中,政策主题导向波动指数从 2011 年的 26.97% 发展到 2020 年的 20.14%,其间政策主题导向波动指数均值为 20.96%,政策主题导向波动指数在 2011 年达到最大值,为 26.97%,在 2017 年处于最小值,为 9.77%。

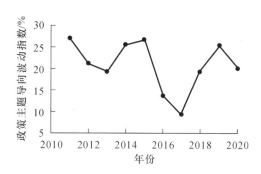

图 23.44　2010—2020 年新能源汽车产业政策主题导向演化路径

注:该部分分析时需要两年的数据,故没有 2010 年的数值。

根据 2010—2020 年新能源汽车产业政策主题导向演化路径,其演化路径拐点出现在 2011 年和 2015 年。具体来看,2011 年拐点的各政策主题变化贡献度大小依次为汽车动力、技术研发、节能环保、产业金融、汽车贸易、车辆类型、产业标准、人才培养、交通运输。2015 年拐点的各政策主题变化贡献度大小依次为汽车贸易、交通运输、产业标准、节能环保、产业金融、车辆类型、人才培养、汽车动力、技术研发。

2011 年对新能源汽车产业政策主题导向演化路径拐点贡献最大的主题为汽车动力,当年主要有《关于发布达到国家机动车排放标准的新生产机动车型和发动机型的公告(一)》(环境保护部公告 2011 年第 68 号)、《关于发布达到国家机动车排放标准的新生产机动车型和发动机型的公告》(环境保护部公告 2011 年第 58 号)、《关于公布第 15 批道路运输车辆燃料消耗量达标车型的公告》(交通运输部公告 2011 年第 44 号)等关键政策。2015 年对政策主题导向演化路径拐点贡献最大的主题为汽车贸易,当年主要有《科技部、中国贸促会、知识产权局、北京市人民政府关于举办第十八届中国北京国际科技产业博览会的通知》、《国家税务总局关于车辆购置税征收管理有关问题的公告》(国家税务总局公告 2015 年第 4 号)、《外商投资产业指导目录(2015 年修订)》和《财政部 科技部 工业和信息化部 发展改革委关于 2016—2020 年新能源汽车推广应用财政支持政策的通知》等关键政策。

23.4　中国战略性新兴产业政策解析与发展趋势

(1)中国战略性新兴产业的典型政策问题与理论回应

中国的战略性新兴产业活动在发展过程中面临诸多市场失灵现象,这些问题在新兴产业发展中体现出一些共性,主要包括:新兴产业技术路线不确定、产业主体创新能力不足、创业活跃度不足、技术成熟度低以及产业成长缓慢,尚未显现出其战略地位与影响。此外,新兴产业的创新与市场需求不明确,基础设施建设不足;研发创新低且缺乏开放性等问题也制约了产业的发展。因此,政府的引导和支持显得尤为重要,单靠企业自身难以实现发展目标。从现有政策经验来看,政府对新兴产业伸出"干预之手"是必要且有意义的。从传统理论视角来看,这种干预通常被视为功能性的,而非选择性的。但是在运用公共资金干预产业创新时,尽管有传统理论指导,我们仍然面临以下几个关键问题。

第一,是否应该有选择性地支持新兴产业的某类技术或产业方向?

新兴产业在发展初期往往伴随着技术路线不确定和市场需求不明确的双重特征。在主导技术范式未形成之前,如果对具体技术、产品或标准进行选择,容易引发"技术锁定"风险,可能导致失败。反之,如果新兴产业的主导技术范式已经形成,并在产业发展过程中形成了一系列关键共性技术(包括使能技术等),政府对"竞争前"的关键共性技术进行干预是合理的,因为"竞争前"技术具有很强的公共品属性和正外部性。然而,在我国的许多战略性新兴产业中,存在着"核心技术受制于人"的现象,实际上这些技术并非"竞争前"技术,例如作为使能技术的发动机、操作系统等。比如,日本通产省组织的大型集成电路核心技术的追赶,就是对竞争性产业技术干预的成功案例。因此,对具有竞争性的产业共性技术进行干预,在某种程度上是非常有意义的。

随着新一代科技与产业革命的到来,大数据、共享经济、创客、开源创新等新模式在不断改变着产业创新范式。新兴产业的共性使能技术或平台往往是由个体公司拥有的竞争性、营利性技术平台,例如机器人、智能装备的核心数控系统、工业大数据平台(例如 GE 的 Predix)、人工智能的机器学习平台(例如谷歌的 TensorFlow)、大数据平台(Tute Genomics 的大型基因数据平台)等。针对这些非"竞争前"的使能技术或平台是否应该进行干预,存在着诸多争议。过往也有许多失败的例子,例如"龙芯""红旗操作系统"等,都被认为是政府干预技术选择的典型失败案例,但在通信领域 TD-SCDMA 的破冰以及 TD-LTE 等案例显示了成功的可能性。在全球产业革命、国际竞争及技术追赶的态势下,政府对关键技术发展的干预尽管存在争议,但依然是必要的。

第二,应该支持什么类型的产业技术或创新? 如何支持? 作为发展中国家,我国的战略性新兴产业是否可以聚焦支持某类颠覆性技术或创新,充分发挥后发优势,从而实现从追赶到引领的转变?

从颠覆性创新本身的定义来看,更新的技术、更好的产品和服务并不一定就是颠覆性创新。要实现颠覆性创新,必须在技术轨道上形成变轨,当基于破坏性技术创新的新技术范式出现时,通过技术轨道的跃迁,机会窗口随之出现,后发企业作为追赶者可以借此实现跨越式发展。然而,仅仅完成技术变轨是不够的,颠覆性创新还需要在市场范式上形成变轨。与技术范式和轨道的概念类似,市场范式反映了对市场创新的认知预期,代表了一系列与新市场建立和发展所对应的程序、规则和知识。但是,要发展颠覆性创新,尤其在技术水平相对落后、市场经济相对不成熟的发展中国家,在市场、技术范式转变期容易面临现有创新体系和运行体制的障碍。

政府对新兴产业的颠覆性创新的支持,更多地需要关注产业生态环境层面的变革。一方面,我国正处于从追赶创新到引领创新的阶段,存在着创新生态同政策体制的滞后和不适应,在市场的颠覆及拓展方面存在较多阻碍。另一方面,面对颠覆性创新,政府面临着监管风险,需要进行治理模式创新。在某些情况下,政府可以动员和利用(市场化的)政策中介进行监管,借鉴美国的实验室开发诊断试剂监管模式,在市场风险控制方面进行适度而有效的干预。

第三,应该在产业发展的什么阶段提供支持? 如何支持? 政府是否可以在新产品引入市场时提供帮助,或者在新兴产业技术或产品的市场扩散期提供支持?

传统理论认为,基于产业特征与创新阶段,比如新兴产业的示范、扩散阶段,可以实现供给型—需求型创新政策的匹配与整合[即政策组合(policy mix)]。在新兴技术研发前期,应侧重研发投入为主的供给型政策。在不同技术路径相互竞争的产业发展初期,供给型政策与需求型政策需要相互配合应用,如示范工程,以检验市场对技术的接受度。随着主导设计逐渐出现,新兴产业进入高速成长期,市场竞争充分被调动,应考虑需求型政策的退出,转而关注下一个产业技术创新创意的产生和发展。与供给型创新政策相比,需求型创新政策的制定与实施需要考虑更多的产业及市场因素,不仅要根据创新阶段谨慎选择政策出台时机,还要根据产业特征的不同采取有针对性的政策措施。

但是在实际情况中,如何识别与探测产业主导设计范式的出现与形成长久以来一直是创新管理的一大难题,适当的政策工具组合仍在探索之中。一般而言,市场端补贴政策更容易促使企业倾向于技术引进和扩大产能,而非致力于长期持续的产品研发,而且在市场端政策执行上如果缺乏监管,市场环境容易被扰乱。以新能源汽车为例,早在2015年我国就已经成为世界最大的新能源汽车生产国和消费国,证明了示范推广政策的效果。但近年来频发的新能源汽车厂商骗补事件,不论是归因于具体多级补贴导致补贴过度,还是地方政府监管力度不足,或是企业与产品准入门槛过低,其本质上还是由于新兴产业市场端政策的定位偏差与功能缺陷,在政策组合模式上还有探索和优化空间。因此,针对新兴产业如何构建更有效率的示范扩散等市场端政策体系,是我国战略性新兴产业政策需要长期深入探讨的难题。

第四,对政府部门的选择冲动应如何规范和限制?

在新兴产业发展过程中,政府不仅对技术有选择性冲动,对企业、服务、交易模式也有选择性投资冲动。政府在市场信息的末梢,面临大量不确定性的干扰,容易造成政策预期之外的市场扭曲。过往的产业规划中便出现了一定的市场扭曲,我国东部、中部和西部地区的禀赋特征和发展阶段差异显著,但在谋划未来产业选择时却做出了趋同的决定,普遍选择发展先进制造业、新能源汽车、大健康、大数据等领域,形成了同质化竞争。为促进这些产业的发展,政府自然会选择一些重点企业进行扶持。

饱受争议的光伏产业被认为是政府干预产业政策失败的案例,昔日光伏巨头如尚德电力、赛维LDK等企业遭遇的破产困局令人唏嘘。各地方政府在产业规划时所实施的金融、财政、土地等支持措施,实际上可以视为对某些重点企业的风险性投资冲动。这种"运动式"投资重点企业,造成了大量同质化企业急剧扩充产能。由于新兴产业的总体市场规模有限(多由政府补贴来决定),波动也比较剧烈(经济形势会影响政府补贴的规模),所以在很多情况下,容易造成我国甚至全球层面的新兴产业产能过剩。然而,尽管存在风险,我国光伏产业的发展仍然值得肯定。我们最近的研究显示,我国光伏企业的技术在国际知识网络中深度嵌入,在创新能力上表现突出,显然不同于其他对国际创新网络贡献有限的产业。因此,政府支持光伏产业本身并没有问题,关键在于避免将传统制造业的支持模式

(直接投资、扩充产能、技术"拿来"、低价竞争)生搬硬套到新兴产业上。个别光伏企业的出清在某种程度上支持了这个观点。同时,我国光伏产业的快速创新与国际竞争力的提升,表明其在国际市场上对欧盟的领先市场战略构成了挑战,体现了我国发展光伏产业的积极成果。

第五,战略性新兴产业的政策碎片化问题。

由于战略性新兴产业创新及发展问题非常复杂,政策配套往往需要"组合拳"或者"系统化"。从政策制定的立意来看这是有益的,但在决策和执行方面由于牵涉面广、协调成本高,实际操作面临较大的难度。尽管战略性新兴产业设立了议事协调机构(即联席办公室),但随着功能主义与专业分工的强化,政府治理的条块分割使得各部门之间"各自为政",政府治理缺乏协作的激励与机制。此外,职责交叉、权限不明使得部门治理也缺乏相对清晰的边界和明确的责任归属,容易出现同一个问题在各个部门各自应对的现象。我国产业创新政策的制定过程牵涉面广,一般由政府各相关部门共同参与制定。然而,部门之间、上下级政府之间以及同级政府之间的博弈造成了政策制定过程的碎片化。这种情况下,政策制定往往过分强调或忽略了企业、协会、中介机构、公众等其他相关主体的利益,容易造成制定出来的政策偏于一方,缺乏客观性、稳定性。

(2)中国战略性新兴产业政策的发展趋势

在全球经济格局深刻变革的背景下,中国战略性新兴产业正迎来前所未有的发展机遇。为应对国内外复杂多变的经济环境,我国正积极推进战略性新兴产业政策创新。目前,中国战略性新兴产业政策正朝着管理方式创新、产业创新体系构建以及政府支持方式创新三大方向迈进,为新兴产业的高质量发展提供有力支撑,为中国经济实现更加稳健和可持续的增长奠定坚实基础。

第一,推进管理方式创新。我国强调改进战略性新兴产业的创新治理体系,进一步明确政府和市场分工,以适应颠覆性的产业创新。为此,需要推动产业规制的改革、强化市场监管并加强政策协调,以减少政策执行碎片化所带来的发展障碍。

第二,构建产业创新体系。一方面,要加强公共创新体系的建设,通过重大项目和工程、技术创新联盟、共性技术平台、公共研发服务平台等方式,推动战略性新兴产业的公共创新供给,完善产业创新体系建设;另一方面,要激发企业的创新动力,识别和把握下一代具有竞争性的共性技术或使能技术,进行平台搭建。

第三,创新政府支持方式。应避免将发展传统制造业的支持模式(如直接投资、扩充产能、技术"拿来"、低价竞争)简单地应用于新兴产业。政府应更多地发挥金融等风险性投资对战略性新兴产业的支持作用,通过政策性、开发性金融机构进行引导,用有限的政策性资金撬动广泛的社会投资参与,实现金融服务的多主体参与治理创新。同时,应鼓励社会资本通过公私合营方式参与重大项目建设,通过创业投资基金带动社会资本进行投资。

参考文献

[1] Flanagan K, Uyarra E, Laranja M. Reconceptualising the 'policy mix' for innovation[J]. Research Policy, 2011,40(5):702-713.

[2] 杨宏山.公共政策学[M].北京:中国人民大学出版社,2020.

[3] 陈庆云.公共政策分析(第二版)[M].北京:北京大学出版社,2011.

[4] Lester M, Salamon O V E. Tools of government: A guide to the new governance[M]. Oxford: Oxford University Press,2002.

[5] Hood C. The tools of government[M]. London: Macmillan,1983.

[6] Schneider A L, Ingram H. Behavioral assumptions of policy tools[J]. Journal of Politics, 1990,52(2):513-522.

[7] Howlett M, Ramesh M. Studying public policy: Policy cycles and policy subsystems[M]. Oxford: Oxford University Press, 1995.

[8] 仲为国,彭纪生,孙文祥.政策测量、政策协同与技术绩效:基于中国创新政策的实证研究(1978—2006)[J].科学学与科学技术管理,2009,30(3):54-60+90.

[9] 赵筱媛,苏竣.基于政策工具的公共科技政策分析框架研究[J].科学学研究,2007(1):52-56.

[10] 李世超,蔺楠.我国产学研合作政策的变迁分析与思考[J].科学学与科学技术管理,2011,32(11):21-26.

[11] Rothwell R, Zegveld W. Industrial innovation and public policy: Preparing for the 1980s and 1990s[M].London: Frances Printer, 1981.

[12] 张雅娴,苏竣.技术创新政策工具及其在我国软件产业中的应用[J].科研管理,2001(4):65-72.

[13] 刘兵,曾大本,苏竣.我国镁产业发展政策的分析与评价[J].中国科技论坛,2007(8):34-39.

[14] 赵筱媛,苏竣.基于政策工具的公共科技政策分析框架研究[J].科学学研究,2007(1):52-56.

［15］周付军,胡春艳.政府信息公开政策工具:结构、选择与优化[J].图书馆,2020(9):14-21.

［16］Hu P,Huang M,Peng L,et al. Generating breakpoint-based timeline overview for news topic retrospection[J]. Global Change Biology Bioenergy,2011,7(4):260-269.

［17］Blei D M,Ng A Y,Jordan M I,et al. Latent dirichlet allocation[J]. The Journal of Machine Learning Research,2003,3:993-1022.

［18］杨星,李保利,金明举.基于LDA模型的研究领域热点及趋势分析[J].计算机技术与发展,2012,22(10):66-69+74.

［19］李湘东,张娇,袁满.基于LDA模型的科技期刊主题演化研究[J].情报杂志,2014,33(7):115-121.

［20］崔凯.基于LDA的主题演化研究与实现[D/OL].长沙:国防科技大学,2010[2022-05-26].

［21］孔令凯,杨晓萌,林超然,等.基于文本挖掘的共性技术政策文本量化及政策组合特征研究[J].科技管理研究,2023,43(15):35-45.

24 节俭的二次数字创新:促进中国农村区域发展的战略途径

谢赫·法亚兹·艾哈迈德(Sheikh Fayaz Ahmad)　　雷李楠　　姚　琳

24.1 引　言

　　许多概念框架已经被提出来消除贫困、消除不平等,促进繁荣和可持续的发展[1-5]。其中,"技术累积变化的复杂性"引起了广泛的学术关注[6-9],创新的发展潜力早已确立[10-12]。然而,一个继续困扰研究人员的问题是,如何确定一种最佳方法来揭示这种变化是如何发生的[1]。关于哪种创新模式最能促进增长和富裕的全面解释仍然难以捉摸。创新被认为与环境密切相关[13-14],而不同地方所产生的创新模式的有效性及其原因仍需深入研究。当前,创新研究过于集中于特定类型和地域,导致对多样环境下创新过程的认识不足[15]。本章将重点讨论三种创新模式:二次创新[16]、数字创新和节俭创新[17-21],并探讨其对农村发展的影响,从而弥补过去研究的不足。

　　随着全球面临的挑战加剧,如不平等、疫情和环境危机,重新评估创新和增长模式的需求愈加紧迫[22-23]。发展学者开始关注节俭创新和替代创新,这些模式帮助满足低收入群体的基本需求[24-26]。中国在减贫和数字创新方面的策略引起了广泛关注,相关理论强调了中国如何利用较少的资源和技术进行创新。二次创新作为一个新兴概念,可以帮助理解中国特有的创新特性。

　　笔者认为,通过采用"二次创新"过程将"节俭"与"数字创新"相结合,可以为农村区域发展提供一种"新"的方法。在特别是以资源约束和制度差距为特征的环境中,本章概述的混合创新方法带来了显著的好处,并为创新战略提供了新的见解。第24.2节讨论二次创新、节俭创新和数字创新的理论基础,并回顾以往关于农村地区创新的研究。第24.3节采用案例研究,详细介绍中国的创新案例,重点分析其减贫和数字创新策略。第 24.4 节展示调查结果与启示,分享研究发现,探讨混合节俭创新模式给农村发展带来的益处。第 24.5 节为本章的结论部分,总结研究成果,并强调通过结合"节俭"和"数字创新"提供新方法的潜力。

24.2 二次创新与节俭创新

(1)二次创新(SI)

二次创新(secondary innovation,SI)的概念是由吴晓波于 1991 年提出的,以了解中国制造企业的细微差别。本章以中国淘宝网为主要案例进行研究;对中国案例的本地化理解证明了使用 SI 作为框架的合理性。根据韦氏词典,"二次"一词被定义为"直接从原始、主要或基本的东西中衍生出来的东西,而不是按发生或发展的顺序排在第一位的东西"。而且,根据经合组织的说法,创新是"一种新的或改进的产品或工艺(或其组合),与该单位以前的产品或流程有很大不同,并且已经提供给潜在用户(产品)或由该单位(工艺)使用"。SI 基本上是指由以前的产品产生的创新;也就是说,SI 源于最初的创新。SI 在发展中国家的后发企业中很常见,这些企业正在应对制度空白、资源有限和技术限制[27]。

从原始创新中产生的二次创新有可能影响经济的所有部门,从而促进增长[9]。特别是在新兴经济体,后发企业可以通过应用次级商业模式创新,从颠覆性创新中创造和获取价值。它们通过改变现有的竞争格局和调整原始商业模式,来满足对价格和文化敏感的大众客户的需求,从而实现这一目标[27]。

纵观经济史,重大创新始终是通过借鉴、采用和模仿获得的。向先驱者和原始创新者学习的做法可以追溯到古代文明,普罗米修斯的神话就是例证,他为了人类的更大利益从上帝那里偷了火[28]。这一概念在现代创新经济学中仍然具有相关性[29]。即使在工业革命期间,法国、比利时、美国和德国等国家也效仿英国的技术、制度和思想[30]。

由于 SI 过程涉及广泛的学习和适应,以及组织变革,因此这个过程不能简化为简单的模仿。Wu 等[27]将 SI 视为四个阶段的过程:模仿创新、创造性模仿、改进创新和高等教育创新或准初级创新。它始于一个"基本同化"过程,在这个过程中,"外国技术"或蓝图被解构。接下来是"结构理解",从进口技术的本地化开始。在功能理解的第三阶段,产生了本地化技术、新的多元化市场和技术的高级设计能力。在这个阶段,企业可以选择探索"资本保值"创新[31],也可以选择节俭或包容性创新。这些新的机会之窗可以是技术驱动的、需求诱导的或制度触发的[32-33]。二次创新的轨迹转变如图 24.1 所示。

一个说明性的例子是,中国公司海尔从意大利梅洛尼设计公司获得相关技术和专有技术后,于 1994 年 12 月推出了低成本洗衣机"玛格丽特"。通过节俭创新,海尔从 20 世纪 80 年代的一家破产公司转变为主导家电和电器制造业的公司。到 2022 年,海尔集团全球收入达到 3506 亿元。华为、小米和吉利等几家中国公司普遍采用类似的方法,通过针对当地情况和客户需求量身定制的二次创新过程向先驱学习。

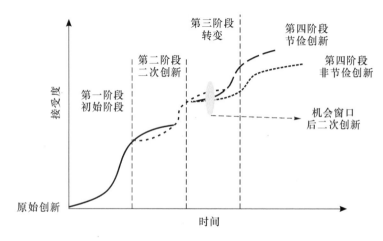

图 24.1　二次创新的轨迹转变

来源:作者汇编。

此外,二次创新(SI)可以采取不同的形式,如图 24.2 所示。例如,它可以从获取或学习外国技术开始,我们称之为外生二次创新框架(ESIF),也可以是本土二次创新框架(ISIF),企业在国内相互学习,还有本地—全球二次创新扩展框架(LGSIEF),在该框架中,成功的地方 SI 创新模式在全球范围内扩展。

(2)节俭创新、数字创新和节俭数字创新

①节俭创新

根据 Fagerberg 等[34]的研究,创新似乎与富裕有着内在的联系,因此,在相关讨论中,不幸的个人及其家园往往被忽视,几乎不被视为主导创新过程中的合作

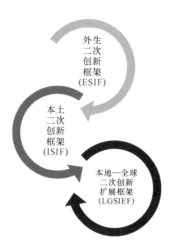

图 24.2　二次创新类型

来源：作者汇编。

者。相反，节俭创新大多具有包容性，旨在服务尚未触及的客户群[35]。节俭创新正在成为一种新的技术范式，其特征是可持续性、包容性和智能增长[36-39]。这一过程本质上是为了用更少的资源为更多的人创造价值[36,40]，并可能最终颠覆主流的创新模式。节俭的设计和创新理念强调通过重新设计产品、服务和系统，创造负担得起且用户友好的解决方案，以满足低资源社区未满足的需求[36-39]。即使在资源匮乏的环境中，企业也经常有意采用拼凑的方式，利用可用资源创建解决方案[26]。

节俭创新根据使用、资源、需求分为不同的类别（见图 24.3）。Leliveld 和 Knorringa[39]将它们分为三类：一是大公司以市场为中心的创新（例如塔塔汽车公司的 Nano 汽车）。二是社会企业创新，解决社会挑战并提供社会和经济价值（例如 Grameen Shakti）。三是社区主导的节俭创新，涉及当地组织和社区成员，以应对复杂的社会挑战，如阿尼尔·K.古普塔在 20 世纪 80 年代发起的印度蜜蜂网络。

根据 Bhatti 等[24]的说法，节俭创新是指"用更少的资源为大多数人做更多的事情，在面对制度空白和资源限制时发挥创造性、创新性和智慧"。Bhatti 等[24]认为，为克服"制度空白"或"资源约束"而出现的创新被归类为节俭创新。节俭的创新者被视为能够将环境资源限制转化为可能性的快速思考者和实干家[41]。但这些描述附带了一个警告：尽管节俭创新和类似的概念似乎是最近的发展，但节俭的实践与人类文明一样古老[24]。

各种文化、宗教和哲学都提倡节俭的生活方式,在这种生活方式中,公民为了追求更实质性的目标而放弃眼前的快乐。有趣的是,历史也表明,在危机时期人们经常寻求节俭创新。在《道德情操论》(1759 年)和《国富论》(1776 年)中,"节俭"被提及 50 多次,仅在《国富论》中就出现了 38 次。对亚当·斯密来说,节俭的人拥有的不仅仅是一种价值观;他们是一个国家的救世主。亚当·斯密认为,无论是个人层面还是国家层面的"挥霍"都对繁荣构成了威胁。亚当·斯密补充道"每个浪子似乎都是公敌,每个节俭的人都是公共捐助者";换句话说,由于个人和国家的挥霍,国家可能会从繁荣走向贫困。他认为,正是节俭增加了公共资本。

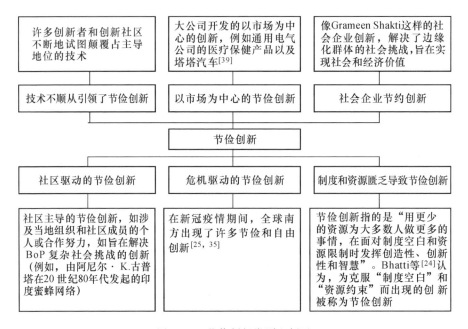

图 24.3　节俭创新类别和例子

来源:作者汇编。

关于节俭创新的理论基础,人们运用了各种理论来理解它们的细微差别,包括资源依赖理论、扩散理论、颠覆性创新理论、制度理论、网络理论、组织理论、国际产品生命周期理论和交易理论。然而,最能捕捉到节俭和二次创新内涵的理论是颠覆性创新理论。Hossain[42]认为,由于价格、便利性和简单性等因素,这一理论特别适合探索节俭创新。同样,颠覆性创新理论可以通过在非消费市场提供简单易用的技术来解释新兴市场如何出现二次创新,如图 24.4 所示。

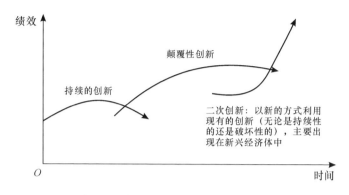

图 24.4　颠覆性创新中二次创新的出现

来源：作者汇编。

②数字创新

　　数字创新的概念引起了学术界和行业专业人士的广泛关注。一些人认为，数字技术可以通过克服孤立的信息获取来缓解与发展相关的紧迫问题，并增强信息获取，从而通过降低与经济和社会交易相关的成本来促进发展[43-45]。Wang 等[46]认为，数字创新正在全球范围内兴起，越来越受到政府和政策制定者的关注。联合国承认，包括数字创新在内的混合创新模式对于实现可持续发展目标至关重要。最近的证据表明，微型企业和农村社区从数字化中受益匪浅，特别是互联网和智能手机，帮助提高其竞争力，推动经济增长和社会进步[47]。Fu 等[48]强调了数字技术，特别是电子商务平台在降低交易成本方面的重要性，从而赋予基层企业家权力，并在边缘化社区培养创业精神。电子商务的蓬勃发展重新定义了农村商业，并帮助一些地区最大限度地缩小了城乡经济差距[49]。Yoo 等[50]确定了数字创新活动的三个明显特征：可供性、生成性和收敛性。Wiesböck 和 Hess[51]指出，数字创新通常涉及两种数字工件的混合：数字解决方案与互补的数字商业概念相结合。

　　在回顾现有的数字创新文献时，各领域对其的应用很明显仍然存在一定的差距。例如，关于数字创新，特别是数字平台在减贫中的作用，文献很少。此外，数字创新如何给农村环境带来进一步的创新，这一点几乎是未知的。

　　同时，发展中国家经常被视为富裕国家的见解库。由于制度空白和资源限制[24]，发展中国家在利用数字红利方面面临挑战，还缺乏对数字创新如何有助于弥合或加剧这一差距的全面理解。

③节俭的数字创新(FDIs)

顾名思义,FDIs 代表了节俭与数字创新的融合。关于节俭数字创新的文献很少,在谷歌学术、网络科学和 Scopus 等数据库中的发现有限。然而,最近,学术界对这一领域的兴趣开始增加。Sahay[43]认为,外国直接投资可以为发展中国家参与数字创新进程和推进其发展议程提供可行的创新途径。Ahuja 和 Chan[52]、Ahuja[53]将 FDIs 概念化为"节俭创新,其中 IT/IS 在克服资源受限的商业环境挑战方面发挥着关键的核心作用"。他们进一步指出,节俭的 IT 创新本质上是廉价、简单和可持续的;重要的是,这些创新还可以促进新的产品和服务发展(见图24.5)。FDIs 必须"普及、可访问、开放、可组合和灵活,以允许组件组合的变化,并为现有技术赋予新的含义和用途"[43]。FDIs 包括所有旨在克服制度空白或资源限制造成的差距的创新解决方案。例如,肯尼亚的 M-PESA 和中国的淘宝网被视为节俭驱动的数字创新。

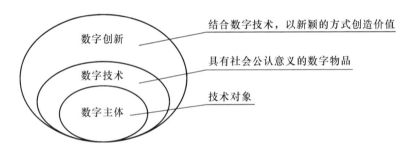

图 24.5　数字创新的层次

Tuijl 和 Knorringa[54]认为,数字技术,特别是第四次工业革命中使用的数字技术,可以为节俭创新创造更多的可能性。值得注意的是,节俭的创新者也在利用在线融资平台来扩大它们的创新。尽管 Tuijl 和 Knorringa 强调了数字创新在激发人们对开发和采用节俭创新的兴趣方面的重要作用,然而,他们强调,关于这一过程的具体细节的某些悬而未决的问题值得关注。例如,谁是主要参与者,谁将受益,以及如何实现共同收益。此外,根据 Tuijl 和 Knorringa 的研究,调查大型跨国公司为什么支持节俭创新以及在多大程度上应对"重大挑战"需要广泛的研究。

④农村创新

在本节中,我们综合了关于创新的各种观点,为节俭的二次数字创新(FSDI,我们使用的首字母缩略词,结合了这三个概念:节俭、二次和数字创新,如图 24.6

所示)提出了一个新的、以前未被探索的框架。该框架整合了早期关于二次、节俭和数字创新的讨论,分析了一种特定的创新模式,这种模式在中国已成为一种显著且不断增长的趋势[55]。更具体地说,我们专注于节俭的数字创新(见图 24.7),这也是通过二次创新(SI)过程产生的。在本节中,我们讨论了 FSDI 的增长,特别是与它在农村地区加强创新的潜力有关,这些地区迄今为止通常处于主流创新趋势和话语之外。在介绍我们的具体案例研究和探究方法之前,首先要介绍我们研究的区域背景:农村地区的创新。

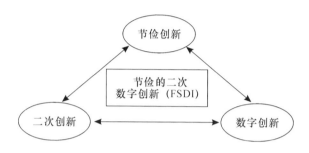

图 24.6　节俭的二次数字创新(FSDI)

图 24.7　节俭的数字创新

最近,人们对研究城市核心以外地区的区域创新过程产生了相当大的兴趣[56-57]。从全球北部和南部的农村和外围地区收集的证据表明,如果我们想了解创新在城市核心以外的地区是如何发展的,我们需要重新思考或拓宽我们对创新的看法。事实上,新增长理论和熊彼特的创新与发展观告诉我们,利用技术创新的利益对于实现农村复兴至关重要。这可以通过从长期建立的劳动密集型和低技术增长模式转向新的科技驱动型增长模式来实现[57]。许多地区可以克服其边缘性和农村性,参与创新过程,而迄今为止的工作严重夸大了城市群在创新过程中的重要性[58]。本节通过提供对中国农村地区发展尤为重要的节俭的二次数字创新的案例研究,填补了这一空白。

24.3 节俭的二次数字创新的出现:以淘宝为例

在这里,我们提出了一个探索性的案例研究,阐明了迄今为止被忽视的创新要素:农村地区的 FSDI。在这项研究中,我们纳入了三个不同的案例。我们的研究主要集中在一个著名的电子商务平台——淘宝上,淘宝植根于中国,是电子商务领域节俭数字创新的主要例证。

我们选择淘宝有三个关键原因。首先,我们的一位作者进行了纵向案例研究,通过 15 年的访谈和实地观察收集了原始数据,有效地跟踪了淘宝自 2003 年以来的演变。其次,淘宝是节俭数字创新的典范,其起源和发展与二次创新过程密切相关。最后,淘宝主要在农村地区运营,为我们的研究增添了独特的背景。由于淘宝的总部位于浙江省杭州市,我们出于几个原因特意选择了同一省份的两个村庄。一是访问这些村庄并收集数据是可行的。二是曾有移民移居到浙江,我们旨在调查淘宝在这种背景下对农村创业的影响。三是我们试图探索国家政策如何影响同一省份内不同村庄的创新能力。

在本节中,我们将说明如何通过采用二次创新途径创建一个新的节俭创新平台。

淘宝网是中国著名的电子商务平台。淘宝并不是一个原创的、新的世界创新,它最初的模式来自美国公司易贝(eBay),这是一个由皮埃尔·奥米迪亚(Pierre Omidyar)于 1995 年 9 月创立的在线平台。作为中国最大的消费者对消费者和企业对消费者的在线零售平台,淘宝店铺已达到 296 万家,截至 2020 年 3 月淘宝已创造了 828 多万个就业机会。与亚马逊等其他网站相比,淘宝网使消费者能够轻松购买所需商品,同时为微型企业家提供了无须实体店的销售机会:在淘宝上注册成为卖家不需要租金[59]。淘宝帮助卖家营销他们的产品,设定价格,并安排产品促销活动。

最初,淘宝遵循的是 SI 轨迹,从模仿和适应 eBay 开始;然而,该公司随后完成了一些创新,使其能够超越 eBay。在建立了技术能力并获得了足够的市场知识后,淘宝虽然走了许多激进的弯路,但是也发现了机会之窗[46]。由于淘宝的先行者曾陷入了"刚性陷阱",该公司对原始商业模式进行了一系列重大修改。例如,在认识到当地特殊性和当地市场动态的重要性后,淘宝开始强调客户体验和社区建设。该公司还将当地的文化习俗融入其中,使其成为一家典型的中国企业。

淘宝从 eBay 在信用卡支付方面的失败中吸取了教训,推出了自己的在线支付系统支付宝;该系统充当付款担保人,并向早些时候被欺骗的用户进行赔偿。因为淘宝为每笔支付宝交易提供了全面的保护,买家和卖家可以放心地进行在线交易。2007 年,淘宝推出了淘宝软件 Alisoft.com,淘宝的小卖家可以从独立供应商那里购买定制软件,以增强客户关系或库存管理。一年后,淘宝推出了Alimama.com,为当地和小企业提供了更高的灵活性:淘宝卖家可以支付较低的价格向目标受众在线做广告。

淘宝推出的最显著的节俭创新体现在淘宝村和淘宝镇的概念上。这些与我们对农村创新的关注特别相关。这些基本上是最初在中国沿海地区出现的电子商务集群。淘宝村通过融合节俭、信息通信技术和国家机构,为维持农村和地区发展做出了贡献,甚至被认为有助于使人们摆脱极端贫困[60-61]。

根据阿里于 2021 年发布的研究报告,"淘宝村"是指居民主要通过淘宝从事电子商务的农村社区,其年交易额超过 1000 万元,至少有 10% 的家庭参与或开设了 100 家活跃的网店。一个"淘宝小镇"至少有三个淘宝村。截至 2022 年,中国淘宝村数量大幅增加,从 2014 年的 212 个增加到 2022 年的 7780 个,在 28 个省、自治区和直辖市有 1756 个淘宝镇。淘宝村在 2009—2022 年的数量增长趋势如图24.8 所示。

图 24.8　2009—2022 年淘宝村数量的增长趋势

数据来源:阿里研究院(Aliresearch)的"年度淘宝村名单"等。

淘宝的另一项创新举措是增强用户的本地化能力。淘宝网于 2007 年推出了一个名为淘宝大学的培训机制。根据 Lowrey[62] 的说法,该部门是一个教育平台,为在淘宝上拥有店铺的供应商以及希望创业但没有必要经验的供应商提供专业培训。通过与江苏、浙江、上海地区的 20 多所高等教育机构合作,尝试赋予基层企业家权力[63]。

这些创新产品将淘宝定位为中国和世界上最大、最多样化的电子商务平台。淘宝是一个值得注意的节俭和包容的数字平台,原因有几个。第一,与 eBay 或亚马逊相比,新进入者遇到的费用很少。这种低进入壁垒确保了对基层企业家和生产者的包容性。第二,使深奥的技术易于使用、易于分享和易于直播。第三,聚焦周边地区,提供免费培训,培养基于信任的关系。第四,使企业家能够轻松直播,并为所有直播流媒体提供同等的可见度。

24.4　节俭的数字二次创新在行动:来自中国双喜村和云龙村的启示

淘宝村虽然代表了中国农村的电子商务活动集群,但人们对该平台如何获取新知识和为振兴当地产业做出贡献的理解有限。目前的研究内容主要集中在数字平台和经济增长上。然而,我们的方法涉及更细致的探索,我们深入研究了这些平台如何引发微妙的微观变化,包括技术学习和促进中国农村地区的新创新。

(1)村庄概况

①浙江省双喜村

双喜村位于中国浙江省海宁市北大门附近。全村总面积 2.5 平方公里,共有农户约 448 户,人口约 4450 人。2022 年双喜村人均收入 5.3 万元。自 1961 年双喜村成立以来,集体经济逐渐发展起来。在过去的十年里,村级集体经济的整体收入增长了近 3 倍,2021 年该村的总资产超过 1.5 亿元人民币。特别是在农村电子商务和农业生态旅游开发方面,双喜村获得了多项奖项如"浙江省电子商务专业村奖""嘉兴美丽四合院示范村""海宁市 A 级风景村"等。

②浙江省云龙村

云龙村位于中国浙江省海宁市,人口约 3500 人。云龙村总面积 3.9 平方公里,以桑树种植而闻名,其中一些已有 100 年的历史。该村是重要的养蚕及相关活动示范村,截至 2021 年,其集体经济规模达到 731.91 万元。

自 2009 年被联合国教科文组织列入"人类非物质文化遗产代表作名录"以来,云龙村因其对"中国丝绸织造技术"的贡献而享誉世界。此外,云龙村还被认证为"浙江省 AAA 级风景村"和"浙江省非物质文化遗址旅游景区"。

(2)研究结果

在对这些村庄的不同参与者(卖家、制造商、创新者、政府官员)进行了多轮访谈,并亲自观察了各种技术和工艺后,我们收集了以下关于节俭的二次创新数字平台的主要发现。

①克服能力有限

居住在农村地区的人经常面临挑战,因为他们的学习机会有限。具有节俭功能的数字平台促进了技术的去技能机制[48],从而揭开了深奥技术的神秘面纱,并使参与变得简单和免费。我们研究的村庄企业家在平台熟练度方面展示了关键的微观能力,例如,在双喜村,从京东到淘宝的战略转变受到市场适用性和成本效益的影响。此外,在云龙村,直播者已经发展出令人印象深刻的数字能力,这种熟练程度使他们能够有效地与广大观众互动,有效地展示该村的丝绸产品和文化遗产。

我们的观察表明,节俭的平台正在使农村地区的人们提高自己的能力,消除阻碍他们通往更充实生活的障碍。

②农村到农村的迁移

从受访者那里收集的见解突显了一个重要趋势,即来自其他农村地区的家庭和个人越来越多地选择搬迁到这些村庄以获得更好的发展机会。这标志着在追求更好机会的驱动下,农村向城市迁移的传统模式发生了转变。Li 和 Song[63] 将这一新兴过程称为农村数字化就地城市化,这一过程明显受到淘宝的影响。根据联合国的定义,就地城市化是指农村人口在不需要移民到城市的情况下达到城市生活水平的现象。在这种模式中,农村地区不仅是出发点,也是创业增长的目的地。例如,在云龙村,移民不仅是由个人对丝绸文化和传统的兴趣吸引来,而且是由经济机会推动的,吸引了许多现场直播者。

③创新带来进一步的创新

数字节俭平台的引入在云龙村引发了一系列创新,一个创新引发了另一个创新。例如,通过淘宝,直播可以传授桑树种植的知识及丝绸的文化意义,从而巧妙地将宣传工作与文化保护相结合。此外,直播的采用促使产品供应发生了适应性转变。除了销售丝绸产品外,生产商还为数字观众提供了多样化的产品,提供了丝绸使用课程和丝绸茧盒实践学习等体验。

淘宝村为企业家提供了吸收、同化和利用当地能力以及获取知识的机会。作为回报,这些努力有助于产品的更新和升级。半正规的农村创新体系明显有助于新创新的产生,其中内部因素和外部力量之间发生了相互作用。

④传统与创新交织

我们采访的企业家将传统工艺与现代营销和创新无缝融合在一起。在双喜村,皮夹克制造的传统工艺与创新技术无缝融合,产生了在淘宝等平台上销售的新型混合产品。这种和谐的融合展示了传统与创新的巧妙结合。

同样,在云龙村,新企业家通过将传统知识与数字平台相结合,采取了文化保护战略,确保他们丰富的遗产与城市观众产生共鸣。

⑤用户反馈驱动的创新

在这两个村庄,企业家都采用了响应式的商业策略,非常重视在淘宝直播期间获得的客户反馈。例如,在云龙村,观众的反馈不仅影响直播内容,还指导新产品的开发。丝绸生产商利用从直播互动中获得的建议来创新他们的产品,确保他们满足市场不断变化的需求。来自人群的反馈以及用户创新,在促进两个村庄的创新和学习方面发挥了重要作用。

⑥大众创业、自下而上发展与数字创新

淘宝直播的用户友好界面由先进的人工智能提供支持,有助于降低用户的进入门槛,简化视频创建和共享过程。该算法保证,无论受欢迎程度如何,所有直播流都有机会被看到,从而建立了一个民主化的平台[48]。

在获得"浙江省电子商务专业村奖"的双喜村,还提供培训,帮助边缘化社区的用户学习内容创作、直播和利用社交网络等技能。这些因素共同使这两个村庄的居民认识到并利用了商机。此外,通过节俭的数字平台采用基层资源市场化战略,曾经仅限于当地市场的产品现在有可能接触到更广泛的受众,从而增加其市场价值[47]。

⑦通过农村电子商务增强妇女权利和缩小收入差距

电子商务在增强妇女、小农和青年等边缘化群体权能方面的作用至关重要[48]。在云龙村,许多男性迁移到附近的城市,而女性则大量参与农村电子商务。这与"中国电子商务行业女性化"的趋势相吻合,超过 50％的淘宝店有女性创始人。在云龙村,由于信息化的快速发展,女性现在受益于收入差距的缩小。这种经济改善使女性农民在家庭决策中拥有更大的发言权。

24.5 讨论与结论:节俭、二次、数字和农村创新

最近的全球危机暴露了当前经济和创新模式的不足和不平等,揭示了创新研究中的盲点。在这些盲点中,某些类型的创新和地方受到了不同程度的关注[34,64]。显然,创新将面临新的挑战,加上在各种情况下我们观察到的多方面和复杂的创新现实,需要新的混合创新模式,例如我们在本章中概述的模式,该模式结合了节俭、二次和数字创新的观点,并考虑了这一复杂图景中农村地区的地理背景。令人惊讶的是,很少有研究以这种方式处理混合或混合创新模式,大多数研究都集中在一种特定的创新模式或类型上。

数字创新只会变得更加根本。知识生成的开放性和分散性可能是新创新的闸门,在农村地区也是如此。各国可以通过各种模式从数字创新中获益。一种方法是传统的:资本价值化的创新[31]。这种精英主义和自上而下的模式导致了不可持续的消费和环境退化[34]。或许,采用以节俭和包容为中心的新范式,同时利用二次创新的潜力,可以促进更民主的创新文化。节俭的创新,除了成本考虑外,还可以优先考虑包容性,特别是对于创新文献中经常被忽视的外围和农村地区[57]。资源的开放性、知识共享、快速性、再利用和重组被视为新的创新现实。我们认为,不发达国家和发展中国家可以通过采用 SI 途径发现新的创新机会。富裕国家的经济史表明,重大突破往往出现在落后时期[5]。通过学习、适应和渐进式创新,可以释放新的创新机会。突出的案例表明,国家或公司可以通过模仿先驱公司的经验和创造性地模仿成功的模式,在通过跨越式发展进入新领域之前,最大限度地发挥低周期创新的优势。同时,我们注意到,将节俭与数字创新相结合,大大提高了将农村和周边地区纳入创新格局的潜力。

尽管数字创新对经济和人类发展做出了重大贡献,但它们存在潜在危险[65]。Schwab[66]指出,数字创新带来的最大挑战是加剧不平等。有时,微妙的算法变化有利于精通技术的城市卖家,使农村卖家处于劣势[67]。这些平台在重塑、重组集中经济以及社会和文化力量方面的作用强调了包容性替代方案的必要性。

　　为了优化创新红利,应规范数字技术,并为包容性提供激励。需要牢固地建立基本的数字环境,如技能、有利的商业环境、有效的监管、数字领导力和治理。培养本土创新的活力应包括利用互联网和通信技术作为工具,重点是确保数字技术是手段,而不是目的。为了实现可持续发展目标 2030 并保证包容性,可以利用节俭创新和数字技术的良好协同作用。这对农村地区至关重要,但在创新学术领域往往被忽视。

参考文献

[1] Johnson S,Acemoglu D. Power and progress:Our thousand-year struggle over technology and prosperity[M]. Paris:Hachette UK,2023.

[2] Banerjee A V,Duflo E. Poor economics:A radical rethinking of the way to fight global poverty[M]. New York:Pubtic Affai 2011.

[3] Phelps E. Mass flourishing:How grassroots innovation created jobs, challenges, and change[M]. Princeton:Princeton University Press,2013.

[4] Sachs J D. The ages of globalization:Geography, technology, and institutions (Illustrated ed.)[M]. New York:Columbia University Press,2020.

[5] Christensen C M, Ojomo E, Dillon K. The prosperity paradox:How innovation can lift nations out of poverty (Illustrated ed.)[M]. New York:Harper Business,2019.

[6] Solow R M. Growth theory:An Exposition[M]. Oxford:Oxford University Press,1988.

[7] Nelson R R, Winter G. An evolutionary theory of economic change[M]. Cambridge:Harvard University Press,1982.

[8] Romer P M. Endogenous technological change[J]. Journal of Political Economy,1990,98 (5,Part 2):71-102.

[9] Aghion P, Antonin C, Bunel S,et al. The power of creative destruction:Economic upheaval and the wealth of nations[M]. Belknap:An Imprint of Harvard University Press,2021.

[10] Freeman C. The "National System of Innovation" in historical perspective[M]. Cambridge Journal of Economics,1995.

[11] Mokyr J. The lever of riches:Technological creativity and economic progress[M]. Oxford:Oxford University Press,1992.

[12] Baumol W J. The Free-Market innovation machine:Analyzing the growth miracle of capitalism[M]. Princeton:Princeton University Press,2014.

[13] de Fátima Ferreiro M, Sousa C, Sheikh F A,et al. Social innovation and rural territories:

Exploring invisible contexts and actors in Portugal and India[J]. Journal of Rural Studies, 2023(99): 204-212.

[14] Lundvall B. National systems of innovation: Toward a theory of innovation and interactive learning[M]. London: Anthem Press, 2010.

[15] Edler J, Fagerberg J. Innovation policy: What, why & how [J]. Oxford Review of Economic Policy, 2017, 33 (1): 2-23.

[16] Wu X. Global Manufacturing and Secondary Innovation in China: Latecomer's advantages [J]. World Scientific, 2024, 58(1): 253-254.

[17] Sheikh F A, Pugh R, Wu X, et al. Regional studies and frugal innovation: A missing link? [J]. Regional Studies, 2024, 58(4): 893-905.

[18] Radjou N, Prabhu J. Frugal innovation: How to do more with less[M]. London: Profile Books, 2015.

[19] Hossain M, Sarkar S. Frugal entrepreneurship: Profiting with inclusive growth[J]. IEEE Transactions on Engineering Management, 2021: 1-14.

[20] Hossain M, Levänen J, Wierenga M. Pursuing frugal innovation for sustainability at the grassroots level [J]. Management and Organization Review, 2021, 17(2): 374-381.

[21] Leliveld A, Bhaduri S, Knorringa P, et al. Handbook on frugal innovation[M]. Edward Elgar Publishing, 2023.

[22] Gordon R J. The rise and fall of American growth: The U. S. standard of living since the civil war[M]. Princeton: Princeton University Press, 2016.

[23] Mazzucato M. Mission economy: A moonshot guide to changing capitalism [M]. New York: Harper Business, 2021.

[24] Bhatti Y, Basu R R, Barron D, et al. Frugal innovation: Models, means, methods[M]. Cambridge: Cambridge University Press, 2018.

[25] Harris M, Bhatti Y, Buckley J. Fast and frugal innovations in response to the COVID-19 pandemic [J]. Nat Med, 2020, 26: 814-817.

[26] Busch C, Barkema H G. From necessity to opportunity: Scaling bricolage across resource-constrained environments[J]. Strategic Management Journal, 2020, 42(4): 741-773.

[27] Wu X, Rufei M, Shi Y J, et al. Secondary innovation: the path of catch-up with "Made in China"[J]. China Economic Journal, 2009, 2(1): 93-104.

[28] Gans J, Leigh A. Innovation + equality: How to create a future that is more star trek than terminator[M]. Cambridge: MIT Press, 2020.

[29] Potts J. Innovation commons: The origin of economic growth [M]. Oxford: Oxford University Press, 2019.

[30] Ben-Atar D S. Trade secrets: Intellectual piracy and the origins of American industrial power[M]. London: Yale University Press, 2008.

[31] Robra B, Pazaitis A, Giotitsas C, et al. From creative destruction to convivial innovation: A post-growth perspective[J]. Technovation, 2023,125:102760.

[32] Perez C, Soete L. Catching up in technology: Entry barriers and windows[M]//Dosi G, et al. Technical change and economic theory. London: Pinter,1988:458-479.

[33] Lee K, Malerba F. Catch-Up cycles and changes in industrial leadership: Windows of opportunity and responses of firms and countries in the evolution of sectoral systems[J]. Research Policy, 2017, 46 (2):338-351.

[34] Fagerberg J, Martin B R, Andersen E S. Innovation studies: Evolution and future challenges [M]. Oxford: Oxford University Press, 2013.

[35] Corsini L, Dammicco V, Moultrie J. Frugal innovation in a crisis: The digital fabrication maker response to COVID-19 [J]. R&D Management, 2020, 51(2):195-210.

[36] Bhattacharjya B R, Bhaduri S, Kakoty S K. Co-creating community-led frugal innovation: An adapted Quadruple Helix? [J]. Technovation, 2023, 124:102752.

[37] Agarwa N, Brem A. Frugal innovation-past, present, and future[J]. IEEE Eng. Manag. Rev. 2017, 45 (3):37-41.

[38] Brem A, Wimschneider C, Regina de Aguiar Dutra A,et al. How to design and construct an innovative frugal product? An empirical examination of a frugal new product development process[J]. Clean Prod,2020, 275:122232.

[39] Leliveld A, Knorringa P. Frugal innovation and development research[J]. The European Journal of Development Research, 2018,30:1-16.

[40] Prahalad C K,Mashelkar R A. Innovation's holy grail[M]. Cambridge: Harvard Business Review, 2010.

[41] Radjou N,Prabhu J, Ahuja S. Jugaad innovation: Think frugal, be flexible, generate breakthrough growth[M]. Hoboken: John Wiley & Sons, 2012.

[42] Hossain, M. Frugal innovation: A review and research agenda[J]. Journal of Cleaner Production, 2018, 182:926-936.

[43] Sahay S. Frugal digital innovation and living labs: A case study of innovation in public health in India[M]. International Conference on Information Systems (ICIS), 2018.

[44] Thomas M, Le Masson P, Weil B, et al. The future of digital platforms: Conditions of platform overthrow[J]. Creativity and Innovation Management, 2020, 30(1):80-95.

[45] Fu X,McKern B,Chen J. The Oxford handbook of China innovation[M]. Oxford: Oxford University Press, 2021.

[46] Wang C C, Miao J T, Phelps N A, et al. E-commerce and the transformation of the rural: The Taobao village phenomenon in Zhejiang Province, China[J]. Journal of Rural Studies, 2021, 81:159-169.

[47] Tang W, Zhu J. Informality and rural industry: Rethinking the impacts of E-Commerce on rural development in China[J]. Journal of Rural Studies, 2020, 75:20-29.

[48] Fu X, Ghauri P, Ogbonna N, et al. Platform-based business model and entrepreneurs from Base of the Pyramid[J]. Technovation, 2023,119:102451.

[49] Salemink K, Strijker D, Bosworth G. Rural development in the digital age: A systematic literature review on unequal ICT availability, adoption, and use in rural areas[J]. Journal of Rural Studies, 2017, 54:360-371.

[50] Yoo Y, Lyytinen K J, Boland R J, et al. The Next wave of digital innovation: Opportunities and challenges: A report on the research workshop "digital challenges in innovation research"[R]. Available at SSRN 1622170, 2010.

[51] Wiesböck F, Hess T. Digital innovations[J]. Electron Markets, 2020, 30:75-86.

[52] Ahuja S, Chan Y E. Digital innovation: A frugal ecosystem perspective[C]. Dublin: Thirty Seventh International Conference on Information Systems, 2016.

[53] Ahuja S. Frugal digital innovation: leveraging the scale and capabilities of platform ecosystems[J/OL]. Contributions to Management Science, 2021:279-300.

[54] Tuijl van E, Knorringa P. Frugal innovation and digital platforms[M]//In Handbook on Frugal Innovation. Edward Elgar Publishing, 2023:278-294.

[55] Liu Y, Dong J, Mei L, et al. Digital innovation and performance of manufacturing firms: An affordance perspective[J]. Technovation, 2022,119:102458.

[56] Makkonen T, Gretzinger S, Hjaltadóttir R E, et al. Guest editorial: Innovation in peripheries and borderlands[J]. Journal of Rural Studies, 2020, 78:531-533.

[57] Yin X, Chen J, Li J. Rural innovation system: Revitalize the countryside for a sustainable development[J]. Journal of Rural Studies,2019,93：471-478.

[58] Shearmur R. Urban bias in innovation studies: In the Elgar companion to innovation and knowledge creation[M]. Northampton: Edward Elgar Publishing, 2017.

[59] Qi J, Zheng X, Guo H. The formation of Taobao villages in China[J]. China Economic Review, 2019, 53:106-127.

[60] Wei Y D, Lin J, Zhang L. E-Commerce, Taobao villages and regional development in China[J]. Geographical Review, 2019,110(3):380-405.

[61] Zang Y, Hu S, Zhou B, et al. Entrepreneurship and the formation mechanism of Taobao Villages: Implications for sustainable development in rural areas[J]. Journal of Rural

Studies，2023，100(5)：103030.

[62] Lowrey Y. The Alibab way：Unleasing grassroots entrepreneurship to build the worlds most innovative internet company[M]. New York：McGraw-Hill Education，2016.

[63] Li L，Song T. Enabling In-Situ urbanization through digitalization[J]. Land，2023，12(9).

[64] Martin B R. Twenty challenges for innovation studies[J]. Science and Public Policy，2016，43(3)：432-450.

[65] Malecki E J. Digital development in rural areas：Potentials and pitfalls[J]. Journal of Rural Studies，2003，19 (2)：201-214.

[66] Schwab K. The fourth industrial revolution[R]. Switzerland：World Economic Forum，2016：25-38.

[67] Koo W W，Eesley C E. Platform governance and the rural-urban divide：Sellers' responses to design change[J]. Strategic Management Joural，2021，42(5)：941-967.

25　超越追赶的创新

吴晓波　吴　东

25.1　引　言

Science(《科学》)杂志创刊 125 周年之际,曾公布了 125 个全球最具挑战性的科学问题,其中之一是:"为何一些国家持续向前发展,而另一些国家发展陷入停滞?"[1]在一般情况下,发展中国家的技术水平通常较发达国家为低。这些国家常常通过不断学习发达国家的技术来进行技术追赶。尽管后者向前者学习的过程从未停止,发展中国家持续取得进步,但技术差距仍然难以消除。一些地区如拉美和东南亚国家陷入了"中等收入陷阱",这是一个令人沮丧的经验教训。然而,在这种背景下,中国却成功地实现了与发达国家技术水平的趋近,甚至在某些领域取得了超越。中国经济增长的奇迹不仅具有代表性,而且具有独特性,这也是一些西方经济理论难以解释的地方。中国经济增长的动力是什么? 华为等一批领军企业凭借"超越追赶"的创新迅速崛起的事实回答了这个问题[2]。

"超越追赶"(beyond catch-up)是指后发者不再受制于既定技术范式或技术轨道的路径依赖,而是有能力积极参与新技术范式的形成,开创新的技术轨道,从而实现对行业领先者的竞争优势,实现一种新型的技术追赶模式[3]。超越追赶是指一种超越单个技术生命周期范围的"范式"级别的超常规追赶,而非在单一技术生命周期内进行的"轨道"级别的常规追赶。这种追赶的前提是技术范式正在发生根本性变革,新技术在引入时处于技术生命周期的早期阶段,这最终使得行业后来者在技术能力上赶超行业领先者成为可能。

在技术范式转变加速、技术生命周期缩短的科技革命和产业变革背景下,中国的科技创新取得了令人瞩目的成就[4]。中国成功避免了落入拉美和东南亚国家的典型的"追赶陷阱",关键在于一批科技领军企业抓住了技术范式转变的战略

"机会窗口",通过"超越追赶的创新"成功跨越技术生命周期,冲到了国际创新前沿[5]。

　　本章第25.2节揭示了经典技术追赶面临的困境这一基本事实。第25.3节进而阐述了能力构建与超越追赶的关系,分别从战略管理文献和能力构建文献强调了超越追赶所需能力基础的变革。第25.4节探讨了超越追赶的创新过程,特别是从二次创新到超越追赶的动态演化过程。第25.5节阐述了超越追赶的创新理论——C理论,强调了其重要理论价值。第25.6节从本章关于超越追赶的创新的相关论述,得出基于中国立场和现实的结论以及未来的研究方向。

25.2　经典技术追赶的困境

　　近年来,学术界广泛关注到后发国家和地区的产业逐渐从落后地位走向国际前沿的现象,并展开了对这些技术追赶现象的深入研究。例如,中国台湾和韩国的半导体、汽车产业和造船业[6-8],韩国、马来西亚和中国的消费电子、电子通信和电信设备产业[9-16],中国的塑机装备制造业[17-19]、安防设备行业[5]和新兴服务业[20-21],中国台湾的薄膜晶体管液晶显示器(TFT-LCD)面板产业[22],韩国的钢铁产业[23],伊朗的热电发电系统产业[24],墨西哥的电子产业[25]和玻璃产业[26],印度的制药产业[27],巴西的石油和天然气产业[28-29],巴西和印度尼西亚的造纸产业[30-31],以及土耳其的金属、陶瓷、复合材料和聚合物产业[32]。尽管许多后发国家和地区的产业通过技术追赶已经接近国际制造前沿,但与发达国家的产业领先者之间仍存在较大差距,尚未达到国际创新前沿。事实上,真正成功迈入国际创新前沿的国家和地区寥寥无几。

　　现有的技术追赶研究主要以特定后发国家和地区或特定行业的案例研究为主,重点关注技术追赶背后的各种影响因素。例如,Lee和Lim[15]以韩国的D-RAM内存、汽车、手机、消费电子、个人计算机和电动工具六个产业的技术追赶为例,分析了不同技术体制下不同行业追赶模式的差异,并总结了路径追随型、路径跳跃型和路径创造型三种技术追赶路径,强调了内部研发能力在技术追赶中的关键作用。Chen[33]通过对中国台湾机械工具产业的研究,指出在低技术行业追赶中非正式的国内和国际联结起着关键作用。Malerba和Nelson[34]运用产业创新系统理论框架,对多个后发国家的六个行业进行案例比较分析,总结了影响追赶的共同因素,例如国内企业的学习和能力构建、获得外部知识、教育和人力资源以及积极的政府政策。Xie 和 Wu[35]以中国彩色电视机行业的长虹和康佳为例，总结了中国企业追赶的关键因素与日本、韩国等国家不同，影响因素包括存在大量的跨国企业、国内企业之间的激烈竞争、巨大的国内市场、政府对国内市场逐步自由化以及许多有远见的企业家的存在。Mu 和 Lee[36]基于韩国的技术追赶经验分析中国电信行业，并指出该行业实现追赶的三个关键因素：市场化技术战略、跨国公司子公司向本地研究联盟和本地企业的技术扩散，以及政府的产业促进政策。吴东和吴晓波[37]指出中国企业的技术追赶实践是在转型的所有制制度、多样的技术体制、多层次的市场空间以及新兴的全球网络的中国情境下进行的，具有与传统后发国家追赶情境不同的特殊性。当然也有研究从其他的角度来进行探讨，如一些企业特定的因素，如企业的年龄和规模[38]、领导力[6]、所有权[39]、产业相关因素[40]，以及宏观经济方面的因素[41-42]。

除了被广泛讨论的外部情境因素外，学术界越来越关注到企业自身的创新能力提升才是实现技术追赶的关键因素。大量研究开始真正重视并进一步探讨企业创新能力这一主题，但大多数研究集中在后发企业如何从以生产为主转变为更具创新能力的企业，以及这种能力转变背后的作用机制。例如，一些研究探讨了潜在的学习机制在后发企业技术追赶和能力积累过程中的作用[17-19,43-44]。对于那些已经具备一定创新能力的后发企业如何接近国际创新前沿，学术界仍在探索之中，这也成为本章讨论的重点。

25.3　能力构建与超越追赶

自改革开放以来，中国后发企业已经积累了相当的知识基础和创新能力，代表性企业如华为成功地进行了技术追赶。这些后发企业不仅在其行业内拥有较大的市场份额，还开始通过创新的产品和流程在全球市场上与行业领先者竞争，实现了超越追赶[45]。少数企业正在逐渐接近国际技术前沿，并开始面临"在本行业逐步攻入无人区，既无人领航，无既定规则，也无人跟随"的挑战。在这一新的发展阶段，后发企业既可能成功实现从"追赶者"到"领导者"的转变，又可能陷入"追赶陷阱"，重复"追赶—落后—追赶"的循环[46]。因此，后发企业应采取适当的技术学习和创新策略，以建立创新能力，并努力成为行业领导者，这变得至关重要[19]。

企业的技术能力一般是指知识资源的存量[47]，包括人力资本(特定组织单元、项目、团队所正式或非正式募集的专家、知识库、人才)、组织系统(组织管理、组织程序、组织联系和管理系统)、技术物理系统(硬件、软件、数据库、实验室、设备等)[6,26,42,48-50]。技术能力表现出动态性、多样性和非线性特征,通常可以简单区分为生产能力和创新能力:生产能力是指企业在给定效益水平上能够运用和操作当前技术和生产系统的能力;而创新能力则是指企业消化吸收、适应和改变当前技术,推动创造新技术并开发新产品和新工艺的能力[6,26,51]。这种区分非常重要,因为后发企业通常从技术的使用者和模仿者角色开始,这有助于更好地了解后发企业的能力是否会随着时间演变到更高级别的水平。

后发企业是产业的后进入者,这是由历史决定的,而不是后发企业战略上有目的的选择[52]。它们通常被认为能力较弱,甚至没有创新能力。它们初始资源贫乏,在技术和市场上的地位非常低下。然而它们以追赶行业领先者为战略目标,能够从源自模仿的非常低级的技术出发,通过有限的创新能力[53],例如低成本创新[54],达到更深层次的技术水平和技术能力,从而推动企业采取更加丰富的创新活动[45,55]。

通过技术能力积累,后发企业可能会实现两种模式的技术追赶。第一种是后发企业缩小自身与国际生产前沿的全球产业领导者之间的技术差距,通常是在原有技术范式体系内的追赶,仍受困于全球先行者的成熟技术范式。这种追赶模式是最为常见的经典技术追赶,实质上是"效率型"追赶,即以更快的速度赶上、超越并领先行业领先者。尽管一些后发国家企业尝试采用新的技术轨迹,实施新的技术标准、技术方案或技术路径,但仍未能摆脱产业领导者预先定义的技术范式。这种经典的技术追赶模式下,后发企业虽然不断积累能力,但其能力基础并未根本改变。

第二种是后发企业能够跳出既定的技术范式,追赶全球创新领导者,凭借发起和管理"技术变革"的能力,与领先者同时探索"新兴"的技术范式,开展国际前沿的创新活动。这种追赶模式被称为"超越追赶",实质上是"新颖型"追赶,即实现对既定技术范式的超越,塑造和引领新兴的技术范式。

本章基于对中国领军企业创新管理实践的总结,提出了"超越追赶"模式,这一概念是研究的重点。与经典技术追赶下的能力积累不同,"超越追赶"的能力基础已经发生根本性的改变,推动后发企业为满足特定商业需要采取不同的技术范式和技术轨迹,与全球产业领导者发起的既定技术范式显著不同。后发企业的创新能力发展不会停留在全球产业领先者确定的技术轨迹终点上。相反,这种基础能力的转变将推动后发企业发展出与以往全球产业领导者不同的全新技术范式，以及全新的技术、产品和工艺。

后发企业已经能够探索国际技术创新前沿的流动阶段，与发达国家在技术范式上展开竞争，有机会在技术竞争中取得主导地位。一旦后发企业达到实施国际领先创新活动的能力水平，就意味着它们已经赶上全球领先者。此时，后发企业的技术行为与发达国家的全球创新企业基本一致，因此它们将更加关注如何运用、维持和扩大自身的创新能力，以及如何通过改变和增加技术创新来重新构建具有独特战略竞争优势的竞争地位。这也是战略管理文献关注的问题[50,56-57]。

战略管理文献和能力构建文献在关注企业创新能力积累的成果方面有着相似之处。能力构建文献指出，后发企业之所以能够成功开展创新活动并取得独特的创新绩效，在很大程度上取决于其技术能力的深度和特质[42,48,58]。这一主张已获得广泛实证研究支持，研究表明企业根据其创新能力水平展开各种新颖度和复杂度的创新活动[59]，甚至一些并非研发驱动的创新活动，能产生正向的经济产出[60-61]。企业的创新能力可能使运营绩效显著改进[62-64]，如果它们缺少这种创新能力，可能会导致负向的绩效影响[65]。

与此同时，战略管理文献假定创新能力是竞争优势的根源。基于Chandler[66]和Penrose[67]的经典研究视角，越来越多关于创新能力作为企业持续竞争优势和卓越绩效的基本来源的讨论不断涌现，这一观点在"资源基础观"领域的文献中得到体现[68]，如动态能力视角[56-57,69-70]。然而，以往的研究也产生了许多结论不清的甚至矛盾的结果[69,71]。当前的战略管理文献过于强调创新能力的独特性，然而这种能力并不能确保持续的竞争优势。并非创新能力越独特，企业绩效就会越好，因为企业的绩效受到许多无法预测和控制的因素影响[56,71-72]。独特的创新能力可能导致企业在面临环境动态性特别是技术范式转变的情境时绩效大打折扣。然而，这种能力也可能使企业在混乱中脱颖而出，其中甚至运气的因素也不可忽视[73]。

因此，战略管理和能力构建文献形成了面向技术范式转变情境的"超越追赶"理论的重要概念基础。有必要将后发企业超越追赶的创新过程纳入创新战略的层面进行思考。

25.4 超越追赶的创新过程

不同于西方国家更加注重源自基础研究的原始创新（一次创新），试图用一项新科技发明、一种新产品来创造或颠覆整个产业,中国的自主创新走的是"二次创新"[74]的追赶道路,即在逐步掌握并消化吸收一门技术的基础上对其进行创造性的发展。

基于 Dosi[75] 提出的"技术范式"与"技术轨迹"的概念,相对于发达国家"一次创新"的概念,吴晓波[43] 提出了"二次创新"的概念,即"在技术引进的基础上进行的,囿于已有技术范式,并沿既定技术轨迹而发展的技术创新"。基于 Utterback 和 Abernathy[76] 提出的技术生命周期模型,根据技术源在引进时所处的生命周期阶段,吴晓波[43] 立足技术引进的动态性构建了二次创新的动态过程模型。二次创新动态过程表明,后发企业在发展初期,由于自身技术能力薄弱,相关知识经验积累较少,适合第Ⅰ类技术(成熟技术)引进,并通过二次创新的三个阶段来推动技术能力的提升。当经过多轮二次创新周期,企业积累足够的知识和经验后,可以选择抓住"范式转变"的战略机会窗口,发起对第Ⅱ类技术(新兴技术或实验室技术)引进(即超越追赶Ⅰ),甚至发起一次创新(即超越追赶Ⅱ),如图 25.1 所示。因此,超越追赶,是一种"技术范式"层面的超越既定范式的超常规追赶,而非"技术轨迹"层面的常规追赶。超越追赶面临的情境是技术范式正在发生根本性转变,技术源在引进时尚处在技术生命周期阶段的早期,这最终为行业后发者在技术能力上赶超行业领先者创造了条件。

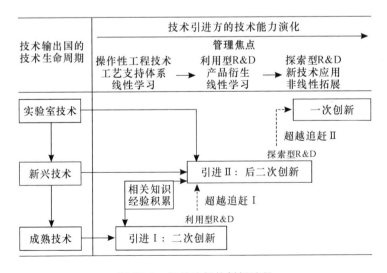

图 25.1　超越追赶的创新过程

资料来源:吴晓波和吴东[3]。

相对于一次创新而言,二次创新具备独特优势。首先,优势在于其后发性,由于技术和市场的不确定性显著降低,技术攻关的难度和投入也随之减少。不再需要长时间地进行研发和设计以突破关键技术障碍或进行反复试验,二次创新甚至可以通过技术适配和现有技术重新组合实现创新。此外,二次创新的目标市场更为明确,具备强烈的商业化潜力。因此,二次创新所需的研发时间更短,成本更低,商业化成功的机会也更大。其次,二次创新强调在已有技术基础上进行再创新,包括工艺、集成和渐进式创新。通过二次创新,企业逐步掌握全部或部分核心技术和知识产权,从而显著增强自主创新能力。然而,需注意的是,二次创新并非直接演变为一次创新。一方面,企业需要在追赶西方发达国家确立的技术范式过程中发展技术;另一方面,则需要通过"超越追赶"的路径摆脱成熟技术范式的制囿[77]。当前,新一轮科技革命和产业变革加速,新技术、新模式、新业态层出不穷,这为后发企业"超越追赶"创造了机会窗口[5,78-79]。企业作为创新的主体,在重点科技领域和产业链关键环节进行突破性创新,这仍然是中国培育创新能力的核心手段,与国家创新体系的整体环境密不可分。

成功进行技术追赶的关键在于摆脱低水平的技术引进,避免陷入"引进—落后—再引进—再落后"的技术"追赶陷阱"。在学习的过程中逐步建立起自身的"超越追赶"创新管理体系至关重要。这需要在技术范式转变期加强对新兴技术或实验室技术的引进,同时介入早期探索型研发活动,实施基于新兴技术或实验室技术引进的"后二次创新",甚至实现主动发起和引领新兴技术范式的"一次创新"。

25.5 超越追赶的创新理论

当前,我国科技创新已全面步入从追赶到超越的新时期。随着新一轮科技革命的迅速发展,技术范式转变加速、技术生命周期缩短,这一发展势头不但未妨碍我国以企业为主体的科技创新,反而促进了我国在全面超越追赶方面取得举世瞩目的成就。事实背后的原因已远远超越了现有西方理论的解释能力。中国企业之所以成功避免落入像拉美和东南亚国家的典型的"追赶陷阱",关键在于抓住了技术范式转变期的"机会窗口",实现了跨越技术生命周期的"超越追赶"。就像20世纪日本的崛起一样,那时有 Z 理论、精益制造、丰田管理等理论阐释并影响全球。而如今中国的崛起,更是凭借源自中国的实践和能够影响全球的管理理论的兴起。

(1)构建以超越追赶为核心的创新管理理论——C 理论

历经长期的奋斗,中国企业的创新和追赶正呈现出一种革命性的发展新态势,Wu 等[80]认为华为等一大批中国领军企业崛起的管理实践正在创新性地、实质性地丰富着世界管理宝典。在三十余年执着于扎根研究的基础上,结合国家自然科学基金重点项目、国家社会科学基金重大项目和中国工程院项目的研究,在深入、全面、持续地研究杭氧、华为、海尔、海康威视、吉利汽车等企业从追赶到超越追赶的创新实践基础上,吴晓波等[2]提出了聚焦于"技术范式转变期"的创新与战略管理"C 理论",致力于打开这一特殊时期的"机会窗口"黑箱,揭示、诠释、演绎出一套由概念、理念、方法所构成的完整理论体系和可操作的实践体系。"C 理论"以"超越追赶"(catch-up & beyond)为核心命题,以情境—能动性—战略(context-agency-strategy,CAS)为理论框架,以变革(change)、混沌性(chaos)、复杂性(complexity)、灰度(compromising)、互补性(complementarity)、创造性学习与忘却学习(creative learning & unlearning)、共演(coevolution)等为核心概念,是源自中国实践的原创管理理论体系,如图 25.2 所示。

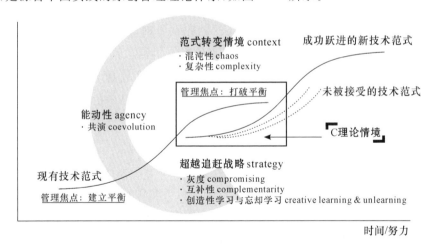

图 25.2　CAS 理论框架

将上述 C 理论的核心思想做进一步概括,可以归纳为一个 CAS 理论框架,即情境(context)定位、基于管理能动性(agency)的机制识别、基于共演的战略(strategy)行动。第一,情境(context)。聚焦技术范式转变期的特定情境,C 理论指出范式转变期所呈现的非连续的非线性演化特征。它包含了混沌性(chaos)和复杂性(complexity),这是 C 理论区别于现有创新管理和技术追赶理论的单个技术生命周期的情境定位。第二,战略(strategy)。打开范式转变期"黑箱"的关键战略行动,包含灰度管理(compromising)、创造性学习与忘却学习(creative learning & unlearning)、互补性(complementarity)。第三,能动性(agency)。共演(coevolution)则是抓住范式转变期的机会窗口,成功实现穿越技术生命周期的管理机制。伴随着企业的价值创造正加速呈现从价值链向价值网络转变的革命性变化趋势,CAS 架构在网络化、数字化、智能化情景下不仅能有效指导企业创新的推进,更在中观产业层面和宏观发展层面上具有指导意义。

(2)超越追赶的 C 理论的重要理论价值

C 理论的提出清晰地解释了在中国当前发展阶段中"创新"和"追赶"的辩证关系和特殊战略地位,系统地研究和构建了具有中国特色的管理学体系,有效地指导了企业管理能力建设,推动了企业整体能力的提升。Wu 和 Murmann 等[80]关于 C 理论的代表著作《华为管理变革:从起步到全球领导》(*The Management Transformation of Huawei: From humble beginnings to global leadership*)受到了全球管理学者的广泛关注。许多知名学者如美国杜克大学的 Arie Lewin 教授、动态能力理论提出者戴维·蒂斯(David Teece)教授、韩国首尔大学的宋在龙(Jaeyong Song)教授、芬兰阿尔托大学商学院的卡尔·费伊(Carl Fey)教授以及天普大学福克斯商学院的拉姆·穆丹比(Ram Mudambi)教授对该著作给予了积极评价与肯定。国际知名战略管理学者、斯坦福大学商学院的罗伯特·伯格尔曼(Robert Burgelman)教授针对该著作在 UTD24 期刊《行政科学季刊》(*Administrative Science Quarterly*)上发表了书评,特别强调了该著作丰富的研究素材和独特的研究视角,为研究中国企业管理提供了重要的理论启示[81]。

在过去的百余年里,管理学理论的蓬勃发展与产业革命的兴起密切相关,引领了经济强国的崛起。因此,西方管理学理论在现代管理学界享有几乎无可动摇的地位。西方管理学的核心思想是建立均衡有效的分工与协作体系,将建立和维护稳定的平衡视为企业提升绩效的核心命题。相比之下,C 理论则阐述了在新一轮科技革命中崛起的中国企业的不同实践。其核心思想是"当变革成为常态",打破平衡成为一种主动的管理行为。在这种情况下,迭代、试错、流动、不确定性、灰度等"干扰项"不再是管理制度和机制中的例外。C 理论重新审视了许多被奉为圭臬的管理教条,在管理行为不再是"非黑即白"的"混沌"情境下,梳理了中国企业"非线性成长"中"穿越周期"的管理规律,形成了中国特色的管理理论体系。就像传统西方管理学理论曾经为世界带来智慧一样,中国特色的管理理论体系(C理论)也必将在世界管理学史上留下引领更多国家实现"超越追赶"的中国方案和中国智慧。

25.6 结 论

改革开放以来,中国后发企业经过长期的基于成熟技术引进的"二次创新"来开展对行业领先者的技术追赶,虽然积累了一定知识与经验,但要赶超国际先进水平仍十分困难[43]。二次创新使后发企业增强了自我发展的能力,但是这种追赶仍囿于技术输出方定义的技术范式,沿着既定的技术轨道进行,该范式所提供的技术机会将逐渐减少。因此,技术追赶的关键在于如何更好地"超越追赶",促进二次创新从成熟技术引进向新兴技术甚至实验室技术引进的进化,提高后发企业自身的技术能力和技术水平,力争主动地实现技术范式的突破和技术轨道的跳跃,最终实现一次创新,以获得更广阔的发展空间[77]。与二次创新阶段的常规追赶不同,在由二次创新向一次创新的超越追赶过程中,后发企业开始接近并挑战行业领先者,传统的技术引进难以继续有效,后发企业需要在一个不断变化的、很少有直接模仿机会存在的竞争环境中进行创新[82-83]。

不同于西方发达国家以及日韩等国的情境,中国企业的超越追赶的创新实践正在转型的所有制制度、多样化的技术体制、多层次的市场空间、新兴的全球网络四位一体的中国情境下开展,这决定了中国企业的超越追赶的创新的独特性和重要性[37],也预示着未来相关领域研究的重点方向:一是转型的所有制制度,包括转型经济下公共领域资源获取、国家创新体系和科技政策,以及本地政府的扶持;二是多样化的技术体制,包括技术范式转变加速以及破坏性技术的兴起,这将提供大量的技术机会;三是多层次的市场空间,低成本、复杂市场细分以及不断增长的巨大需求和消费升级塑造出市场阶梯;四是全球网络化,包括外国直接投资和进口溢出、全球价值链和制造网络以及对外直接投资。中国企业超越追赶的创新凸显了"中国式"技术追赶的特色,例如基于技术创新和商业模式创新的共演创新[21]。不同于经典的技术追赶更加关注技术层面,中国超越追赶的创新应该充分关注包括"制度＋技术＋市场＋网络"的多方面情境因素,最终在新兴技术上先取得突破和领先。

由于历史的原因,中国遗憾地成为历次工业革命的落后者,也成为西方发达国家主导产业的后发者。尽管这些时代孕育的技术革新对人类社会产生了深远影响,但中国在这些时代中的技术发展和应用相对滞后,导致了技术追赶的差距,以及大量的二次创新活动。幸运的是,以"ABCDE"(人工智能、区块链、云计算、数据、能源)新兴技术为代表的新一轮科技革命为中国打开了"范式转变"的战略机会窗口。依托二次创新所积累的相关知识和经验,中国不仅有必要也有可能抓住这一战略机会窗口。中国必须不断加强技术研发和创新能力建设,加快培育新范式、新动能、新优势,摆脱西方发达国家长期确立的技术范式的拘囿,以超越追赶的创新引领高质量发展,实现高水平的科技自立自强。

参考文献

[1] Kerr R A. How hot will the greenhouse world be? [J]. Science,2005,309(5731):100.

[2] 吴晓波,约翰·彼得·穆尔曼,黄灿,等.华为管理变革[M].北京:中信出版社,2017.

[3] 吴晓波,吴东.中国创新驱动的演化:从追赶到超越追赶[J]. China Economist,2023,18(4):86-114.

[4] 吴晓波,方刚.超越追赶:中国创新之路[M].北京:中信出版社,2023.

[5] 吴晓波,付亚男,吴东,等.后发企业如何从追赶到超越?——基于机会窗口视角的双案例纵向对比分析[J].管理世界,2019,35(2):151-167+200.

[6] Kim L. Imitation to innovation: The dynamics of Korea's technological learning[M]. Cambridge:Harvard Business School Press,1997.

[7] Sher P J, Yang P Y. The effects of innovative capabilities and R&D clustering on firm performance:The evidence of Taiwan's semiconductor industry[J]. Technovation,2005,25(1):33-43.

[8] Sohn E, Chang S Y, Song J. Technological catching-up and latecomer strategy:A case study of the Asian shipbuilding industry[J]. Seoul Journal of Business,2009,15(2):26-57.

[9] Amsden A H, Tschang F T. A new approach to assessing the technological complexity of different categories of R&D (with examples from Singapore)[J]. Research Policy,2003,32(4):553-572.

[10] Ariffin N. Internationalisation of technological innovative capabilities:Levels, types and speed learning rates in the electronics industry in Malaysia[J]. International Journal of Technological Learning Innovation & Development,2010,3(4):347-391.

[11] Choung J Y, Hwang H R,Yang H. The co-evolution of technology and institution in the Korean information and communications industry[J]. International Journal of Technology Management,2006,36(1):249-266.

[12] Fan P. Catching up through developing innovation capability：Evidence from China's telecom-equipment industry[J]. Technovation，2006，26(3)：359-368.

[13] Gao X. A latecomer's strategy to promote a technology standard：The case of Datang and TD-SCDMA[J]. Research Policy，2014，43(3)：597-607.

[14] Hobday M，Rush H，Bessant J. Approaching the innovation frontier in Korea：The transition phase to leadership[J]. Research Policy，2004，33(10)：1433-1457.

[15] Lee K，Lim C. Technological regimes，catching-up and leapfrogging：Findings from the Korean industries[J]. Research Policy，2001，30(3)：459-483.

[16] Li D，Capone G，Malerba F. The long march to catch-up：A history-friendly model of China's mobile communications industry[J]. Research Policy，2019，48(3)：649-664.

[17] Peng X M，Wu D. Tie diversity，ambidexterity and upgrading of the latecomer firm in global production networks：Evidence from China's plastic equipment industry[J]. Chinese Management Studies，2013，7(2)：310-327.

[18] 彭新敏,吴晓波,吴东.基于二次创新动态过程的企业网络与组织学习平衡模式演化——海天1971—2010年纵向案例研究[J].管理世界,2011(4)：138-149＋166＋188.

[19] 彭新敏,郑素丽,吴晓波,等. 后发企业如何从追赶到前沿？——双元性学习的视角[J].管理世界，2017(2)：142-158.

[20] 吴东,姚明明.新兴服务业跨界服务商业模式研究：体系构建与案例分析[M].杭州：浙江大学出版社,2017.

[21] 吴晓波,朱培忠,吴东,等.后发者如何实现快速追赶？——一个二次商业模式创新和技术创新的共演模型[J].科学学研究，2013，31(11)：1726-1735.

[22] Chuang Y S，Hobday M. Technological upgrading in Taiwan's TFT-LCD industry：Signs of a deeper absorptive capacity？[J]. Technology Analysis & Strategic Management，2013，25(9)：1045-1066.

[23] Lee K，Ki J H. Rise of latecomers and catch-up cycles in the world steel industry[J]. Research Policy，2017，46(2)：365-375.

[24] Kiamehr M，Hobday M，Hamed M. Latecomer firm strategies in complex product systems (CoPS)：The case of Iran's thermal electricity generation systems[J]. Research Policy，2015，44(6)：1240-1251.

[25] Iammarino S，Padilla-Pérez R，von Tunzelmann N. Technological capabilities and global-local interactions：The electronics industry in two Mexican regions [J]. World Development，2008，36(10)：1980-2003.

[26] Dutrenit G. Learning and knowledge management in the firm：From knowledge accumulation to strategic capabilities[M]. Cheltenham：Edward Elgar,2000.

[27] Kale D, Little S. From imitation to innovation: The evolution of R&D capabilities and learning processes in the Indian pharmaceutical industry[J]. Technology Analysis & Strategic Management, 2007, 19(5):589-609.

[28] Dantas E, Bell M. Latecomer firms and the emergence and development of knowledge networks: The case of petrobras in Brazil[J]. Research Policy, 2009, 38(5):829-844.

[29] Silvestre B D S, Dalcol P R T. Geographical proximity and innovation: Evidences from the campos basin oil & gas industrial agglomeration-Brazil[J]. Technovation, 2009, 29(8): 546-561.

[30] Dijk M V, Bell M. Rapid growth with limited learning: Industrial policy and Indonesia's pulp and paper industry[J]. Oxford Development Studies, 2007, 35(2):149-169.

[31] Figueiredo P N. Discontinuous innovation capability accumulation in latecomer natural resource-processing firms[J]. Technological Forecasting and Social Change, 2010, 77(7): 1090-1108.

[32] Yoruk E. The influence of technological capabilities on the knowledge network component of innovation systems: Evidence from advanced materials in Turkey[J]. International Journal of Technological Learning Innovation & Development, 2011, 4(4):330-362.

[33] Chen L C. Learning through in formal local and global linkages: The case of Taiwan's machine tool industry[J]. Research Policy, 2009, 38(3):527-535.

[34] Malerba F, Nelson R. Learning and catching up in different sectoral systems: Evidence from six industries[J]. Industrial and Corporate Change, 2011, 20(6):1645-1675.

[35] Xie W, Wu G. Differences between learning processes in small tigers and large dragons: Learning processes of two color TV(CTV) firms within China[J]. Research Policy, 2003, 32(8):1463-1479.

[36] Mu Q, Lee K. Knowledge diffusion, market segmentation and technological catch-up: The case of the telecommunication industry in China[J]. Research Policy, 2005, 34(6): 759-783.

[37] 吴东, 吴晓波. 技术追赶的中国情境及其意义[J]. 自然辩证法研究, 2013, 29(11):45-50.

[38] Romijn H. Acquisition of technological capability in small firms in developing countries [M]. London: Macmillan, 1999.

[39] Boehe D M. Product development in MNC subsidiaries: Local linkages and global interdependencies[J]. Journal of International Management, 2007, 13(4):488-512.

[40] Jung M, Lee K. Sectoral systems of innovation and productivity catch-up: Determinants of the productivity gap between Korean and Japanese firms[J]. Industrial and Corporate Change, 2010, 19(4):1037-1069.

[41] Arza V. Technological performance, economic performance and behaviour: A study of Argentinean firms during the 1990s[J]. Innovation, 2005, 7(2-3):131-151.

[42] Lall S. Technological capabilities and industrialization[J]. World Development, 1992, 20(2):165-186.

[43] 吴晓波. 二次创新的进化过程[J]. 科研管理,1995(2):27-35.

[44] 吴晓波,马如飞,毛茜敏. 基于二次创新动态过程的组织学习模式演进——杭氧 1996—2008 纵向案例研究[J]. 管理世界,2009(2):152-164.

[45] 吴晓波,吴东. 中国企业技术创新与发展[J]. 科学学研究,2018,36(12):2141-2143 +2147.

[46] Landini F, Lee K, Malerba F. A history-friendly model of the successive changes in industrial leadership and the catch-up by latecomers[J]. Research Policy, 2017, 46(2):431-446.

[47] Dosi G, Faillo M, Marengo L. Organizational capabilities, patterns of knowledge accumulation and governance structures in business firms: An introduction [J]. Organization Studies, 2008, 29(8-9):1165-1185.

[48] Bell M, Pavitt K. Technological accumulation and industrial growth: Contrasts between developed and developing countries[J]. Industrial & Corporate Change, 1993, 2(2):157-211.

[49] Katz, J. Technology generation in Latin American manufacturing industries[M]. London: Macmillan,1987.

[50] Leonard-Barton D. Well springs of knowledge: Building and sustaining the sources of innovation[M]. Boston: Harvard Business School Press,1995.

[51] Choung J Y, Hwang H R, Choi J H, et al. Transition of latecomer firms from technology users to technology generators: Korean semiconductor firms[J]. World Development, 2000, 28(5):969-982.

[52] Mathews J. Dragon multinational: A new model for global growth[M]. New York: Oxford University Press,2002.

[53] Chang S, Kim H, Song J, et al. Dynamics of imitation versus innovation in technological leadership change: Latecomers' catch-up strategies in diverse technological regimes[J]. Research Policy, 2024, 53(9):105056.

[54] Zeng M, Williamson P J. Dragons at your door: How Chinese cost innovation is disrupting global competition[M]. Boston: Harvard Business School Press,2007.

[55] Bell M, Figueiredo P N. Building innovative capabilities in latecomer emerging market firms: Some key issues[M]/ Cantwell J, Amann E. /Innovative firms in emerging market

countries. Oxford: Oxford University Press, 2012.

[56] Eisenhardt K M, Martin J. Dynamic capabilities: What are they? [J]. Strategic Management Journal, 2000, 21(10-11):1105-1121.

[57] Teece D J. Explicating dynamic capabilities: The nature and microfoundations of (sustainable) enterprise performance[J]. Strategic Management Journal, 2007, 28(13): 1319-1350.

[58] Dosi G. Sources, procedures, and micro economic effects of innovation[J]. Journal of Economic Literature, 1988, 26(3):1120-1171.

[59] Rosiello A, Maleki A. A dynamic multi-sector analysis of technological catch-up: The impact of technology cycle times, knowledge base complexity and variety[J]. Research Policy, 2021, 50(3):104194.

[60] Enos J L. Invention and innovation in the refining industry[M]//The Rate and direction of inventive activity: Economic and social factors. Princeton: Princeton University Press, 1962.

[61] Hollander S. The Sources of increased efficiency: A study of Du Pont Ray on plants[M]. Cambridge: MIT Press, 1965.

[62] Figueiredo P N. Does technological learning pay off? Inter-firm differences in technological capability-accumulation paths and operational performance improvement [J]. Research Policy, 2002, 31(1):73-94.

[63] Laestadius S. The relevance of science and technology indicators: The case of pulp and paper[J]. Research Policy, 1998, 27(4):385-395.

[64] Patel P, Pavitt K. The continuing, widespread (and neglected) importance of improvements in mechanical technologies[J]. Research Policy, 1994, 23(5):533-545.

[65] Bell M, Scott-Kemmis D, Satyarakwit W. Limited learning in infant industry: A case study [M]// The economics of new technology in developing countries. London: Frances Pinter, 1982.

[66] Chandler A D. Strategy and structure: Chapters in the history of the American industrial Enterprise[M]. Cambridge: MIT Press, 1962.

[67] Penrose E T. The theory of the growth of the firm[M]. New York: Wiley, 1958.

[68] Peteraf M A. The cornerstones of competitive advantage: A resource-based view [J]. Strategic Management Journal, 1993, 14(3):179-191.

[69] Helfat C E, Finkelstein S, Mitchell W, et al. Dynamic capabilities: Understanding strategic change in organizations[M]. Blackwell: Oxford, 2007.

[70] Hitt M A, Ireland R D, Lee H. Technological learning, knowledge management, firm

growth and performance：An introductory essay［J］. Journal of Engineering and Technology Management，2000，17(3-4)：231-246.

［71］Zahra S A，Sapienza H J，Davidsson P. Entrepreneurship and dynamic capabilities：A review，model and research agenda［J］. Journal of Management Studies，2006，43(4)：917-955.

［72］Costa L A，Cool K，Dierickx I. The competitive implications of the deployment of unique resources［J］. Strategic Management Journal，2013，34(4)：445-463.

［73］Barney J B. Strategic factor markets：Expectations，luck，and business strategy［J］. Management science，1986，32(10)：1231-1241.

［74］吴晓波.二次创新的周期与企业组织学习模式［J］.管理世界，1995(3)：168-172.

［75］Dosi G. Technological paradigms and technological trajectories：A suggested interpretation of the determinants and directions of technical change［J］. Research Policy，1982，11(3)：147-162.

［76］Utterback J M，Abernathy W J. A dynamic model of process and product innovation［J］. Omega，1975，3(6)：639-656.

［77］许庆瑞,吴晓波,陈劲,等.中国制造:超越追赶的创新战略与治理结构研究［M］.北京:科学出版社,2019.

［78］Lee K，Malerba F. Catch-up cycles and changes in industrial leadership：Windows of opportunity and responses of firms and countries in the evolution of sectoral systems［J］. Research Policy，2017，46(2)：338-351.

［79］Li Y，Teng Y，Wu D，et al. From lagging behind to going beyond：Windows of opportunity and latecomers' catch-up strategies［J］. European Journal of Innovation Management，2023，ahead-of-print(ahead-of-print).

［80］Wu X，Murmann J P，Huang C，et al. The Management transformation of Huawei：From humble beginnings to global leadership［M］. Cambridge：Cambridge University Press,2020.

［81］Burgelman R A. Book review：Xiaobo Wu，Johann Peter Murmann，Can Huang，and Bin Guo：The management transformation of Huawei：From humble beginnings to global leadership［J］. Administrative Science Quarterly，2021，66(2)：23-25.

［82］Choung J Y，Hwang H R，Song W. Transitions of innovation activities in latecomer countries：An exploratory case study of the Republic of Korea［J］. World Development，2014，54：156-167.

［83］Figueiredo P N. Beyond technological catch-up：An empirical investigation of further innovative capability accumulation outcomes in latecomer firms with evidence from Brazil ［J］. Journal of Engineering and Technology Management，2014，31：73-102.